KB275158

대한민국
기본소득
로드맵

정균승 지음

# 기본소득, 어떻게 가능할까?

그리 오래되지 않은 일이다. 자신을 스스로 '가난을 증명해야 하는 존재'로 느끼던 한 청년이 있었다. 아르바이트와 구직을 오가며 하루하루를 버티던 그는 어느 날 낮은 목소리로 말했다. "제가 원하는 건 큰 게 아니에요. 최소한 너무 부끄럽지 않게 살고 싶을 뿐이에요." 그 말이 두고두고 마음에 남았다.

이 책은 그렇게 누군가의 작은 목소리에서 시작되었다. 난해한 이론이나 거창한 구호가 아니라, 무심코 흘려보내기 쉬운 이웃의 말이 귓전에 맴돌았다. "나는 왜 늘 뭔가에 쫓기듯 살아갈까." "죽도록 일하는데 왜 밑바닥을 벗어나지 못할까." "세상은 달라졌는데, 왜 내 삶은 달라진 게 없을까." 그 질문들 앞에서 멈춰 서지 않을 수 없었다.

그래서 묻기 시작했다. 우리가 함께 살아가기 위한 새로운 방식은 없을까? 모든 사람의 삶에 안전한 버팀목 하나씩 놓을 수는 없을까? 그렇게 고민하며 찾아가던 답 중 하나가 '기본소득'이었다. 흔히 기본소득을 '무조건 돈을 나눠주는 정책'쯤으로 알고 있지만, 나는 그렇게 말하고 싶지 않다.

기본소득은 인간으로서의 존재 그 자체의 존엄을 확인하는 공증이자, 사회가 내미는 따뜻한 손길이며, 누구도 무방비 상태로 내버려두지 않겠다는 선언이다. 오늘도 무너진 어깨 하나를 다시 일으켜 세우려는 조용하지만 든든한 사회적 연대의 이름이 기본소득이다.

기본소득은 먼 미래의 공상이 아니라, 이미 우리의 삶 곁에서 실험되고 있고, 의지만 있으면 곧바로 실현 가능한 현실이다. 정치인들의 머릿속에서 맴도는 어렴풋한 공약이 아니라, 부엌에서, 출근길에서, 병상에서, 논밭에서, 지친 퇴근길의 편의점 앞에서, 오늘의 삶을 살아가는 사람들의 평범한 이야기 속에서 태어난다. 그래서 기본소득은 거창하지 않다. 오히려 작고 조용한 목소리다. 하지만 그 나지막한 외침 속에 세상을 바꾸는 힘이 담겨 있다.

이 책은 그 목소리에 귀 기울이기 위한 여정이다. 기본소득이란 무엇인가, 왜 지금 필요한가, 기존 복지와는 어떻게 공존할 것인가, 어떻게 실현 가능하게 할 것인가, 우리 사회를 어떻게 바꿀 것인가, 이 다섯 갈래의 물음에 차분히 정직하게 답하고자 한다. 길은 그리 쉽지 않다.

정말 가능한가요? 그 돈은 어디서 나오나요? 사람들이 일하지 않게 되면 어쩌죠? 복지와 무엇이 다른가요? 그러다 나라 망하는 것 아니에요? 수많은 반문이 따라온다. 이 책은 그 질문을 피하지 않는다. 다만 믿는다. 질문을 바꾸는 순간 나아갈 길도 바뀐다는 것을.

'왜 안 된다고 하는가'가 아니라 '어떻게 하면 가능할까'라고 묻기 시작할 때, 가능성의 지평이 열린다는 것을.

혹시 지금 이 책을 든 당신이 삶에 지쳐 잠시 숨 고를 틈을 찾고 있다면, 기본소득이라는 이야기가 작은 쉼표가 되기를 바란다. 세상을 조금 더 나은 곳으로 바꾸고 싶은 마음을 품고 있다면, 이 책이 당신의 발걸음에 온기가 되기를 바란다. 우리는 더 늦기 전에, 더 많은 고통이 쌓이기 전에, 이제는 예전과 다르게 말해야 한다. '기본소득'이라는 말은 바로 그 다름의 시작이다.

앞으로의 길에는 이른 새벽의 안개도, 불현듯 내리는 소나기도, 가슴 벅찬 노을도 있을 것이다. 그러나 그 모든 계절과 날씨를 함께 걸어갈 사람들이 곁에 함께 있다. 그 손을 잡고 저 빛이 부르는 방향으로 나아가자. 이제 이 이야기를 당신의 숨결과 목소리로 이어달라. 강물처럼 흘러 서로의 마음을 적시고, 별빛처럼 번져 세상을 비추어달라. 그리고 말해달라. 우리, 반드시 함께 살아야 한다고. 그리고 우리, 끝내 함께 더 잘살아낼 수 있다고. 저 먼 수평선 위로 떠오르는 빛이 우리의 이름을 부를 때, 이 여정이 하나의 길이 되어 세상을 비출 것이다.

2026년 1월 1일
새해 아침의 첫 빛 속에서

## 6부 | 대한민국 재생에너지 기본소득 지도

# 첫 빛으로 눈뜨는 세상

어둠 속에서 가장 먼저 깨어나는 것은 소리다. 멀리서 바닷물이 밀려와 해안의 바위를 부드럽게 때리는 소리, 숲속에서 바람이 일어 이파리와 속삭이는 소리, 그리고 아직 보이지 않는 새들이 날개를 터는 소리, 그 모든 소리가 낮게 깔린 심포니처럼 서로를 감싸안으며 세상이 깨어날 준비를 한다.

이윽고 코끝에 스미는 냄새가 있다. 밤새 머금은 땅의 습기, 풀잎에 맺힌 이슬의 투명한 향, 바다의 소금기가 섞인 서늘한 바람의 냄새, 차갑지만 결코 낯설지 않은 이 공기는 곧 세상을 물들이러 올 빛을 예고한다.

살며시 눈을 들어보면 어둠은 서서히 결을 잃어가고 있다. 하늘 끝자락에서 희미한 빛의 실금이 수평선을 따라 번지고, 그 빛은 바다

위를 길게 가르며 은빛 파도의 비늘을 반짝이게 한다. 아직 해는 뜨지 않았지만, 빛은 이미 세상을 물들이기 시작했다. 마치 보이지 않는 거인이 거대한 호흡으로 어둠을 밀어내는 듯, 공기와 풍경이 천천히 변화한다.

동이 트기 전, 세상은 가장 깊은 어둠 속에 잠긴다. 모든 것이 멈춘 듯한 정적, 바람조차 숨을 죽인 그 시간은, 사실 하루 중 가장 뜨겁게 변화가 꿈틀대는 순간이다. 수평선 너머에서 아직 보이지 않는 태양이 거대한 숨을 모으고, 산과 바다는 그 숨결에 미세하게 떨기 시작한다. 그리고 마침내 첫 빛이 하늘을 가르며 스며든다. 그 빛은 어제와 다른 오늘을 약속하는 서명이고, 아직 오지 않은 미래를 미리 품은 선언이다.

기본소득이라는 질문은 바로 그 첫 빛과 같다. 오래도록 '언젠가 때가 되면'의 이야기로 밀려나 있었지만, 그 불씨는 꺼지지 않았다. 기술과 노동의 경계가 흔들리고, 불평등의 그림자가 길게 드리워지는 지금, 우리는 더 이상 묻기를 미룰 수 없다. "왜 지금 기본소득인가?" 이 질문은 단지 제도와 재정 문제를 풀어보자는 것이 아니다. 그것은 우리가 어떤 사회에 살고 싶은지, 서로를 어떤 시선으로 바라볼 것인지, 미래를 누구와 어떻게 호흡할 것인지에 대한 물음이다.

이 책은 그 질문에 답하려는 여정이다. 그러기 위해서 세계 곳곳에서 이미 시작된 실험, 현장에서 생생하게 들려오는 목소리, 그리고 반대와 회의 속에서도 꿋꿋이 피어나는 가능성을 따라간다. 때로는 산을 오르는 길처럼 숨이 턱턱 막힐 것이고, 때로는 강물처럼 잔잔히 스며드는 이야기들이 우리의 마음을 적실 것이다. 그러나 분명한 것은 그 모든 페이지가 우리를 한 방향으로 이끌어갈 것이라는 사실이다.

책장을 한 장씩 넘기는 순간, 우리는 멀찍이 서서 바라보던 자리가 아니라, 이야기의 한가운데로 옮겨 서게 된다. 그리고 그 순간부터 이 길은 우리의 길이 된다. 이 길의 끝에 다다랐을 때 우리는 저녁노을과 새벽빛이 맞닿은 경계에서 새로운 사회를 마주하게 될 것이다. 태어난 것만으로도 존엄한 삶, 누구도 조건 없이 존중받는 나라, 그리고 모두가 함께 사는 세상을 만날 것이다.

이제 빛이 떠오른다. 저녁노을과 새벽빛이 맞닿은 그 경계에서 우리는 손을 맞잡고 나아가자. 그리고 그 빛 속에서 기본소득은 더 이상 꿈이 아니라 우리가 함께 써 내려갈 새로운 세상의 첫 서사가 되게 하자.

# 1부

# 왜 지금 기본소득인가

1장

∞

# K자 회복 시대,<br>갈라진 대한민국

## 두 개의 세계

2023년 가을, 서울 강남의 한 부동산 중개사무소는 연일 북적였다. 코로나19 팬데믹 이후 급등한 부동산 가격이 소강상태에 접어들었지만, 여전히 높은 수준을 유지하고 있었다. 30대 중반의 한 고객이 부모로부터 증여받은 자금과 대출을 합쳐 50억 원대 아파트 계약서에 도장을 찍었다.

"제때 들어와서 다행이에요. 이제는 안심이에요." 그의 얼굴에 안도감이 역력했다. 하지만 그 안도감 뒤에는 또 다른 이야기가 숨어 있었다. 그는 지난 3년간 부모님과 함께 '투자 전략 회의'라는 이름으로 매주 토요일 아침을 보냈다. 세무사인 아버지와 은행 임원 출신의 어머니가 제공하는 정보와 자본, 그리고 자신의 안정적인 직장소득이 결합되어 만들어낸 결과였다. 그에게 부동산 거래는 '리스크'가 아니라 '확실한 투자'였다.

사무소 직원은 계약서를 정리하며 말했다. "요즘 젊은 분들이 이런 큰 결정을 내리는 걸 보면 정말 대단해 보여요." 그러자 고객은 고개를 저었다. "대단한 게 아니에요. 그냥 운이 좋았을 뿐이죠. 부모님이 일찍부터 준비해주신 덕분이에요."

같은 시각, 서울 외곽의 한 소형 원룸에서는 20대 후반의 직장인이 월세 통장을 들여다보며 한숨을 쉬었다. 월급 250만 원 중 월세 60만 원, 통신비와 교통비, 식비를 빼고 나면 저축은커녕 다음 달 생활비도 빠듯했다. 박지영(가명) 씨는 지방 소재 대학을 졸업하고 서울에서 취업한 지 2년째다.

그녀의 하루는 새벽 6시 30분에 시작된다. 지하철 2호선 끝자락에 자리한 원룸에서 강남까지는 1시간 20분이 걸린다. 지하철 요금을 아끼려고 정기권을 끊었지만, 그마저도 한 달에 6만 원이다. 점심은 회사 근처 가장 저렴한 분식집에서 해결한다. 저녁에 집에 돌아오면 이미 밤 9시가 넘어있다.

"부모님께 손 벌리지 않고 독립한다고 뿌듯해했는데, 이게 독립인지 고립인지 모르겠어요."

그녀는 자조적으로 웃었다. 부모님은 지방에서 작은 식당을 운영하신다. 코로나19 때 문을 닫을 뻔했던 가게를 간신히 유지하고 계시지만, 딸에게 경제적 도움을 줄 여력은 없다. 오히려 박지영 씨가

명절 때마다 부모님께 용돈을 드리려고 노력한다. 50만 원이라도 보내드리려면 몇 달을 모아야 한다.

두 사람 사이의 거리는 지하철로 40분 남짓이지만, 그들이 사는 세계는 완전히 다르다. 미래가 한 사람에게는 설계되고 계획되는 것이라면, 다른 한 사람에게는 불안하고 예측할 수 없는 것이다. 같은 도시, 같은 시대를 살아가지만, 마치 다른 행성에 사는 것 같다.

이것이 오늘날 대한민국의 민낯이다. 같은 하늘 아래, 같은 시간대를 살아가지만, 누군가에게는 풍요의 시대요, 누군가에게는 결핍의 시대다. 경제학자들은 이를 'K자 회복'이라 부른다. 알파벳 K의 두 갈래처럼, 팬데믹 이후 경제가 회복되는 과정에서 상위층은 급격히 상승하고 하위층은 하락하는 현상을 말한다.

통계청·한국은행·금융감독원이 공동 발표한 「2024년 가계금융복지조사」에 따르면, 소득 상위 20퍼센트 가구의 평균 순자산은 10억 3,252만 원에 달했다.[1] 반면 전체 가구의 절반 이상인 57.4퍼센트가 3억 원 미만의 순자산을 보유하고 있다.[2] 순자산 5분위 배율(상위 20%와 하위 20%의 비율)은 역대 최고 수준을 기록했다. 문제는 이 격차가 단순히 숫자만이 아니라는 점이다. 그것은 삶의 질, 기회, 희망, 심지어 존엄성의 차이로 이어진다. 두 개의 세계는 갈수록 멀어지고 있고, 그 사이를 잇는 다리는 점점 더 무너져 내리고 있다.

## 부모 찬스가 자녀 인생 결정

27세 대학 졸업생 김민수(가명) 씨는 요즘 친구들을 만나기가 두렵다. "요즘 뭐해?"라는 가벼운 질문이 그에게는 가시처럼 느껴진다.

대기업에 입사한 친구, 부모의 도움으로 창업한 친구, 유학을 준비하는 친구 등 모두가 저마다의 길을 가고 있는데, 그는 여전히 취업 준비생이다.

김민수 씨의 하루는 도서관에서 시작해서 도서관으로 끝난다. 새벽 6시에 일어나 7시 30분에 도서관 앞에 줄을 선다. 토익 공부, 자격증 준비, 자기소개서 작성 등 하루 12시간을 책상 앞에서 보낸다. 그런 생활을 2년째 반복하고 있지만, 결과는 여전히 '불합격' 통지서뿐이다.

> "노력이 부족한 거냐고요? 저는 스펙도 나쁘지 않아요. 토익 900점, 학점 4.0, 자격증도 여러 개 땄어요. 그런데 요즘은 그게 기본이에요. 차별화되려면 해외연수, 인턴 경험, 어학연수 같은 게 필요한데, 그럴 여력이 없어요."

그의 목소리에는 절망감이 묻어 있었다. 부모님은 지방에서 자영업을 하신다. 코로나19 이후 매출이 절반으로 줄어들었고, 임대료와 인건비를 내고 나면 남는 것이 거의 없다. 김민수 씨는 오히려 아르바이트를 해서 생활비를 보태드려야 하는 상황이다. "친구들을 보면 정말 다른 세상 사람 같아요. A는 아버지 회사에서 인턴을 하더니 그 경험을 바탕으로 대기업에 들어갔어요. B는 어머니가 영어 선생님이라 어릴 때부터 원어민 과외를 받았고, 대학 때는 교환학생으로 미국에 다녀왔어요. 저는 그런 기회 자체가 없었어요."

부모의 경제력이 자녀의 학업 성취도와 진로에 미치는 영향이 갈

수록 커지고 있다. 사교육비 격차, 문화자본의 차이, 사회적 네트워크의 불균형, 이 모든 것이 세대를 넘어 불평등을 재생산하고 있다. 통계청의 2024년 초중고 사교육비 조사(2025년 3월 발표)에 따르면, 월 소득 800만 원 이상 가구의 학생 1인당 월평균 사교육비는 67만 6,000원인 반면, 월 소득 300만 원 미만 가구는 20만 5,000원에 그쳤다.[3] 소득 10분위(상위 10%) 가구의 사교육비는 소득 1분위(하위 10%) 가구의 무려 134배에 달했다.[4]

더욱 심각한 것은 이러한 격차가 어린 시절부터 누적된다는 점이다. 강남의 초등학교와 지방의 초등학교를 비교해보자. 강남의 아이들은 방과 후에 영어학원, 수학학원, 피아노 레슨, 태권도장을 다닌다. 주말에는 가족과 함께 박물관이나 미술관을 방문하고, 방학 때는 해외여행을 간다. 반면 지방의 아이들은 학원에 다니고 싶어도 경제적 여건이 되지 않는다. 문화시설도 부족하고, 해외는커녕 서울 나들이도 쉽지 않다.

29세 직장인 이지은(가명) 씨의 경험도 비슷하다. 그녀는 지방 출신으로 서울에서 대학을 다녔지만, 늘 '다름'을 느꼈다고 한다. "같은 과 친구들과 대화할 때마다 소외감을 느꼈어요. 그들이 당연하게 여기는 것들이 제게는 전혀 당연하지 않았거든요. 스키장 간 이야기, 해외여행 경험, 심지어 브랜드 이름까지, 저는 그런 대화에 끼어들 수 없었어요."

문제는 단순히 소득의 차이가 아니다. 기회의 차이다. 여러 조사 따르면, 우리나라 청년 10명 중 6명 이상이 '개인이 능력을 쌓고 노력해도 계층 상승이 어렵다'고 인식하고 있다. 이러한 비관적 전망은 시간이 갈수록 더욱 심화되는 추세다. 희망이 무너지고 있다.

특히 주목할 점은 '노력의 배신'이라는 현상이다. 과거에는 열심히 공부하고 성실하게 살면 어느 정도 계층 상승이 가능했다. 하지만 이제는 개인의 노력만으로는 한계가 있다. 부모의 경제력, 사회적 자본, 네트워크가 더 중요한 변수가 되었다.

> "저는 서울에서 나고 자랐지만, 서울에 살 수 없습니다. 월급의 절반 이상을 월세로 내고 나면, 미래를 위한 저축은 꿈도 못 꿔요. 결혼? 출산? 그건 부자들이나 하는 거죠. 저희 같은 사람들은 그냥 버티는 거예요. 내일이 오늘보다 나아질 거라는 기대 없이요."

29세 직장인 김가희(가명) 씨의 말이다. 그녀의 절망은 개인적인 것이 아니다. 한 세대 전체가 공유하는 절망이다.

## K자의 두 갈래, 그 끝은?

2020년 코로나19 팬데믹이 시작됐을 때, 많은 사람들은 "우리는 같은 폭풍우 속에 있다"라고 말했다. 하지만 곧 깨달았다. 우리는 같은 폭풍우 속에 있지만, 타고 있는 배가 달랐다. 누군가는 튼튼한 호화 유람선을 타고 있었고, 누군가는 구멍 난 나룻배에 의지하고 있었다.

팬데믹은 우리 사회의 불평등을 적나라하게 드러내는 엑스레이와 같았다. 겉으로는 보이지 않던 골절과 균열이 한순간에 모습을 드러냈다. 재택근무가 가능한 화이트칼라 직종은 안전하게 집에서 일했지만, 배달 기사, 마트 직원, 간병인, 청소 노동자들은 감염 위험을 무릅쓰고 현장에 나가야 했다.

김철호(가명, 52세) 씨는 코로나19 기간 중 배달 일을 했다. 하루 12시간씩 오토바이를 타고 서울 시내를 누볐다. "사람들은 집에 있으라고 하는데, 저는 나가서 일해야 했어요. 안 나가면 굶거든요. 마스크 끼고, 손 소독하고. 그래도 무서웠어요. 하지만 선택의 여지가 없었죠."

반면 IT 회사에 다니는 박성민(가명, 35세) 씨는 재택근무 덕분에 오히려 삶의 질이 향상됐다고 말한다. "출퇴근 시간이 없어지니까 여유가 생겼어요. 그 시간에 온라인으로 주식 투자도 하고, 부동산 정보도 찾아보고, 오히려 기회가 많아졌죠."

주식과 부동산을 가진 사람들은 자산 가치가 오르며 '부의 기회'를 맞았지만, 그렇지 못한 사람들은 실직과 폐업의 나락으로 떨어졌다. 가계금융복지조사에 따르면, 2023년 상위 10퍼센트 가구가 전체 순자산의 44.4퍼센트를 보유하는 등 자산 집중이 심화되었다.[5] 반면 하위 20퍼센트의 순자산은 전년 대비 2.3퍼센트 감소했다.

특히 20~30대 청년층의 자산 상황은 심각하다. 한국은행 「금융안정보고서」에 따르면 청년층의 순자산 대비 부채비율은 2017년 31.6퍼센트에서 2022년 39.0퍼센트로 높아졌다.[6] 같은 기간 중장년층은 25.4퍼센트에서 23.0퍼센트로 오히려 감소했다.[7] 청년층의 '영끌'로 인한 재무 건전성 악화가 뚜렷하다.

K자 회복은 단순한 경제 현상이 아니라, 우리 사회의 구조적 문제를 드러내는 신호다. 기존의 복지 시스템은 이러한 격차를 메우기

에 역부족이다. 실업급여는 일자리를 잃은 사람에게만, 기초생활수급은 극빈층에게만 주어진다. 하지만 진짜 고통은 그 경계선에 있는 사람들, 일은 하지만 가난한 '워킹 푸어'들에게 있다.

25세 편의점 알바생 정유진(가명) 씨의 이야기를 들어보자. 그녀는 대학을 졸업했지만, 정규직을 구하지 못해 편의점에서 아르바이트를 하고 있다. 2025년 최저시급 10,030원으로 하루 8시간, 주 6일을 일해도 월 200만 원을 조금 넘는 수입밖에 얻을 수 없다.[8]

> "저는 실업자도 아니고, 그렇다고 안정적인 직장인도 아니에요. 정부 지원? 저 같은 사람은 어디에도 해당하지 않아요. 일하고 있으니까 실업급여도 못 받고, 소득이 있으니까 기초생활수급도 안 되고 그냥 투명인간 같아요."

문제는 경제적 격차가 사회적 분열로 이어진다는 점이다. 소득 계층 간의 사회적 접촉이 급격히 감소하고 있다. 상위 계층은 상위 계층끼리, 하위 계층은 하위 계층끼리 모이는 경향이 강해지고 있는 것이다. 같은 동네에 살아도, 같은 학교에 다녀도, 계층이 다르면 친구가 되기 어려운 사회가 되어가고 있다.

이는 물리적인 분리에서도 나타난다. 고급 주거지역과 서민 주거지역이 점점 더 멀어지고 있다. 강남과 강북의 격차, 서울과 지방의 격차가 심화되고 있다. 아이들은 태어날 때부터 다른 환경에서 자라고, 다른 사람들과 어울리며, 다른 꿈을 꾼다.

더 심각한 것은 이러한 분리가 상호 이해의 기회를 차단한다는 점이다. 부유층은 가난한 사람들의 현실을 모르고, 서민층은 부유층의 세계를 이해할 수 없다. 서토에 대한 편견과 적대감만 쌓여간다. 이는 민주주의의 위기이기도 하다. 서로 다른 현실을 살아가는 사람들이 어떻게 공동의 미래를 그릴 수 있을까? 어떻게 서로를 이해하고 연대할 수 있을까? 불평등은 단지 소득의 문제가 아니라 공동체의 해체를 의미한다.

프랑스의 경제학자 토마 피케티Thomas Piketty가 경고했듯이, 불평등이 일정 수준을 넘어서면 사희의 안정성 자체가 위협받는다. 미국에서 벌어지고 있는 정치적 양극화, 유럽에서 나타나는 포퓰리즘의 부상 등 이 모든 현상의 배경에는 심화되는 불평등이 있다.

K자의 두 갈래는 계속 벌어지고 있다. 한쪽은 끝없이 상승하고, 한쪽은 끝없이 하강한다. 이 추세가 계속된다면, 우리 사회는 두 개의 평행선으로 완전히 분리될 것이다. 그렇게 되기 전에, 우리는 새로운 길을 찾아야 한다. 그 길은 어디에 있을까? 경제성장, 일자리 창출, 교육 기회 확대 등과 같은 전통적인 해법들만으로는 부족하다는 것이 점점 명확해지고 있다. 구조적인 변화가 필요하다. 패러다임의 전환이 필요한 것이다.

기본소득은 그 길 위에 놓인 첫 번째 이정표다. 완벽한 해답은 아니지만, 적어도 출발점은 될 수 있다. 모든 사람이 인간다운 삶을 살 권리, 꿈꿀 권리, 실패해드 다시 일어설 수 있는 권리를 보장하는 사회, 부모의 경제력이 아니라 개인의 노력과 재능이 평가받는 사회, K자로 갈라진 두 세계를 다시 하나로 연결하는 다리, 그것이 기본소득이 그리는 미래다.

2장

∾

# AI가 바꾸는
# 일자리 풍경

## 판교의 조용한 혁명

2023년 봄, 성남 판교의 한 IT 기업 사무실. 개발팀장 박준호(가명, 42세) 씨는 모니터를 응시하며 복잡한 표정을 지었다. 화면에는 AI가 불과 3시간 만에 작성한 코드가 떠 있었다. 그의 팀이 일주일 동안 씨름하던 작업이었다. 더 놀라운 것은 AI가 제작한 코드가 인간이 작성한 것보다 효율적이고 버그도 적다는 점이었다.

"처음에는 신기했어요. '와, 이렇게 빨리 할 수 있구나' 싶었죠. 하지만 곧 두려움이 밀려왔습니다. 제가 10년 동안 쌓아온 경험과 노하우가 AI 앞에서는 무색해지더라고요. 우리 팀 막내 개발자가 물었어요. '팀장님, 우리가 앞으로 10년 뒤에도 이 일을 하고 있을까요?' 저는 대답할 수 없었습니다."

AI의 진화는 상상을 초월한다. 챗GPT가 2022년 11월 30일 출시된 이후 불과 3년 만에,[1] 인공지능은 코드 작성, 문서 번역, 이미지 생성, 법률 검토, 의료 진단 등 고도의 인지노동 영역까지 진출했다. 과거의 자동화가 단순 반복 작업을 대체했다면, 이번에는 창의성과 판단력이 필요한 화이트칼라 직업까지 위협받고 있다.

경기도의 한 자동차 부품 공장. 35년 경력의 숙련 기술자 김철수(가명, 55세) 씨는 지난달 로봇에게 자신의 작업을 '가르쳤다'. 회사는 이를 "기술 이전"이라고 불렀지만, 그는 알고 있었다. 자신의 자리가 사라진다는 것을.

> "35년 동안 손끝으로 익힌 감각이 있어요. 기계 소리만 들어도 문제를 알 수 있고, 부품의 미세한 떨림만 봐도 불량을 잡아낼 수 있죠. 그런데 로봇은 딱 3개월 만에 제 노하우를 다 배웠어요. 아니, 배운 것보다 더 정확하게 작업하더라고요. 밤새도록 쉬지 않고, 실수도 하지 않고. 저는 이제 무엇을 해야 할까요?"

김철수 씨는 씁쓸한 미소를 지었다. 그는 고등학교를 졸업하고 이 공장에 입사했다. 처음에는 허드렛일을 했지만, 점차 실력을 쌓아 현장의 핵심 인력이 되었다. 그의 손기술을 배우려는 후배들이 줄을 섰다. 하지만 이제는 그 모든 것이 무의미해졌다. 회사는 그에게 '명예퇴직'을 권유했다. 55세, 무언가 다시 시작하기에는 너무 늦은 나이다.

변호사, 의사, 회계사 등 한때 '철밥통' 직업으로 불리던 전문직마저 AI의 도전을 받고 있다. 서울의 한 로펌에서 5년차 변호사로 일하는 이수현(가명, 32세) 씨는 최근 회사에 도입된 AI 법률 검색 시스템에 충격을 받았다.

> "예전에는 판례 검색에 하루 종일 걸렸어요. 법령과 판례를 하나하나 뒤져가며 논리를 구성했죠. 그런데 이제 AI가 몇 초 만에 관련 판례를 찾아주고, 심지어 법적 논리까지 제시해줍니다. 물론 최종 판단은 인간이 하지만, 제가 하던 일의 80퍼센트는 AI가 대신할 수 있게 됐어요."

이수현 씨는 로스쿨을 우수한 성적으로 졸업했다. 변호사 시험도 높은 점수로 합격했다. "평생직장이라고 생각했어요. 법은 인간의 판단이 필요한 영역이니까 안전할 거라고 믿었죠. 하지만 지금은 10년 뒤 제 자리가 있을지 확신할 수 없어요."

의료계도 마찬가지다. 영상의학과 의사들은 이미 AI가 CT나 MRI 영상을 읽는 정확도가 인간을 뛰어넘었다는 사실에 긴장하고 있다. 실제로 국내외 여러 연구에서 AI의 폐암 진단 정확도는 95퍼센트 이상을 기록하며, 경력 10년 이상 전문의의 평균을 상회하는 것으로 나타났다.[2] 서울의 한 대학병원 영상의학과 전문의는 이렇게 말했다. "AI가 처음 도입됐을 때는 보조 도구로만 생각했어요. 하지만 이제는 솔직히 AI가 놓치는 병변을 제가 발견하는 경우보다, 제가 놓친 것을 AI가 발견하는 경우가 더 많습니다. 기계는 피곤해하지도 않고, 집중력도 흐트러지지 않으니까요."

## AI와 기본소득의 만남

하지만 모든 게 절망적인 것만은 아니다. AI 시대는 일자리의 종말을 의미하는 것이 아니라 일을 재정의하는 것이다. 산업혁명 때도 마차 제조업자들은 사라졌지만, 자동차 정비사라는 새로운 직업이 생겨났다. 중요한 것은 변화에 적응하는 것이다. 다만 이번 변화는 속도가 너무 빨라서 문제다. 과거에는 한 세대에 걸쳐 변화했던 것이 이제는 몇 년 만에 일어나고 있다. 옛날에는 마차 제조업자의 아들이 자동차 정비사가 될 수 있었지만, 이제는 아버지가 현역일 때 이미 직업이 사라지는 시대가 됐다.

실제로 새로운 형태의 일들이 생겨나고 있다. 유튜브 크리에이터, 배달 플랫폼 라이더, 온라인 과외 교사, 반려동물 돌보미, AI 프롬프트 엔지니어, 데이터 라벨러 등은 10년 전에는 존재하지 않던 직업들이다. 문제는 이런 일들이 대부분 불안정하다는 점이다. 고용 보장도 없고, 4대 보험도 제대로 적용되지 않으며, 소득도 예측하기 어렵다.

28세 유튜브 크리에이터 최민호(가명) 씨의 경우를 보자. 그는 게임 방송으로 월평균 300만 원 정도의 수입을 올린다. 언뜻 괜찮아 보이지만, 실상은 다르다.

"수입이 들쭉날쭉해요. 어떤 달은 500만 원이지만, 어떤 달은 100만 원도 안 돼요. 알고리즘이 바뀌면 조회수가 폭락하거든요. 4대 보험도 없고, 휴가도 없어요. 쉬면 수입이 줄어들고, 계속 콘텐츠를 만들어야 해요. 번아웃이 와도 쉴 수 없죠. 이게 직업인지, 아니면 그냥 하루하루 버티는 건지, 솔직히 잘 모르겠어요."

흥미로운 사례도 있다. 서울 서초구의 한 회계법인. AI 회계 시스템 도입 후 직원 수는 감소했지만, 남은 직원들의 만족도는 오히려 높아졌다. 단순 반복 업무는 AI가 처리하고, 인간은 고객 상담과 전략 기획 등 창의적 업무에 집중하게 됐기 때문이다.

여기서 근무하는 한 직원은 이렇게 말한다. "AI가 도입되기 전에는 하루 종일 숫자만 봤어요. 정말 지겨웠죠. 이제는 고객과 직접 만나 재무 전략을 논의하고, 새로운 서비스를 기획하는 일을 해요. 훨씬 흥미롭고 보람 있어요. 물론 해고당한 동료들을 생각하면 마음이 편하지는 않지만요."

여기서 중요한 질문이 제기된다. AI로 인한 생산성 향상의 이익은 누가 가져가야 할까? 기업만 가져가야 할까, 아니면 사회 전체가 나누어야 할까? 실리콘밸리의 많은 기업가들이 기본소득을 지지하는 이유가 여기에 있다. 테슬라 CEO 일론 머스크는 2019년부터 일관되게 "AI 발전으로 대부분의 일자리가 사라질 것이므로 보편적 기본소득UBI이 필요하다"고 주장해왔다. 2025년 5월에는 "AI가 인간의 일자리 대부분을 대체할 것"이라며, '유니버설 하이 인컴Universal High Income'이라는 개념을 제시했다.[3] 마이크로소프트 창업자 빌 게이츠는 2017년 쿼츠Quartz지 인터뷰에서 "로봇을 사용하는 회사에 인간과 같은 수준의 세금, '로봇세robot tax'를 부과해야 한다"고 제안했다.[4] 이들의 주장은 단순한 이상론이 아니다. AI가 만들어낸 부는 특정 기업이나 개인의 것이 아니라 인류 공동의 자산이라는 인식에 기반한다. 데이터도 우리 모두의 정보로 만들어진 것이고, AI 알고리즘도 수많은 연구자들의 집단지성의 결과다. 그렇다면 그 성과도 모두가 나눠 가져야 하지 않을까?

삼성경제연구소의 한 연구원은 이렇게 분석한다. "AI의 발전은 생산성을 획기적으로 높입니다. 문제는 그 과실이 자본가에게만 집중된다는 거죠. 근로자는 일자리를 잃고, 기업은 더 많은 이익을 얻습니다. 이 불균형을 해소하지 않으면 사회적 갈등이 폭발할 겁니다."

실제로 역사는 이를 증명한다. 산업혁명 초기에 기계가 도입되면서 많은 노동자들이 일자리를 잃었다. 그 결과는 '러다이트Luddite 운동(기계 파괴 운동)'과 같은 극렬한 저항이었다. 결국 사회는 노동법, 최저임금제, 사회보장제도 등을 통해 새로운 균형을 찾아야 했다. AI 시대에도 마찬가지다. 새로운 사회계약이 필요하다.

## 미래의 노동, 미래의 삶

AI 시대의 일자리 변화는 단순히 경제적 문제가 아니다. 그것은 인간의 존재 의미와 직결된 문제다. 오랫동안 인간은 일을 통해 자아를 실현하고 사회적 정체성을 확립해왔다. "당신은 무슨 일을 하세요?"라는 질문이 "당신은 누구세요?"와 같은 의미였다. 하지만 AI가 대부분의 일을 대신한다면, 인간은 무엇으로 자신을 정의해야 할까?

심리학자 에리히 프롬은 일찍이 이 문제를 예견했다. 그는 『소유냐 존재냐<sub>To Have or To Be</sub>』에서 인간의 가치가 '무엇을 하느냐'가 아니라 '무엇으로 존재하느냐'에 있다고 말했다. 이때 기본소득은 단순한 경제적 지원을 넘어 인간의 존재 가치를 재정의하는 도구가 될 수 있다. 기본소득이 있다면 사람들은 생계를 위해 억지로 하는 일에서 벗어나 정말 하고 싶은 일, 사회에 의미 있는 일을 할 수 있게 될 것이다.

예를 들어보자. 예술가 지망생 김다은(가명, 26세) 씨는 생계를 위해 편의점 아르바이트를 한다. 꿈은 화가지만, 그림만으로는 생활할 수 없다. "하루 8시간 알바를 하고 나면 너무 지쳐서 그림을 그릴 힘이 없어요. 주말에 그리려고 해도 평일에 쌓인 피로 때문에 잠만 자게 돼요." 만약 기본소득이 있다면? "아르바이트 시간을 줄이고 그림에 집중할 수 있을 거예요. 당장 성공은 못 해도, 적어도 도전할 기회는 생기겠죠."

또 다른 사례를 보자. 60대 노인을 돌보는 요양보호사 이현숙(가명, 55세) 씨. 그녀의 일은 AI가 대체하기 어려운 전형적인 '돌봄 노동'이다. 하지만 급여는 최저시급 수준이다.

"AI가 청소나 간단한 일은 할 수 있어요. 하지만 어르신과 대화하고, 감정을 나누고, 외로움을 달래주는 건 사람만이 할 수 있죠. 그런데 이런 일은 제대로 평가받지 못해요. 돈도 적게 받고, 사회적 존중도 없어요. 기본소득이 있다면? 최소한 생활 걱정 없이 이 의미 있는 일을 계속할 수 있을 것 같아요."

예술, 돌봄, 환경 보호, 사회봉사, 지역 공동체 활동과 같은 일들은 AI가 대신할 수 없지만, 우리 사회에 꼭 필요한 것들이다. 하지만 현재의 시장경제에서는 제대로 보상받지 못한다. 기본소득은 이러한 '비시장적 가치'를 인정하고 보상하는 제도가 될 수 있다. AI 시대, 일자리의 변화는 위기가 아니라 전환이다. 기본소득은 그 전환을 인간답게 만드는 열쇠다.

이현숙 씨는 말한다. "기본소득이 있다면, 저는 이 일을 계속할 거예요. 돈 때문이 아니라, 정말 의미 있는 일이니까요. 그리고 여유가 생기면 더 많은 어르신을 돌볼 수 있을 것 같아요. 기본소득은 단순히 돈이 아니라, 우리가 진짜 하고 싶은 일을 할 수 있게 해주는 자유예요."

AI가 바꾸는 세상은 두렵지만, 동시에 새로운 가능성으로 가득하다. 중요한 것은 그 변화를 누구의 것으로 만드느냐다. 소수의 자본가만의 이익으로 만들 것인가, 아니면 모두의 몫으로 만들 것인가. 기본소득은 바로 후자를 선택하는 길이다.

3장

∞

# 기후 위기와
# 에너지 독립의 기회

## 작은 실험이 만든 큰 변화

2024년 봄, 전남 신안군 안좌도의 한 마을회관. 68세 김순자(가명) 할머니는 손주들에게 자랑스럽게 통장을 보여주었다. "봐라, 이번 달도 돈이 들어왔네. 햇빛이 우리한테 돈을 벌어다 준 거여." 통장 에는 '신안군 재생에너지 이익공유금'이라는 항목으로 17만 원이 입 금되어 있었다.

"살면서 연금이라는 걸 받아본 적이 없어요. 국민연금도 안 들었고, 기 초연금으로 근근이 살았죠. 그런데 이제는 햇빛이 돈을 벌어다 줘요. 하 늘이 우리를 돌보는 것 같아요. 이 돈으로 병원도 가고, 손주들 용돈도 주고, 인간답게 사는 기분이에요."

신안군의 '햇빛연금'은 2021년부터 전국 최초로 시행된 재생에너지 '주민이익공유제'다.[1] 태양광발전소에서 나오는 수익을 지역주민과 나누는 이 제도는 2025년 10월 기준 1만 8,997명의 주민(전체 인구의 49%)에게 누적 300억 원을 지급했다.[2] 발전소와의 거리에 따라 주민들은 분기별로 10만 원에서 68만 원까지, 연간 40만 원에서 272만 원을 받는다.[3]

김순자 씨는 마을 이장의 권유로 2020년 주민협동조합에 1만 원을 출자했다. "처음엔 의심했어요. 태양광판 몇 개로 무슨 돈을 벌겠나 싶었죠. 그런데 첫 분기에 돈이 들어왔을 때 정말 깜짝 놀랐어요. 그게 벌써 5년째예요. 이 돈 덕분에 서울에 있는 아들한테 손 벌리지 않고 살 수 있어요."

신안군의 실험은 단순한 복지 정책이 아니다. 그것은 에너지 전환과 지역경제 활성화, 그리고 사회적 연대를 동시에 실현하는 통합적 접근이다. 더욱 놀라운 것은 이 작은 섬마을의 인구가 늘어나기 시작했다는 사실이다. 실시 이후 귀농·귀촌 인구가 지속적으로 증가하고 있다. 이 제도는 기본소득의 핵심 원칙인 '공유부 배당'의 실제 사례다. 햇빛과 바람이라는 공동의 자원에서 나오는 이익을 지역주민 모두가 나눈다는 철학이 담겨 있다.

35세 젊은 귀농인 차민수(가명) 씨도 그중 한 명이다. 서울에서 IT 회사를 다니던 그는 2022년 신안군으로 이주했다.

"도시에서 월급 300만 원 받으며 살 때는 미래가 안 보였어요. 월세와 생활비 빼고 나면 남는 게 없었죠. 하지만 여기서는 다릅니다. 햇빛연금으로 기본 생활비가 해결되고, 농사지은 작물도 팔고, 여유

시간에 온라인 일도 해요. 서울 살 때보다 소득은 줄었지만, 삶의
질은 훨씬 높아졌어요."

신안군의 성공은 '에너지 민주주의'라는 새로운 패러다임을 보여준
다. 에너지를 소수의 대기업이 독점하는 것이 아니라, 지역 공동체
가 소유하고 관리하며, 그 이익을 주민들이 공유하는 시스템, 이것
이 바로 미래 에너지 체제의 모습이다.

## 재생에너지가 만드는 새 일자리

기후 위기는 위협이지만, 동시에 기회이기도 하다. 재생에너지로
의 전환은 새로운 일자리를 창출하고, 지역경제를 살리며, 에너지
독립을 가능하게 한다. 국제재생에너지기구IRENA는 2030년까지 전
세계적으로 약 4,000만 개의 재생에너지 일자리가 창출될 것으로
전망한다.[4] 가장 큰 증가가 있을 것으로 예상되는 분야는 '태양광 발
전'이다. 우리 정부 역시 '한국판 뉴딜' 총 220조 원 투자 중 상당 부
분을 그린뉴딜에 배정할 예정이다.[5]

충남 당진의 한 석탄화력발전소에서 33년간 일하던 이철수(가명,
53세) 씨는 2023년 가을, 인생의 중대한 기로에 섰다. 회사는 발전
소 폐쇄 계획을 발표했고, 그에게 명예퇴직을 권유했다. 53세. 재취
업하기에는 너무 늦은 나이처럼 느껴졌다. "처음엔 정말 막막했어
요. 평생 이 일만 해왔는데, 이제 와서 뭘 할 수 있을까 싶었죠."

고등학교를 졸업하고 발전소에 입사한 지 33년. 그는 보일러 운전
과 터빈 관리의 전문가였다. 새벽 4시에 출근해 거대한 기계들을 점
검하고, 석탄이 타는 소리와 증기가 내뿜는 굉음 속에서 하루를 보

냈다. "이 일에 자부심이 있었어요. 국가 전력 공급을 책임진다는 사명감도 있었고요. 하지만 시대가 바뀌었어요. 석탄은 이제 '과거'가 되어버렸죠."

그의 아내는 걱정이 태산 같았다. "집 대출이 아직 1억 원 남았어요. 아들은 대학생이고, 딸은 취준생이에요. 남편이 직장을 잃으면 우리 가족은 어떻게 되나요?" 이철수 씨는 잠을 이룰 수 없었다. 평생 성실하게 일했는데, 이제 와서 쓸모없어진다는 생각에 자존감이 무너졌다.

그때 노동조합에서 정부 지원 '공정한 전환Just Transition' 프로그램을 안내했다. 석탄 산업 종사자들을 재생에너지 분야로 전환시키기 위한 재교육 프로그램이었다. 6개월 과정이었고, 훈련 기간 동안 약간의 생활비도 지원됐다. "반신반의했어요. 53세 장년한테 새로운 걸 가르쳐준다고? 배울 수 있을까? 하지만 선택의 여지가 없었죠."

"교육장에 가보니까 저랑 비슷한 처지의 사람들이 20명 정도 있었어요. 다들 40대 후반에서 50대 초반. 석탄, 철강, 석유화학을 비롯하여 화석연료 산업에서 일하던 사람들이었죠. 첫날 강사가 말했어요. '여러분은 쓸모없어진 게 아닙니다. 여러분의 기술은 여전히 귀중합니다. 단지 새로운 에너지 시스템에 적용하는 법을 배우면 됩니다.' 그 말이 위로가 됐어요."

교육은 생각보다 어렵지 않았다. 전기의 기본 원리는 같았고, 기계를 다루는 감각도 통했다. 태양광 패널의 구조, 인버터 작동 원리,

설치 안전 기준, 유지보수 방법 등 6개월 동안 그는 하루 8시간씩 새로운 지식을 흡수했다. "제가 30년 넘게 다뤄온 발전기도 전기를 만드는 거고, 태양광 패널도 전기를 만드는 거잖아요. 원리는 똑같아요. 다만 에너지원이 석탄에서 햇빛으로 바뀐 것뿐이죠."

교육을 마치고 그는 충남 서산의 한 태양광 설치 업체에 취업했다. 급여는 발전소 시절보다 20퍼센트 정도 줄었지만, 일은 오히려 더 많았다. "요즘 전국 곳곳에서 태양광을 짓고 있어요. 공장 옥상, 주차장, 농지, 산비탈, 어디든 일감이 끊이질 않아요. 일주일에 서너 군데 현장을 다니죠."

그가 일하는 업체는 직원 15명의 작은 회사지만, 연간 매출이 30억 원에 달한다. 대표는 40대 초반의 젊은 엔지니어다. "석탄 산업 경력자들이 우리 회사의 핵심 인력이에요. 이분들은 큰 설비를 다루는 데 익숙하고, 안전 의식도 철저하고, 책임감도 강해요. 20대 신입 직원들이 배워야 할 게 많죠."

재생에너지 일자리는 화석연료 산업과 다른 특성을 갖는다. 첫째, 분산형이다. 석탄발전소나 원자력발전소는 특정 지역에 집중되지만, 태양광과 풍력은 전국 곳곳에 퍼져 있다. 이는 지역경제를 골고루 활성화한다는 의미다. 이철수 씨가 일하는 서산뿐 아니라 당진, 태안, 보령, 홍성 등 충남 전역에 태양광 시공 업체들이 생겨나고 있다. 둘째, 노동집약적이다. 태양광 패널 한 장 한 장을 사람이 직접 설치하고, 배선을 연결하고, 점검한다. AI나 로봇이 대체하기 어려운 일이다. 특히 옥상이나 경사지 같은 복잡한 환경에서는 숙련된 기술자의 손길이 필수다. 셋째, 전환 가능성이 높다. 기존 건설, 전기, 기계 분야 기술자들이 재교육을 통해 쉽게 적응할 수 있다.

33세 여성 엔지니어 장혜진(가명) 씨는 대학에서 전기공학을 전공하고 재생에너지 컨설팅 회사에 입사했다. "예전에는 에너지 산업이라고 하면 남초 직장, 3D 업종 이미지가 강했어요. 하지만 재생에너지는 달라요. 젊고 창의적인 사람들이 많고, 근무 환경도 좋고, 무엇보다 일에 대한 자부심이 커요. 우리가 기후 위기를 막고 미래를 만드는 일을 하고 있다는 생각이 들거든요."

장혜진 씨의 회사는 태양광·풍력 발전소의 최적 입지를 분석하고, 발전량을 예측하며, 투자 수익률을 계산한다. "AI와 빅데이터를 활용해서 일조량, 풍속, 토지 가격, 송전망 거리 등을 분석해요. 정말 흥미로운 일이에요. 그리고 우리가 설계한 발전소가 실제로 지어지고, 전기를 생산하는 걸 보면 뿌듯해요."

재생에너지는 단순 기술직뿐 아니라 다양한 전문직 일자리도 창출한다. 에너지 컨설턴트, 환경영향평가 전문가, 재무 분석가, 법률자문, 지역주민 소통 담당자와 같은 새로운 직업들이 계속 생겨나고 있다. 재생에너지 선진국인 독일의 경우, 공정한 전환 정책을 통해 석탄 산업 종사자들에게 재교육 기회와 소득 보장을 제공했다. 그 결과 2000년부터 2020년까지 재생에너지 일자리가 40만 개 이상 창출되었고, 석탄 산업 퇴출로 인한 사회적 갈등을 최소화할 수 있었다.[6] 중요한 것은 단순히 '일자리를 빼앗는다'가 아니라 '새로운 일자리로 전환한다'는 관점이다.

이철수 씨는 지금 후배들에게 적극적으로 재교육을 권유한다. "석탄은 끝났어요. 하지만 우리 인생은 안 끝났죠. 새로운 걸 배우는 게 두렵지만, 해보면 할 수 있어요. 그리고 솔직히 태양광 일이 더 좋아요. 석탄 먼지도 안 마시고, 공기도 깨끗하고, 뭔가 미래를 만드는 일을 하고 있다는 느낌이 들거든요."

에너지 전환은 일자리의 종말이 아니라, 더 나은 일자리로의 전환이다. 그리고 기본소득은 그 전환을 안전하고 공정하게 만드는 든든한 안전판이 될 수 있다. 만약 이철수 씨가 재교육을 받는 6개월 동안 기본소득이 있었다면 어땠을까? 생활비 걱정 없이 더 집중해서 공부할 수 있었을 것이다. 기본소득은 에너지 전환의 고통을 완화하고, 모든 사람이 새로운 시대에 동참할 기회를 보장한다.

신안군의 햇빛연금에 이어, 전국 곳곳에서 재생에너지가 일자리와 소득을 만들어내고 있다. 강원도 영월의 폐광 지역은 태양광 발전단지로 재탄생했고, 제주도는 풍력과 태양광으로 에너지 자립을 향해 나아가고 있다. 한편 전북 부안의 위도 앞바다에는 국내 최초의 대규모 해상풍력 발전단지가 조성되고 있다. 어업권 보상과 주민참여 사업 등을 통해 지역과의 상생을 모색하고 있지만, 여전히 일부 주민들의 우려도 존재한다.[7]

이철수 씨는 손주에게 이렇게 말한다. "할아버지는 석탄으로 전기를 만들었지. 너희 세대는 햇빛과 바람으로 전기를 만들 거야. 더 깨끗하고, 더 안전하고, 영원히 쓸 수 있는 에너지지. 할아버지는 늙어서도 새로운 걸 배워서 너희 미래를 만드는 일을 하고 있어. 자랑스럽지?"

재생에너지가 만드는 일자리는 단순히 경제적 기회가 아니다. 그것은 지역 공동체를 살리고, 기후 위기에 대응하며, 에너지 주권을 되찾는 과정이다. 그리고 그 과정의 중심에 사람이 있다. 이철수 씨처럼 평생 성실하게 일한 사람들이, 새로운 시대에도 자신의 자리를 찾고, 존엄하게 일할 수 있는 사회, 그것이 바로 공정한 에너지 전환이며, 기본소득은 그 전환을 가능하게 하는 핵심 동력이다.

### 탄소세와 기본소득의 연결

기후 위기는 누구에게나 공평하게 닥치지 않는다. 2023년 여름, 서울 강남의 한 고층 아파트. 에어컨이 쉴 새 없이 돌아가는 쾌적한 거실에서 한 중년 부부는 전기요금 고지서를 보며 한숨을 쉬었다. "이번 달 전기세가 40만 원이네. 많이 나왔네." 하지만 그들에게 40만 원은 생활비의 큰 비중을 차지하지 않는다. 월 소득이 1,000만 원이 넘으니까.

같은 시각, 서울 외곽의 한 반지하 방. 32도를 넘나드는 무더위 속에서 28세 직장인 최유진(가명) 씨는 선풍기만 틀고 버티고 있었다. "에어컨 돌리면 전기세 폭탄 맞아요. 지난달에 냉방기 좀 썼더니 전기세가 15만 원 나왔어요. 제 월급이 250만 원인데, 15만 원은 너무 부담돼요. 그래서 올해는 참기로 했어요."

"부자들은 에어컨 펑펑 틀고, 차 몰고 다니고, 비행기 타고 해외여행 다니잖아요. 그런데 왜 똑같이 탄소배출 문제라고 하죠? 저는 에어컨도 안 틀고, 대중교통 타고, 해외여행은 꿈도 못 꾸는데요. 기후 위기의 책임이 우리에게도 있다는 말이 공평하게 느껴지지 않아요."

옥스팜Oxfam과 스톡홀름환경연구소SEI가 2023년 공동으로 발표한 보고서에 따르면, 전 세계 소득 상위 10퍼센트가 전체 탄소 배출량의 약 50퍼센트를 차지했다.[8] 반면 소득 하위 50퍼센트는 겨우 10퍼센트만 배출했다. 이러한 불평등을 해소하기 위한 정책이 바로 '탄소세와 기본소득의 결합'이다. 원리는 간단하다. 탄소 배출에 세금을 부과하고, 그 수입을 모든 국민에게 균등하게 배당하는 것이다. 많이 배출하는 부유층은 더 많은 세금을 내고, 적게 배출하는 서민층은 오히려 순이익을 얻게 된다.

캐나다는 이미 이 모델을 실행하고 있다. 2019년부터 연방 탄소세를 도입하고, 그 수입의 90퍼센트를 '기후행동장려금Canada Carbon Rebate'으로 국민에게 되돌려주고 있다.[9] 2024~2025년 기준 4인 가족은 연간 최대 1,800캐나다달러(약 240만 원)를 받는다.[10] 토론토에 사는 한 주부는 이렇게 말한다. "우리 가족은 대중교통을 주로 이용하고, 에너지 효율이 높은 가전제품을 써요. 그 결과 탄소세로 내는 돈보다 받는 돈이 더 많아요. 작년에 약 200달러 순이익이 났어요. 환경을 생각하며 사는 게 보상받는다는 느낌이 좋아요."

기후 위기는 위협이지만, 동시에 더 나은 세상을 만들 기회이기도 하다. 기본소득은 그 기회를 현실로 만드는 열쇠다.

# 2부

# 기본소득이란 무엇인가

4장

∞

# 기본소득의
# 정의와 원칙

## 기본소득, 정확히 뭐지?

2025년 봄, 서울 영등포구의 한 토론회장. 70대 노인 최병철(가명) 씨는 패널들의 발표를 들으며 고개를 갸우뚱했다. "기본소득이 모든 국민에게 조건 없이 지급된다고요? 그럼 부자들에게도 주나요? 일 안 하는 사람들에게도?" 그의 질문은 토론장을 가득 메운 청중들 사이에서 웅성거림을 불러일으켰다. 많은 사람들이 고개를 끄덕였다. 그들도 같은 의문을 품고 있었던 것이다.

사회자가 답변에 나섰다. "네, 맞습니다. 기본소득은 말 그대로 모든 사람에게 지급됩니다. 소득이 많든 적든, 일을 하든 안 하든, 나이가 많든 적든 상관없이 모두에게 똑같이 주어집니다." 최병철 씨의 얼굴에는 당혹감이 역력했다. "그럼 그게 공평한가요? 저는 평생 성실하게 일했는데, 놀고먹는 사람이랑 똑같이 받는다는 게?"

그의 반응은 자연스럽다. 우리는 오랫동안 '일한 만큼 돈을 받는다', '노력한 만큼 보상을 받는다'는 원칙 속에서 살아왔다. 복지 혜택도 '정말 꼭 필요한 사람'에게만 돌아가야 한다고 배웠다. 그런데 기본소득은 이 모든 상식을 뒤집는다. 왜일까?

기본소득지구네트워크BIEN, Basic Income Earth Network는 기본소득을 이렇게 정의한다. '자산 심사나 노동에 대한 요구 없이 무조건적으로 모두에게 개별적으로 주어지는 정기적인 현금 이전.'[1] 짧은 문장이지만, 여기에는 우리가 복지를 바라보는 관점을 근본적으로 바꾸는 다섯 가지 혁신적 원칙이 담겨 있다.

첫째, 보편성universal의 원칙이다. 기본소득은 소득이나 자산에 관계 없이 모든 사람에게 지급한다. 둘째, 개별성individual의 원칙이다. 기본소득은 가구 단위가 아닌 개인 단위로 지급한다. 셋째, 무조건성unconditional의 원칙이다. 기본소득은 일을 하거나 구직 활동을 하지 않아도 지급한다. 넷째, 정기성periodic의 원칙이다. 기본소득은 일회성이 아니라 매월 또는 정기적으로 지급한다. 다섯째, 현금성cash payment의 원칙이다. 기본소득은 바우처나 현물이 아닌 현금으로 지급한다. 다만 여기서 말하는 현금이란 원칙적으로 '소멸성 지역화폐'를 의미한다. 앞에서 말한 BIEN의 정의를 저자 나름대로 더 간단히 줄여서 표현하자면, "기본소득이란 모든 개인에게 조건 없이 정기적으로 지급하는 현금이다."

이 다섯 가지 원칙을 이해하려면, 먼저 500년 전으로 거슬러 올라가야 한다. 1516년, 영국의 인본주의자 토마스 모어Thomas More는

『유토피아Utopia』라는 책을 출간했다.[2] 이 책에서 모어는 당시 영국의 가혹한 형벌 제도를 비판하며 이렇게 물었다.

"가난 때문에 도둑질을 한 사람을 처형하는 것이 정의인가? 차라리 모든 사람에게 최소한의 생계 수단을 보장해주는 것이 더 현명하지 않은가?"

모어가 그린 유토피아 섬에서는 모든 사람이 하루 6시간만 일한다. 그럼에도 사회 전체가 풍요롭다. 왜냐하면 모든 구성원이 생산 활동에 참여하고, 누구도 게으르게 살지 않으며, 사치와 낭비가 없기 때문이다. 여기서 중요한 것은 '일할 권리'와 '생존할 권리'가 모두에게 보장된다는 점이다.

물론 모어가 그린 유토피아는 이상향이었고, 그의 제안이 곧바로 실현되지는 않았다. 하지만 이 아이디어는 500년이 지난 지금, 기본소득이라는 형태로 되살아나고 있다. 그사이에 무엇이 바뀌었을까? 왜 이제 와서 기본소득이 현실적인 대안으로 부상하고 있는 것일까? 기본소득은 자선이 아니다. 그것은 권리다. 기본소득은 인간으로서의 기본권인 것이다.

## 기존 복지와 무엇이 다른가

토론회장에서 최병철 씨의 질문은 계속됐다. "그럼 기존 복지랑 뭐가 다른 건가요? 지금도 기초생활수급, 실업급여, 기초연금 같은 것들이 다 있잖아요?" 그러자 패널로 나선 한 경제학 교수가 PPT 화면을 띄웠다. 거기에는 〈표1〉과 같이 전통적 복지와 기본소득의 비교표가 있었다.

| 구분 | 전통적 복지(선별적 복지) | 기본소득(보편적 복지) |
| --- | --- | --- |
| 대상 | 빈곤층, 실업자 등 조건 충족자 | 모든 국민(보편성) |
| 조건 | 소득·재산 조사, 구직 활동 의무 등 | 아무 조건 없음(무조건성) |
| 단위 | 가구 단위로 지급 | 개인 단위로 지급(개별성) |
| 지급 | 목적에 따라 다양<br>(현금, 바우처, 현물 등) | 매월 정기적으로 현금 지급<br>(정기성, 현금성) |
| 효과 | 낙인효과, 복지 함정, 높은 행정 비용 | 낙인효과 없음, 일할 동기 유지,<br>행정 비용 절감 |

최병철 씨는 표를 보며 고개를 끄덕였다. "아, 이렇게 다르군요. 그런데 한 가지 궁금한 게 있어요. 정말 필요한 사람에게만 주는 전통적 복지가 맞는 것 아닌가요? 왜 굳이 부자들에게까지 줘야 하죠?" 교수가 답했다. "좋은 질문입니다. 언뜻 보면 선별적 복지가 더 효율적으로 보이죠. 하지만 현실은 다릅니다. 첫째, 선별 과정에서 엄청난 행정 비용이 듭니다. 한국의 기초생활보장제도 행정 비용만 해도 연간 만만치 않은 금액이 들어가요. 둘째, 정말 필요한 사람이 탈락하는 경우가 많습니다. 소득은 적지만 집이 있다는 이유로, 자녀가 있다는 이유로 배제되죠. 셋째, 낙인효과 때문에 신청조차 하지 않는 사람들이 많습니다."

교수는 계속했다. "반면 보편적 기본소득은 어떨까요? 모두에게 지급하지만, 고소득자의 경우 높은 소득세율로 재원이 다시 되돌아옵니다. 결과적으로는 재분배 효과가 있는 겁니다. 게다가 모두가 받으니까 정치적으로도 지속 가능합니다. 중산층 역시 이 제도를 적극 지지하게 되니까요."

청중석에서 30대 여성이 손을 들었다. "그럼 기본소득과 기존 복지는 어떤 관계인가요? 기본소득을 도입하면 건강보험이나 연금 같은 다른 복지는 없어지나요?"

"아닙니다." 교수가 강조했다. "기본소득은 기존 복지를 대체하는 게 아니라 보완하는 겁니다. 건강보험, 국민연금, 공교육, 공공주택과 같은 공공서비스는 그대로 유지되어야 합니다. 기본소득은 그 위에 추가되는 '소득 안전판'입니다. 복지국가의 토대는 그대로 두고, 그 위에 기본소득이라는 새로운 층을 더하는 거죠."

또 다른 청중이 질문했다. "기본소득을 받으면 사람들이 일을 안 하지 않을까요?" 교수는 고가를 저었다. "이건 가장 흔한 오해입니다. 실제 실험 결과들을 보면 정반대예요. 핀란드, 캐나다, 케냐 등 여러 나라에서 기본소득 실험을 했는데, 사람들이 게을러지지 않았어요.[3] 오히려 더 생산적으로 변했습니다. 왜 그럴까요? 기본소득이 있으면 단기적인 생계 걱정에서 벗어나 장기적인 계획을 세울 수 있기 때문입니다. 교육을 받거나, 창업을 준비하거나, 더 나은 일자리를 찾을 여유가 생기는 거죠."

## 다섯 가지 원칙이 중요한 이유

최병철 씨는 패널들의 설명을 듣고 나서도 여전히 의문이 남았다. "왜 꼭 다섯 가지 원칙을 다 지켜야 하나요? 일부만 적용하면 안 되나요?" 그의 질문은 핵심을 찔렀다. 실제로 많은 정책들이 기본소득이라는 이름을 달고 있지만, 다섯 가지 원칙을 모두 충족하지는 못한다. 그래서 왜 다섯 가지 원칙이 중요한지 그 이유를 하나씩 분석해보기로 한다.

첫째, 보편성이 중요한 이유는, 보편성은 단순히 '모두에게 준다'는 의미가 아니라 '권리'의 문제이기 때문이다. 복지를 시혜나 자선이 아니라 모든 시민의 당연한 권리로 인정하는 것이다. 소득이나 재산과 관계없이 모든 사람이 받을 때 비로소 낙인효과가 사라지고 사회적 연대가 강화되기 때문이다.

2018년 9월 도입된 아동수당이 좋은 예다. 처음에는 소득 하위 90퍼센트에게만 지급했지만, 2019년 1월부터 전체 아동에게 보편적으로 지급하기 시작했다.[4] 그 결과 무엇이 바뀌었을까? 중산층 이상 부모들도 자신이 '수혜자'라는 인식을 갖게 되었고, 이 제도를 적극적으로 지지하게 되었다. 정치적 지속가능성이 높아진 것이다.

둘째, 개별성이 중요한 이유는, 개별성은 '독립'의 문제이기 때문이다. 전통적 복지는 가구 단위로 지급된다. 그러다 보니 가구 내에서 힘의 불균형이 발생할 수 있다. 특히 여성이나 청년들이 가구주의 통제 아래 놓이는 경우가 많다. 기본소득을 개인 단위로 지급하면, 모든 개인이 경제적 독립성을 갖게 된다. 21세 대학생 김서연(가명) 씨는 이렇게 말한다. "저희 아버지가 가부장적이세요. 제가 알바를 해도 돈을 다 아버지한테 드려야 해요. 만약 제가 개인적으로 기본소득을 받는다면? 제 삶을 제가 결정할 수 있을 것 같아요. 경제적 독립이 진짜 독립의 시작이잖아요."

셋째, 무조건성이 중요한 이유는, 무조건성은 '자유'의 문제이기 때문이다. 전통적 복지는 수급자에게 많은 것을 요구한다. 일을 하거나, 구직 활동을 하거나, 직업훈련을 받거나, 이런 조건들이 있으면 사람들은 정말 하고 싶은 일이 아니라 '조건을 충족하기 위한 일'을 하게 된다. 그러므로 기본소득의 무조건성은 개인에게 진정한 선택의 자유를 준다. 핀란드 실험에서 기본소득을 받은 사람들은 단기 아르바이트를 찾는 대신 장기적으로 도움이 되는 교육과 훈련에 시간을 투자했다. 구직 활동 보고 의무가 없었기 때문이다. 이것이 무조건성의 힘이다.

넷째, 정기성이 중요한 이유는 '예측 가능성'과 관련이 있다. 일회성 지원금은 눈앞의 위기는 넘길 수 있지만, 장기적인 계획을 세울 수 없다. 매달 정기적으로 들어오는 기본소득이 있다면? 사람들은 미래를 설계할 수 있다. 교육을 받거나, 사업을 시작하거나, 은퇴를 준비할 수 있는 것이다. 2020년과 2021년 코로나19로 인해 정부가 지급한 재난지원금은 큰 도움이 되었지만, 일회성이었기 때문에 사람들의 행동을 근본적으로 바꾸지는 못했다. 반면 매달 정기적으로 지급되는 기본소득은 사람들의 생애 설계 자체를 바꿀 수 있다.

다섯째, 현금성이 중요한 이유는, 현금성은 '선택의 자유'와 관련된 문제이기 때문이다. 바우처나 현물 지원은 정부가 사람들의 필요를 미리 정해버린다. '당신에게는 이것이 필요할 것'이라고 가정하는 것이다. 하지만 각 개인의 필요는 제각각 다르다. 누군가에게는 식료품이 급하고, 누군가에게는 교육비가 급하며, 누군가에게는 의료비가 급하다. 현금으로 주면 각자가 가장 필요한 곳에 쓸 수 있다.

정리하는 의미에서 기본소득과 다른 유사 정책들을 비교하면 〈표

| 구분 | 보편성 | 개별성 | 무조건성 | 정기성 | 현금성 | 비교 |
|---|---|---|---|---|---|---|
| 기본소득 | ○ | ○ | ○ | ○ | ○ | 기본소득 5원칙 충족 |
| 아동수당 | × | ○ | ○ | ○ | ○ | 범주형 기본소득 |
| 기초연금 | × | ○ | × | ○ | ○ | 선별적 복지 |
| 실업급여 | × | ○ | × | ○ | ○ | 조건부 복지 |
| 재난지원금 | ○ | × | ○ | × | ○ | 일회성 지원금 |

2)와 같다.

최병철 씨는 고개를 끄덕였다. "이제 좀 이해가 되네요. 다섯 가지가 다 갖춰져야 진짜 기본소득이라는 거군요. 하나라도 빠지면 효과가 반감되고." 교수가 흐뭇한 듯 엷은 미소를 지었다. "정확합니다. 기본소득은 단순한 복지 정책이 아닙니다. 그것은 우리가 사회를 바라보는 관점의 전환입니다. 시혜에서 권리로, 조건에서 자유로, 가구에서 개인으로, 일회성에서 지속성으로, 현물에서 현금으로. 이 모든 전환이 함께 이루어질 때, 비로소 기본소득이 우리 사회를 근본적으로 바꿀 수 있습니다." 이렇듯 기본소득의 다섯 가지 원칙은 단순한 기술적 요건이 아니다. 그것은 '인간 존엄성'에 대한 철학적 선언인 것이다.

# 5장

# 복지국가의
# 한계를 넘어

## 선별 복지의 덫

2021년 가을, 서울 관악구의 한 주민센터. 당시 73세 독거노인 김정순(가명) 씨는 기초생활수급 신청을 위해 방문했다. 사회복지사가 건넨 서류 목록을 보는 순간, 그녀의 얼굴이 굳어졌다. 사회보장급여 신청서, 금융정보 제공 동의서, 소득·재산 신고서, 가족관계증명서, 임대차계약서, 통장 사본, 건강보험료 납부확인서 등 기본 서류만 7~8가지였다, 가구 특성에 따라 추가 서류까지 합하면 10여 개가 넘었다.

"제가 뭐 대단한 혜택을 받으려는 것도 아니에요. 그냥 밥 먹고 살 수 있을 만큼만 도와달라는 건데, 왜 이렇게 복잡한지 모르겠어요. 서류 하김정순 씨는 결국 이웃 주민의 도움을 받아 서류를 준비했다. 하지만 그것으로 끝이 아니었다. 신청 후 한 달 동안 공무원이 그녀의 통장 거래 내역, 재산, 심지어 자녀의 소득까지 조사했다. "부끄러웠어요. 제 살림살이를 낱낱이 까발리는 느낌이랄까? 수급자가 되는 게 뭔가 창피한 일처럼 느껴졌어요."

더 큰 문제는 그다음이었다. 조사 결과, 김정순 씨의 아들(48세, 월급 320만 원)이 '부양 능력'이 있다고 판정되어 신청이 반려되었다. "아들은 자기 가족 먹여 살리기도 빠듯해요. 손주 둘 키우는데 무슨 여유가 있겠어요. 하지만 법적으로는 제가 아들한테 기댈 수 있다고 하더라고요. 현실은 전혀 그렇지 않은데."

정부는 부양의무자 기준을 단계적으로 완화하고 있다. 2021년 10월 생계급여 부양의무자 기준을 조건부로 폐지했고(연 소득 1억 원 초과 또는 재산 9억 원 초과만 제외),[1] 2024년에는 중증 장애인이 있는 가구의 의료급여에서 부양의무자 기준을 폐지했으며,[2] 2025년에는 연 소득 1억 3,000만 원 또는 재산 12억 원 초과로 완화했다.[3]

김정순 씨의 경험은 현행 복지 제도의 근본적 문제를 드러낸다. 선별적 복지는 언뜻 합리적으로 보인다. 한정된 예산을 가장 필요한 사람에게 집중하는 것이 효율적이지 않은가? 하지만 현실은 다르다. 첫째, 엄청난 행정 비용이 발생한다. 신청자의 소득과 재산을 조사하고, 부양의무자의 능력을 판정하고, 정기적으로 자격을 재심

사하는 데 수많은 공무원과 사회복지사가 투입된다. 기초생활보장 제도 운영을 위한 행정 비용이 연간 적어도 수백억 원에 달한다. 둘째, 낙인효과가 심각하다. 복지 수혜자로 낙인찍히는 것을 두려워해 신청조차 하지 않는 사람들이 많다. 특히 평생 성실하게 살아온 노인들일수록 복지 혜택을 받는 것 자체를 수치로 느낀다. 셋째, '복지 함정welfare trap'에 빠진다. 일을 해서 소득이 조금 늘면 복지 혜택이 중단되고, 결과적으로 총소득이 오히려 줄어드는 역설적 상황이 발생한다. 이런 구조에서는 일할 동기가 사라진다.

서울 강북구에서 사회복지사로 일하는 서영희(가명, 38세) 씨는 증언한다. "수급자가 된 후에도 계속 보고해야 할 게 많아요. 소득이 조금이라도 생기면 신고해야 하고, 재산이 변동되면 알려야 해요. 감시받는다는 느낌을 받는 분들이 많죠. 일부러 일을 안 하려는 게 아니라, 일하면 수급 자격을 잃을까 봐 두려워서 일을 못 하는 경우도 있어요."

## 보편 복지로 가는 길

2021년 기준, 우리나라의 복지 지출 규모는 337조 4,000억 원이다.[4] 이는 GDP 대비 15.2퍼센트로, OECD 38개국 가운데 34위에 불과하다.[5] 수치만 보면 초라해 보인다. 하지만 이 숫자 뒤에는 놀라운 변화가 숨어 있다. 불과 10여 년 전만 해도 상상할 수 없었던 일들이 우리 사회에서 조용히, 그러나 확실하게 일어나고 있다.

2018년 9월, 한국 복지 역사에 작은 혁명이 시작됐다. 바로 아동수당 제도의 도입이다.[6] 처음에는 소득 하위 90퍼센트에게만 지급되었지만, 불과 4개월 후인 2019년 1월, 모든 아동에게 지급되는 보편적 제도로 확대됐다.[7] '이는 부모만의 것이 아니라 우리 사회 모두의 미래'라는 인식의 전환이었다. 서울 마포구에 사는 워킹맘 이수진(37세, 가명) 씨는 이렇게 말한다.

"처음 아동수당을 받았을 때 솔직히 큰돈은 아니라고 생각했어요. 한 달에 10만 원이니까요.[8] 근데 이게 참 신기한 게, '우리 아이를 국가가 지켜보고 있구나'라는 느낌이 들더라고요."

이수진 씨는 맞벌이 부부다. 남편과 함께 아침 7시에 집을 나서 저녁 8시에 돌아오는 일상이 반복된다. 다섯 살 아들 민준(가명)이는 어린이집에서 하루의 대부분을 보낸다. 아동수당이 생기기 전, 이수진 씨는 늘 미안했다. '더 좋은 환경을 만들어주지 못해서', '함께 있는 시간이 부족해서' 늘 죄책감이 따라다녔다.

> "아동수당으로 민준이 이름으로 적금을 들었어요. 매달 통장에 찍히는 10만 원을 보면서 민준이에게 말해요. '이건 네가 이 나라의 소중한 아이라서 받는 거야. 엄마 아빠가 잘해서가 아니라, 네가 존재한다는 것 자체가 중요하기 때문이야'라고요."

그녀의 눈가에 잠깐 눈물이 맺혔다. 10만 원이라는 금액의 문제가 아니었다. 선별이 아닌 보편, 증명이 아닌 존중, 시혜가 아닌 권리, 이렇듯 아동수당은 작지만 분명한 메시지를 전하고 있었다.

보편적 복지의 또 다른 상징은 기초연금이다. 2014년 7월 도입된 기초연금은 만 65세 이상 어르신 중 소득 하위 70퍼센트에게 지급된다.[9] 완전한 보편은 아니지만, 과거의 까다로운 선별 복지와 비교하면 획기적인 변화였다. 부산 동래구에 사는 김영자(72세, 가명) 할머니는 기초연금 수급자다. 남편을 일찍 여의고 혼자 자식 둘을 키웠다. 자식들은 모두 독립했지만, 할머니에게 넉넉히 용돈을 드릴 형편은 아니다.

> "예전엔 애들한테 손 벌리는 게 제일 싫었어요. 그래서 휴지를 파는 일도 하고, 폐지도 주웠죠. 근데 기초연금 받으면서 달라졌어요. 매달 20만 원이 통장에 들어와요. 이게 얼마나 든든한지 몰라요."

할머니는 기초연금으로 병원비를 내고, 경로당 친구들과 식사도 한다. 무엇보다 자식들에게 부담을 주지 않는다는 것이 가장 큰 위안이다. "국가가 나를 잊지 않고 있구나, 그런 생각이 들어요. 내가 젊을 때 일하고 세금 낸 게 헛된 게 아니구나 싶어서 뿌듯해요."

이수진 씨와 김영자 할머니의 이야기는 보편적 복지가 가진 세 가지 핵심 가치를 보여준다. 첫째, 낙인효과가 없다. 이수진 씨는 소득을 증명할 필요가 없었다. '아이가 있다'는 사실만으로 충분했다. 김영자 할머니 역시 자녀에게 손을 벌리거나, 가난을 증명하는 굴욕을 겪지 않았다. '만 65세 이상'이라는 조건만 충족하면 됐다. 복지가 시혜가 아닌 권리가 되는 순간, 사람들은 당당해진다.

둘째, 사회적 연대감이 형성된다. '우리 모두가 받는다'는 인식은 강력하다. 이수진 씨는 세금을 낼 때 더 이상 억울하지 않다고 했다. 자신이 낸 세금이 다른 아이들에게도 가고, 언젠가 노인이 될 자신에게도 돌아올 것을 알기 때문이다. 김영자 할머니는 젊은 세대가 내는 세금에 고마움을 느낀다. 세대 간, 계층 간 연대의 끈이 만들어지고 있었다.

셋째, 행정 효율이 높다. 선별 복지는 복잡하다. 소득을 조사하고, 자산을 평가하고, 부양의무자를 확인하는 과정에서 엄청난 행정력과 비용이 소모된다. 보편 복지는 단순하다. 아동수당은 '0~7세 모든 아동', 기초연금은 '만 65세 이상 하위 70퍼센트' 이것만 확인하면 된다. 행정 비용이 줄어들고, 그만큼 더 많은 사람에게 혜택이 돌아간다.

물론 한국의 복지는 여전히 갈 길이 멀다. 2021년 기준 OECD 평균 복지 지출이 GDP 대비 22.1퍼센트인 것을 생각하면,[10] 우리의 15.2퍼센트는 아직 미흡한 단계다. 하지만 중요한 것은 방향이다. 우리는 선별이 아닌 보편으로, 증명이 아닌 신뢰로, 시혜가 아닌 권리로 나아가고 있다.

이수진 씨는 인터뷰를 마치며 이렇게 말했다. "민준이가 스무 살이 됐을 때, 이 사회가 어떤 모습일지 궁금해요. 아마 지금보다 훨씬 더 따뜻하지 않을까요? 아동수당을 받으며 자란 세대가 어른이 되면, 그들은 '우리 사회는 나를 존중했다'는 기억을 갖게 될 테니까요. 그 아이들이 만들 미래가 기대돼요."

보편 복지로 가는 길은 멀지만, 우리는 이미 그 길 위에 서 있다. 한 걸음 또 한 걸음, 우리 사회는 더 나은 방향으로 나아가고 있다.

## 기본소득과 복지국가, 함께 가는 길

일부에서는 기본소득이 복지국가를 대체할 것이라고 우려한다. "기본소득을 도입하면 건강보험, 연금, 교육, 주거 지원 등 기존 복지가 사라지는 것 아니냐"는 것이다. 하지만 이는 오해다. 기본소득은 복지를 대체하는 것이 아니라 보완하는 것이다.

핀란드의 기본소득 실험이 좋은 예다. 2017년 1월 1일부터 2018년 12월 31일까지 2년간, 핀란드 정부는 무작위로 선발된 25~58세 실업자 2,000명에게 매달 560유로(약 75만 원)를 아무 조건 없이 지급했다.[11] 기존의 실업급여를 받던 대조군과 비교하기 위한 실험이었다. 2020년 5월에 발표한 핀란드 기본소득 실험의 주요 결과를 보면, 취업률은 대조군과 유사했지만, 스트레스가 감소하고, 행복도가 상승했으며, 건강이 개선된 것으로 나타났다.[12] 특히 주목할 점은 기본소득 수령자들이 단기 아르바이트가 아니라 장기적으로 도움이 되는 직업훈련과 교육에 시간을 투자했다는 것이다. 실업급여는 구직 활동을 증명해야 받을 수 있었지만, 기본소득은 그런 조건이 없었기 때문이다.

실험에 참가한 엘라라 퀸Elara Quinn(가명, 42세) 씨는 이렇게 말했다. "실업급여를 받을 때는 매달 구직 활동을 보고해야 했어요. 일자리가 생길까 봐 두려웠죠. 일하기 시작하면 급여가 끊기니까요. 하지만 기본소득은 달랐어요. 일을 해도 계속 받을 수 있으니까, 단기 일자리도 마다하지 않았어요. 그리고 여유가 생기니까 IT 재교육 프로그램에 참여할 수 있었어요. 지금은 그 덕분에 새로운 직장을 얻었어요."

중요한 것은, 핀란드의 기본소득 실험이 기존 복지를 없애지 않았다는 점이다. 건강보험, 연금, 교육, 주거 지원은 그대로 유지되었다. 기본소득은 이러한 복지 시스템 위에 추가된 '안전망의 안전판'이었다.

41세 중산층 직장인 이정훈(가명) 씨는 처음에 기본소득을 반대했다. "나는 벌이도 괜찮은데, 왜 나한테까지 줘? 그 돈으로 가난한 사람 더 도와주면 되잖아." 하지만 기본소득에 대해 공부하면서 생각이 바뀌기 시작했다. "깨달았어요. 내가 기본소득을 받는다는 건, 내가 이 시스템의 일부라는 뜻이에요. 그러면 나도 이 제도를 지키고 싶어지잖아요. 그리고 솔직히 나도 언제 어떻게 될지 몰라요. 지금은 괜찮지만, 회사가 잘못되거나 병에 걸릴 수도 있죠. 그때 기본소득이 있으면 최소한의 보호막이 되는 거예요. 게다가 내가 받은 기본소득은 일부가 세금으로 다시 환수되잖아요. 겉으로는 모두에게 동일하게 주지만, 결과적으로는 재분배 효과가 있는 거죠."

대부분의 경제학자들은 기본소득과 복지국가가 보완적 관계에 있다고 말한다. 복지국가는 교육, 의료, 주거처럼 공동으로 제공되어야 하는 서비스를 담당하고, 기본소득은 개인의 다양한 필요를 충족시키는 현금을 제공한다. 복지국가는 '한 사람의 몫'을 보장하고, 기본소득은 '선택의 자유'를 보장한다.

그러므로 기본소득은 복지국가의 약화가 아니라 새로운 보완이다. 더 강하고, 더 공정하고, 더 인간적인 복지를 향한 여정이다. 앞서 언급한 독거노인 김정순 씨가 다시 말한다. "만약 기본소득이 있었다면 어땠을까요? 복잡한 서류도, 부끄러운 조사도, 아들 소득 때문에 거절당하는 일도 없었을 텐데. 그냥 매달 통장에 돈이 들어오고, 그걸로 최소한의 생활을 할 수 있었다면 얼마나 좋았을까요. 그래도 건강보험이 있어서 병원은 다녔지만, 생활비까지 걱정하지 않아도 됐을 테니까요."

그녀의 바람은 단순했다. 복잡한 제도의 미로를 헤매지 않고, 낙인찍히지 않고, 인간다운 삶을 살고 싶다는 것, 기본소득은 바로 그 소박한 바람을 실현하는 제도다. 그리고 그것은 기존의 복지와 함께 더 나은 미래를 만들어갈 것이다.

변화는 이미 시작되었다. 아동수당, 기초연금, 재난지원금, 이 모든 것이 보편적 복지로 가는 징검다리다. 이제 우리는 더 큰 걸음을 내디딜 준비가 되어 있다. 모든 개인에게, 무조건적으로, 정기적으로 지급되는 기본소득, 그것이 21세기 복지국가의 새로운 모습이다.

6장

∞

# 세계의
# 기본소득 실험들

## 알래스카의 영구기금배당

2024년 가을, 알래스카 앵커리지의 한 주택가. 68세 매리 도슨(가명) 할머니는 우편함에서 봉투 하나를 꺼내 들었다. 알래스카 세입부Department of Revenue에서 보낸 편지였다. 봉투를 뜯는 그녀의 손이 설렌다. 매년 이맘때면 오는 편지인 알래스카 영구기금배당PFD: Permanent Fund Dividend 지급 통지서다.

"올해는 1,702달러네.[1] 작년보다는 많고, 재작년보다는 적고. 하지만 어쨌든 고맙지. 43년째 한 번도 빠짐 없이 받고 있어. 내가 태어나서 처음으로 정부한테 돈을 받기 시작한 게 1982년이었지.[2] 그때 첫 배당금이 1,000달러였어.[3] 지금 생각하면 그게 정말 큰돈이었지."

매리 할머니는 1956년 알래스카에서 태어났다. 그녀가 20살이던 1976년, 알래스카 주민들은 역사적인 결정을 내렸다. 석유 수입의 일부를 영구적으로 저축하는 기금을 만들자는 것이었다. 주 헌법을 개정해 '알래스카 영구기금Alaska Permanent Fund'을 설립했다.[4] 석유 로열티 수입의 25퍼센트를 이 기금에 적립하고, 미래 세대를 위해 투자한다는 계획이었다.

당시만 해도 이것이 세계 초초의 사실상 기본소득 제도가 될 줄은 아무도 몰랐다. 1980년, 주 의회는 한 걸음 더 나아갔다. 기금의 투자 수익을 모든 알래스카 주민에게 배당하자는 법안을 통과시켰다.[5] 1982년, 첫 배당금 1,000달러가 지급되었다. 매리는 그때 26살, 갓 결혼해서 첫 아이를 임신 중이었다.

"남편과 저는 그 돈으로 아기방을 꾸몄어요. 침대도 사고, 옷도 사고, 정말 큰 도움이 됐죠. 그리고 놀라운 건, 그게 매년 계속됐다는 거예요. 아이가 태어나자 아이도 배당금을 받았어요. 4인 가족이 되니까 1년에 4,000달러가 넘게 들어왔죠. 그 돈으로 아이들 교육비도 내고, 난방비도 내고."

1982년 첫 배당금 1,000달러로 시작된 알래스카 영구기금배당은 2024년 현재까지 43년째 운영되고 있다. 그사이 한 번도 중단된 적이 없다. 기금 규모는 2024년 기준 약 830억 달러, 우리 돈으로 111조 원에 이른다.[6] 이 거대한 기금은 석유 로열티 수입의 25퍼센트를 꾸준히 적립하여 주식, 채권, 부동산 등에 투자하며 불려왔다.

2024년 배당금은 1,702달러였고,[7] 2025년에는 1,000달러가 지급될 예정이다.[8] 배당금 액수는 기금의 투자 수익과 주 의회의 예산 배정에 따라 매년 변동되는데, 역대 최고액은 2022년의 3,284달러였다.[9] 1982년 이후 지금까지 총 313억 달러 이상이 알래스카 주민들에게 지급되었다.[10] 2025년 현재 66만 명이 넘는 알래스카 주민 전체가 이 혜택을 받고 있다.[11]

알래스카의 영구기금배당은 기본소득의 다섯 가지 원칙 거의 모두를 충족한다. 모든 주민에게 지급되는 보편성, 아무런 조건 없이 받는 무조건성, 개인 단위로 지급되는 개별성, 현금으로 받는 현금성, 그리고 매년 1회 지급되는 정기성 면에서 거의 '온전한 기본소득'에 가깝다. 특히 43년간 한 번도 끊기지 않고 지급되어왔다는 점에서 예측 가능성과 지속성을 충분히 갖추고 있다.

경제학자들은 알래스카 PFD의 영향을 수십 년간 연구해왔다. 결과는? 상당히 긍정적이다. PFD가 도입된 후 알래스카의 빈곤율은 감소했고, 파트타임 고용은 증가했다. 사람들이 일을 그만두지 않았다는 의미다. 오히려 PFD 덕분에 생계 걱정을 덜고 교육이나 창업에 투자할 여유가 생겼다.

2018년 알래스카대학교 연구팀은 PFD가 아동 빈곤에 미치는 영향을 분석했다. 배당금이 높았던 해에는 저체중 출생아 비율이 감소했다. 임산부들이 PFD로 영양 상태를 개선했기 때문이다. 또한 가정폭력 신고도 줄어들었다. 경제적 스트레스가 완화되자 가정 내 갈등도 감소한 것이다.[12]

매리 할머니는 지금 두 손자를 돌보고 있다. 손자들도 각자 PFD를 받는다. "손자들한테 말해줘요. 이 돈은 하늘에서 떨어진 게 아니라, 알래스카 땅에서 나온 거라고. 석유는 우리 모두의 것이고, 그 이익도 우리 모두가 나눠야 한다고. 손자들이 커서도 이 전통이 계속되길 바라고 있어요."

알래스카 PFD는 증명한다. 기본소득은 꿈이 아니라 현실이라는 것을. 그리고 그것이 43년간 지속 가능하다는 것을.

## 핀란드의 2년 실험

2017년 1월 1일, 핀란드 중부 도시 유배스퀼래Jyväskylä. 34세 마티 니에미(가명) 씨는 은행 앱을 열었다. 통장에 560유로(약 75만 원)가 입금되어 있었다.[13] 그는 안도의 한숨을 내쉬었다. 6개월 전부터 실업 상태였던 그에게 이 돈은 생명줄이었다.

마티는 제조업 회사에서 10년간 일했지만, 회사가 자동화를 도입하면서 일자리를 잃었다. 실업급여를 받았지만, 그 돈을 받기 위해 매주 구직 활동을 증명해야 했다. 노동청에 보고하고, 지원한 회사 목록을 제출하고, 때로는 의무적인 직업훈련에 참석해야 했다.

"지칠 대로 지쳤어요. 일자리를 찾는 것도 힘든데, 그걸 증명하는 게 더 힘들었죠. 거짓말 탐지기 앞에 선 범죄자 같은 기분이었어요. '나는 정말 일자리를 찾고 있다'고 증명해야 했으니까요. 그리고 늘 불안했어요. 만약 단기 아르바이트라도 하면 실업급여가 끊길까 봐 두려웠죠."

그런 그에게 2016년 말, 편지 한 통이 왔다. 핀란드 사회보험청

Kela에서 보낸 것이었다. '귀하는 기본소득 실험 참가자로 무작위 선정되었습니다. 2017년 1월 1일부터 2018년 12월 31일까지 2년간, 매달 560유로를 아무 조건 없이 지급합니다.' 마티는 편지를 두 번, 세 번 다시 읽었다. 믿기지 않았다.

핀란드 정부가 진행한 이 획기적인 실험은 2017년 1월 1일부터 정확히 2년간 지속되었다.[14] 무작위로 선발된 25세부터 58세까지의 실업자 2,000명이 참가자로 선정되었고,[15] 기존 실업급여를 받는 실업자 173,000명이 대조군이 되었다. 참가자들에게는 매달 560유로가 세전 금액으로, 아무 조건 없이 지급되었다. 최종 보고서는 2020년 5월에 공개되었다.[16]

실험 결과는 놀라웠다. 삶의 만족도는 기본소득 그룹이 10점 만점에 7.3점을 기록한 반면, 대조군은 6.8점에 그쳤다. 정신적 스트레스는 기본소득 그룹에서 상당히 감소했다고 보고되었고, 우울감을 느낀 비율도 기본소득 그룹이 22.3퍼센트로 대조군의 약 30퍼센트보다 훨씬 낮았다. 외로움과 슬픔 역시 기본소득 그룹에서 명확히 감소했다.[17]

고용률 측면에서는 통계적으로 유의미한 차이가 나타나지 않았다.[18] 하지만 미래에 대한 자신감은 기본소득 그룹이 58.2퍼센트를 나타낸 반면, 대조군은 46퍼센트에 머물렀다. 이 실험은 기존 실업급여를 대체하는 형태였으며, 참가자들은 일을 해도 기본소득을 계속 받을 수 있었다. 반면 대조군은 일을 시작하면 실업급여가 중단되었다.

첫 달, 마티는 믿기지 않아서 돈을 쓰지 못했다. "혹시 실수로 들어온 건 아닐까? 다시 돌려줘야 하는 건 아닐까?” 하지만 둘째 달도, 셋째 달도 돈은 계속 들어왔다. 보고할 필요도, 증명할 필요도 없었다. 그제야 그는 깨달았다. 이 돈은 진짜 ‘무조건적’이라는 것을.

변화는 천천히, 하지만 확실하게 찾아왔다. 첫 번째 변화는 수면이었다. “밤에 잠을 잘 수 있게 됐어요. 예전에는 새벽 3시에 깨어서 걱정에 잠을 못 이뤘죠. ‘내일 노동청에 가야 하는데’, ‘돈이 떨어지면 어쩌지?’ 하지만 기본소득을 받고부터는 최소한의 생활은 보장된다는 생각이 들어 안심하게 되었어요.”

두 번째 변화는 마음의 여유였다. “단기 아르바이트 제의가 왔을 때, 예전 같으면 ‘실업급여가 끊길까 봐’ 거절했을 거예요. 하지만 이제는 해볼 수 있었죠. 일을 해도 기본소득은 계속 들어오니까요. 그렇게 3개월 아르바이트를 하면서 새로운 기술도 배우고, 사람들도 만났어요.” 그의 말을 이어서 들어보자. “가장 큰 변화는 내 안의 무언가였어요. 자존감이랄까? 예전에는 실업자라는 게 정말 수치스러웠어요. ‘쓸모없는 인간’이라는 낙인이 찍힌 것 같았죠. 하지만 기본소득을 받으면서 생각이 바뀌었어요. ‘사회가 나를 인정해준다. 나도 가치 있는 사람이다.’ 그런 느낌이었어요.”

마티는 실험 기간 동안 컴퓨터 프로그래밍 온라인 강좌를 들었다. 실업급여를 받을 때는 그럴 여유가 없었다. 구직 활동을 증명하느라 바빴고, 정부가 지정한 직업훈련만 들어야 했다. “하지만 이제는 내가 정말 배우고 싶은 걸 배울 수 있었어요. 단기적인 일자리가 아니라 장기적인 커리어를 준비할 수 있었죠.”

2018년 12월 31일, 실험이 끝났다. 마지막 기본소득이 입금되었다. 마티는 복잡한 심경이었다. "아쉬웠어요. 다시 실업급여로 돌아가야 한다는 게. 하지만 이 2년은 제 인생을 바꿨어요. 저는 이제 프리랜서 웹 개발자로 일하고 있어요. 기본소득이 없었다면 이런 도전을 할 수 없었을 거예요."

핀란드 사회보험청은 2020년 5월, 실험 결과를 발표했다. 언론은 '고용 효과 없음'이라는 제목에 주목했지만, 진짜 중요한 발견은 다른 곳에 있었다. 정신건강의 극적인 개선이었다. 헬싱키대학교 심리학과 교수 카리 해미넨(가명)은 이렇게 평가한다.

"우리는 고용률만 측정했지만, 정작 중요한 건 삶의 질이었습니다. 기본소득 수급자들은 명백히 더 행복했고, 더 건강했고, 미래에 대해 더 낙관적이었어요. 이것이 의미하는 바는 무엇일까요? 사람들은 돈이 필요한 게 아니라 안정이 필요하다는 겁니다."

실험에 참가했던 안나(가명, 28세) 씨는 2년간 우울증 약을 끊을 수 있었다. "의사가 놀랐어요. 5년간 약을 먹다가 처음으로 끊은 거거든요." 그러면서 그녀는 확신에 찬 어조로 말했다. "제 병은 가난이었어요. 기본소득이 그걸 치료해줬어요."

핀란드 실험은 증명했다. 기본소득의 가장 큰 효과는 경제적인 것이 아니라 심리적인 것이라는 사실을.


## 케냐의 12년 프로젝트

2017년 봄, 케냐 서부 시아야Siaya 카운티의 한 마을. 28세 농부 제임스 오티에노(가명) 씨는 모바일 머니 메시지를 받았다. '기브디렉틀리GiveDirectly로부터 1,630케냐실링(약 3만 원) 입금.'[19] 그는 휴대폰을 들여다보며 눈시울을 붉혔다. 이 돈은 앞으로 12년간, 매달 받게 될 것이다.

제임스는 1에이커(약 1,200평)의 땅에서 옥수수를 기른다. 아내와 세 아이를 먹여 살리기에는 턱없이 부족한 수입이다. 우기가 짧아지고, 가뭄이 잦아지면서 수확량은 해마다 줄어들었다. 하루 벌어 하루 먹는 삶. 아이들은 학교에 가지 못했고, 병에 걸려도 병원에 갈 수 없었다.

"우리는 살아있는 게 아니라 그냥 죽지 않고 있는 거였어요. 매일 아침 눈을 뜨면 '오늘은 무엇을 먹을까' 걱정했죠. 내일은 생각할 수 없었어요. 다음 달은 꿈도 못 꿨고요. 하지만 기브디렉틀리가 우리 마을에 왔을 때, 모든 게 바뀌었어요."

기브디렉틀리는 미국에 본부를 둔 비영리단체다. 2011년 설립된 이 조직은 빈곤층에게 조건 없는 현금을 직접 전달하는 혁신적인 방식으로 주목받았다. 케냐에서 시작한 12년 기본소득 프로젝트는 세계 최장기간의 기본소득 실험이다.[20] 2016년에 시작되어 2017년부터 본격적으로 지급이 시작된 이 실험은 295개 마을, 약 2만 명에 이르는 14,474가구를 대상으로 한다.[21] 실험 그룹은 네 가지로 나뉘었다. 44개 마을에서는 12년간 매달 22.50달러를 받는 장기 기본소득 그룹이 되었고, 80개 마을은 2년간 매달 22.50달러를 받는 단기 기본소득 그룹으로 선정되었다. 71개 마을은 2년치 합계를 한꺼번에 받는 일시불 그룹이 되었고, 100개 마을은 대조군으로서 아무엇도 받지 않았다.[22] 성인 1인당 월 22.50달러는 하루 0.75달러 수준으로, 케냐 빈곤선 기준에 해당하는 금액이다. 지급은 엠페사M-Pesa 모바일 머니를 통해 이루어진다.[23]

2023년 발표된 초기 결과는 2년 경과 시점을 분석한 것이었다. MIT 연구에 따르면 소득이 38퍼센트 증가했고, 가축이나 주거 개선 등 자산 축적이 이루어졌다. 비농업 분야 자영업이 크게 증가했으며, 노동 패턴도 변화하여 임금노동은 감소하고 자영업이 증가했다. 아동 학교 등록률이 상승했고, 식량 안보 개선과 영양 상태 개선이 확인되었다.[24] 12년 장기 실험은 2029년까지 계속되며, 세계 최장 기본소득 실험으로 기록되고 있다.[25]

제임스가 사는 마을은 '장기 기본소득' 그룹에 선정되었다. 12년간 매달 22.50달러. 제임스와 그의 아내, 그리고 성인이 된 큰아들은 각자 돈을 받는다. 가구 전체로는 월 67.50달러(약 9만 원)이다. 케냐 농촌 지역의 월평균 소득이 50달러 정도라는 점을 감안하면 상당한 액수다.

첫 달, 제임스는 옥수수 씨앗을 샀다. 그동안 씨앗을 살 돈이 없어서 지난해 수확량의 일부를 씨앗으로 남겨두었는데, 품질이 좋지 않았다. 새 씨앗은 수확량을 30퍼센트 늘렸다. 둘째 달, 그는 염소 한 마리를 샀다. 석 달 후, 염소는 새끼를 낳았다. 염소 우유로 아이들의 영양 상태가 개선되었다. 6개월 후, 제임스는 작은 잡화점을 열었다. 마을에서 10킬로미터 떨어진 시장까지 가는 게 힘든 주민들을 위해 생필품을 파는 가게였다. "기본소득만으로는 부자가 될 수 없어요. 하지만 최소한의 안전판이 생기니까 위험을 감수할 수 있었

어요. 장사가 안 되더라도 기본소득이 있으니까 가족이 굶지는 않잖
아요."



같은 마을의 그레이스(가명, 35세) 씨는 기본소득으로 재봉틀을 샀
다. 마을 여성들의 옷을 수선하고 만들어주는 일을 시작했다. "예전
에는 누더기 같은 옷을 입었어요. 하지만 이제는 깨끗한 옷을 입고,
자녀들도 교복을 입힐 수 있어요. 그리고 제가 버는 돈도 있으니 자
신감이 생겼어요."

MIT와 노스웨스턴대학교 경제학자들이 2년간의 결과를 분석했
다. 놀라운 발견들이 이어졌다. 첫째, 마을 전체의 경제가 성장했
다. 기본소득 수령자들이 돈을 쓰면서 마을 상점들의 매출이 늘었
고, 이는 다시 일자리를 만들었다. 이른바 '승수효과'였다. 둘째, 사
람들이 게을러지지 않았다. 오히려 일하는 패턴이 바뀌었다. 불안정
한 일당 노동을 줄이고, 자영업과 농사에 투자했다. 셋째, 아동 건
강이 개선되었다. 영양실조 비율이 감소하고, 학교 출석률이 높아졌
다.

기브디렉틀리의 프로그램 책임자 조이 선Joy Sun은 이렇게 말한다.

"우리는 가난한 사람들을 믿습니다. 그들은 무엇이 필요한지 우리보다 더 잘 알아요. 우리가 할 일은 그들에게 선택의 자유를 주는 것뿐이죠. 현금을 주면, 그들은 현명하게 사용합니다." 제임스는 지금 마을의 리더가 되었다. 다른 주민들에게 기본소득을 어떻게 활용하면 좋을지 조언한다. "저는 이 12년을 인생을 바꾸는 기회로 만들 겁니다. 2029년에 기본소득이 끝나도, 저는 스스로 설 수 있을 거예요. 그게 제 목표예요."

케냐 실험은 증명한다. 가장 가난한 사람들에게도 기본소득은 효과적이라는 것을. 그리고 빈곤의 악순환은 깨질 수 있다는 것을.

### 스페인 바르셀로나의 도전

2017년 가을, 스페인 바르셀로나 베소스Besòs 지역. 42세 싱글맘 카르멘(가명) 씨는 사회복지사가 건넨 서류를 받았다. "B-민컴 B-MINCOME 프로그램에 선정되셨습니다." 그녀는 고개를 갸우뚱했다. 또 다른 복지 프로그램? 또 복잡한 서류와 조건들? 하지만 설명을 듣고 나서 놀랐다. "무조건적이라고요? 조건이 없다고요? 믿을 수가 없었어요. 지금까지 받았던 모든 도움에는 조건이 있었거든요. 일자리를 찾아야 하고, 교육을 받아야 하고, 보고서를 제출해야 하고. 하지만 이번에는 그냥 주신다고? 뭔가 함정이 있는 거 아니냐고 물었어요."

카르멘은 세 아이의 엄마다. 남편은 5년 전 떠났고, 그녀 혼자 아이들을 키웠다. 청소 아르바이트로 근근이 생활했지만, 늘 돈이 부족했다. 월세가 밀렸고, 전기가 끊긴 적도 있었다. 아이들은 급식으로 끼니를 때웠다.

B-민컴은 'Barcelona-Minimum Income'의 약자다. 바르셀로나 시가 EU의 지원을 받아 2017년부터 2년간 진행한 최저소득 보장 실험이다. 베소스 지역은 바르셀로나에서 가장 가난한 곳이다. 실업률이 20퍼센트를 넘고, 인구의 30퍼센트 이상이 빈곤선 이하에서 살았다. 2017년 10월부터 2019년 12월까지 2년간 진행된 이 실험은 베소스 10개 지역에서 극빈층 1,000가구, 약 3,700명을 대상으로 이루어졌다.[26] 실험 설계는 다섯 개 그룹으로 나뉘었다. 대조군은 기존 복지만 수령했고, 나머지 네 개 실험군은 각각 무조건 현금 지급, 현금과 적극적 고용 정책의 결합, 현금과 지역사회 참여 프로그램의 결합, 현금과 창업 지원의 결합 형태로 운영되었다. 지급액은 가구 구성에 따라 달라졌는데, 1인 가구는 월 400유로까지, 다인 가구는 월 1,675유로까지 받을 수 있었다.[27] 재원은 EU 도시혁신액션UIA 지원금과 바르셀로나 시 예산으로 조달되었다.

2021년 2월에 발표된 최종 보고서에 따르면, 참가자들의 삶의 질이 개선되었고 빈곤율이 감소했다. 정신건강 면에서는 스트레스와 불안이 줄어들었으며, 사회 참여는 지역 활동 참여 증가로 나타났다. 일부 참가자의 고용 상태가 개선되었고, 자녀 교육 투자도 증가했다.[28] B-민컴은 단순한 현금 지급을 넘어 적극적 사회정책과 결합한 통합적 접근을 실험했다는 점에서 의미가 있다.

카르멘은 '무조건 현금 지급' 그룹에 배정되었다. 그녀의 가구(1인 부모+자녀 3명)는 매달 약 1,200유로(약 160만 원)를 받았다. 기존에 받던 아동수당 등과 합치면 월 1,500유로 정도가 되었다. 스페인

중위소득(약 2,000유로)에는 미치지 못하지만, 생존에는 충분한 금액이었다. 첫 달, 카르멘은 밀린 월세를 냈다. 둘째 달에는 아이들에게 새 신발을 사줬다. "애들이 학교 갈 때 창피하지 않게요. 구멍 뚫린 신발 신고 다니는 게 얼마나 마음 아픈지 아세요?" 셋째 달에는 냉장고를 고쳤다. 1년째 고장 난 채로 쓰고 있었다.

"작은 것들이 달라졌어요. 슈퍼마켓에서 가격표만 보는 게 아니라 우리가 정말 먹고 싶은 걸 살 수 있게 됐죠. 큰아들이 축구를 하고 싶다고 했을 때, '안 돼'라고 말하지 않아도 됐어요. 등록비를 낼 수 있었거든요. 아이들이 웃는 얼굴을 보니까 제 마음도 가벼워졌어요."

6개월 후, 카르멘은 야간 돌봄 교육 과정에 등록했다. "예전에는 교육받을 여유가 없었어요. 당장 일해서 돈 벌어야 했으니까요. 하지만 이제는 기본 생활이 보장되니까, 미래를 위한 투자를 할 수 있게 됐어요." 1년 후, 그녀는 노인 돌봄 자격증을 땄다. 안정적인 일자리를 구했다.

같은 프로그램에 참가한 라울(가명, 55세) 씨는 다른 경험을 했다. 그는 '현금+창업 지원' 그룹이었다. 매달 현금을 받으면서 동시에 창업 교육과 멘토링을 받았다. "평생 건설 노동자로 살았어요. 50대가 되니까 몸이 말을 안 들었죠. 더 이상 일할 수 없었어요." 라울은 B-민컴 지원금으로 작은 수리 가게를 열었다. 가전제품과 가구를 고치는 일이다. "돈 없는 사람들은 고장 나면 버려요. 새로 살 돈이 없으니까요. 하지만 제가 싸게 고쳐드리면 다들 좋아해요. 돈도 벌고, 환경도 지키고, 이웃도 돕고, 일석삼조인 셈이죠."

바르셀로나 자치대학교 연구팀은 2021년 2월 최종 보고서를 발표했다. 결과는 복합적이었다. 고용률은 크게 개선되지 않았다. 하지만 삶의 질은 명백히 향상되었다. 참가자들은 스트레스가 줄고, 건강이 개선되고, 자녀 교육에 더 투자할 수 있었다.[29] 특히 주목할 점은 '조건 없는 현금 지급' 그룹이 다른 그룹들과 비슷하거나 더 나은 결과를 보였다는 것이다. 복잡한 조건과 프로그램을 붙이지 않아도, 사람들은 돈을 현명하게 사용했다. 연구팀은 결론지었다. "빈곤층은 무엇을 해야 할지 모르는 게 아니다. 그들에게 필요한 건 선택지였다."

카르멘은 지금 정규직 돌봄 노동자로 일하고 있다. B-민컴은 2019년 끝났지만, 그 2년이 그녀의 인생 궤도를 바꿨다. "그 2년이 없었다면 저는 여전히 하루하루 버티며 살았을 거예요. 하지만 그 시간 덕분에 저는 다시 일어설 수 있었어요. 아이들도 이제 희망을 갖게 됐고요."

바르셀로나 실험은 증명했다. 도시 빈곤에도 기본소득은 효과적이라는 것을. 그리고 사람들에게 필요한 건 통제가 아니라 신뢰라는 것을.

## 마셜제도, 세계 최초의 영구 기본소득

남태평양의 작은 섬나라 마셜제도The Republic of the Marshall Islands, RMI는 2025년 11월 26일, 인류 역사에 새로운 이정표를 세웠다. '엔라Enra'라는 이름의 이 프로그램은 실험이나 파일럿이 아닌, 전 국민을 대상으로 한 세계 최초의 영구적 기본소득 제도다.[30] 약 33,000명의 마셜제도 시민들은 이제 아동부터 노인까지 누구나 조건 없이 연간 약 800달러를 분기별로 받게 되었다.[31]

이 작은 나라가 전 세계 어느 곳보다 먼저 기본소득을 실현할 수 있었던 배경에는 아픈 역사가 자리하고 있다. 1946년부터 1958년까지 마셜제도는 미국의 핵실험장이었고, 67회에 걸친 핵폭발 실험으로 주민들은 고향을 잃고 방사능 피해를 감내해야 했다.[32] 비키니 환초에서 터진 '캐슬 브라보' 수소폭탄은 히로시마 원폭의 1,000배 규모였으며, 이 폭발로 인한 방사능 낙진이 수백 킬로미터 떨어진 섬들까지 오염시켰다.[33]

이러한 역사적 책임을 인정한 미국은 1986년 자유연합협정을 체결했고, 2003년 신탁기금Compact Trust Fund을 설립했다.[34] 2023년 협정 재협상을 통해 미국은 2024년부터 2027년까지 4년간 총 7억 달러를 추가 투입하기로 약속했다.[35] 이로써 2025년 중반 기준 신탁기금 규모가 약 13억 달러에 달하게 되었으며, 마셜제도 정부는 이 기금에서 연간 약 5천만 달러를 인출하여 엔라 프로그램을 운영한다.[36]

흥미로운 점은 이 기본소득이 마셜제도 경제에서 차지하는 비중이다. 1인당 GDP가 약 7,500달러인 이 나라에서 연간 800달러의 기본소득은 GDP의 약 10~11퍼센트에 해당한다.[37] 이를 미국 경제 규모로 환산하면 1인당 월 750달러 수준이다.[38] 마셜제도 정부는 엔라 프로그램에 GDP의 8퍼센트를, 외곽 섬 지원을 위한 ENDEmoj Nan Dapdep 프로그램에 GDP의 6퍼센트를 투입하여, 총 GDP의 14퍼

센트를 기본소득 관련 지출에 사용하고 있다.[39]

신탁기금의 지속가능성도 탄탄하게 설계되어 있다. 기금의 연평균 성장률은 6.9퍼센트이며, 매년 인출하는 금액은 기금 총액의 약 3.6퍼센트에 불과하다.[40] 국제통화기금IMF은 2025년 9월 발표한 보고서에서 "신탁기금의 성장률이 인출률을 상회하여 장기적으로 지속 가능하다"고 평가했다.[41] 또한 마셜제도는 기금 관리에 있어서도 신중한 접근을 유지하고 있으며, 재정 위기에 대비한 완충 장치도 마련해두고 있다.[42]

엔라 프로그램의 의미는 경제적 차원을 넘어선다. 오랜 식민지 역사와 핵실험 피해로 상처받은 공동체가 무조건적 기본소득을 통해 존엄성을 회복하고 있다는 점에서, 이는 정의의 실현이자 치유의 과정이다.[43] 또한 기후변화로 침수 위험에 직면한 섬나라가 기본소득이라는 혁신적 제도를 통해 미래를 준비하고 있다는 사실은, 전 세계 기본소득 운동에 깊은 영감을 준다.[44]

마셜제도의 기본소득 실험은 획기적이지만, 몇 가지 한계점도 지니고 있다. 먼저 외부 재원에 의존하고 있다는 점이다. 마셜제도의 기본소득은 자국 세수가 아니라 미국의 전략적 지원금에 의존한다. 2027년 이후 미국의 추가 투입이 종료되면, 지속가능성에 문제가 생길 수 있다. 다음으로 마셜제도는 인구 약 3만 3,000명의 극소규모 경제다. 대규모 경제에서는 기본소득이 GDP의 14퍼센트를 차지하는 것이 정치적·재정적으로 매우 어렵다. 따라서 마셜제도 모델을 다른 나라에 그대로 적용하기는 곤란하다.

그 밖에도 IMF가 지적한 대로, 기본소득이 총수요를 급격히 증가

시켜 수입 의존도가 높은 소규모 경제에서 인플레이션을 유발할 가능성이 있다.[45] 마셜제도의 경험은 향후 다른 국가들이 기본소득을 설계할 때 참고할 수 있는 귀중한 사례가 될 것이다.

## 실험들이 말해주는 것

우리는 이제 더 이상 '기본소득이 작동할까?'라고 묻지 않아도 된다. 대신 우리는 묻는다. '어떻게 더 잘 작동하게 할 수 있을까?' 알래스카, 핀란드, 케냐, 바르셀로나, 마셜제도, 이 모든 실험들은 하나의 진실을 말해준다. 기본소득은 실현 가능하다는 것을.

지난 50년간 전 세계에서 수십 개의 기본소득 실험이 진행되었다. 규모도 다르고, 기간도 다르고, 대상도 다르다. 어떤 실험은 2년, 어떤 실험은 43년째 계속되고 있다. 어떤 실험은 극빈국에서, 어떤 실험은 선진국에서 진행되었다. 하지만 놀랍게도 결과는 일관되게 유사하다.

무엇보다 중요한 발견은 사람들이 게을러지지 않는다는 사실이다. 기본소득 반대론자들의 가장 큰 우려는 '사람들이 일을 안 하면 어떻게 하나?'였다. 하지만 현실은 정반대였다. 알래스카에서는 고용률이 오히려 증가했다. 핀란드에서는 고용률이 통계적으로 유의미하게 변하지 않았다. 케냐에서는 사람들이 일하는 패턴이 바뀌었을 뿐, 일 자체를 그만두지 않았다. 임금노동 대신 자영업으로, 단기 일자리 대신 장기 투자로 일하는 방식을 바꾸었을 뿐이다.

두 번째로 놀라운 발견은 정신건강이 극적으로 개선된다는 사실이다. 핀란드 실험에서 가장 두드러지게 나타났던 이 현상은 바르셀로나에서도 확인되었다. 삶의 만족도가 올라가고, 스트레스가 줄어들고, 우울증이 감소했다. 연구자들은 이를 '심리적 안정감'의 효과로 설명한다. 내일 걱정 없이 오늘을 살 수 있다는 것, 최소한의 생계가 보장된다는 확신, 그것만으로도 사람들의 정신건강은 회복된다. 핀란드의 안나 씨가 말했듯이, "제 병은 가난이었어요. 기본소득이 그걸 치료해줬어요."

세 번째 발견은 아동의 삶이 개선된다는 점이다. 알래스카에서는 배당금이 높았던 해에 저체중 출생아가 감소했다. 임산부들이 영양 상태를 개선할 수 있었기 때문이다. 케냐에서는 아동 영양실조가 줄었고 학교 출석률이 높아졌다. 바르셀로나에서는 부모들이 자녀 교육에 더 많이 투자했다. 부모가 안정되면 아이들도 혜택을 받는다. 세대 간 빈곤의 대물림을 끊을 수 있다는 희망이 보였다.

네 번째로 주목할 만한 현상은 창업과 자영업이 증가한다는 것이다. 케냐가 가장 극적인 예였다. 기본소득을 받은 마을들에서 소규모 사업이 크게 늘어났다. 제임스는 잡화점을 열었고, 그레이스는 재봉 일을 시작했다. 왜일까? 기본소득이 일종의 '창업 안전판'이 되기 때문이다. 사업이 실패해도 최소한의 생계는 보장된다는 믿음이 위험 감수를 가능하게 만든다. 바르셀로나의 라울 씨가 수리 가게를 차릴 수 있었던 것도 같은 이유다.

다섯 번째 발견은 지역경제가 활성화된다는 점이다. 케냐 실험에서 발견된 '승수효과'가 이를 증명한다. 기본소득 수령자들이 돈을 쓰면, 그 돈이 마을 경제를 순환하며 더 많은 일자리와 소득을 만들어낸다. MIT 연구팀은 매 1달러의 기본소득이 지역경제에 2.5달러의 효과를 낸다고 추산했다.[46] 한 사람이 받은 돈이 마을 전체를 살리는 선순환을 만들어낸 것이다.

물론 모든 실험이 완벽한 것은 아니다. 한계도 분명히 존재한다. 알래스카 PFD는 연 1회 지급이라는 점에서 정기성이 약하다. 매달 조금씩 받는 것과 1년에 한 번 큰돈을 받는 것은 다른 효과를 낼 수 있다. 핀란드 실험은 2년으로 너무 짧았다. 장기적인 변화를 보기에는 충분한 시간이 아니었다. 케냐 실험은 아직 진행 중이며 2029년이 되어야 12년의 결과를 완전히 확인할 수 있다. 바르셀로나 실험은 규모가 작고, 다양한 조건들이 섞여 있어 순수한 기본소득 효과만을 분리해내기 어렵다는 한계가 있다.

그럼에도 이 실험들은 중요한 교훈을 준다. 기본소득은 책상 위의 이론이 아니라 땅 위의 현실이다. 그것은 작동한다. 그리고 그것은 사람들의 삶을 근본적으로 바꿀 수 있다. 가난한 케냐 농촌에서도, 복지 선진국 핀란드에서도, 자원이 풍부한 알래스카에서도, 도시 빈곤 지역 바르셀로나에서도 기본소득은 효과를 발휘했다.

이제 질문은 '기본소득이 가능한가?'가 아니다. '우리는 왜 아직도 기본소득을 도입하지 않고 있는가?'가 되어야 한다. 증거는 충분하다. 이제 필요한 건 정치적 의지와 결단력이다.

알래스카의 매리 할머니, 핀란드의 마티, 케냐의 제임스, 바르셀로나의 카르멘. 이들은 서로 다른 대륙, 다른 문화, 다른 경제 상황에서 살고 있다. 하지만 이들에게는 공통점이 있다. 기본소득이 그들의 삶을 바꿨다는 것, 그리고 그들은 더 나은 미래를 꿈꿀 수 있게 되었다는 것이다. 매리는 손자들에게 알래스카 땅의 자원은 모두의 것이라고 가르친다. 마티는 프리랜서 웹 개발자로 새 인생을 시작했다. 제임스는 아이들을 대학에 보내는 꿈을 꾼다. 카르멘은 정규직 돌봄 노동자로 아이들에게 희망을 물려줬다.

세계의 기본소득 실험들은 증명했다. 기본소득은 유토피아적 환상이 아니라 실현 가능한 정책이라는 것을. 그리고 그것이 인류의 미래가 될 수 있다는 것을.

3부

# 한국이
# 만들어가는
# 기본소득

7장

∞

# 경기도 청년기본소득
# 이야기

## 한국 최초 대규모 기본소득 실험

2019년 봄, 한국의 기본소득 논쟁이 드디어 현실이 되는 역사적 순간이 찾아왔다. 그해 4월 1일, 경기도는 만 24세 청년들에게 분기별 25만 원, 연간 최대 100만 원을 지역화폐로 지급하는 '청년기본소득' 제도를 전격 시행했다.[1] 이재명 경기도지사의 오랜 꿈이자 한국 사회의 거대한 실험이었다.

사실 이 정책의 씨앗은 그보다 3년 전에 뿌려졌다. 2016년 1월, 당시 이재명 성남시장은 전국 최초로 '청년배당' 제도를 도입했다.[2] 성남시에 거주하는 만 24세 청년에게 연 100만 원을 '성남사랑상품권'으로 지급한 것이다.[3] "청년들에게 최소한의 경제적 안정을 제공하고, 지역경제도 활성화하겠다"는 취지였다. 회의적인 시선도 많았다. '포퓰리즘', '돈 뿌리기'라는 비판이 쏟아졌다. 하지만 이재명 시장은 흔들리지 않았다.

성남의 실험은 예상보다 성공적이었다. 청년들의 반응이 좋았고, 지역 상인들도 환영했다. 그리고 2018년 6월, 경기도지사로 당선되면서 이 정책은 새로운 전환점을 맞았다. 그는 경기도 전체로 청년기본소득을 확대하기로 결정했다. 인구 1,340만 명의 광역자치단체에서 시행하는 본격적인 기본소득 실험에 전 세계가 주목했다.

경기도 청년기본소득 사업은 2019년 4월에 시행되었으며, 매년 10만 명 이상의 청년들에게 1인당 100만 원씩 분기별로 분할하여 지급하고 있다.[4] 대상은 명확했다. 신청일 기준 경기도에 주민등록을 두고 있으며, 최근 3년 이상 계속 거주했거나 통산 10년 이상 거주한 만 24세 청년이라면 소득이나 재산에 상관없이 누구나 받을 수 있었다.[5] 진정한 의미에서 사실상 최초의 '무조건적' 기본소득이었다.

수원시에 사는 김지훈(당시 24세, 가명) 씨는 2019년 4월, 첫 청년기본소득 25만 원을 받고 가슴이 뭉클했다고 회상했다. "대학을 졸업했지만 취업이 안 되어서 아르바이트로 근근이 생활하고 있었어요. 부모님께 손 벌리기도 미안하고, 그렇다고 마땅한 방법도 없었죠. 그런데 갑자기 지역화폐 카드로 25만 원이 들어온 거예요. 조건도 없이요."

지훈 씨는 그 돈으로 무엇을 했을까? "처음엔 생활비로 써야겠다고 생각했어요. 하지만 막상 받고 나니 마음에 여유가 생기더라고요. 3개월 후에 또 25만 원을 받을 수 있다는 확신이 생기니까, 당장 급한 불을 끄는 게 아니라 미래를 계획할 수 있게 됐어요. 그래서 일부는 토익 학원비로 쓰고, 나머지는 취업 준비 책을 사는 데 썼습니다."

6개월 후, 김지훈 씨는 중소기업에 취직했다. "청년기본소득이 직접적으로 취업을 시켜준 건 아니에요. 하지만 그 돈이 있었기에 조금 더 버틸 수 있었고, 조금 더 준비할 수 있었어요. 그게 결정적이었죠."

## 현금이 아닌 지역화폐로

경기도 청년기본소득의 가장 독특한 특징 중 하나는 지급 방식이었다. 현금이 아닌 지역화폐로 지급한 것이다. 왜 그랬을까? 이재명 지사의 설명은 명쾌했다. "기본소득의 혜택을 청년 개인에게만 국한하지 않고, 지역경제 전체에 퍼뜨리고 싶었습니다. 지역화폐는 대형마트나 온라인 쇼핑몰에선 쓸 수 없고, 동네 골목상권에서만 사용할 수 있어요. 청년들이 쓰는 돈이 고스란히 지역 소상공인의 수입이 되는 거죠."

용인시 수지구에서 작은 분식집을 운영하는 박순자(58세, 가명) 씨는 청년기본소득의 직접적인 수혜자다. "처음엔 이게 무슨 영향이 있겠나 싶었어요. 근데 2019년 여름부터 느껴지더라고요. 젊은 손님들이 눈에 띄게 늘었어요. 특히 분기 초마다 확 늘어났죠. 나중에 알고 보니 청년기본소득을 받은 젊은이들이 동네에서 쓰는 거더라고요."

박순자 씨의 가게는 대형 프랜차이즈가 아닌, 20년 넘게 한자리를 지켜온 작은 가게다. "요즘 경기가 안 좋잖아요. 주변 가게들이 하나둘씩 문 닫는 걸 보면서 우리도 언제까지 버틸 수 있을까 걱정했어요. 그런데 청년기본소득 덕분에 매출이 조금씩 올라갔어요. 많이는 아니에요. 한 달에 30~40만 원 정도? 하지만 그게 저희 같은 작은 가게엔 큰 힘이 됐죠."

박순자 씨는 특히 젊은 손님들의 태도 변화가 인상적이었다고 말한다. "예전에는 젊은 애들이 되도록 싼 걸 찾으려 했어요. 당연하죠. 돈이 없으니까. 근데 청년기본소득 받고 난 뒤로는 좀 더 여유 있게 주문하더라고요. '사장님, 오늘은 여기서 밥 먹을게요' 하면서요. 그 모습이 참 대견했어요."

지역화폐 방식은 정책의 목표를 이중으로 달성하는 전략이었다. 청년들에게 경제적 안정을 제공하는 동시에, 지역 소상공인들의 매출을 늘려 지역경제를 활성화한다는 것이다. 경기연구원의 분석에 따르면, 청년기본소득으로 지급된 돈의 상당 부분이 지역 내 소비로 이어졌고, 이는 골목상권을 지키는 데 실질적인 도움이 되었다.[6]

하지만 이 방식에 대한 비판도 만만치 않았다. 자유로운 사용이 제한된다는 점이 쟁점이었다. 화성특례시에 사는 정우진(당시 24세, 가명) 씨는 이렇게 토로했다. "저는 서울에 있는 학원에서 공무원 시험 준비를 하고 있었어요. 청년기본소득을 학원비로 쓰고 싶었는데, 처음엔 불가능했어요. 지역화폐라서 경기도 내에서만 쓸 수 있고, 그것도 가맹점에 등록된 곳에서만 가능했거든요."

정우진 씨의 불만은 많은 청년들이 공유한 것이었다. 특히 학원, 온라인 강의, 자격증 시험 응시료 등 자기계발에 쓰고 싶어 하는 청년들에게는 사용처 제한이 큰 걸림돌이었다. 이런 목소리가 커지자 경기도는 2019년 하반기부터 점진적으로 사용처를 확대했다. 학원 수강료, 시험 응시료 등을 포함시키고, 온라인 결제도 일부 가능하게 했다.

평택시에 사는 강희락(당시 24세, 가명) 씨는 청년기본소득을 문화생활에 사용했다고 했다. "저는 독서를 좋아해요. 하지만 책값이 만만치 않잖아요. 청년기본소득 받고 나서 동네 서점에서 매달 책을 서너 권씩 샀어요. 온라인보다 조금 불편하긴 하지만, 동네 서점 사장님이 너무 반가워하셔서 기분이 좋더라고요. '요즘 젊은 사람들이 서점에 안 와서 걱정했는데, 이렇게 자주 와줘서 고맙다'고 하시더라고요."

강희락 씨의 경험은 지역화폐가 가진 또 다른 의미를 보여준다. 단순히 돈을 쓰는 게 아니라, 동네 상권과의 관계를 회복하는 것이고. 대형마트와 온라인 쇼핑의 확산으로 단절되었던 청년들과 골목상권 사이의 연결고리가 다시 이어지는 것이었다. "이제 동네 서점 사장님을 보면 '우리 동네 사람'이라는 느낌이 들어요. 예전엔 그냥 지나치던 곳이었는데 말이에요."

지역화폐 방식이 완벽한 것은 아니다. 사용처 제한으로 인한 불편, 온라인 결제 시스템의 미비, 일부 가맹점의 낮은 인식 등 개선해야 할 점들이 있다. 하지만 이 방식은 기본소득이 단순히 개인을 위한 정책이 아니라, 공동체 전체를 위한 정책이 될 수 있음을 보여주었다. 청년의 안정과 지역경제의 활성화를 동시에 추구하는 '일석이조'의 전략이었던 것이다.

경기연구원의 만족도 조사는 이 정책의 성과를 수치로 입증했다. 2019년 1분기 조사에서 만족도는 80.6퍼센트였고(보통 14.5%, 불만족 4.9%), 3분기에는 82.7퍼센트로 2.1퍼센트포인트 증가했다.[7] 청년들이 만족하는 이유는 명확했다. "조건 없이 받을 수 있어서 좋다", "정기적으로 지급되어 계획을 세울 수 있다", "지역에서 사용하니 동네 경제에도 도움이 된다"는 것이었다. 물론 개선 요구도 있었다. 사용처를 학원, 온라인 강의, 시험 응시료 등으로 확대해달라는 것, 온라인 결제 편의성을 개선해달라는 것, 지역 외에서도 사용할 수 있게 해달라는 요구가 이어졌다.

### 삶이 바뀌는 순간들

경기연구원은 2019년부터 2021년까지 청년기본소득의 효과를 체계적으로 추적 조사했다. 연구진은 경기도 청년기본소득 수급자들과 타 지역 청년들을 비교하며, 이 정책이 청년들의 삶에 실제로 어떤 변화를 가져오는지 분석했다. 결과는 놀라웠다.

가장 눈에 띄는 변화는 행복도의 향상이었다. 경기연구원의 계량 분석에 따르면, 청년기본소득을 받기 전 경기도 청년들의 행복도는 10점 만점에 5.661점이었다. 하지만 받은 후에는 6.033점으로 올라갔다.[8] 약 0.37점의 증가다. 숫자로는 작아 보일 수 있지만, 이는 통계적으로 매우 유의미한 변화였다. 특히 주목할 점은 타 지역 청년들(5.483점)과 비교해도 경기도 청년들의 행복도가 더 높았다는 것이다.[9]

정신건강과 건강 상태도 개선되었다. 연구진은 청년들의 운동 빈도, 식생활 수준, 정신건강 상태를 추적했다. 청년기본소득을 받은 청년들은 이전보다 규칙적으로 운동하기 시작했고, 영양 있는 식사를 더 자주 했으며, 우울감과 불안감이 감소했다고 보고했다.[10] "돈이 생기니까 헬스장도 다닐 수 있고, 편의점 도시락 대신 제대로 된 밥을 먹을 수 있게 됐다"는 증언이 많았다.

성남시에 사는 한민수(당시 24세, 가명) 씨의 이야기가 대표적이다. 그는 대학을 졸업한 후 취업 준비를 하며 심한 우울증에 시달렸다. "하루하루가 막막했어요. 부모님께 손 벌리는 것도 한두 번이지, 취업이 안 되니까 나 자신이 한없이 쓸모없게 느껴졌죠. 밥도 제대로 안 먹고, 친구들 만나는 것도 피하게 되더라고요. 돈이 없으니까 부끄러워서요."

2019년 4월, 한민수 씨는 청년기본소득 25만 원을 받았다. "처음엔 '이런다고 뭐가 달라지겠어'라고 생각했어요. 25만 원이 뭐 큰돈도 아니잖아요. 근데 신기하게도 마음이 조금 가벼워지더라고요. 정기적으로 받을 수 있다는 확신이 생기니까요. 그래서 그 돈 중 일부로 동네 헬스장 회원권을 끊었어요. 한 달에 5만 원짜리요. 운동하면서 조금씩 기분이 나아지기 시작했죠."

6개월 후, 그는 달라져 있었다. "완전히 나은 건 아니에요. 하지만 최소한 하루하루를 버틸 힘은 생긴 것 같아요. 청년기본소득이 우울증을 치료한 건 아니지만, 나를 조금 더 견딜 만하게 만들어줬어요. 그게 중요했던 것 같아요."

2020년 초, 한민수 씨는 스타트업에 취직했다.

청년들의 인식과 태도도 긍정적으로 변했다. 사회에 대한 신뢰가 높아졌고, 미래에 대한 희망을 더 많이 품게 되었다고 응답했다.[11] 특히 "사회가 나를 돌봐준다"는 느낌, "국가가 청년을 중요하게 생각한다"는 인식이 강화되었다. 이는 정책의 파급 효과가 단순히 경제적인 데 그치지 않고, 사회적·심리적 차원까지 확장된다는 것을 보여준다.

용인시에 사는 최미소(당시 24세, 가명) 씨는 이렇게 말했다. "솔직히 말하면, 저는 국가가 우리 청년들한테 관심이 없다고 생각했어요. 일자리도 없고, 집값은 미친 듯이 오르고, 아무리 노력해도 안 되는 것 같았거든요. 그런데 청년기본소득을 받으면서 생각이 조금 바뀌었어요. '아, 나를 완전히 버린 건 아니구나. 적어도 경기도는 우리를 생각하고 있구나' 하는 느낌이 들었죠."

그녀의 고백은 기본소득이 가진 상징적 의미를 드러낸다. 금액의 크기가 아니라, "사회가 나의 존재를 인정하고 지지한다"는 메시지 자체가 청년들에게 힘이 되는 것이다. 이는 전통적 복지제도와 기본소득의 근본적 차이이기도 하다. 선별적 복지는 '너는 가난하니까 도와주겠다'는 시혜의 논리지만, 기본소득은 '너는 이 사회의 일원이니까 당연히 받을 권리가 있다'는 권리의 논리다.

흥미로운 발견도 있었다. 청년기본소득을 받은 청년들의 노동시장 참여가 오히려 늘어났다는 점이다.[12] 주당 노동시간이 1.3시간 증가했고,[13] 이는 '기본소득을 받으면 게을러진다'는 우려를 정면으로 반박하는 결과였다. 질적 조사에서 청년들은 기본소득이 '다시 시작할 기회와 도전이 가능한 사회'를 만드는 데 기여할 수 있을 것으로 기대하고 있었다.[14] 이를 통해 청년기본소득이 일종의 '안전 매트' 역할을 하면서 청년들이 더 적극적으로 일자리를 찾고 새로운 도전을 할 수 있게 만든 것으로 해석할 수 있다.

시흥시에 사는 박재민(당시 24세, 가명) 씨의 경험이 이를 잘 보여준다. 그는 대학 졸업 후 안정적인 대기업 취업을 목표로 했다. 하지만 몇 차례 떨어진 후 방향을 바꿨다. "청년기본소득을 받으면서 생각이 바뀌었어요. '최소한 3개월에 한 번씩 25만 원은 들어오니까, 좀 더 하고 싶은 일을 해봐도 되지 않을까?' 하는 생각이 들더라고요."

박재민 씨는 친구와 함께 작은 온라인 쇼핑몰을 시작했다. "물론 처음엔 수입이 거의 없었어요. 하지만 청년기본소득이 있었기에 최소한의 생활비는 충당할 수 있었죠. 그 덕분에 버틸 수 있었고, 6개월 후부터 조금씩 매출이 나기 시작했어요. 지금은 한 달에 200만 원 정도 벌어요. 청년기본소득이 없었다면 이 도전은 꿈도 못 꿨을 거예요."

경기도 청년기본소득의 효과는 여러 영역에서 긍정적으로 나타났다. 앞서 언급한 것처럼 정신건강이 개선되어 우울감과 불안감이 감소했고, 운동 빈도가 증가하며 규칙적인 운동 습관이 형성되었다. 식생활도 개선되어 영양 있는 식사 횟수가 늘었고, 사회 신뢰가 향상되어 국가와 사회에 대한 긍정적 인식이 강화되었다. 미래 희망도 증대되어 장기적 계획 수립이 가능해졌다. 노동시장 참여도 주목할 만했다. 주당 노동시간이 증가했고(게으름이 아니라), 창업 및 자영업 시도가 늘었으며, 위험 감수 능력이 향상되어 새로운 도전이 가능해졌다. 특히 코로나19 시기에는 많은 청년들이 "실제로 도움이 되었다"고 응답하며, 재난 안전판으로서의 역할도 확인되었다.

## 한계와 과제, 그리고 미래

경기도 청년기본소득이 모든 면에서 만족한 것은 아니었다. 시행 과정에서 여러 한계와 과제들이 드러났고, 이에 대한 비판과 논쟁도 계속되었다. 이는 어쩌면 당연한 일이었다. 세계적으로도 전례가 드문 대규모 기본소득 실험이었기에, 시행착오는 불가피했다.

가장 큰 한계는 금액의 부족이었다. 연간 100만 원, 분기당 25만 원은 청년들의 생활비를 완전히 충당하기에는 턱없이 부족한 액수다. 많은 청년들이 "도움은 되지만, 근본적인 해결책은 아니다"라고 지적했다. 기본소득이 진정한 의미의 '기본'을 보장하려면 금액이 훨씬 더 커져야 한다는 목소리가 높았다.

대상의 제한도 논란이 되었다. 만 24세만을 대상으로 한 것은 정치적·재정적 현실을 고려한 선택이었지만, 다른 연령대의 청년들은 소외감을 느꼈다. "왜 24세만? 23세와 25세는 왜 안 되나?" 하는 불만이 끊이지 않았다. 일부에서는 '범주형 기본소득'이라는 비판을 제기하며, 진정한 보편적 기본소득으로 확대되어야 한다고 주장했다.

재원 조달의 지속가능성 문제도 제기되었다. 경기도의 연간 예산 부담은 적지 않았다. 2019년 시행 이후 6년간(2024년 9월까지) 총 6,521억 원이 청년기본소득에 투입되었고,[15] 이는 다른 정책 예산을 압박하는 요인이 되었다. 일부 도의원들은 '복지 포퓰리즘'이라며 강하게 반발했고,[16] 예산 심의 과정에서 치열한 공방이 벌어졌다.

정치 지형의 변화는 청년기본소득 정책에도 영향을 미쳤다. 2022

년 6월에는 국민의힘 소속이 시장에 당선된 이후, 성남시의회는 2023년 7월 청년기본소득 지급 조례를 폐지했고,[17] 2024년 1월부터 성남시의 청년기본소득 사업은 전면 중단되었다. 전국 최초로 청년배당을 시작한 성남시가 가장 먼저 이 정책을 중단하는 역설적인 상황이 발생한 것이다.[18] 고양특례시 역시 예산 대비 효과 부족을 이유로 사업에서 이탈했다.[19]

김동연 경기도지사도 청년기본소득 개편을 시도했다. 2024년 11월 소득별 차등 지급안을 발표했으나,[20] 더불어민주당의 반대로 백지화되었다.[21] 2025년 2월에는 사용처를 9개 항목으로 제한하는 개편안을 발표했으나,[22] 이 역시 2025년 7월 사실상 백지화되었다.[23] 현재는 기존 방식(연 100만 원, 분기별 25만 원 지급)을 유지하되, 학원 수강료와 시험 응시료에 한해 경기도 전역에서 사용할 수 있도록 일부 개선되었다.[24] 2025년 현재 경기도 31개 시군 중 28개 시군만이 청년기본소득 사업에 참여하고 있으며,[25] 정책의 지속가능성과 효과성을 둘러싼 논쟁은 여전히 진행 중이다.

하지만 이 모든 논쟁에도 불구하고, 경기도 청년기본소득은 중요한 이정표를 세웠다. 무엇보다도, 기본소득이 한국에서 '가능하다'는 것을 증명했다. 이론과 구호가 아닌, 현실의 정책으로 작동할 수 있음을 보여준 것이다. 2016년 4월 성남시가 전국 최초로 청년배당을 시행하며 청년 대상 현금 지원의 물꼬를 텄다. 같은 해 8월 서울시도 청년수당을 도입했다.[26] 이재명 지사는 2019년 4월 이 정책을 경기도 전역으로 확대하여 청년기본소득을 시행했다. 이후 경남 양산시가 2022년 청년기본소득 조례를 제정하는 등 일부 지자체에서 유사한 정책 도입을 검토했다.[27] 또한 2021년부터 경기도는 농민기본소득을 시작했고, 2022년에는 경기청년복지포인트를 도입하는 등 기본소득의 적용 범위를 청년 이외의 계층으로 점차 확대해나갔다.[28] 청년 세대를 대상으로 한 현금 지원 정책과 기본소득 실험이 점차 확산되기 시작한 것이다. 이들 정책은 '기본소득이 가능하다'는 것을 보여준 이정표적인 실험이었다. 이제 우리는 '할 수 있는가?'가 아니라 '어떻게 더 잘할 것인가?'를 논의해야 한다.

앞에서 언급했던 이들의 이야기를 더 들어보자. 수원시의 김지훈 씨는 지금 중소기업에서 일하며 안정적인 생활을 하고 있다. 그는 여전히 청년기본소득을 받았던 2019년을 잊지 못한다. "그 돈이 제 인생을 바꿨다고 말하긴 어려워요. 하지만 가장 힘들었던 시기에 작은 희망을 주었다는 건 확실해요. 그 희망이 저를 여기까지 오게 만들었죠."

용인의 박순자 씨 분식집은 아직도 성업 중이다. 코로나를 견뎌내고, 경기 침체를 버텨냈다. "청년기본소득이 우리 가게를 살렸다고까지는 말 못 해요. 하지만 분명히 도움이 됐죠. 어려운 시기에 작은 버팀목이 돼줬어요. 그게 고마워요." 성남의 한민수 씨는 지금도 가끔 우울한 날이 있다고 했다. 하지만 이제는 그것을 견딜 힘이 있다고 말한다. "청년기본소득이 우울증을 고친 건 아니에요. 하지만 제가 혼자가 아니라는 걸, 사회가 저를 완전히 버리지 않았다는 걸 느끼게 해줬어요. 그게 저한테는 가장 큰 선물이었어요."

경기연구원의 한 선임연구원은 이렇게 말한다. "경기도 청년기본소득은 시작입니다. 완성이 아니라 시작이에요. 우리는 이 실험을 통해 많은 것을 배웠습니다. 기본소득이 작동한다는 것, 사람들이 게을러지지 않는다는 것, 오히려 더 적극적으로 삶을 개척한다는 것을 확인했습니다. 이제 다음 단계로 나아갈 때입니다. 더 많은 사람들에게, 더 충분한 금액으로, 더 지속 가능한 방식으로요."

2025년 현재, 경기도 청년기본소득은 여러 변화를 겪으며 진화하고 있다. 완벽한 제도는 아니지만, 계속 나아가고 있다. 그리고 그 과정에서 수많은 청년들의 삶이 조금씩, 하지만 분명하게 달라지고 있다. 경기도 청년기본소득은 한국 기본소득 운동의 첫 번째 큰 걸음이었다. 불완전하지만 의미 있는, 작지만 확실한, 시작에 불과하지만 미래를 향한 도약이었다. 이제 남은 질문은 하나다. "우리는 여기서 멈출 것인가, 아니면 더 나아갈 것인가?"

8장

∞

# 신안의 기적,
# 태양이 주는 연금

## 섬에 내린 태양의 축복

2018년 10월, 전라남도 신안군은 조용히, 그러나 단호하게 한 가지 결단을 내렸다. 「신안군 신재생에너지 개발이익 공유 등에 관한 조례」를 제정한 것이다.[1] 전국 최초였다. 누구도 시도하지 않았던 길이었다. 신재생에너지로 발생하는 수익을 기업이 독점하지 않고 지역주민과 나누겠다는 선언은, 단순한 조례가 아니라, 섬이 살아남기 위한 절박한 선택이었다.

1,028개의 섬, 그중 사람이 사는 유인도는 81개[2]인 신안군은 문자 그대로 '섬의 군'이다. 1990년대 초만 해도 10만 명이 넘던 인구는 계속 줄어들었다. 2024년 12월 기준 인구는 38,173명이었다.[3] 다른 인구소멸 지역들과 마찬가지로 젊은이들은 떠나고, 어르신들만

남았다. 빈집이 늘어나고, 학교는 문을 닫았다. 무인도가 계속 늘어나는 것은 시간문제처럼 보였다.

하지만 신안에는 다른 곳에 없는 것이 있었다. 끝없이 펼쳐진 갯벌과 바다, 그리고 구름 한 점 없이 내리쬐는 햇살, 바람, 파도 등 자연이 주는 에너지였다. 당시 박우량 신안군수는 생각했다. "우리에게 햇빛은 중동의 석유와 같다." 에너지 전환 시대, 섬의 자연이 곧 자원이 될 수 있다는 확신이었다.

2018년 조례가 만들어진 후, 신안군은 모든 신재생에너지 발전사업에 조건을 달았다. 주민과 신안군이 발전소 설립법인 지분의 30퍼센트 이상, 또는 총사업비의 4퍼센트 이상 참여해야 한다는 의무 규정을 둔 것이다.[4] 이 땅에서 사업하려면 주민과 이익을 공유해야 한다는 원칙이었다.

안좌도의 김영수(72세) 씨는 그때를 기억한다. "처음엔 다들 반신반의했어요. 태양광 회사가 우리한테 돈을 나눠준다고? 그런 일이 어디 있냐고들 했죠. 솔직히 저도 믿지 않았어요. 평생 섬에서 살면서 우리한테 좋은 일이 생긴 적이 별로 없었거든요."

하지만 군은 진심이었다. 2019년 9월, 자라도에서 첫 번째 신재생에너지 주민·군 협동조합이 설립되었다. 주민들이 직접 조합원이 되어 태양광발전소에 지분을 갖는 구조, 발전소가 돈을 벌면, 그 수익의 30퍼센트가 주민들에게 배당되는 시스템이었다. 안좌도, 자라도, 지도, 사옥도, 임자도, 비금도 등 하나둘 마을 협동조합이 만들어졌다. 주민들은 조합에 가입했다. 큰돈은 아니었다. 출자금 몇십만 원이었지만 그것으로 충분했다. 섬의 태양광발전소 지분을 갖게 된 것이다.

임자도의 박순이(71세, 가명) 할머니는 이렇게 말했다. "뭔지 잘 모르겠지만 손주가 가입하라고 해서 했어요. 한 30만 원 냈나? 그게 뭔 소용 있나 싶었는디, 근디 몇 달 지나니께 진짜로 돈이 들어옵디다. 처음엔 믿기지 않았어요. 꿈꾸는 거 아닌가 싶었제."

신안군의 자연조건은 놀라웠다. 일조량이 풍부하고, 평평한 땅이 많았다. 무엇보다 갯벌과 바다가 있어 태양광과 풍력 발전에 최적지였다. 기업들이 몰려들었다. 하지만 주민참여 없이는 사업이 불가능했다. 조례가 그것을 강제했다.

2020년, 8.2기가와트 규모의 신안 해상풍력 프로젝트가 발표되었다.[5] 원전 6~8기에 맞먹는 어마어마한 규모였다. 완공되면 세계 최대 규모의 해상풍력단지가 될 것이었다. 현재 2035년까지 완공을 목표로 추진하고 있다. 이 사업은 민간 자본만 48조 원이 투입되는 초대형 프로젝트이다. 하지만 신안군의 조례는 여전히 유효했다. 이 거대한 풍력단지에서도 주민들은 지분을 가질 것이다. 바람이 돈이 되고, 그 돈이 주민들에게 흘러갈 것이다. 섬의 자연이 섬사람들을 먹여 살리게 될 것이다.

2018년 10월, 작은 조례 하나가 신안의 운명을 바꾸기 시작했다. 섬이 가진 유일한 자원, 태양과 바람을 주민의 것으로 만든 것이다. 이것은 단순한 환경 정책이 아니라 섬의 생존을 위한 전략이었다. 그리고 그 전략은 곧 놀라운 결실을 맺기 시작했다.

## 첫 배당금의 감동

2021년 4월, 신안군 역사어 기록될 날이 밝았다. 첫 번째 '햇빛연금' 지급일이 온 것이다.[6] 자라도, 안좌도 등 태양광발전소가 가동된 지역주민들에게 처음으로 배당금이 지급되었다. 지역사랑상품권으로 각자의 통장에 입금되었다.

자라도의 홍태준(32세, 가명) 씨는 그날 아침 휴대폰 메시지를 보고 눈을 의심했다. '입금 17만 원.' 분기 배당금이었다. 연간으로 치면 60만 원 이상. 그는 5년 전 서울 생활을 접고 자라도로 귀촌한 청년이었다. 아내와 함께 작은 게스트하우스를 운영했다. 수입이 많지 않았다. 1인당 연금 17만 원은 한 달 생활비에 보탬이 되는 적지 않은 액수였다.

"솔직히 처음엔 반신반의했어요. 협동조합 가입할 때도 '정말 될까?' 싶었죠. 근데 진짜로 돈이 들어왔어요. 내 계좌에, 내 이름으로. 태양이 돈을 벌어다 준 거예요. 믿기지 않았어요. 아내랑 둘이 계좌 확인하면서 소리 질렀어요. '진짜다! 진짜 들어왔어!' 하면서요."

안좌도의 김영수 씨는 그날 마을회관에 나갔다. 온 동네가 떠들썩했다. 할아버지, 할머니들이 모여 자기가 받은 금액을 자랑했다. 누구는 12만 원, 누구는 15만 원, 누구는 20만 원. 거주 기간과 출자금에 따라 차등 지급되었지만 모두가 기뻤다. 김영수 씨가 말했다. "70 평생 살면서 이런 일은 처음이었어요. 우리가 아무것도 안 해도, 햇빛이 우리한테 돈을 준다는 게 신기했어요. 마을 할머니 한

분은 '이게 꿈인가 생시인가' 하시면서 감격해 하셨어요. 평생 가난하게 사셨거든요. 그분한테 그 돈이 얼마나 큰 의미였겠어요."

2021년, 첫 해 지급액은 총 17억 원이었다. 적지 않은 금액이지만, 전체 군민에 비하면 일부였다. 태양광발전소가 설치된 일부 마을만 혜택을 받았다. 하지만 소문은 빠르게 퍼졌다. "진짜로 돈 준다더라." "우리 마을에도 태양광 세워야 하는 거 아니냐?" 주민들의 태도가 달라지기 시작했다.

예전에는 태양광발전소 건설을 반대하는 주민들이 많았다. "경관을 해친다", "환경을 파괴한다", "건강에 해롭다"는 민원이 끊이지 않았다. 하지만 햇빛연금이 지급된 후 분위기가 완전히 바뀌었다. "우리 마을에는 언제 들어오나?", "빨리 협동조합 만들어야 하는 거 아니냐?"는 요청이 쏟아졌다. 비금도의 강철수(68세, 가명) 이장은 이렇게 말했다. "솔직히 처음엔 반대했어요. 우리 섬에 저런 시커멓고 큰 게 들어서면 보기 싫을 것 같았거든요. 근데 옆 섬 사람들이 돈 받는 거 보니까 '아, 우리도 해야겠다' 싶더라고요. 지금은 우리 섬이 제일 늦게 시작한 게 후회돼요."

2022년, 햇빛연금 지급액은 39억 원으로 급증했다.[7] 더 많은 태양광발전소가 가동되었고, 발전량도 늘어났다. 더 많은 마을이 협동조합을 만들었다. 수혜자가 확대되었다. 1인당 평균 지급액도 늘어났다. 사옥도의 장미숙(55세, 가명) 씨는 2022년에 처음 햇빛연금을 받았다. "솔직히 액수가 크진 않아요. 분기에 10만 원 남짓? 근데 이게 계속 들어온다는 게 중요해요. 1년이면 40만 원, 10년이면 400만 원이에요. 내가 일하지 않아도, 아프더라도, 햇빛이 나 대신 일해주는 거예요. 이게 얼마나 고마운 일인데요."

 2023년, 지급액은 78억 원으로 두 배 증가했다. 2024년에는 82억 원. 2025년 10월 현재, 누적 지급액이 300억 원을 돌파했다. 수혜자는 18,997명으로, 신안군 전체 인구의 49퍼센트에 달한다.[8] 군민 절반이 햇빛연금을 받고 있는 것이다. 분기별 지급액은 1인당 최소 10만 원에서 최대 68만 원까지 다양하다. 마을마다, 개인마다 차이가 있다. 거주 기간이 길수록, 출자금이 많을수록, 발전량이 많은 마을일수록 더 많이 받는다. 하지만 모두가 받는다는 것, 그것이 가장 중요했다.

 자라도의 홍태준 씨는 2025년 3분기에 51만 원을 받았다. 연간으로 치면 200만 원이 넘는 금액이다. "이제 저희 부부는 햇빛연금을 생활비 일부로 계산해요. 게스트하우스 수입이 적어도 버틸 수 있어요. 이 섬에서 계속 살 수 있게 해주는 힘이죠." 안좌도의 김영수 씨는 2025년에 누적 400만 원 이상을 받았다. 5년간 모은 돈으로 낡은 집을 수리했다. "평생 모아도 못 고칠 거라고 생각했는데, 햇빛연금 덕분에 했어요. 지붕도 새로 올리고, 벽도 칠하고. 이제 비가 와도 무섭지 않아요. 태양이 우리 집을 고쳐준 거예요."

 2021년 4월, 처음 지급된 17억 원의 햇빛연금은 신안 주민들에게 단순한 돈 이상의 의미였다. 그것은 희망이었고, 존엄이었으며, 미래였다. 섬이 버려지지 않았다는 명백한 증거였다. 우리도 대한민국 국민이라는 자부심과 함께 햇빛이 우리를 지켜줄 것이라는 믿음이 생겼다. 그 첫 배당금은 신안의 기적을 여는 열쇠였다.

## 에너지 민주주의의 실현

신안군의 햇빛연금은 단순한 복지 정책이 아니었다. 그것은 에너지 민주주의의 실험이었다. 에너지를 생산하는 사람과 그 이익을 누리는 사람이 분리되지 않는 구조, 주민이 에너지의 생산자이자 소유자가 되는 시스템, 이것은 한국 에너지 역사에서 전례 없는 일이었다.

기존의 발전소들은 어땠는가? 원자력발전소든 화력발전소든, 대형 댐이든 풍력단지든, 지역주민들은 피해만 입었다. 환경 파괴, 소음, 안전 위험을 떠안았지만, 이익은 대기업과 정부가 가져갔다. 주민들에게 돌아오는 것은 미미한 보상금뿐이었다. 신안군은 이 구조를 뒤집었다. 2018년 10월 조례를 통해 '에너지는 주민의 것'이라고 선언한 것이다. "이 땅에서 나는 에너지 수익을 주민이 공유할 권리가 있다"는 원칙은 혁명에 가까운 '발상의 대전환'이었다.

흑산도 출신으로 서울에서 환경운동을 하다 고향으로 돌아온 봉태형(28세, 가명) 씨는 이렇게 말한다. "신안 모델은 '에너지 정의'의 교과서예요. 에너지 전환이 왜 필요한가? 기후 위기 때문이죠. 하지만 그 전환의 과정에서 누가 이익을 보고 누가 희생하는가? 대부분의 재생에너지 사업은 대기업이 이익을 독점하고, 지역은 피해만 입어요. 신안은 달라요. 주민이 주인이에요. 이게 진짜 에너지 민주주의예요."

신안 모델의 핵심은 '주민참여 의무화'다. 앞에서 언급한 것처럼 조례는 모든 신재생에너지 발전 사업자에게 주민과 신안군이 발전소 지분의 30퍼센트 이상, 또는 총 사업비의 4퍼센트 이상 참여하도록 강제한다. 선택이 아니라 의무, 이것이 없으면 사업 자체가 불가능하다.

　처음에는 기업들이 반발했다. "사업 자유를 침해한다", "과도한 규제다", "경제성이 떨어진다"는 불만이 터져 나왔다. 일부 기업은 신안을 떠나겠다고 위협했다. 하지만 신안군은 흔들리지 않았다. 조례는 그대로 유지되었다. 결과는? 기업들은 결국 받아들였다. 왜냐하면 신안의 자연조건이 너무 좋았기 때문이다. 일조량, 풍속, 입지 조건 모두 최상급이었다. 30퍼센트 지분을 주더라도 남는 장사였다. 그리고 주민참여는 오히려 사업을 순조롭게 만들었다. 민원이 줄어들었다. 반대 여론이 사라졌다. 주민들이 협력자가 되었다.

　안좌도 태양광 협동조합 조합장 박명호(58세, 가명) 씨는 이렇게 설명한다. "예전 같으면 우리 마을에 태양광 들어온다고 하면 난리 났을 거예요. 반대 집회 하고, 군청 찾아가서 항의하고. 근데 지금은 달라요. 우리가 주인이에요. 우리가 조합원이고, 우리가 이익을 보니까요. 물론 걱정도 해요. 환경 문제도 따지고, 안전도 확인하고. 하지만 무조건 반대는 안 해요. 왜냐하면 우리 일이니까요."

　협동조합 운영은 쉽지 않았다. 대부분의 주민들이 처음 경험하는 일이었다. 출자금 모으고, 회의하고, 의사결정하고, 배당금 나누는 과정 모두가 새로웠다. 갈등도 있었다. 배당 비율을 두고 다투기도 했고, 투명성 문제로 시끄러웠던 조합도 있었다. 하지만 그 과정 자체가 민주주의 교육이었다. 주민들은 스스로 결정하고, 스스로 책임지는 법을 배웠다. 회의에 참석하고, 질문하고, 토론했다. 마을의 미래를 함께 고민했다. 이것은 단순히 돈을 나눠주는 것과는 차원이 달랐다.

비금도 태양광 협동조합 관계자 오순자(63세, 가명) 씨는 말한다. "처음엔 뭐가 뭔지 하나도 모르겠더라고요. 총회 나가면 어려운 말만 나오고. 근데 몇 번 하다 보니 이해가 되더라고요. 이게 우리 일이구나. 내가 결정하면 그게 이루어지는구나. 신기했어요. 60 넘게 살면서 내 의견이 이렇게 중요하게 여겨진 적이 없었거든요."

신안군은 협동조합 운영을 적극적으로 지원했다. 전문가를 초빙해 교육했다. 회계, 법률, 행정 지원을 아끼지 않았다. 조합 간 네트워크를 만들어 경험을 공유하게 했다. 선진 사례 견학도 주선했다. 2025년 현재, 신안군에는 6개 섬에 신재생에너지 주민 협동조합이 운영되고 있다. 조합원은 약 2만 명에 달한다. 이들은 단순한 수혜자가 아니라 에너지 생산의 주체다. 자기 마을의 태양광발전소를 소유하고, 관리하고, 그 이익을 나눈다.

더 중요한 것은 미래 계획이다. 2035년까지 완공 예정인 8.2기가와트 규모의 해상풍력단지, 이 거대한 프로젝트에서도 신안군 조례는 적용된다. 주민들은 바람의 주인이 될 것이다. 태양에 이어 바람도 연금을 줄 것이다. 환경운동가 김태형(가명) 씨는 열정적으로 말한다. "8.2기가와트면 원전 8기 규모예요. 어마어마한 에너지죠. 이게 완공되면 신안군 전체 주민이 월 50만 원의 기본소득을 받을 수 있어요.[9] 연간 600만 원, 이게 실현되면 세계에서 유례없는 일이에요. 에너지로 기본소득을 실현하는 거예요."

신안군의 실험은 단순한 경제 정책을 넘어선다. 그것은 에너지를 누가 소유하고, 누가 통제하며, 누구를 위해 사용할 것인가 하는 근본적인 질문을 던진다. 그리고 신안은 명확한 답을 제시했다. "에너지는 주민의 것이다. 자연은 모두의 것이다. 그 이익은 공유되어야 한다." 이것이 진정한 에너지 민주주의의 모습이었다.

## 마을기업과 청년 귀향

햇빛연금의 파급효과는 직접적인 소득 증대에 그치지 않았다. 그것은 신안군 전체의 경제 생태계를 변화시키기 시작했다. 주민들의 소득이 늘자 소비가 증가했고, 지역 상권이 살아났다. 그리고 무엇보다 놀라운 일이 일어났다. 사람들이 돌아오기 시작한 것이다.

신안군 인구는 2013년 이후 계속 감소했다. 2019년까지 매년 수백 명씩 줄어들었다. 하지만 2023년부터 특이한 일이 벌어졌다. 인구가 179명 증가한 것이다. 2024년에도 136명이 증가했다.[10] 전라남도에서 유일하게, 한국에서도 극히 드물게, 군 단위 지역의 인구가 2년 연속 증가했다.

더 놀라운 것은 청년들이 돌아오기 시작했다는 사실이다. 자라도의 이준호 씨처럼, 도시 생활을 접고 섬으로 돌아오는 청년들이 늘어났다. 그들은 햇빛연금이 있기에 섬에서도 살 수 있다고 생각했다. 지도로 귀촌한 서안나(34세, 가명) 씨는 남편과 함께 작은 카페를 열었다. "서울에서 10년 살았어요. 직장 다니고, 돈 벌고. 근데 행복하지 않았어요. 남편이랑 '우리 진짜 하고 싶은 일 하면서 살자'고 결심했죠. 지도는 제 고향이거든요. 20년 만에 돌아왔어요."

"물론 처음엔 무서웠어요. 카페 수입만으로는 부족할 거 같았거든요.

서안나 씨 카페는 이제 지도의 명소가 되었다. 관광객들이 찾고, 주민들이 모인다. 수익은 크지 않지만, 행복하다고 했다. "햇빛연금 덕분에 여유가 생겼어요. 돈에 쫓기지 않으니까 손님들한테 더 친절할 수 있어요. 우리가 하고 싶은 대로 카페를 꾸밀 수 있고요. 이게 진짜 행복이에요."

신안군은 청년 귀향을 적극적으로 지원했다. 햇빛연금만이 아니라 청년들이 섬에서 안정적으로 정착할 수 있는 다양한 정책을 펼쳤다. 2019년 국내 최초로 시작한 '청년어선임대사업'은 어업 진입 장벽을 획기적으로 낮추었다. 신안군이 허가 어선을 구입해 연 0.5퍼센트의 낮은 임대료로 10년간 임대하고, 상환 완료 시 소유권을 이전하는 방식이다.[11] 청년들은 수억 원의 초기 자본 부담 없이 어업에 뛰어들 수 있게 되었다. 2023년까지 39척의 어선이 임대되어 55명의 청년 어민이 혜택을 받았고, 2024년에는 44억 원의 어획 실적을 올렸다.[12]

농업 분야에서도 변화가 일어났다. 도초도에는 전남 최대 규모의 청년농업경영실습 임대농장이 조성되었다. 첨단 스마트팜 시설에서 청년 농부들이 바나나, 애플망고 같은 아열대 작물을 재배하고 있다.[13] '신안섬바나나사회적협동조합'이 설립되어 주민들이 함께 참여하는 방식으로 운영된다.[14] 과거 상추와 방울토마토를 키우던 시설하우스는 이제 열대과일 농장으로 변모했다. 복합환경제어시스템을 갖춘 이 스마트팜에서 청년 농부들은 연 1억 원 이상의 소득을 올리며 억대 부농의 꿈을 실현하고 있다.[15] 첨단기술과 청년의 열정이 만나 섬 농업의 새로운 미래를 열어가고 있는 것이다.

신안군은 2023년부터 '햇빛아동수당'도 시작했다. 이는 18세 이하 아동에게 별도로 지급하는 수당이다. 2023년 1인당 40만 원, 2024년 80만 원, 2025년에는 120만 원을 지급했다.[16] 약 3,000명의 아동이 혜택을 받았다. 안좌도의 한 30대 부부는 두 자녀를 키운다. "아이들 키우는 데 돈이 얼마나 드는지 아세요? 서울에서는 도저히 감당이 안 됐어요. 신안으로 이사 온 것도 그 때문이에요. 여기서는 생활비도 적게 들고, 햇빛연금에 햇빛아동수당까지 받으니까 훨씬 여유가 생겨요. 아이들도 자연 속에서 뛰어놀고. 최고의 선택이었어요."

수치는 명확하게 말해준다. 2023~2024년에 315명의 인구가 증가했다. 2024년 말 기준, 유인도가 77개에서 81개로 4개 증가했다.[17] 무인도가 다시 유인도가 된 것이다. 사람이 돌아온 것이다. 2025년 9월 현재, 신안군 인구는 38,883명을 기록했다.[18] 전년 말 대비 710명이 증가했다. 불과 9개월 만에 700명 이상이 늘어난 것이다. 지방소멸 위기 속에서 이것은 거의 기적에 가까운 일이었다.

햇빛연금은 단순히 돈을 나눠주는 정책이 아니었다. 그것은 섬의 생태계를 복원하는 정책이었다. 사람들이 돌아오고, 아이들이 태어나고, 마을이 다시 살아나는 선순환 구조가 확립되었다. 태양이 주는 연금은 단지 소득이 아니라, 섬의 미래이자 희망이었다.

## 바람이 선물한 기본소득

햇빛연금이 신안군에 희망의 씨앗을 뿌린 지 4년째 되던 해에 신안의 바다는 또 다른 선물을 준비하고 있었다. 2025년 10월 21일, 자은도 주민회관에는 평소보다 더 많은 사람들이 모여들었다. 어르신들, 젊은 부부들, 그리고 아이들까지, 모두의 얼굴에는 설렘과 기대가 가득했다. 그날은 신안군이, 아니 대한민국이 처음으로 '바람연금'을 지급하는 날이었다.[19]



평생 어업으로 살아온 70대 최대한(가명) 씨의 말에는 감회가 묻어났다. 그는 젊은 시절 거센 파도와 싸우며 바다에서 생계를 이어왔다. 그 무서웠던 바람이 이제는 '돈'이 되어 돌아온다는 사실이 믿기지 않는다는 표정이었다.

자은도에서 약 9킬로미터 떨어진 푸른 바다 위에서는 거대한 풍력발전기 10기가 하얀 날개를 천천히 돌리고 있었다.[20] 해수면에서 227미터 높이로 솟아오른 이 거대한 '바람개비'들은 자은도 주민 2,500여 명에게 새로운 미래를 약속하고 있었다.[21] 전남해상풍력 1단지 내 96메가와트 규모의 이 해상풍력발전소는 대한민국 민간 주도 해상풍력 사업 중 최대 규모다.[22] 연간 약 3억 킬로와트시의 전기를 생산하는 이 발전소는, 약 9만 가구가 1년 동안 사용할 수 있는 어마어마한 양의 청정에너지를 만들어낸다.[23]

하지만 신안군에게 이 풍력발전소의 의미는 단순히 '전기'를 만드는 것에 그치지 않았다. "우리는 처음부터 주민과 함께 가는 해상풍력을 만들고 싶었습니다." 박우량 전 신안군수의 이 말에는 확고한 철학이 담겨 있었다. 햇빛연금으로 이미 주민 배당의 성공을 경험한 신안군은, 해상풍력에서도 똑같은 원칙을 적용했다. 발전 수익의 일부를 반드시 주민과 나눈다는 확고한 신념이었다.[24]

그리하여 2025년 10월, 자은면 주민 2,500여 명은 처음으로 분기별 바람연금 10만~30만 원을 받았다. 이를 연간으로 환산하면 최소 40만 원에서 최대 120만 원이다.[25] 물론 거주 기간과 연령, 세대 구성에 따라 금액은 달라지지만, 중요한 것은 '모든 주민'이 혜택을 받는다는 점이었다.



자은면에서 작은 식당을 운영하는 40대 김순희(가명) 씨는 눈시울을 붉혔다. 그녀는 10년 전 서울에서 귀향했다가 일자리가 없어 다시 떠날 생각을 했었다. 하지만 햇빛연금이 시작되면서 마음을 바꿨고, 이제 바람연금까지 받게 되면서 자은도에 완전히 뿌리를 내리기로 결심했다.

신안군의 실험은 이제 단순한 '실험'을 넘어 '모델'이 되고 있다. 햇빛연금과 바람연금을 합친 '에너지연금' 모델은 재생에너지 기반 기본소득의 결정판이었다. 더욱이 이 모든 연금이 현금이 아닌 지역화폐 형태의 '1004섬신안상품권'으로 지급되기 때문에 주민들의 소비를 자연스럽게 지역 상권으로 유도했고, 자은면의 가게들은 매출이 늘어나기 시작했다. 돈이 밖으로 새지 않고 마을 안에서 돌고 도는 선순환 구조가 만들어지고 있는 것이다.

하지만 자은도의 바람연금은 시작에 불과했다. 신안군은 2035년까지 8.2기가와트 규모의 해상풍력단지를 완성할 계획이다.[26] 이는 대형 원자력발전소 8기와 맞먹는 어마어마한 규모다. 세계에서 두 번째로 큰 해상풍력 집적화단지가 신안 앞바다에 만들어지는 것이다. 그리고 이 모든 풍력발전소가 가동되는 2035년이 되면, 신안군민 전체가 1인당 월 50만 원, 연간 600만 원의 에너지연금을 받게 된다.[27]

신안군의 에너지연금은 이제 국내를 넘어 세계의 주목을 받고 있다. 알래스카의 영구기금 배당 Alaska Permanent Fund Dividend은 1982년부터 시작된 가장 오래된 주민 배당 제도다. 하지만 이것은 석유, 즉 화석연료에서 나온다. 언젠가는 고갈될 자원이다. 반면 신안군의 에너지연금은 햇빛과 바람에서 나온다. 태양이 사라지지 않는 한, 바람이 멈추지 않는 한, 이 연금은 영원히 지속될 수 있다. 진정한 의미의 '지속 가능한 기본소득'인 것이다. 신안군은 이제 단순한 한국의 시골 마을이 아니다. 전 세계가 배우고 싶어 하는 '미래 사회의 교과서'가 되고 있는 것이다.

## 한국 농어촌의 딜레마와 대안

2025년 10월 29일 전남 진도군 향토문화회관 다목적실. '진도군 신재생에너지 개발이익 공유 조례(안)' 제정을 위한 주민공청회가 열렸다.[28] 저자는 그 자리에서 '재생에너지와 진도형 기본소득'을 주제로 기조 강연을 했다. 질의응답 시간, 참석한 주민들 사이에서 우려의 목소리가 터져 나왔다. "태양광이 설치되면 그동안 갯벌을 개간해 힘들게 농사를 짓던 우리는 어떻게 사느냐?" 절절한 질문이었다. 땅과 함께 살아온 농민들의 생존권이 걸린 문제였다.

이는 단지 진도군만의 문제가 아니다. 태양광과 풍력 등 재생에너지단지 조성을 놓고 대한민국 어디서나 마주하게 될 딜레마다. 기후위기 대응을 위해서는 재생에너지 확대가 불가피하지만, 그 과정에서 농민들의 삶의 터전이 사라진다면 이것이 진정한 의미의 정의로운 전환일까? 에너지 전환과 농업 보호, 이 두 가치를 동시에 실현할 수 있는 길은 없을까?

다행히 해법은 이미 우리 곁에 있다. 전남 보성군 보성읍 옥암리에서 그 가능성을 확인할 수 있다. 2019년 8월, 보성농협 문용진 조합장은 자신의 논 870평에 99.7킬로와트 규모의 '영농형 태양광발전소'를 설치했다. 농지 위 3~4미터 높이에 태양광 패널을 설치하고, 그 아래에서 벼농사를 짓는 방식이다.[29] 일본에서 '솔라 셰어링'solar sharing이라 불리는 이 시스템은 '광포화점'의 원리를 응용한 것이다. 식물은 일정 일조량을 넘어서면 광합성량이 더 이상 증가하지 않는다. 작물이 필요로 하지 않는 '잉여 햇빛'을 전기 생산에 활용하는 것이다.[30]

결과는 뜻밖이었다. 벼 수확량은 일반 논 대비 10~30퍼센트 감소에 그쳤지만, 전력 생산 수익을 포함하면 연간 총소득이 6배 이상 증가했다. 벼농사만 지었을 때 연 120만 원이던 수익이, 영농형 태양광을 병행하면서 연 1,292만 원으로 늘어났다. 월평균 100만 원 안팎의 안정적인 수익이 보장된 것이다.[31] 2025년 11월, 국회 농림축산식품해양수산위원회 현장 방문에서 문 조합장은 "영농형 태양광은 수확량 감소 우려를 상쇄하고도 남을 만큼 소득 증대 효과가 크다"고 증언했다.[32]

영농형 태양광은 단순히 수익만 늘리는 것이 아니다. 기후 위기 시대, 농업의 지속가능성을 높이는 핵심 대안이다. 태양광 패널이 작물을 강한 햇빛과 폭우로부터 보호하여 이상기후 피해를 완화한다. 온실가스 배출을 줄이면서도 식량 생산을 지속할 수 있다.[33] 농지의 본래 기능을 유지하면서 에너지 생산까지 가능한, 진정한 의미의 '토지 이중 활용'이다.

이러한 성과에 힘입어 전국적으로 확산이 시작되었다. 전남 영광군 염산면 월평마을은 2022년 '월평햇빛발전협동조합'을 설립하고 주민 주도형 영농형 태양광 사업을 추진하고 있다. 28가구 주민들이 직접 사업의 주체가 되어 햇빛연금 형태로 발전 수익을 공유한다.[34] 한국환경연구원에 따르면, 국내 전체 농지 면적의 5퍼센트에만 영농형 태양광을 구축해도 약 34기가와트 규모의 발전 용량을 확보할 수 있다. 이는 원자력발전소 30기 이상에 해당하는 규모다.[35]

물론 과제도 남아 있다. 높은 초기 설치 비용, 농지법 등 제도적 제약, 기술적 한계, 농민들의 수용성 문제 등을 해결해야 한다.[36] 하지만 보성의 사례는 이러한 난관을 극복할 수 있다는 희망을 보여준다. 농업과 에너지, 농민과 환경, 현재와 미래가 공존할 수 있는 길이 열려 있는 것이다.

　진도군 주민공청회에서 제기된 그 질문에 대한 답은 이제 분명해졌다. 재생에너지와 농업은 대립하는 것이 아니라 상생할 수 있다. 영농형 태양광은 '정의로운 전환'을 실현하는 구체적인 방법이다. 햇빛 아래 곡식과 전기가 함께 자라는 농지, 그곳에서 농민들은 더 이상 선택을 강요받지 않아도 된다. 땅을 지키면서도 미래를 준비할 수 있다. 이것이 바로 우리가 찾아야 할 에너지 전환의 모습이 아닐까.

9장

∾

# 제주 화산섬이 품은
# 배당의 꿈

## 삼다수가 흐르는 공유의 땅

2025년 가을, 제주특별자치도 제주시 조천읍에 있는 제주특별자치도개발공사 견학로에는 아크릴 함이 있다. 그 안에는 물병 하나가 전시되어 있는데, 평범해 보이는 생수병이 바로 '제주삼다수' 1호를 복제한 제품이다. 1998년 2월 처음 세상에 나온 이 생수는 제주의 운명을 바꾼 시작이었다.[1]

"처음엔 다들 반대했어요. '물을 팔아? 공짜 물을 돈 받고 판다고?' 하지만 우리는 믿었습니다. 제주의 물은 특별하다는 걸. 화산섬에서 수만 년간 걸러진 이 물은 제주 도민 모두의 자산이라는 걸."

이렇게 회상하는 사람은 삼다수 개발 초기 관계자였던 고형철(가명, 67세) 씨다. 1996년, 제주도는 지하수 개발 사업을 시작했다. 목표는 명확했다. 제주의 청정 지하수를 상품화해서 도민의 소득으로 돌리자는 것이었다. 당시만 해도 한국에서 생수 시장은 미약했다. 수돗물을 끓여 마시는 게 일반적이었다.

그러나 제주도는 과감하게 투자했다. 1998년 9월 15일, 드디어 삼다수가 출시되었다. 초기에는 어려웠다. 육지 대기업 생수들과의 경쟁에서 밀렸다. 하지만 제주도는 포기하지 않았다. 품질을 개선하고, 마케팅을 강화하고, 유통망을 확대했다. 그리고 무엇보다, '공공이 만드는 믿을 수 있는 물'이라는 이미지를 구축했다.

전환점은 2000년대 중반이었다. 웰빙 트렌드와 맞물려 생수 시장이 급성장했고, 삼다수는 그 중심에 있었다. 2010년, 삼다수는 국내 생수 시장 점유율 1위를 달성했다.[2] 그리고 그 자리를 단 한 번도 내어주지 않았다. 2025년 현재, 삼다수는 국내 생수 시장의 약 40퍼센트를 점유하고 있다.[3]

제주삼다수의 판매 실적은 놀라웠다. 2024년 기준으로 연간 매출이 약 3,340억 원에 달했다.[4] 연간 판매량은 약 9.4억 리터였으며, 국내 생수 시장 점유율은 단연 선두를 차지했다. 1998년부터 2023년까지 누적 판매량이 약 150억 리터에 이르렀고, 누적 수익은 약 3.6조 원을 기록했다.[5] 삼다수는 지난 27년간 한국 생수 시장의 절대 강자로 군림해왔다. 또한 그 수익은 모두 공공의 몫이 되었다.

3.6조 원. 그 돈은 어디로 갔을까? 제주특별자치도개발공사는 이 수익의 상당 부분을 제주도에 납입했다. 그리고 제주도는 이 돈을

다시 도민을 위해 썼다. 도로 건설, 교육 투자, 복지 확대, 관광 인프라 개선 등등 삼다수는 제주도의 발전을 떠받치는 보이지 않는 기둥이 되었다.

그런데 여기서 한 가지 질문이 생긴다. 이 3.6조 원이 과연 '공평하게' 배분되었을까? 알래스카는 석유 수익을 모든 주민에게 배당금으로 나눴다. 신안군은 재생에너지 수익을 햇빛연금으로 주민에게 돌려주고 있다. 그렇다면 제주도는? 삼다수 수익을 제주 도민에게 직접 나눠준 적이 있는가?

"한 번도 없습니다. 3조 원 이상을 벌었지만, 도민에게 직접 배당한 적은 단 한 번도 없어요. 물론 그 돈이 제주 발전에 쓰였다고는 하지만, 도민들이 체감하기는 어렵죠. 도로가 좋아졌다고 해서 내 삶이 나아진 걸까요? 저는 삼다수 주인이 누구인지 묻고 싶어요."

이렇게 말하는 사람은 제주시에 사는 30대 청년 강민수(가명) 씨다. 그는 태어나서 지금까지 제주에서만 살아왔다. 그리고 그는 묻는다. 제주의 물은 누구의 것인가?

## 섬이 꿈꾸는 보편적 배당

2020년 가을, 제주연구원은 주목할 만한 보고서 하나를 발표했다. 『제주형 도민배당제 도입 방안 연구』.[6] 제목부터 파격적이었다. 제주도의 공공자산 수익을 모든 도민에게 배당하자는 제안이었다. 보고서의 핵심 논리는 간단했다. 제주의 자연자산은 제주 도민 모두의 공동 소유다. 지하수도, 바람도, 태양도, 심지어 제주라는 브랜드 자체도 모든 도민의 것이다. 그렇다면 이 공동자산에서 나오는 이익도 모든 도민이 공평하게 나눠 가져야 한다. 알래스카의 석유 배당, 신안의 햇빛연금과 같은 원리였다.

제주연구원 선임연구원 김태윤(가명, 46세) 박사는 보고서의 저자 중 한 명이다. 그는 이렇게 설명한다. "제주는 한국에서 가장 도민 배당에 유리한 조건을 갖추그 있어요. 첫째, 삼다수라는 확실한 공공자산이 있고요. 둘째, 특별자치도라는 독특한 지위가 있어요. 중앙정부의 간섭을 덜 받고 자율적인 정책을 실험할 수 있죠. 셋째, 인구가 66만 명 선으로 적당해요. 너무 크지도 작지도 않아서 실험하기 좋습니다."

하지만 보고서는 현실이 되지 못했다. 제주도청은 조심스러웠다. 도민 배당은 너무 파격적이었고, 정치적 리스크도 컸다. 무엇보다 "돈을 뿌린다"는 비판을 피하기 어려웠다. 그러던 중 2022년 대선에서 이재명 더불어민주당 후보는 제주를 찾아 '제주형 기본소득' 공약을 제시했다. 그는 주민참여형 재생에너지 사업을 통해 '햇빛연금, 바람연금'을 조성하고, 이를 통해 제주 도민의 소득을 확대하겠다고 밝혔다. 또한 재생에너지 100퍼센트 전환과 환경보전기여금 도입을 통해 제주 도민의 경제기본권을 실현하겠다는 구상을 발표했다.[7]

서귀포시 표선면에 사는 70대 김옥선(가명) 할머니는 그 소식을 듣고 깜짝 놀랐다. "진짜 우리한테도 돈을 준다고? 알래스카처럼?" 그녀는 반신반의했다. 평생 제주에서 살아왔지만, 정치인들의 공약은

늘 말뿐이었기 때문이다.



대선이 이재명 후보의 패배로 끝나면서 제주형 기본소득 공약도 함께 사라졌다. 그럼에도 그 씨앗은 남았다. 제주 도민들은 질문하기 시작했다. "삼다수는 정말 누구의 것인가? 우리도 알래스카처럼 배당받을 수 있지 않을까?"

여기서 또 하나의 중요한 재원이 논의되었다. 바로 '환경보전기여금'이다. 제주는 연간 1,500만 명 이상의 관광객이 찾는다.[8] 관광객들은 제주의 아름다운 자연을 즐기지만, 동시에 환경에 부담을 준다. 쓰레기, 교통혼잡, 수질오염 등으로 인해 제주의 자연은 조용히 신음하고 있었다.

2010년대부터 제주에서는 환경보전기여금 논의가 시작되었다. 관광객 1인당 일정 금액(예: 1만 원)을 걷어서 환경 보호에 쓰자는 것이다. 만약 연간 1,500만 명에게 1만 원씩 걷으면 1,500억 원이 된다. 만약 1인당 2만 원으로 올리면 3,000억 원이다. 엄청난 재원이다.

하지만 환경보전기여금은 실현되지 못했다. 관광업계의 반발이 컸다. "관광객이 줄어들면 어쩌나?" "제주 경제가 무너진다!" 제주도청도 결단을 내리지 못했다. 지금도 환경보전기여금은 논의만 되고 있을 뿐, 실제 도입은 요원하다. 그런데 만약 환경보전기여금이 도입된다면 어떻게 될까? 그리고 그 돈의 일부를 도민 배당으로 돌린다면 어떤 변화가 생길까? '삼다수 수익+해상풍력 수익+환경보전기여금'을 합치면, 제주 도민 1인당 연간 50만 원, 월 4만 원 이상의 배당이 가능해진다.

## 특별자치의 특별한 실험

2006년 7월 1일, 제주도는 대한민국 최초로 '제주특별자치도'로 새롭게 출범하면서[9] 중앙정부로부터 더 많은 자율권을 받게 되었다. 세금, 교육, 관광, 환경 등 많은 분야에서 제주만의 독자적인 정책을 펼칠 수 있게 된 것이다. 바로 이 특별자치권이 제주형 기본소득을 가능하게 하는 핵심이다. 일반 시·도는 중앙정부의 통제를 받지만, 제주는 다르다. 제주연구원 김태윤 박사는 말한다. "제주는 알래스카처럼 반+독립적인 지위를 갖고 있어요. 도민 배당을 도입하려는 정치적 의지만 있다면, 법적으로 가능합니다. 중앙정부의 허락이 필요 없어요."

제주가 가진 또 다른 장점은 다양한 재원이다. 알래스카는 석유, 신안은 태양광과 풍력이지만 제주는 훨씬 더 다양하다. 제주형 기본소득의 잠재적 재원은 다섯 가지로 구성된다. 첫째, 제주삼다수는 연간 영업이익이 약 1,000억 원에 달하며 안정적이고 지속 가능한 수익원이다. 둘째, 해상풍력은 2030년 목표 기준으로 잠재 수익이 연간 500~1,000억 원으로 예상되며, 신안 모델을 참고한 주민이익 공유 방식을 채택할 수 있다. 셋째, 환경보전기여금은 관광객 1인당 1만 원 징수 시 연간 1,500억 원, 2만 원 징수 시 연간 3,000

억 원의 재원을 확보할 수 있다. 넷째, 제주면세점 및 관광 수익은 연간 약 300~500억 원에 달한다. 다섯째, 탄소배출권 거래를 통해 제주의 청정 환경을 활용한 탄소 크레딧을 판매하면 잠재 수익이 연간 200~300억 원에 이를 수 있다. 이를 모두 합치면 총 잠재 재원은 연간 3,500~5,000억 원에 달하며, 제주 인구 66만 명 기준으로 1인당 연간 50~75만 원의 배당이 가능하다.[10]

하지만 제주에게도 장애물이 있다. 가장 큰 문제는 2025년 10월 발표된 농림축산식품부의 '농어촌 기본소득 시범사업' 대상지 선정에서 제주가 제외되었다는 점이다.[11] 전국 10개 지역이 최종 선정되었지만, 제주는 포함되지 않았다.

제주시에 사는 대학생 박서연(가명, 22세) 씨는 실망했다. "왜 제주는 빠진 거죠? 신안은 햇빛연금도 주고, 이번 시범사업에도 선정됐는데. 제주는 삼다수도 있고, 관광 수익도 있는데, 왜 우리만 못 받는 거예요? 특별자치도라면서 정작 특별한 건 없는 것 같아요."

제주연구원 김태윤 박사는 이렇게 분석한다. "제주가 제외된 이유는 역설적으로 제주가 '너무 잘살기' 때문입니다. 농어촌 기본소득 시범사업은 낙후된 농어촌 지역을 우선 지원하는 목적이 있어요. 제주는 관광산업이 발달해서 상대적으로 부유해 보이죠. 하지만 이건 착시예요. 제주 내부의 격차도 크고, 청년들의 어려움도 크거든요."

하지만 이것이 끝은 아니다. 제주는 특별자치도로서 중앙정부의 시범사업이 아니라 자체적으로 도민 배당을 추진할 수 있다. 문제는 정치적 의지다. 서귀포시에 사는 60대 현태수(가명) 씨는 농업에 종사한다. 그는 조심스럽게 말한다. "솔직히 저는 기본소득이 좋은 건지 모르겠어요. 그냥 돈 뿌리는 거 아닌가요? 그런데 삼다수 얘기를 듣고 생각이 좀 바뀌었어요. 그게 정말 우리 거라면, 우리가 받는 게 당연한 거 아닌가요? 알래스카 사람들처럼요."

## 제주의 꿈

제주대학교의 한 교수는 제주형 기본소득의 미래를 낙관한다. "제주는 한국 기본소득 운동의 다음 무대가 될 겁니다. 경기도 청년기본소득이 첫걸음이었고, 신안의 햇빛연금이 두 번째 걸음이었다면, 제주 도민 배당은 세 번째 걸음이 될 거예요. 그리고 가장 완성도 높은 모델이 될 겁니다. 왜냐하면 제주는 재원이 다양하고, 특별자치권이 있고, 무엇보다 '공유자산'이라는 철학이 명확하기 때문입니다. 제주의 물, 바람, 땅, 바다, 이 모든 것이 제주 도민 모두의 것이라는 인식이 제주형 기본소득의 가장 강력한 정당성입니다."

2024년 12월, 제주시 한림읍의 한 카페, 30대 카페 주인 강희정(가명) 씨는 삼다수 한 병을 테이블에 올려놓고 말한다. "저는 항상 삼다수를 마셔요. 제주 사람이니까요. 하지만 최근에 생각이 바뀌었어요. 이게 그냥 물이 아니라, 우리의 공유자산이라는 걸 알게 됐거든요. 만약 제주도가 도민 배당을 시작한다면, 저는 첫 번째 줄에 서서 응원할 거예요."

서귀포시 대정읍에 사는 고등학생 김하늘(가명, 17세) 군도 비슷한 생각을 한다. "저희 부모님은 평생 제주에서 사셨어요. 저도 제주에서 태어나고 자랐고요. 근데 저는 대학 가면 서울로 갈 거예요. 제주에는 일자리가 없거든요. 하지만 만약 도민 배당이 생긴다면? 제주에 남을까 한 번 더 고민해볼 것 같아요. 제주가 저를 필요로 한다는 느낌이 들 것 같아요.”

2025년 11월 현재 제주특별자치도민은 66만 4,922명이다. 2022년 이후 계속 감소 추세다. 그들은 각자 다른 삶을 살고 있지만, 화산섬 제주의 물과 바람과 땅으로. 하나로 연결되어 있다. 알래스카가 석유로, 신안이 태양으로, 제주는 삼다수와 풍력과 환경으로 연결된다.

제주형 기본소득은 아직 현실이 되지 못하고 있다. 하지만 그 꿈은 이미 시작되었다. 66만 제주 도민의 마음속에서, 그들이 매일 마시는 삼다수 한 병에서, 제주의 푸른 바다를 스치는 바람에서, 언젠가 제주도 알래스카처럼, 신안처럼 외칠 날이 올 것이고 기대한다. “우리의 자연이 우리를 먹여 살린다”고.

제주시 애월읍에 사는 70대 고순덕(가명) 할머니는 손주를 안고 말한다. “이 아이가 크면, 제주도가 달라져 있을 거예요. 삼다수 마실 때마다 ‘이건 우리 할머니가 물려준 거야’ 하고 생각할 거예요. 그게 진짜 제주의 미래 아닐까요? 할머니가 손주에게 물려줄 수 있는 것. 땅도 없고 돈도 없지만, 제주라는 섬 자체를 물려줄 수 있다면, 그게 제일 큰 유산 아닐까요?”

화산섬 제주. 수만 년간 화산이 만들어낸 이 땅은, 이제 새로운 기적을 준비하고 있다. 화산이 만든 물이 도민에게 배당으로 돌아오는 기적, 바람이 전기가 되고, 전기가 기본소득이 되는 기적, 관광객이 낸 환경기여금이 도민의 권리로 돌아오는 기적이 현실이 되는 날이 올 것이다.

제주의 기적은 아직 시작되지 않았다. 하지만 66만 도민은 알고 있다. 그 기적은 반드시 온다는 것을. 알래스카가 45년 전에 시작했듯이, 신안이 6년 전에 시작했듯이, 제주도 머지않아 시작할 것이다. 화산섬이 품은 배당의 꿈, 그것은 단순한 꿈이 아니라, 도민 모두가 주인인 섬을 만들겠다는 약속이다.

10장

청양,
주민이 만드는 기본소득

## 작은 군이 품은 큰 꿈

충청남도 청양군의 인구는 3만여 명이다. 2025년 11월 현재 29,795명으로 3만 명 선이 무너졌다.[1] 이 숫자는 서울 강남구 한 개 동의 인구보다 적다. 전체 인구의 40퍼센트가 넘는 이들이 65세 이상 고령자이며,[2] 2025년 한 해에만 63명이 태어나고 548명이 떠나갔다.[3] 자연 감소 인구가 485명이다. 청양군은 해마다 한 개 마을이 통째로 사라지는 셈이다. 숫자만 보면 청양은 '소멸 위기'라는 무거운 이름에 갇힌, 대한민국의 수많은 농촌 중 하나일 뿐이다.

하지만 청양군은 숫자 너머의 이야기를 가지고 있었다. 행정안전부가 지정한 89개 인구감소지역 중 하나지만,[4] 청양은 위기를 기회로 바꾸는 법을 알고 있었다. 청양군은 '인구 3만 청양'의 미래를 단순히 숫자로 재단하지 않았다. 대신 주민 한 사람 한 사람이 주인이 되고, 마을 공동체가 살아 숨 쉬며, 지역경제가 스스로 순환하는 구조를 만드는 데 집중했다. 그 결과가 바로 '청양형 다-돌봄 체계'였고, '스마트 청양 운동'이었으며, 전국에서 가장 먼저 완성한 '10개 읍면 주민자치회 전환'이었다.[5]

 2025년 10월 20일, 청양군은 농림축산식품부가 시행하는 '농어촌 기본소득 시범사업' 대상지로 최종 선정되었다.[6] 전국 69개 인구감소지역 군 중 49개 군이 신청한 치열한 경쟁(경쟁률 7.0:1)을 뚫고, 7개 지역 중 하나로 선택받은 것이다.[7] 그중에서도 청양군은 단순한 소득 지급을 넘어선 '사회적경제 활성화 모델'로 평가위원들의 주목을 받았다.[8]

 청양군이 제시한 '청양형 농어촌기본소득 모델'은 단순한 재정 지원이 아니었다. 그것은 사람 중심의 순환경제 구조를 핵심으로, 기본소득이 돌봄·참여·소비·복지를 자연스럽게 연결하는 생태계였다.[9] 민선 8기에 추진해온 '청양형 다-돌봄 체계'와 지역경제 순환을 위한 '스마트 청양 운동'이 농어촌 기본소득과 만나면서, 청양은 기본소득을 통해 공동체를 복원하고 지역경제를 살리는 새로운 실험의 무대가 되었다.[10]

 2026년부터 2년간, 청양군의 모든 주민은 월 15만 원 상당의 지역화폐를 받게 된다. 나이, 소득, 직업과 무관하게. 청양에서 30일 이상 실거주하는 모든 사람이 대상이다.[11] 갓 태어난 신생아도, 평생 농사를 지어온 어르신도, 청양으로 귀농·귀촌한 청년도 모두 동등하게 받는다. 이것이 기본소득이 가진 '보편성'의 힘이다. 하지만 청양의 진짜 이야기는 이 15만 원을 어떻게 쓰느냐가 아니라, 그 돈이 흐르는 방식이 어떻게 마을을 바꾸느냐에 있다.

청양군의 도전은 대한민국 농촌이 직면한 근본적인 질문에 대한 답이기도 하다. "농촌 소멸을 막을 수 있는가?" "젊은이들이 다시 농촌으로 돌아올 수 있는가?" "공동체는 복원될 수 있는가?" 청양은 이 질문들에 "그렇다"고 답하며, 그 방법을 직접 보여주고 있다. 기본소득이라는 씨앗을 뿌리고, 주민자치라는 토양을 가꾸며, 사회적 경제라는 물을 주면서 무럭무럭 자라게 하고 있다.

## 읍면 주민자치회, 마을의 주인이 되다

청양군은 2019년부터 전국에서 가장 먼저 10개 읍면 전체를 '주민자치회'로 전환했다.[12] 청양읍이 2019년 선두 주자가 되었고, 2020년에는 정산면, 운곡면, 청남면이 차례로 바뀌었으며, 2023년에는 나머지 6개 면까지 모두 주민자치회로 탈바꿈했다.[13] 이는 단순한 명칭 변경이 아니었다. '주민자치위원회'가 행정의 자문기구이자 보조기구였다면, '주민자치회'는 주민이 직접 결정하고 실행하는 자치의 주체로 거듭난 것이다. 청양군은 2021년부터 읍면 자치회 사무장 인건비를 전액 군비로 지원하기 시작했고, 이는 주민자치회가 안정적으로 운영될 수 있는 토대가 되었다.[14]

청양군의 주민자치 구조는 이중으로 설계되어 있다. 읍면 단위의 주민자치회와 행정리 단위의 '마을자치회'가 수직적 위계가 아니라 수평적 협력 관계로 유기적으로 연결된 구조다.[15] 이 구조의 핵심은 '실행법인'이다. 읍면 주민자치회는 실행법인을 설립하여 군으로부터 읍면별 1억 원의 예산을 민간 위탁받아 운영한다.[16] 이것은 상징적인 의미를 넘어선다. 과거 행정이 일방적으로 집행하던 예산을, 이제는 주민조직이 직접 기획하고 집행하게 된 것이다.

이 1억 원은 읍면 발전계획을 수립하고, 공공시설물(읍면회관, 체육시설, 공동 작업장 등)을 운영·관리하며, 주민총회에서 결정된 의제를 직접 실행하는 데 쓰인다.[17] 주민총회는 형식적인 보고회가 아니다. 그곳에서는 마을의 미래를 논의하고, 예산의 우선순위를 결정하며, 공동체 사업의 방향을 토론한다. 청양읍 주민자치회는 소생활권 단위로 주민참여예산제를 운영하며, 주민이 직접 제안한 안건을 실습하고 예산에 반영하는 교육까지 진행하고 있다.[18]

행정리 마을자치회는 더욱 주민과 가까운 곳에서 움직인다. 청양군의 행정리는 110개가 넘는다. 이 작은 마을 단위에서 주민들은 마을규약을 재개정하고, 마을 조직도를 새로 그리며, 마을 공동재산을 정비한다.[19] 마을자치회는 '주민주도 마을계획'을 수립하는데, 이는 행정이 주는 계획이 아니라 주민이 직접 만드는 청사진이다. 마을의 현안을 찾고, 해결 방법을 토론하며, 우선순위를 정하고, 실행 주체를 구성하는 모든 과정이 주민의 손으로 이루어진다.[20]

마을자치회는 '마을돌봄파트너'를 운영한다. 이는 마을 주민이 이웃 주민을 돌보는 상호돌봄 체계다. 독거노인 안부 확인, 말벗 서비스, 병원 동행, 장보기 지원 등 작지만 절실한 돌봄이 마을 안에서 이루어진다. '함께한끼' 공동식사 프로그램은 단순히 밥을 나눠 먹는 것이 아니라, 고립된 개인들이 다시 이웃이 되는 시간이다. 마을자치회는 햇빛 발전 같은 에너지 사업도 추진하며, 발전 수익을 마을

기금으로 적립하여 공동체 사업에 재투자한다.[21] 이 모든 과정에서 주민은 단순히 '수혜자'가 아니라 '기획자'이자 '실행자'로 참여한다.

농어촌기본소득 시범사업은 바로 이 구조 위에 얹힌다. 청양군은 기본소득을 개인에게 지급하는 데 그치지 않고, 읍면 주민자치회 실행법인과 마을자치회가 공공시설 운영관리와 생활 서비스 전달의 주체가 되도록 설계했다.[22] 기본소득이 주민자치와 결합하는 순간, 그것은 단순한 복지가 아니라 민주주의의 확장이 된다. 주민총회는 단순한 회의가 아니라, 기본소득 시대에 마을의 미래를 함께 그리는 민주주의의 현장이 된다. 청양군은 이를 통해 "기본소득이 자치를 만나면 무엇이 가능한가"라는 질문에 답하고 있다.

## 개인과 공동체를 함께 살리다

청양군 농어촌기본소득의 핵심은 '15만 원+1만 원' 구조에 있다. 개인에게 지급되는 월 15만 원의 지역화폐는 국비(40%)와 지방비(60%)로 구성되며,[23] 청양사랑상품권으로 지급된다.[24] 4인 가족 기준으로 한 달에 60만 원, 1년이면 720만 원이다. 소득이나 재산과 무관하게, 오직 '청양에서 함께 산다'는 이유만으로 받는 돈이다.

이 지역화폐는 대형마트나 온라인몰, SSM(기업형 슈퍼마켓)에서는 사용할 수 없고, 청양 지역 내 소상공인 가맹점에서만 쓸 수 있다.[25] 2024년 기준 청양사랑상품권 가맹점은 2,073개이며, 이는 청양군 내 거의 모든 소상공인을 포괄한다.[26] 청양읍에 61퍼센트, 정산면에 13.4퍼센트가 집중되어 있지만, 각 면마다 가맹점이 골고루 분포되어 있어 어느 마을에 살든 지역화폐를 쓸 수 있다.[27] 주유소·편의점 등에는 50퍼센트 상한제 도입이 검토되고 있어, 지역화폐가 특정 업종에 집중되지 않고 골고루 순환되도록 설계되고 있다.[28]

청양사랑상품권은 2024년 기준 10퍼센트 할인율로 발행되며, 2025년에는 총 30억 원(지류 5억 원, 모바일 25억 원) 규모로 할인판매액이 대폭 확대되었다.[29] 2025년 9월에는 특별 프로모션으로 20퍼센트 할인율이 적용되기도 했다.[30] 주민들은 90만 원을 내고 100만 원어치 상품권을 살 수 있었고, 이는 지역 소비를 획기적으로 증가시켰다. 개인당 월 구매 한도는 최대 100만 원, 보유 한도는 150만 원이며, 충전 시 1퍼센트 캐시백까지 제공된다.[31]

하지만 청양 모델의 진짜 혁신은 '+1만 원 공동체기금'에 있다. 개인에게 지급되는 15만 원 외에, 추가로 1만 원을 공동체기금으로 조성하는 것이다.[32] 이 기금은 읍면 주민자치회 실행법인을 통해 공공시설 운영, 마을돌봄파트너 활동비, 함께한끼 공동식사, 햇빛발전 같은 공동체 사업에 쓰인다.[33] 기본소득이 개인의 삶을 지원하는 동시에, 공동체의 토대를 함께 단들어가는 구조다.

이는 기본소득 논쟁의 핵심 쟁점 중 하나에 대한 청양의 답이기도 하다. "기본소득은 개인에게만 지급되어야 하는가, 아니면 공동체에도 배분되어야 하는가?" 청양은 이 질문에 "둘 다"라고 답한다. 월 15만 원은 온전히 개인의 몫이다. 하지만 추가 1만 원은 공동체의 몫으로 남긴다. 이는 강제가 아니라, 주민총회를 통한 합의의 결과다. 주민들은 "나 혼자만 잘 사는 것이 아니라, 우리 마을이 함께 살아나야 한다"는 공동체 정신을 선택했다.

월 1만 원이라는 작은 금액이지만, 청양군 전체 3만여 명이 참여하면 연간 약 36억 원의 공동체기금이 조성된다. 이 돈은 행정이 주도하는 예산이 아니라, 주민총회에서 논의하고 주민자치회가 집행하는 '우리의 돈'이다. 어떤 마을은 이 기금으로 노후화된 마을회관을 리모델링하고, 어떤 마을은 읍면순환버스를 운영하며, 어떤 마을은 먹거리 배송 서비스('심부름꾼')를 시작한다.[34] 공동체기금의 용도는 각 마을이 스스로 결정한다. 이것이 바로 진정한 의미의 자치다.

청양은 이를 통해 기본소득과 사회적경제, 주민자치를 하나로 엮는 '삼위일체 모델'을 만들어냈다. 기본소득이 소비를 촉진하고, 소비가 지역경제를 살리며, 지역경제가 다시 공동체기금으로 순환되는 체계인 것이다. 이 순환 속에서 주민은 더 이상 수동적인 수혜자가 아니라, 지역경제와 공동체의 능동적인 주인이 된다.

## 실거주, 그 따뜻한 원칙

농어촌기본소득 시범사업의 대상자 자격은 명확하다. 해당 지역에 주민등록을 두고 30일 이상 실거주하는 모든 주민이다.[35] 여기서 핵심은 '실거주'다. 단순히 주민등록만 옮긴 위장전입자는 대상에서 제외된다. 월 15만 원, 연간 180만 원이라는 금액은 일부 사람들에게 유혹이 될 수 있다. 실제로 시범사업이 발표된 후, 선정된 군의 인구가 일제히 증가하기 시작했다는 보도도 있었다.[36]

하지만 청양군은 단호하다. 청양군 기본소득팀 관계자는 "허위로 전입하는 것을 완전히 막을 방법은 딱히 없지만, 기본소득을 지급하기 전에 실거주 확인을 강화할 것"이라고 밝혔다.[37] 구체적으로는 전입 후 30일 경과 시점에 현장 방문 확인, 주기적 모니터링, 이웃 주민 확인, 공과금 납부 내역 검증 등 다각도의 실거주 확인 절차를 마련하고 있다. 부당 수령자가 적발되면 지급 중지와 환수 조치가 이루어진다.[38]

　실거주 원칙은 단순한 행정적 기준이 아니다. 그것은 "이 땅에서 살아온 사람들, 앞으로도 함께 살아갈 사람들을 위한 소득"이라는 철학을 담고 있다. 기본소득은 투기의 대상이 아니라, 공동체를 지켜온 이들에 대한 정당한 보상이자, 함께 미래를 만들어갈 동료 시민에 대한 환대다. 청양군이 '주민등록'이 아니라 '실거주'를 기준으로 삼은 이유는, 기본소득이 단순히 인구 숫자를 늘리는 정책이 아니라 공동체를 살리는 정책이기 때문이다.

　외국인 영주권자와 결혼이민자도 실거주가 확인되면 지급 대상에 포함된다.[39] 이는 청양군이 '대한민국 국민'이라는 법적 지위보다 '청양에서 함께 사는 주민'이라는 공동체적 연대를 우선시한다는 의미다. 다문화가정의 외국인 배우자는 아직 주민등록증이 나오지 않았더라도, 결혼 증빙 자료를 제출하면 기본소득을 받을 수 있다.[40] 계절근로자처럼 일시적으로 체류하는 경우는 제외되지만, 청양에 뿌리내리고 사는 모든 이에게 문은 열려 있다.

　연령 제한은 없다.[41] 갓 태어난 아기부터 백세 어르신까지 청양에서 함께 사는 모든 이가 기본소득의 주인이다. 4인 가족이면 월 60만 원, 5인 가족이면 월 75만 원을 받는다. 청양군의 한 농가는 3대가 함께 살며 7명이 거주하는데, 이 집은 월 105만 원을 받게 된다. 이 돈은 생활비 부담을 줄이고, 아이들 교육비를 지원하며, 어르신 의료비를 보태고, 가족이 함께 외식할 수 있는 여유를 만든다.

'청양사랑상품권'은 지역경제 승수효과를 극대화하기 위해 설계되었다. 행정안전부 연구에 따르면, 지역화폐 공급액이 지역 내 총생산GRDP 대비 1퍼센트 증가할 때 매출 8.3퍼센트, 고용 2.1퍼센트가 증가하는 효과가 있다.[42] 충남연구원의 2022년 연구는 충남 지역화폐 발행의 경제적 효과를 총 8,276억 원의 생산유발효과로 추산했다.[43] 청양군은 이 지역화폐를 통해 농어촌 기본소득이 단순한 복지를 넘어 지역경제 재생의 마중물이 되도록 했다.

실거주 원칙은 어쩌면 따뜻한 원칙이다. 그것은 청양을 스쳐 지나가는 이들이 아니라, 청양에 머무르며 이웃이 되고, 마을총회에 참여하며, 공동체의 일원으로 살아가는 이들을 위한 원칙이기 때문이다. 기본소득은 그렇게 공동체를 지키는 울타리가 되기도 한다.

## 농촌이 만드는 기본소득의 미래

청양 모델은 이미 확산되고 있다. 농어촌기본소득 시범사업은 2026~2027년 2년간 시행되며, 2025년 10월 20일 경기 연천, 강원 정선, 충남 청양, 전북 순창, 전남 신안, 경북 영양, 경남 남해 등 7개 군이 우선 선정되었다.[44] 이후 국회 예산 심의 과정에서 충북 옥천, 전북 장수, 전남 곡성 등 3개 군이 추가 선정되어 최종 10개 군으로 확대되었다.[45] 2026년 예산은 정부안 1,703억 원에서 637억 원이 증액되어 2,340억 원으로 확정되었으며, 재원 분담 비율은 국비 40퍼센트, 도비 30퍼센트, 군비 30퍼센트다.[46] 2년간 총사업비는 약 4,680억 원 규모로 추정된다. 이는 대한민국 농촌 정책 역사상 가장 대규모의 보편적 소득 보장 실험이며, 전 세계적으로 보더

라도 중앙정부가 주도하는 농촌 특화 기본소득 실험으로는 유례를 찾아볼 수 없는 기념비적 도전이다.[47]

2년간의 시범사업 기간 동안 농림축산식품부는 총괄 연구기관과 지자체 소재 지방 연구기관과의 업무 협업체계를 구축하여 체계적으로 모니터링한다.[48] 평가 지표는 크게 세 가지다. 첫째, 지역 주민들의 삶의 질 만족도를 평가한다. 주민들의 생활 안정, 심리적 안정감, 사회적 관계망 변화 등을 측정한다. 둘째, 지역경제 및 공동체 활성화 지표다. 이와 관련해서는 소상공인 매출 증가율, 사업체 수변화, 주민자치 참여율, 공동체 사업 활성화 지표 등을 분석한다. 셋째, 인구구조의 변화를 분석한다. 여기서는 전입·전출 인구, 자연증감, 청년 유입률, 귀농·귀촌 증가율 등을 추적한다.[49]

이미 선례가 있다. 경기도 연천군 청산면은 2022년부터 2024년까지 농촌 기본소득 시범사업을 국내 최초로 시행했다.[50] 결과는 기대 이상이었다. 2021년 말부터 2025년 초까지 연천군 전체 인구는 4.3퍼센트 감소했지만, 청산면 인구는 오히려 3.5퍼센트 증가했다. 사업체 수는 109개가 늘었고, 삶의 질 만족도는 타 지역 대비 8.9퍼센트 높게 나타났으며, 질병 보유율은 유사 지역 대비 19.7퍼센트 감소했다.[51] 이는 기본소득이 단순히 돈을 나눠주는 정책이 아니라, 지역 활력을 회복시키는 정책임을 입증한다.

청양형 모델이 주목받는 이유는 분명하다. 그것은 기본소득+자치분권+사회적경제를 하나로 통합한 모델이기 때문이다. '다—돌봄 체계'는 청년·노인·취약계층을 연결하는 상호돌봄 시스템으로, 주거지원·재택의료센터 운영·식사배달·이동지원·운동지도·가족돌봄 정서 지원 등 37개 서비스를 패키지로 제공한다.[52] 이 돌봄 체계는 2025년 보건복지부 통합돌봄 평가에서 2관왕을 수상하며 전국 우수 모델로 인정받았다.[53] 청양군은 고령자복지주택을 준공하고, 노인 의료·돌봄 통합지원 시범사업에 연이어 선정되면서 주거와 복지가 결합된 전국적 모범 사례로 자리잡았다.[54]

'스마트 청양 운동'은 지역 경제를 활성화하고 주민참여를 독려하는 범군민 운동이다.[55] 스마트SMART는 다섯 가지 실천 덕목의 앞 글자를 딴 것이다. S(Save, 저축하기), M(Make, 만들기), A(Act, 행동하기), R(Recycle, 재활용하기), T(Together, 함께하기)가 그것이다. 지역화폐 활성화, 일자리 창출, 로컬푸드 소비 촉진, 창업 지원, 태양광 지원, 읍면 순환버스 지원 등이 유기적으로 연결되어 있다.[56] 이 운동은 2024년 한 해 동안 지역화폐 사용액 증가, 일자리 창출, 태양광 설치 확대 등 다양한 성과를 거두었다.[57]

농어촌기본소득은 이 모든 흐름의 중심에서 주민참여를 촉진하고, 소비를 활성화하며, 공동체를 복원하는 마중물 역할을 한다. 농림축산식품부는 시범사업이 단순히 '돈을 주고 끝나는' 사업이 아니며, 지역재생·지역경제 등 관련 분야 전문가로 구성된 지역별 전담 추진 지원단을 신속히 구성하여 추진 상황을 점검하고 사업 준비를 지원할 계획이라고 밝혔다.[58] 또한 관계부처와 협업하여 농촌협약, 지방소멸대응기금, 고향사랑기부금 등 다양한 정책과 연계하여 시너지 효과를 극대화할 방침이다.[59]

시범사업이 성공적으로 마무리되면, 정부는 사회적 공론화 과정을 거쳐 본사업으로 확대할 계획이다.[60] 본사업의 대상은 현재 89개 인구감소지역 전체가 될 가능성이 높다. 만약 89개 지역에서 월 15만 원씩 지급된다면, 연간 약 4조 원 규모의 예산이 필요하다. 이는 국가균형발전특별회계, 지역소멸대응기금 등을 활용하여 국비 비율을 대폭 확대하는 방식으로 재원을 마련할 수 있다.[61]

긴 겨울 끝에 새벽이 밝아오듯, 청양의 들판 위에는 새로운 희망이 싹트고 있다. 기본소득은 무작정 돈을 나눠주는 정책이 아니다. 그것은 사람이 사람답게 살 수 있는 공동체를 만드는 과정이며, 농촌이 스스로 미래를 설계하는 자치의 실험이다. 청양군은 월 15만 원이라는 작은 소득을 통해, 주민이 주인이 되고 공동체가 살아나는 농촌의 미래를 보여주고 있다.

2026년 1월, 청양의 겨울은 조금 덜 춥고, 조금 더 따뜻할 것이다. 그 따뜻함은 지갑에서 오는 것이 아니라, 이웃과 함께 나눈 밥 한 끼, 마을회관에서 나눈 이야기 한마디, 공동체가 함께 꾸린 햇빛발전소의 불빛에서 온다. 주민총회에서 손을 들어 찬성표를 던지는 그 순간, 청양 주민들은 단순히 소득을 받는 사람이 아니라 마을의 미래를 만드는 시민이 된다.

청양은 기본소득이 농촌을 살릴 수 있다는 것을, 그리고 농촌이 기본소득의 미래를 만들 수 있다는 것을 증명하고 있다. 인구 3만 명의 작은 군이지만, 청양이 꿈꾸는 미래는 대한민국 모든 농촌의 희망이다. 소멸 위기에 놓인 농촌이 다시 살아날 수 있다는 희망, 주민이 주인이 되는 자치가 가능하다는 확신, 공동체가 복원될 수 있다는 믿음, 청양은 그 희망을 말이 아닌 삶으로, 구호가 아닌 현실로 증명하고 있다. 사람이 떠나던 마을에 사람이 돌아오고, 침묵하던 주민이 목소리를 내며, 흩어졌던 이웃이 다시 모이는 기적을 보여주고 있다. 그래서 청양은 혼자가 아니다. 한 걸음 한 걸음, 함께 가는 이 길 위에 대한민국 농촌의 미래가 있다.

4부

오해와
진실

11장

～

# 사람들이
# 게을러질까?

## 가장 오래된 두려움

**"사람들한테 공짜로 돈을 주면 누가 일하겠습니까?"**

기본소득에 대한 가장 흔하고도 강력한 반대 논리다. 2024년 한국리서치가 실시한 여론조사에 따르면, 기본소득을 반대하는 사람들의 대다수가 이 이유를 첫 번째로 꼽았다.[1] 회계사 박영민(가명, 34세) 씨는 이렇게 말한다. "인간은 본능적으로 게으른 동물입니다. 생존 압박이 없으면 아무도 일하지 않을 겁니다."

이 우려는 직관적으로 타당해 보인다. 일하지 않아도 돈을 받는다면, 굳이 힘들게 일할 이유가 있을까? 생산성은 떨어지고, 경제는 무너지고, 사회 전체가 나태해지지 않을까? 하지만 과연 그럴까? 이 질문은 기본소득 논쟁의 핵심이다. 그리고 다행히도, 우리에게는 이미 답이 있다. 전 세계에서 수십 년간 진행된 실험 데이터와 심리학 연구가 명확한 증거를 제시하고 있다.

로체스터대학교의 심리학자 에드워드 데시Edward Deci와 리처드 라이언Richard Ryan은 50년간 인간의 동기를 연구했다.[2] 그들이 개발한 '자기결정이론self-determination theory'은 놀라운 진실을 밝혀냈다. 인간에게는 두 가지 동기가 있다. '외재적 동기'와 '내재적 동기'다. 외재적 동기는 돈, 처벌, 사회적 인정 등 외부 보상에 의한 것이다. 내재적 동기는 흥미, 즐거움, 의미감 등 내부에서 나오는 것이다.

흥미로운 것은 외재적 보상이 때로는 내재적 동기를 오히려 약화시킨다는 '언더마이닝 효과undermining effect'다. 1973년 데시의 유명한 실험에서 대학생들을 두 그룹으로 나누어 재미있는 퍼즐을 풀게 했다.[3] 한 그룹은 퍼즐을 맞힐 때마다 돈을 줬고, 다른 그룹은 아무 보상 없이 그냥 풀게 했다. 그 후 자유시간을 주며 퍼즐을 계속 풀지 말지 선택하게 했다. 결과는 놀라웠다. 돈을 받은 그룹은 보상이 없어지자 퍼즐에 대한 흥미를 잃었다. 반면 보상을 받지 않은 그룹은 자유시간에도 계속 퍼즐을 풀었다.

"인간은 본질적으로 호기심이 많고, 성취욕이 강하며, 의미 있는 일을 추구하는 존재입니다. 문제는 우리가 만든 시스템이 이런 내재적 동기를 억압한다는 겁니다. 돈으로 사람을 통제하려 들수록, 사람들은 더욱 수동적이 됩니다." 에드워드 데시 교수의 말이다.

핀란드 기본소득 실험에 참가했던 유하 예르비넨(38세, 가명) 씨의 증언은 이 이론을 현실에서 확인해준다.



베스트셀러 『드라이브Drive』의 저자 다니엘 핑크Daniel Pink는 21세기 동기 이론을 이렇게 정리한다. 진정한 동기는 세 가지 요소에서 나온다. 자율성, 즉 자신의 삶을 스스로 결정할 수 있는 권리, 숙련, 즉 중요한 일에서 더 나아질 수 있다는 욕구, 그리고 목적, 즉 자신보다 큰 무언가에 기여하고 싶은 소망이다.[4] 다니엘 핑크는 말한다. "20세기는 '당근과 채찍' 시대였습니다. 하지만 21세기는 다릅니다. 창의성과 혁신이 중요한 시대에는 내재적 동기가 더 강력합니다. 기본소득은 사람들을 게으르게 만드는 것이 아니라, 진정한 동기를 찾을 수 있게 도와줄 수 있습니다.[5]

## 실험이 증명한 진실

이론은 그렇다 치고, 실제로는 어떨까? 전 세계에서 진행된 기본소득 실험 결과가 명확한 답을 제시한다. 케냐의 시골 마을 295개소, 약 2만 명을 대상으로 한 기브디렉틀리 실험(2023년 1차 결과 발표)은 세계 최대 규모 기본소득 실험이다.[6] 매월 22달러(약 3만 원)를 지급한 결과, 노동시간은 평균 17퍼센트 증가했고, 농업 생산량은 32퍼센트 향상되었다. 창업률이 3배 증가했으며, 가축과 주택 개량 등 자산 축적은 58퍼센트 증가했다. 케냐 키베라 지역의 그레이스 아완다Grace Awanda(가명, 32세) 씨는 이렇게 말했다.

> "기본소득을 받기 전에는 하루 벌어 하루 먹고사는 삶이었어요. 장기적 계획을 세울 수 없었죠. 그런데 매월 22달러가 들어오면서 모든 게 달라졌어요. 6개월 모아서 작은 가게를 차렸고, 지금은 그 가게 수입만으로도 가족을 먹여 살려요. 기본소득이 저를 게으르게 만든 게 아니라, 오히려 더 열심히 일할 용기를 준 거예요."

핀란드 실험(2017~2018년)에서는 실업자 2,000명을 무작위 선발하여 월 560유로(약 76만 원)를 2년간 조건 없이 지급했다.[7] 취업 시도율은 실험군 55퍼센트, 대조군 53퍼센트로 거의 동일했고, 노동소득은 실험군이 오히려 약간 높았다. 자영업 시도는 실험군에서 37퍼센트 높았으며, 스트레스가 50퍼센트 감소하고, 우울 증상은 20퍼센트 개선되었다. 핀란드 사회보험청Kela의 올리 칸가스Olli Kangas 연구책임자는 이렇게 분석했다. "사람들이 게을러질 것이라는 우려는 전혀 근거가 없었습니다. 오히려 기본소득을 받은 사람들이 더 적극적으로 일자리를 찾고, 새로운 도전을 했어요. 조건부 복지의 감시와 통제에서 벗어나니, 본래의 동기가 되살아난 겁니다."

나미비아 오티베로Otjivero 실험(2008~2009년)에서는 인구 930명의 작은 마을 전체에게 월 100나미비아달러(약 9,000원)를 지급했다.[8] 실업률이 60퍼센트에서 45퍼센트로 감소했고, 자영업 창업은 300퍼센트 증가했다. 범죄율은 42퍼센트 감소했으며, 아동 영양실조는 42퍼센트에서 17퍼센트로 감소했다.

알래스카 영구기금배당PFD은 43년간(1982~2024년) 알래스카 주민 전체에게 연평균 1,500달러를 지급해왔다.[9] 알래스카대학교 경제학과의 장기 추적연구에 따르면 노동 참여율, 근로시간에 통계적으로 유의미한 변화가 없었으며, 경제성장률도 미국 평균 수준을 유지했다. PFD로 인한 이주는 2퍼센트 미만이었다.[10]

더욱 주목할 만한 것은 PFD가 소득불평등 개선에 실질적인 효과를 보였다는 점이다. 알래스카대학교 매튜 버먼Matthew Berman 교수의 2024년 최신 연구에 따르면, PFD는 43년간 연방 빈곤선 이하 알래스카 주민을 20~40퍼센트 감소시켰으며, 소득불평등을 나타내는 지니계수를 0.02(4.3%) 개선시켰다.[11] 특히 취약계층에 대한 효과가 두드러졌는데, 농촌 원주민의 빈곤율은 28퍼센트에서 22퍼센트 미만으로 낮아졌고, PFD가 없었다면 빈곤 아동이 50퍼센트 더 많았을 것으로 추정되었다.[12]

소득분배 측면에서도 의미 있는 변화가 나타났다. 알래스카대학교 스콧 골드스미스Scott Goldsmith 고수의 장기 연구에 따르면, 1980년대 초반부터 2000년대 초반까지 알래스카 최하위 20퍼센트 가구의 소득은 25퍼센트 증가한 반면, 최상위 20퍼센트 가구는 10퍼센트만 증가했다. 이는 같은 기간 미국 전체에서 최하위 20퍼센트가 19퍼센트 증가, 최상위 20퍼센트가 59퍼센트 증가한 것과 정반대 현상이다.[13] PFD의 소득재분배 효과는 특히 소득 하위계층에 집중되어, 알래스카주의 소득불평등을 완화하는 데 큰 기여를 하였다.

그 결과 알래스카는 미국에서 소득불평등이 가장 낮은 주 중 하나가 되었다. 미국 인구조사국의 자료에 따르면, 알래스카의 가구소득 지니계수는 0.43~0.44로 미국 50개 주 중 가장 낮은 수준(상위 3위권)을 기록했다.[14] 이는 PFD가 단순히 빈곤을 완화하는 것을 넘어, 사회 전체의 소득분배 구조를 실질적으로 개선할 수 있다는 것을 보여준다. 이러한 43년간의 실증적 증거는 '기본소득이 게으름을 조장한다'는 비판이 근거 없음을 명확히 보여준다. 오히려 PFD는 노동시장을 교란하지 않으면서도 빈곤을 크게 줄이고 소득불평등을 개선하는 효과적인 정책 수단임이 입증되었다.

캐나다 매니토바주 도핀 시에서 5년간(1974~1979년) 진행된 음의 소득세 실험 'Mincome'(민컴)에서는 전체 노동시간이 평균 1퍼센트 감소했지만, 이는 통계적으로 미미한 수준이었다.[15] 남성 기혼자는 변화가 없었고, 기혼 여성은 3~5퍼센트 감소했는데, 육아와 가사에 더 집중했기 때문이었다. 젊은 남성도 3~5퍼센트 감소했지만, 교육 참여가 증가한 결과였다. 매니토바대학교의 이블린 포겟Evelyn Forget 교수는 민컴 실험을 분석한 연구에서, 노동시간 감소가 있었지만, 그것은 부정적 결과가 아니었다고 평가했다. 여성들은 신생아를 더 오래 돌볼 수 있었고, 청년들은 고등학교를 마칠 수 있었다. 사회적으로는 더 바람직한 변화였다.[16]

경기도 청년기본소득 수혜자 박민수(가명, 27세) 씨의 이야기는 기본소득이 어떻게 작동하는지 생생하게 보여준다.

> "대학 졸업하고 2년간 취업 준비를 했어요. 아르바이트로 생계를 유지하면서요. 편의점 야간 알바, 배달 알바로 하루 8시간씩 일하고 나면 취업 준비할 시간도 체력도 없었어요. 그런데 청년기본소득을 받으면서 상황이 달라졌어요. 월 8만 원이지만, 그 돈으로 아르바이트 시간을 줄일 수 있었어요. 하루 6시간만 일하고, 나머지 시간에 자격증 공부와 직업 훈련을 받았어요. 6개월 후 중소기업에 취업했어요. 지금은 정규직으로 일하면서 경력을 쌓고 있어요. 기본소득이 없었다면? 아마 지금도 편의점에서 야간 알바를 하고 있을 거예요. 당장 먹고살기 급해서 장기적 투자를 못 했을 테니까요."

## 진짜 문제는 나쁜 일자리

'잡코리아'가 2023년 실시한 조사에 따르면, 한국 직장인의 상당수가 '월요병'을 경험한다고 답했다.[17] 또한 "지금 하는 일이 의미 없다고 느낀다"고 했다. 문제는 사람들이 게으른 것이 아니라, 의미 없는 일이 너무 많다는 것이다.

인류학자 데이비드 그레이버David Graeber는 2018년 『불쉿 잡Bullshit Jobs』이라는 책에서 충격적인 주장을 했다.[18] 현대 사회 일자리의 상당수가 '아무 의미 없는 일'이라는 것이다. 그는 불쉿 잡을 다섯 가지로 분류했다. 첫째, '제복 입은 하인Flunkies'은 상사나 관리자를 중요한 사람으로 보이게 하기 위한 존재다. 둘째, '깡패Goons'는 타인을 공격하는 요소가 있으며 누군가가 채용해야만 존재할 수 있는 직업이다. 셋째, '임시땜질꾼Duct Tapers'은 문제를 덕트테이프같이 임시방편으로 때우는 업무만 하는 일이다. 넷째, '형식적 서류 작성 직원Box Tickers'은 실제로는 아무도 보지 않는 서류나 보고서를 양산해내는 일이다. 다섯째, '작업반장Taskmasters'은 이런 불쉿 업무를 만들어 배분하는 중간 관리자 성격의 일이다.

저자인 데이비드 그레이버의 입장에서 보기에, '불쉿 잡'이란 사회에 기여하지 않을뿐더러 설사 없어진다 해도 사회에 아무런 해악이 없는 일들을 말한다. 현대인이 일을 싫어하는 이유는 게으르기 때문이 아니라 많은 일자리가 정말로 무의미하기 때문이라는 것이다. 데이비드 그레이버는 "8시간 앉아 있으면서 실제로는 아무것도 하지 않는 일, 이런 일을 하면 누구나 우울해진다"고 말한다.

사실 직장인의 하루 근무 시간 중 실제 업무 시간은 근무 시간의 절반 수준이며, 나머지는 불필요한 회의, 의미 없는 보고서 작성, 눈치 보기 등으로 때운다는 것은 여러 국내외 연구들에서 일관되게 나타난다. 기본소득은 이런 나쁜 일자리를 거부할 권리를 준다. 생계 때문에 어쩔 수 없이 참고 일하던 직장을 그만둘 수 있다. 그러면 어떻게 될까? 두 가지 중 하나가 일어날 것이다. 그 일자리가 정말 필요했다면, 임금이 오르고 근무 조건이 개선될 것이다. 만약 정말로 불필요한 일이었다면, 사라질 것이다.

MIT 경제학과의 다른 아세모글루Daron Acemoglu 교수는 이렇게 설명한다.[19] "기본소득은 노동시장의 협상력을 바꿉니다. 지금까지는 고용주가 '싫으면 그만둬'라고 말할 수 있었어요. 하지만 기본소득이 있으면 노동자도 '싫으면 안 해'라고 말할 수 있어요. 그러면 일자리의 질이 자동으로 개선됩니다."

회계사 박영민 씨는 6개월 후 생각이 달라졌다고 말한다. "처음에는 사람들이 게으름뱅이가 될 거라고 확신했습니다. 하지만 핀란드와 케냐 실험 결과를 보고 충격을 받았어요. 제 생각과는 완전히 달랐거든요. 43년 동안 기본소득을 지급한 알래스카에서도 노동 참여율이 떨어지지 않았다는 사실이 가장 인상적이었습니다." 사회복지사 이미정(가명, 33세) 씨는 심리학 연구에 주목했다. "인간의 동기가 생각보다 훨씬 복잡하더군요. 돈만으로는 설명할 수 없는 내재적 동기가 있었습니다. 핀란드에서 복지 수급자들에게 조건 없이 지급하니 오히려 구직 활동이 늘어났다는 연구 결과는 정말 역설적이었습니다." 스타트업 대표 강희원(가명, 36세) 씨는 자신의 경험을 떠올렸다. "제가 운영하는 회사 직원들을 보면, 정말 돈 때문에만 일하는 게 아니에요. 재미있고 의미 있는 프로젝트를 할 때 가장 열심히 합니다. 데이비드 그레이버가 말한 '불쉿 잡' 개념을 보면서, 기본소득이 있으면 그런 무의미한 일들이 자연스럽게 사라지거나 개선될 수 있겠다는 생각이 들었습니다."

결국 기본소득은 선택권을 돌려주는 제도다. 생존 때문에 어쩔 수 없이 하던 일에서 벗어나, 정말 하고 싶은 일을 선택할 수 있게 만든다. 그것이 게으름이 아니라 자유라는 사실을 데이터는 명확하게 보여준다. 게으름에 대한 두려움은 데이터가 아니라 편견에서 온다.

전 세계 수십 년간의 실험이 증명한 것은 명확하다. 기본소득은 사람들을 게으르게 만들지 않는다. 오히려 진정한 동기를 찾고, 의미 있는 일을 선택할 자유를 준다.

하지만 또 다른 질문이 남는다. 재정은 정말 감당할 수 있을까? 다음 장에서는 기본소득의 두 번째 오해를 살펴보자.

# 12장

# 재정은
# 감당할 수 있을까?

## 187조 원의 착시

"한국 인구 5,200만 명에게 월 30만 원씩 주면 연간 187조 원입니다."

국회예산정책처에서 10년째 근무하는 김명수(가명, 42세) 재정분석관이 계산기를 두드리며 말했다. 2026년 대한민국 총예산이 약 728조 원이다.[1] 187조 원은 그 25.7퍼센트에 해당하는 천문학적 규모다. 그는 한숨을 내쉬었다. "아무리 좋은 정책이라도 재원이 없으면 실행할 수 없습니다. 기본소득은 아름다운 이상이지만, 숫자가 맞지 않습니다."

이것이 기본소득에 대한 두 번째 강력한 반대 논리다. 2024년 한국개발연구원KDI 조사에 따르면, 기본소득에 회의적인 전문가 상당수가 재정 문제를 가장 큰 장애물로 꼽았다. 경제학자, 정치인, 관료들이 공통적으로 던지는 질문이 있다. "돈은 어디서 나오는가?"

하지만 이 질문에는 중요한 전제가 숨어 있다. 기본소득이 정말 '새로운 187조 원'을 필요로 하는가? 아니면 이미 있는 재정을 재배치하는 것인가? 그리고 우리는 정말 그 돈을 마련할 능력이 없는가?

재정 논의에서 가장 중요한 개념은 '총비용gross cost'과 '순비용net cost'의 구분이다. 총비용은 기본소득을 지급하는 데 드는 총액이다. 다시 말해 '5,200만 명×월 30만 원×12개월=187조 원'이 총비용이다. 이 숫자만 보면 정말 불가능해 보인다. 하지만 순비용은 다르다. 순비용은 '실제로 새로 필요한 재원'이다. 기본소득을 받은 사람들이 내는 세금, 기존 복지제도와의 조정, 경제적 파급효과 등을 모두 고려한 것이 순비용인 것이다. 이 차이를 이해하는 것이 기본소득 재정 논의의 출발점이다.

기본소득의 재원 마련 방안에 대한 연구는 여러 연구자들에 의해 다각도로 진행되어왔다. 대표적으로 LAB2050에서 2019년 발표한 연구[2]와 기본소득한국네트워크가 2021년 제시한 로드맵[3], 그리고 이를 분석한 금민·윤형중의 공동연구[4]를 들 수 있다. 이들 연구는 공통적으로 월 30만 원 기본소득의 실현 가능성을 입증하고자 했다.

먼저 LAB2050 연구(2019)는 월 30만 원 기본소득에 필요한 총비용을 187조 원으로 계산했다.[5] 이 연구의 핵심은 새로운 세목을 신설하거나 명목세율을 인상하지 않고도, 기존 재정의 재구조화를 통해 재원을 마련할 수 있다는 점이었다. 구체적으로는 소득세제의 비과세·감면 정비(56.2조 원), 기본소득 과세소득화(15.1조 원), 일부 복지제도 조정(31.9조 원), 재정 구조조정(29조 원), 유휴 및 신규 재원 활용(25조 원) 등을 제시했다.

다음으로 기본소득한국네트워크는 2021년 『한국 사회 전환: 리얼리스트들의 기본소득 로드맵』을 발표하면서 더욱 포괄적인 재원 마련 방안을 제시했다. 이 로드맵은 2023년부터 모든 개인에게 월 30만 원을 지급하는 것을 목표로, 단계적 이행 경로를 구체화했다. 재원 조달은 토지보유세를 중심으로 한 공유부 배당, 탄소세와 빅데이터세 등 신규 세원, 기존 복지제도의 조정, 그리고 재정 개혁을 통한 확보 등 다층적 접근을 취했다.[6]

한편 정치경제연구소 '대안'의 금민 소장과 기본소득한국네트워크의 윤형중 연구위원은 2021년 공동연구를 통해 기본소득한국네트워크의 로드맵을 정밀하게 분석했다.[7] 이들은 기본소득 재원 마련의 핵심이 '순비용' 개념에 있다고 강조했다. 기본소득을 모두에게 지급하지만, 동시에 고소득층은 세금으로 상당 부분을 환수하고, 중복되는 기존 복지는 조정하며, 경제적 파급효과로 세수가 증가하면 실제 필요한 순비용은 크게 줄어든다는 것이다.

이들의 분석을 종합하면 세 단계의 계산이 나온다. 첫 번째 단계는 기본소득의 세금 환수다. 기본소득을 과세소득화하면 고소득층일수록 많은 부분을 세금으로 돌려내게 된다. 예를 들어 고소득자가 연 360만 원(월 30만 원)의 기본소득을 받더라도, 기본소득이 과세소득에 포함되어 누진세율이 적용되면 소득 수준에 따라 일부를 세금으로 환수하게 된다. LAB2050 연구에 따르면 기본소득 과세소득화로 약 15.1조 원이 환수되고,[8] 소득세제 개편을 통해 추가로 56.2조 원의 재원이 확보된다. 금민·윤형중 연구는 이러한 환수 효과를 더욱 체계적으로 분석했다.

두 번째 단계는 기존 복지제도의 조정이다. 기본소득이 도입되면 일부 중복되는 복지제도를 통합할 수 있다. 다만 가장 중요한 원칙은 "누구도 손해 보지 않게 한다"는 것이다. 기존 복지 수급자가 받던 금액보다 적게 받는 일이 있어서는 안 된다. LAB2050 연구는 기초연금 일부, 아동수당, 일자리안정자금 등을 조정하여 약 31.9조 원을 확보할 수 있다고 제시했다.[9] 기본소득한국네트워크 로드맵은 여기에 더해 국민기초생활보장제도의 생계급여 일부 조정도 검토했다.

세 번째 단계는 경제적 파급효과다. 기본소득이 지급되면 소비가 증가하고, 소비 증가는 다시 세수 증가로 이어진다. 특히 저소득층의 소비성향이 높기 때문에 실물경제에 미치는 효과가 크다. 이러한 소비 증가로 인한 부가가치세 증가분과 경제 활성화로 인한 법인세와 소득세 증가를 합치면 상당한 규모의 추가 세수가 확보된다. 다만 이 효과는 경제 상황에 따라 변동 가능하므로 보수적으로 추정해야 한다.[10]

이 세 가지 요소를 종합하면, 월 30만 원 기본소득의 총비용 187조 원은 실제로 새롭게 필요한 순비용으로 환산할 때 훨씬 적은 규모가 된다. 정확한 순비용은 세제 개편의 강도, 복지 조정의 범위, 경제적 파급효과의 크기에 따라 달라지지만, 여러 연구자들은 이것이 현실적으로 실현 가능한 수준이라는 데 의견을 모은다.

물론 이러한 계산에는 여전히 논쟁의 여지가 있다. 기본소득 과세소득화의 실제 환수율, 기존 복지 조정 시 수급자 보호 방안, 경제적 파급효과의 정확한 추정 등은 더욱 정밀한 연구가 필요하다. 그러나 중요한 것은 기본소득이 '불가능한 꿈'이 아니라, 구체적인 재정 설계를 통해 실현 가능한 정책이라는 점이다. 대한민국 총예산 727.9조 원(2026년 기준)[11]의 규모를 고려할 때, 합리적인 재정 개혁과 조세 정의 실현을 통해 기본소득은 충분히 실현할 수 있다.

## 재원 마련의 실제 방법

기본소득은 상상의 영역이 아니라 실천의 영역이다. 세계 곳곳에서 이미 다양한 방식으로 시도되고 있으며, 그 재원 마련 방식 또한 구체적으로 논의되고 있다. 기본소득 재원은 크게 두 가지 방향에서 마련될 수 있다. 첫째는 기존 복지 재정의 재구조화다. 한국의 2026년 총예산 727.9조 원[12] 가운데 복지·교육·문화 등 사회 분야 지출만 해도 수백조 원 규모다. 기존 복지제도를 기본소득 중심으로 재편하면 상당한 재원을 마련할 수 있다는 것이 금민·윤형중(2021) 연구의 핵심 논리다.[13] LAB2050의 연구(2019) 또한 독립적으로 유사한 관점에서 월 30만 원 기본소득의 재정 가능성을 검토한 바 있다.[14]

둘째는 새로운 세원의 개발이다. 4차 산업혁명 시대에 접어들면서, 부의 원천이 토지·노동·자본에서 빅데이터·네트워크·플랫폼으로 이동하고 있다. 이에 따라 탄소세, 빅데이터세, 로봇세, 금융거래세 등 새로운 조세 개념이 부상하고 있다. 이미 2017년 마이크로소프트 창업자 빌 게이츠는 로봇이 인간의 일자리를 대체할 경우 로봇에도 세금을 부과해야 한다고 제안했다.[15] 1978년 노벨경제학상 수상자 제임스 토빈이 제안한 '토빈세Tobin tax'는 국제 금융거래에 소액의 세금을 부과하여 투기적 자본이동을 억제하는 동시에 재원을 마련하자는 구상이었다.[16] 이러한 개념들은 단순한 이론이 아니라, 변화하는 경제 구조에서 공정한 분배를 위한 현실적 대안으로 논의되고 있다.

세계 각국의 사례는 기본소득이 먼 미래의 이야기가 아님을 보여준다. 미국 알래스카주는 1982년부터 석유 수입을 재원으로 한 영구기금배당Permanent Fund Dividend을 시행해왔다. 2024년에는 주민 1인당 1,702달러를 지급했다.[17] 중동의 이란은 2010년 12월 에너지 보조금 개혁을 단행하면서 국민 대다수에게 현금을 직접 지급하는 방식을 도입했다.[18] 몽골은 2017년부터 아동수당을 지급하기 시작했으며, 소득 하위 60퍼센트에 해당하는 아동들에게 보편적 지원을 실시하고 있다.[19]

유럽에서도 기본소득 실험이 활발하다. 핀란드는 2017년부터 2018년까지 2년간 25~58세 실업자 중 무작위로 선정된 2,000명에게 조건 없이 매달 560유로(약 75만 원)를 지급하는 세계 최초의 국가 단위 기본소득 실험을 실시했다.[20] 실험 결과, 기본소득 수급자들은 취업률에서는 큰 차이를 보이지 않았지만, 심리적 안정감과 행복도에서 유의미한 개선을 보였다.[21]

한국에서도 지방정부 차원의 시도가 이미 시작되었다. 경기도는

2019년부터 청년기본소득을 도입하여 만 24세 청년들에게 연간 100만 원(분기별 25만 원)의 지역화폐를 지급하고 있다. 최근 6년간 총 6,521억 원이 투입되었으며, 연간 약 1,000억 원 규모로 운영되고 있다.[22] 이는 단순한 복지정책을 넘어, 청년들의 경제적 자립과 지역경제 활성화를 동시에 추구하는 새로운 정책 실험이다.

재원 마련의 길은 하나가 아니다. 기존 복지제도의 통합, 새로운 세원의 개발, 국가자산의 배당, 지역 특화 재원의 활용 등 다양한 경로가 존재한다. 중요한 것은 기본소득이 재정적으로 실현 가능한가가 아니라, 어떤 사회를 만들고 싶은가에 대한 우리 사회의 합의다. 그리고 18~19장에서 언급할 DMZ 재생에너지와 백두대간 산림 복원, 해상풍력이 만들어낼 평화배당과 그린배당은 바로 그 구체적인 출발점이 될 수 있다.

## 비용이 아니라 투자다

"기본소득을 주면 나라 빚이 늘어나서 결국 파산하지 않을까요?" 이 우려에 대해 한국조세재정연구원의 선임연구위원은 이렇게 답한다. "기본소득은 적자재정이 아닙니다. 세금을 걷어서 바로 나눠주는 것이므로, 국가채무가 늘어나지 않아요. 오히려 소비 증가→경제성장→세수 증가의 선순환이 일어나면, 장기적으로는 재정 건전성이 개선될 수 있습니다."

실제로 알래스카의 사례를 보면, PFD 도입 후 43년간 알래스카의 재정 건전성은 미국 평균보다 양호했다. 부채비율도 낮고, 신용등급도 높다. 기본소득한국네트워크의 2021년 로드맵에 따르면, 2023

년부터 월 30만 원 기본소득을 도입하여 2033년까지 중위소득 50 퍼센트 수준(2021년 기준 월 91만 원)으로 단계적으로 인상한다는 계획이 있었다.[23] 여기에는 기본소득이 소비를 늘리고, 소비가 경제를 성장시키며, 성장이 세수를 늘리는 선순환 구조를 만들 수 있다는 기대가 담겨 있다.

　2025년의 경우 대한민국 예산 673.3조 원 가운데 국방비가 61.2조 원으로 9.1퍼센트를 차지하고, 보건·복지·고용 예산이 225.8조 원으로 33.5퍼센트, 사회간접자본soc이 25.4조 원으로 3.8퍼센트를 차지했다.[24] 그리고 실패한 4대강 사업의 후속 유지비로만 매년 수천억 원 규모로 추산되는 예산이 투입되고 있다.[25] 돈이 없는 것이 아니다. 쓰는 곳이 문제다. 우리는 이미 막대한 예산을 쓰고 있다. 다만 그 돈이 국민 개개인에게 직접 돌아가지 않을 뿐이다.

　재정 문제는 기술적 문제가 아니라 정치적 선택의 문제다. 한국은 2024년 기준 명목 GDP가 약 2,550조 원, 달러 기준으로는 세계 12~13위권 경제 규모를 보유한 나라다.[26] 시민사회에서는 정부 예산 집행의 비효율성을 지속적으로 지적해왔다. 경제정의실천시민연합(경실련)은 매년 예산감시 활동을 통해 불필요한 토목공사, 중복 사업, 방만 운영 등 다양한 사례를 제기 해왔다.[27]

　앞서 기본소득의 도입에 필요한 재원 규모를 둘러싼 논의에서, 월 30만 원 수준의 전 국민 기본소득은 연간 약 180조 원대의 총비용이 필요하다는 추산이 제시된 바 있다.[28] 다만 기존 현금복지의 일부를 대체할 경우 순증純增 재원은 이보다 낮아질 수 있다는 분석도 있었다.[29] 재원 마련 방안으로는 토지보유세, 탄소세, 빅데이터세,

금융거래세, 누진적 소득세 강화 등 다양한 방안이 제안되고 있으나, 각 방안의 실현 가능성과 규모에 대해서는 여전히 사회적 논의가 필요한 상황이다.[30]

따라서 기본소득을 비용으로만 보면 안 된다. '비용'이 아니라 오히려 '투자'다. 사람에 대한 투자. 교육, 건강, 창업, 돌봄 등등 기본소득이 있으면 사람들은 더 나은 선택을 한다. 그 선택이 쌓이면 사회 전체가 발전한다. 그게 결국 세수로 돌아온다. 선순환 구조인 것이다.

재정 문제는 기본소득의 절대적 장애물이 아니다. 오히려 우리 사회가 무엇을 우선할 것인가를 보여주는 시험대다. 문제는 재원의 절대적 부족이 아니라, 무엇에 우선순위를 둘 것인가 하는 정치적 선택의 문제인 것이다.

하지만 또 다른 의문이 남는다. 기본소득이 도입되면 기존 복지제도는 어떻게 되는가? 저소득층이 오히려 손해를 보지 않을까? 다음 장에서는 기본소득과 기존 복지제도의 공존 가능성을 탐구한다.

# 13장

# 복지제도와
# 공존할 수 있을까?

## 복지냐, 기본소득이냐

"기본소득을 주면 기초생활보장제도는 어떻게 되나요? 지금도 부족한 복지 예산을 기본소득에 다 쏟아붓고, 정말 도움이 필요한 사람들은 버려두는 건 아닌가요?"

사회복지사 김현정(가명, 38세) 씨는 15년간 서울 관악구 복지센터에서 일해왔다. 그녀가 만난 수급자 중 상당수는 기본소득 논의를 불안하게 바라보고 있었다. "월 30만 원 주고 나머지 복지를 다 없앤다는 얘기 아니에요?" 한 중증장애인 수급자는 이렇게 물었다. "저는 지금 매월 생계급여 82만 원, 장애인연금 44만 원, 의료비 지원까지 받고 있어요. 기본소득 30만 원만 주면 저는 어떻게 살라는 건가요?"

상당수 복지 전문가들은 '기본소득이 기존 복지를 약화시킬 것'이라고 우려한다. 진보 진영 내부에서도 의견이 갈린다. 전통적 복지국가론자들은 "선별적 복지를 강화해야지, 모두에게 푼돈을 나눠주는 것은 비효율"이라고 주장한다. 반면 기본소득 지지자들은 "보편적 권리로서 모두에게 주는 것이 더 공정하다"고 맞선다.

하지만 이 논쟁은 잘못된 프레임에 갇혀 있다. 기본소득과 복지는 대립 관계가 아니다. 오히려 상호보완적이다. 기본소득은 복지를 대체하는 것이 아니라, 복지의 기반을 강화하는 역할을 한다. 전 세계의 실험과 연구가 이미 이를 증명하고 있다.

2010년 바르셀로나 탈성장 회의에서는 기본소득을 '소득 바닥income floor'으로, 최고소득제를 '소득 천장income ceiling'으로 설정하여 소득 불평등을 해소하는 방안을 제시했다. 이는 모든 사람에게 최소 안전판을 제공하되, 과도한 부의 집중을 방지하려는 이중 전략이다. 기본소득은 복지의 바닥floor이지, 천장ceiling이 아니다. 모든 사람에게 최소한의 경제적 안전판을 제공하되, 추가적인 필요가 있는 사람에게는 더 많은 지원을 해야 한다. 이 원칙만 지켜진다면, 기본소득과 복지는 완벽하게 공존할 수 있다.

기본소득을 도입하면서 장애인, 노인, 한부모가정 등 특별한 사정이 있는 집단에 대한 지원을 줄여서는 안 된다. 오히려 기본소득이 깔려 있으면, 그 위에 더 두터운 복지를 쌓을 수 있다. 그렇게 함으로써 기초가 더 튼튼해지는 것이다. 복지국가와 기본소득은 양자택

일이 아니라, 복지국가 '더하기' 기본소득이어야 하는 것이다.

통계청이 2024년 발표한 자료에 따르면, 한국의 상대적 빈곤율(중위소득 50% 이하)은 15.3퍼센트다.[1] 이는 약 792만 명이 중위소득 50퍼센트 이하에서 생활하고 있음을 의미한다.[2] 그런데 2024년 말 기준, 기초생활보장급여 수급자는 약 267만 명에 불과하다.[3] 그렇다면 나머지 약 525만 명은 가난하지만 복지 사각지대에 놓여 있다는 의미로 해석할 수 있다. 상대적 빈곤층의 3분의 1만이 공적 지원을 받고 있는 셈이다. 왜 이런 일이 벌어질까?

첫째, 자산 조사의 벽이다. 기초생활보장제도는 소득뿐 아니라 재산, 자동차, 금융자산까지 모두 조사한다. 월세로 사는 집도 재산으로 잡히고, 10년 된 중고차도 자산으로 계산된다. 서울 은평구에 사는 전영수(가명, 58세) 씨는 이렇게 말한다. "저는 일용직 노동자로 월 80만 원 정도 벌어요. 그런데 아버지가 물려준 시골 땅이 공시지가 5,000만 원으로 잡혀서 수급 탈락했어요. 그 땅은 팔 수도 없고, 팔아도 얼마 안 되는데, 저는 지금 하루 두 끼로 버티고 있어요."

둘째, 부양의무자 기준의 덫이다. 주거급여는 2018년, 생계급여는 2021년 사실상 폐지되었으나, 의료급여는 2025년까지 부양의무자 기준이 남아 있어 부모가 가난해도 자녀에게 일정 소득이 있으면 수급 자격이 박탈되는 문제가 지속되었다. 이러한 문제는 2026년 1월 의료급여 부양비 제도가 26년 만에 폐지되면서 해소될 전망이다.[4]

셋째, 낙인과 수치심의 문제다. 복지 신청을 하려면 자신의 가난을 증명해야 한다. 통장 사본, 재산 목록, 부양의무자 동의서 등등 모든 것을 '까발려야' 한다. 한국의 복지제도는 신청자를 본의 아니게

'잠재적 사기꾼'으로 취급한다. '정말 가난한지' 증명해보라고 요구한다. 이 과정에서 많은 사람이 수치심을 느끼고 신청을 포기해버린다.

기본소득은 이 세 가지 문제를 한꺼번에 해결한다. 자산 조사가 필요 없다. 부양의무자 기준도 없다. 낙인찍힐 필요도 없다. 누구나, 무조건, 동등하게 받는다. 빈곤층만이 아니라 중산층, 부유층도 똑같이 받으니, 받는 것이 부끄럽지 않다.

기본소득의 대표적 이론가인 벨기에 루뱅가톨릭대학교의 필리프 판 파레이스Philippe Van Parijs 교수는 선별적 복지와 보편적 기본소득의 근본적 차이를 강조한다. 선별적 복지는 수급자에게 '가난하다'는 낙인을 찍고 빈곤 함정에 빠뜨리는 반면, 보편적 기본소득은 모든 시민에게 조건 없이 지급됨으로써 '시민권'에 기반한 인정을 준다는 것이다.[5] 기본소득을 받는 것은 시혜가 아니라 권리다. 가난을 증명할 필요 없이, 시민이라는 이유만으로 받을 수 있다.

## 복지 위에 기본소득을 쌓는 방법

그렇다면 실제로 어떻게 설계해야 기본소득과 복지가 공존할 수 있을까? 세계 각국의 사례와 한국의 연구를 종합하면, 명확한 답이 나온다.

첫 번째 원칙은 '누구도 손해보지 않게 한다'는 것이다. 기본소득 도입 전에 받던 복지급여보다 적게 받는 사람이 있어서는 안 된다. 예를 들어, 1인 가구 기초생활수급자가 2025년 기준 매월 생계급여 약 77만 원을 받고 있다면,[6] 기본소득 30만 원이 도입되더라도 최소한 기존 급여 수준은 보장하는 방식으로 설계할 수 있다. 이는 30만 원(기본소득)+47만 원(조정된 생계급여)으로 구성될 수 있다.[7]

스코틀랜드 정부의 2020년 기본소득 파일럿 설계안이 좋은 예다.[8] 그들은 "기존 복지 수급자는 기본소득과 복지 중 더 높은 금액을 보장받는다"는 원칙을 채택했다. 만약 장애인이 장애급여 50만 원을 받고 있고, 기본소득이 30만 원이라면, 50만 원을 그대로 받는다. 단, 기본소득 30만 원이 장애급여에 포함되어 있다고 간주하고, 추가로 20만 원을 더 지급하는 방식이다.

두 번째 원칙은 '특별한 필요에는 특별한 지원'을 한다는 것이다. 기본소득은 보편적이지만, 복지는 특수한 필요에 대응해야 한다. 장애인, 중증환자, 노인, 한부모가정, 다자녀가정에게는 기본소득 위에 추가 지원이 필요하다.

핀란드가 좋은 모델이다. 핀란드는 모든 시민에게 의료와 교육을 거의 무상으로 제공하며, 저소득층에게는 주거수당을 지급한다. 동시에 특별한 필요가 있는 집단에게 추가 현금 지원을 한다. 장애인은 장애등급에 따라 월 110~498유로의 장애수당을, 한부모는 자녀 1인당 월 73유로의 한부모 보충수당과 비양육 부모가 양육비를 미지급할 경우 월 198유로의 아동양육비수당을 받는다.[9] 핀란드 사회보장Kela의 미카 할메닌Mika Halminen 국장은 이렇게 설명한다. "보편성과 선별성은 대립하지 않습니다. 모두에게 기본을 주되, 더 필요한 사람에게 더 많이 주는 겁니다."

세 번째 원칙은 '현금과 서비스의 결합'이다. 기본소득은 현금 지원이다. 하지만 복지는 현금만이 아니다. 의료, 교육, 주거, 돌봄 등과 같은 서비스는 현금으로 대체할 수 없다. 기본소득이 도입되더라도 건강보험, 공공주택, 공교육, 노인돌봄서비스는 계속 강화되어야 한다.

현금 지원과 공공서비스는 상호 보완의 관계에 있다. 기본소득으로 소득 불안을 해소하고, 공공서비스로 의료·교육·주거 불안을 해소해야 한다. 둘 다 필요한 것이다. 기본소득만 있고 공공병원이 없다면? 사람들은 기본소득을 모두 사립병원비로 쓸 것이다. 그러므로 기본소득과 복지국가는 반드시 동반자가 되어야 한다.

한국의 장기적인 '기본소득 복지국가 모델'로 다음과 같은 구상을 검토해볼 수 있다. 월 30만 원 기본소득을 모든 시민에게 지급하되, 기초생활수급자는 기존 급여를 계속 받는다. 단, 기본소득 30만 원이 생계급여에서 공제된다. 예를 들어 2025년 기준 4인 가구 생계급여가 195만 원이라면,[10] 기본소득 120만 원(4명×30만 원)을 받고, 추가로 생계급여 75만 원을 받아서 총 195만 원을 보장받는다.

장애인연금, 기초연금, 아동수당 등 다른 현금성 급여도 유사한 방식으로 조정하는 방안을 고려할 수 있다.[11] 이렇게 하면 기존 복지 수급자는 한 푼도 손해보지 않으면서, 동시에 사각지대에 있던 수백만 명이 새롭게 기본소득의 혜택을 받게 된다. 복지를 약화하지 않으면서 보편성을 확대하는 것이다.

## 복지국가를 넘어 기본사회로

사회복지사 김현정 씨는 1년간 기본소득을 공부한 후 생각이 바뀌었다고 말한다. "처음에는 '기본소득이 복지를 망칠 것'이라고 걱정했어요. 하지만 공부해보니 오히려 반대였어요. 기본소득이 복지의 토대를 더 튼튼하게 만들 수 있더군요." 그녀가 특히 주목한 것은 복지 신청률의 변화였다. 한국의 기초생활보장제도는 수급 자격이 있음에도 실제로 급여를 받지 못하는 비수급 빈곤층 문제를 안고 있다. 보건복지부 실태조사에 따르면, 2018년 기준 생계·의료급여 수급 자격이 있으나 급여를 받지 못하는 비수급 빈곤층이 약 66만 명에 달했다.[12] 이들은 제도를 모르거나, 신청 절차의 복잡성, 낙인효과에 대한 두려움 등으로 인해 급여 신청을 하지 않거나 탈락한 경우다. 하지만 기본소득은 신청할 필요가 없다. 자동으로 지급된다. 이것이 행정비용을 줄임과 동시에 복지 사각지대를 줄이는 가장 확실한 방법이다.

20세기 복지국가는 '일하는 사람'을 중심으로 설계되었다. 실업자, 노인, 장애인은 모두 '일하지 못하는 사람'으로 분류하고, 그들을 선별해서 지원했다. 하지만 21세기는 다르다. 플랫폼노동, 프리랜서, 창작자 등 전통적 고용 관계가 무너지고 있다.[13] 이제는 '일하는 사람'과 '일하지 않는 사람'을 구분하는 것 자체가 무의미하다. 모든 시민에게 보편적 안전판을 제공하는 기본소득이 필요한 이유다.

스페인 카탈루냐 자치정부는 2023년부터 2024년까지 2년간 유럽에서 가장 야심 찬 기본소득 파일럿 프로그램 중 하나를 실시했다.[14] 이 실험은 카탈루냐 전역에서 선정된 5,000명에게 무조건적 기본소득을 지급했다. 성인은 월 800유로, 18세 미만 아동은 월 300유로를 받았다.[15] 이 프로그램의 목표는 단순히 현금을 지급하는 것을 넘어, 기본소득이 빈곤 감소, 고용, 교육, 건강 등에 미치는 영향을 종합적으로 평가하는 것이었다.

이는 스페인 바르셀로나 시가 2017~2019년 실시한 'B-민컴 B-MINCOME' 프로젝트와는 별개의 실험이다. 앞에서 언급한 것처럼 B-민컴은 빈곤 지역 1,000가구에 월 최대 1,676유로를 지급하며 복지 서비스와 결합한 프로그램으로, 2019년 발표된 결과에서 수혜자의 웰빙 향상과 지역사회 참여 증가가 확인되었다.[16]

김현정 사회복지사는 이제 확신한다. "기본소득이 복지의 적이 아니라 복지의 동맹이에요. 복지 전문가들이 두려워할 이유가 없어요. 오히려 기본소득이 있으면 우리 일이 더 쉬워질 거예요. 생계 걱정 없이 진짜 필요한 사람에게 맞춤형 서비스를 제공할 수 있으니까요."

중증장애인 수급자 박철수(가명, 54세) 씨도 입장이 바뀌었다. "처음에는 '30만 원 주고 나머지 복지를 빼앗아가는 거 아니냐'고 걱정했어요. 하지만 '손해 보는 사람 없게 한다'는 원칙을 듣고 안심했어요. 제가 지금 받는 복지는 그대로 유지되고, 거기에 기본소득이 더해진다면 환영이죠. 그러면 저도 조금 더 여유 있게 살 수 있을 것 같아요."

기초생활수급자 이순자(가명, 68세) 씨는 이렇게 말한다. "저는 기본소득이 생기면 가장 좋은 점이 '당당함'일 것 같아요. 지금은 복지 받는다고 하면 주눅 들고 미안한 마음이 들어요. 하지만 모두가 받는 기본소득이라면 떳떳하잖아요. 제 손주들도 받고, 부자도 받고, 모두 받으니까. 저도 대한민국 시민으로서 당연한 권리를 누리는 거니까요."

결국 기본소득과 복지는 제로섬 게임이 아니다. 둘 다 커질 수 있다. 아니, 둘 다 커져야 한다. 기본소득은 복지국가의 약화가 아니라 진화다. 선별에서 보편으로, 시혜에서 권리로, 조건부에서 무조건으로, 이것이 21세기 복지의 방향이다.

기본소득과 복지는 함께 갈 수 있다. 오히려 함께 가야 한다. 기본소득은 모든 사람에게 최소한의 경제적 바닥을 깔아주고, 복지는 특별한 필요가 있는 사람에게 추가 지원을 제공한다. 이 조합이야말로 누구도 배제하지 않으면서, 누구도 낙인찍히지 않는 진정한 복지사회를 만드는 길이다. 더 나아가 복지국가를 넘어 기본소득과 기본서비스가 결합된 '기본사회'로 가는 길이다.

게으름에 대한 두려움은 근거 없었고, 재정 문제는 해결이 가능했으며, 복지와의 갈등도 허상이었다. 그렇다면 이제 가장 중요한 질문이 남는다. 재원은 구체적으로 어디서 마련할 것인가? 다음 장에서부터는 재원 마련의 새로운 해법을 찾아 나선다.

5부

# 재원 마련의 새로운 지평

14장

∞

# 숨어 있는
# 재원을 찾아서

## 78조 원이 사라진 곳

"비과세·감면으로 포기한 세수가 얼마나 되는지 아십니까? 2025년 기준 78조 원입니다."[1]

국회 기획재정위원회 소속 보좌관으로 8년째 일하는 박상민(가명, 39세) 씨가 두꺼운 보고서를 펼쳐 보였다. "이 정도 규모면 월 30만 원 기본소득 도입에 필요한 순비용을 충당하고도 남습니다. 문제는 이 혜택이 누구에게 가는가죠."

기획재정부가 발표한 『2025 조세지출예산서』에 따르면, 한국 정부가 비과세·감면으로 포기한 세수는 연간 78.0조 원에 달한다. 이 숫

자는 2025년 국가 예산 673.3조 원의 11.6퍼센트에 해당하는 천문학적 규모다.[2]

"돈이 없다고요? 돈은 있습니다. 다만 걷지 않을 뿐이죠." 한국의 조세 정책을 연구하는 전문가들은 이렇게 지적한다. "한국은 OECD 국가 중 조세부담률이 낮은 편에 속합니다. 2023년 기준 19.0퍼센트로, OECD 평균 25.3퍼센트보다 6.3퍼센트포인트나 낮아요. 만약 OECD 평균 수준으로만 올려도 연간 상당한 추가 세수가 확보됩니다."[3]

박상민 보좌관이 특히 주목한 것은 '누가 혜택을 받는가'였다. 비과세·감면 혜택은 고소득층에게 집중되어 있다. 상위 소득층이 받는 평균 혜택은 하위 소득층보다 수십 배에 달한다는 연구 결과도 있다. "공정한 세금이라고 할 수 없죠. 돈 많은 사람이 더 많은 세금 혜택을 받는 구조예요." 그는 한숨을 쉬었다. "예를 들어 연금저축 세액공제는 연간 600만 원(개인형 퇴직연금 포함 시 900만 원)까지 가능한데, 실제로 이 혜택을 받는 사람은 누구일까요? 여유 있는 중산층 이상이죠. 하루 벌어 하루 먹고사는 사람은 연금저축할 돈이 없어요. 결국 '부자 감세'인 셈입니다."

비과세·감면 중 가장 논란이 되는 것들을 살펴보자. 첫 번째는 주택 관련 비과세다. 1세대 1주택 양도소득세 비과세의 경우 양도가액 12억 원까지는 전액 비과세되고, 12억 원을 초과하는 고가 주택도 12억 원 초과분에 대해서만 과세된다. 예를 들어 15억 원에 매도하면 초과분 3억 원에 비례하는 양도차익(전체 양도차익의 20%)에 대해서만 과세되고, 나머지 80퍼센트는 비과세되는 구조다. 이게 과

연 공정한가? 부동산 전문 세무사 정현우(가명, 47세) 씨는 이렇게 말한다. "강남 재건축 아파트 하나가 분양가 20억에서 현재 50억이 됐어요. 30억 차익 중 상당 부분이 비과세 혜택을 받습니다. 반면 월급쟁이가 평생 모은 돈으로 산 일반 아파트는? 12억이 넘는 부분에는 세금을 내야 해요. 누가 더 혜택을 받나요? 결국 고가 주택 소유자죠."

두 번째는 연금계좌 세액공제다. 연간 900만 원까지 연금저축과 개인형 퇴직연금IRP에 넣으면 13.2~16.5퍼센트의 세액공제를 받는다. 소득 수준에 따라 최대 119만~148만 원을 돌려받는다. 좋은 제도처럼 보이지만, 문제는 이 혜택을 받을 수 있는 사람이 누구냐는 것이다. 중소기업 비정규직 노동자 김수진(가명, 34세) 씨는 이렇게 말한다. "저는 월급 220만 원 받아요. 월세 내고, 생활비 쓰고 나면 남는 게 없어요. 퇴직연금? 그런 거 넣을 여유 없어요. 그런데 대기업 다니는 제 대학 친구는 개년 900만 원씩 넣고 150만 원 가까이 환급받는대요. 부자가 더 많은 혜택을 받는 거죠."

세 번째는 기업 관련 감면이다. 연구개발R&D 세액공제, 고용증대 세액공제, 투자세액공제 등등 명목은 화려하지만, 실제 효과는 의문이다. 기업 대상 비과세·감면 규모는 상당하다.[4] 국세청에서 20년간 근무한 김한수(가명, 52세) 전 조사관은 이렇게 증언한다. "대기업들은 세무 전문가를 수십 명씩 고용해서 온갖 감면 항목을 찾아냅니다. 같은 지출도 R&D로 분류하면 세액공제를 받을 수 있으니까요. 실제로 혁신이 일어나는가? 그건 별개 문제죠. 서류만 그럴듯하게 만들면 됩니다."

네 번째는 금융소득 분리과세다. 이자·배당소득 2,000만 원까지는 15.4퍼센트(소득세 14%+지방소득세 1.4%) 세율로 분리과세한다. 2,000만 원을 초과하면 금융소득종합과세 대상이 되지만, 기본 2,000만 원에 대해서는 14퍼센트만 적용되고, 초과분에만 다른 종합소득과 합산하여 누진세율(6~45%)이 적용된다. 가령 예금 15억 원에서 연 3퍼센트 이자로 4,500만 원을 받아도 실제 유효세율은 12퍼센트 정도여서, 동일한 금액의 근로소득보다 세금이 적다.

## 지하경제, 그림자 속의 세금

세금 감면보다 더 큰 문제는 아예 세금을 내지 않는 '지하경제'다. 지하경제란 합법적 경제활동이지만 세무 당국에 신고하지 않는 모든 거래다. 현금 장사, 탈세, 무자료 거래, 위장 폐업 등이 해당한다. 이 돈에서 세금을 제대로 걷는다면? 세무사 정현우 씨는 이렇게 계산한다. "지하경제에서 부가가치세만 제대로 걷어도 상당한 세수가 확보됩니다. 소득세까지 합하면 더욱 늘어나죠. 문제는 어떻게 포착하느냐입니다."

지하경제의 대표적 사례를 살펴보자. 첫 번째는 현금 장사다. 남대문시장, 동대문시장, 전통시장 등에서는 현금 거래가 대부분이다. 매출을 신고하지 않거나 축소 신고한다. 국세청 조사 결과, 상당한 매출이 누락된 것으로 드러났다.[5] 동대문 의류도매상을 20년째 운영하는 박영수(가명, 56세) 씨는 솔직하게 말한다. "현금으로 받으면 장부에 안 쓰는 경우가 많아요. 카드 수수료도 아깝고, 세금도 아까우니까요. 우리만 그런 게 아니에요. 다들 그래요. 그렇게 안 하면 경쟁에서 밀려요."

두 번째는 전문직 탈세다. 의사, 변호사, 회계사, 학원강사 등 고소득 전문직의 탈루율이 높다. 최근 5년간 전문직 자영업자들이 신고하지 않은 소득이 4조 4,000억 원에 달한다는 보고도 있다.[6] 강남의 한 성형외과 원장은 이렇게 말한다. "현금으로 시술비 받으면 세금 안 내도 되죠. 환자도 영수증 안 달라고 하고요. 깎아주는 대신 현금 거래하는 거예요. 암묵적 합의죠."

세 번째는 부동산 불법 거래다. 다운계약서, 이중계약서, 증여 위장 매매 등 부동산 거래 과정에서 세금을 회피하는 수법은 다양하다. 부동산 중개업소를 운영하는 장민호(가명, 51세) 씨는 이렇게 증언한다. "매수자가 '다운계약 해달라'고 요구하는 경우가 많아요. 실제 거래가 10억인데 신고는 8억으로 하는 거죠. 취득세를 줄이려고요. 불법인 줄 알지만, 안 해주면 다른 중개사로 가버려요."

네 번째는 온라인 거래 미신고다. 인스타그램, 네이버 스마트스토어, 쿠팡 등 온라인 판매가 급증하면서 세원 포착이 어려워졌다. 특히 개인 간 거래는 거의 세금 사각지대다. 인스타그램에서 수입 의류를 판매하는 김지연(가명, 29세) 씨는 이렇게 말한다. "연 매출 2억 정도 돼요. 그런데 사업자등록 안 했어요. 개인 계좌로 받으니까 국세청이 모를 거예요. 주변 인플루언서들 대부분 그래요. 세금 신고하면 이익이 반 이상 날라가니까요." 국세청은 최근 빅데이터를 활용해 온라인 탈세를 추적하고 있지만, 개인 간 거래는 여전히 포착이 어렵다.

## 디지털 시대의 세원 포착

지하경제를 양성화하는 것이 가장 공정한 증세다. 국세청의 한 과장은 "현금 거래를 줄이면 지하경제가 양성화되고 세수도 늘어난다"고 지적했다. 스웨덴은 이미 이를 실천에 옮겼다. 2023년 스웨덴의 현금 거래 비중은 10퍼센트에 불과하고, 90퍼센트가 전자결제로 이루어진다.[7] 이러한 디지털 결제 시스템의 정착으로 스웨덴은 OECD 국가 중 지하경제 규모가 가장 낮은 수준을 유지하고 있다. 특히 스웨덴 국세청Skatteverket은 디지털 거래 데이터를 실시간으로 분석하여 탈루 소득을 추적하는 시스템을 구축했고, 이를 통해 세수 포착률이 획기적으로 개선되었다.

한국도 빠르게 변하고 있다. 신용카드와 체크카드 사용이 보편화되면서 소비자들의 거래 내역이 투명하게 기록되고 있다. 현금영수증 제도의 확대와 간편결제 시스템의 급속한 확산은 전통적으로 현금 거래가 많았던 소규모 자영업자들의 거래까지 가시화하고 있다. 2020년부터 2024년까지 5년간 국세청은 고소득 사업자에 대한 세무조사를 실시했다. 의사, 변호사, 학원장 등 3,030명을 조사한 결과 4조 4,333억 원의 미신고 소득을 적발했으며, 평균 탈루율은 33.5퍼센트에 달했다.[8] 이 중 의사, 변호사 등 전문직 527명만 따로 살펴보면 5,204억 원의 소득을 신고하지 않았고, 1인당 평균 9억 9,000만 원을 숨긴 것으로 나타났다.[9]

국세청은 AI 기반 탈세 탐지 시스템을 도입하여 빅데이터 분석을 통해 고소득 전문직과 자영업자의 소득 은닉을 효과적으로 포착하고 있다. 디지털 거래가 더욱 활성화되면 이러한 탈세는 자연스럽게 줄어들 것이다. 세원을 새로 만드는 것이 아니라, 이미 존재하지만 보이지 않던 소득을 가시화하는 것이기 때문이다. 이것이야말로 국민이 납득할 수 있는 가장 공정한 방식의 증세다.

## 예산 낭비, 또 다른 재원

숨어 있는 재정은 걷지 않은 세금만이 아니다. 잘못 쓰는 예산도 '숨겨진 재원'이다. 경제정의실천시민연합은 매년 '예산 낭비 사례'를 발표한다. 정부와 지자체의 예산 낭비 규모는 상당하다고 지적된다. 대표적 사례가 '4대강 사업'이다. 2009~2013년 22조 원을 쏟아부었지만, 녹조 발생, 수질 악화, 생태계 파괴만 남았다. 매년 유지·보수비로만 수천억 원씩 들어간다. 감사원도 경제성 문제를 지적했다.[10] 환경운동가 박미경(가명, 44세) 씨는 분노한다. "22조 원이면 전 국민에게 상당 기간 기본소득을 줄 수 있는 돈이에요. 그 돈을 강바닥 파는 데 썼죠. 누구를 위한 사업이었나요?"

또 다른 사례는 '방만 운영 공공기관'이다. 2025년 기준 한국의 공공기관은 331개, 임직원 수는 45만 명이다. 이 중 상당수가 중복 기능을 수행하거나 존재 이유가 불분명하다는 지적이 있다.[11] 공공기관 개혁 전문가들은 이렇게 말한다. "공공기관이 방만하게 운영되는 이유는 책임자가 없기 때문입니다. 예산을 낭비해도 처벌받지 않아요. 오히려 예산을 많이 쓸수록 다음 해 예산이 늘어나니까, 일부러 낭비하는 경우도 있어요."

세 번째 사례는 '실효성 없는 R&D 예산'이다. 정부 R&D 예산은 상당한 규모다. OECD 국가 중 상위권이다. 하지만 성과는? 연구에 따르면, R&D 예산의 일부는 '사업화 가능성이 낮음' 또는 '중복 연구'로 평가됐다.[12] 과학기술계 연구원 정재훈(가명, 41세) 박사는 이렇게 증언한다. "매년 비슷한 주제로 연구비를 받는 교수들이 있어요. 실제 성과가 있는지는 아무도 확인 안 해요. 보고서만 그럴듯하게 쓰면 돼요. 예산을 따내는 게 중요하지, 실제 혁신이 일어나는지는 부차적이에요." 감사원이 지적한 R&D 예산 낭비 사례는 충격적이다. 중복 과제, 성과 미흡 과제, 부실 관리 등 상당한 금액이 사실상 낭비됐다는 것이다.

네 번째는 '지자체 전시성 사업'이다. 각 지방자치단체가 앞다퉈 축제, 박람회, 대형 건축물을 만든다. 그런데 대부분 적자다. 경북에 있는 한 군의 공무원 김상호(가명, 46세) 씨는 한숨을 쉰다. "우리 군은 인구 4만 명도 안 되는데, 200억 들여서 '문화예술회관'을 지었어요. 연간 관람객이 500명도 안 돼요. 유지비만 연 5억 원 들어가요. 누가 이용하나요? 군수 치적 쌓기용이었죠. 이런 데가 어디 우리 군뿐이겠습니까? 전국적으로 따지자면 적어도 수십 개 군은 될 겁니다. 그런 선심성 사업에 들어가는 돈으로 차라리 군민 모두에게 기본소득을 주는 것이 더 낫겠어요."

## 금융지주의 천문학적인 이자수익

경제학에는 '시뇨리지seigniorage'라는 흥미로운 개념이 있다. '화폐주조차익' 또는 '화폐발행이익'이라고도 번역되는 이 용어는, 중앙은행이나 정부가 화폐를 발행할 때 얻는 이익을 의미한다.[13] 예를 들어 5만 원권 지폐를 제조할 때 실제로 드는 비용이 약 1,000원이라면,

나머지 49,000원이 바로 시뇨리지다. 중세 유럽에서 군주(시뇨르, seignior)가 화폐 주조권을 독점하며 막대한 이익을 취했던 데서 유래한 용어다.[14]

전통적으로 시뇨리지는 중앙은행의 전유물로 여겨져 왔다. 그러나 현대 금융시스템에서는 민간은행들도 신용창조를 통해 사실상 '화폐를 만들어낸다'. 대출을 실행하면 은행 장부에 새로운 예금이 기록되고, 이것이 통화량 증가로 이어진다. 물론 중앙은행의 직접적인 화폐 발행과는 성격이 다르지만, 은행들이 이 과정에서 얻는 이자수익은 일종의 '민간 시뇨리지'로 볼 수 있다는 주장이 설득력을 얻고 있다.[15]

2025년 가을, 우리나라 5대 금융지주(KB금융, 신한금융, 하나금융, 우리금융, NH농협금융)는 3분기까지 누적 순이익 18조 원을 넘어서며 역대 최대 실적을 경신했다.[16] 같은 기간 이들이 거둔 이자 이익만 38조 원에 달한다.[17] 연간으로 환산하면 순이익 20조 원 시대를 눈앞에 두고 있는 셈이다. 고금리 시대가 도래한 2022년부터 금융지주들의 이자수익은 폭발적으로 증가했다. 2022년 약 49.2조 원이었던 5대 금융지주의 이자 이익은 2023년 49.1조 원, 2024년 50.4조 원으로 3년 연속 49~50조 원대를 유지하며 역대 최고 수준을 기록했다.[18] 고금리로 서민과 중소기업은 이자 부담에 허덕였지만, 금융권은 3년간 총 148.7조 원의 이자수익을 거둬들인 셈이다.

이 숫자들은 단순한 기업 실적표가 아니다. 대출을 받아 생활하거나 사업을 운영하는 수많은 국민이 지불한 이자가 모여 만들어진 금액이다. 특히 예금금리는 낮게 유지하면서 대출금리는 높게 책정하는 예대금리차가 이런 수익의 핵심 원천이다. 2025년 7월 기준 5대 금융지주의 예대금리차는 1.41~1.54퍼센트포인트 수준이었다.[19]

흥미로운 점은, 예대금리차 자체는 오히려 축소되는 추세라는 사실이다. 2021년 1.80퍼센트포인트였던 예대마진은 2024년 1.27퍼센트포인트로 줄어들었다.[20] 그럼에도 당기순이익은 같은 기간 16조 8,000억 원에서 계속 증가했다. 대출 규모 자체가 엄청나게 커지면서, 마진율이 줄어도 절대적 수익은 늘어나는 구조가 된 것이다. 이는 금융지주들이 양적 팽창을 통해 신용창조의 규모를 지속적으로 확대해왔음을 의미한다.

고금리 기조가 지속되면서 대출이자 부담은 서민과 중소기업에게 무거운 짐이 되었다. 청년들은 전세자금 대출이자에 허덕이고, 자영업자들은 운영자금 이자를 감당하기 버겁다. 그러나 금융권은 '이자 장사'라는 비판 속에서도 사상 최대 실적을 냈다. 이는 마치 중세 군주가 화폐 주조권을 독점하며 이익을 취하던 것과 구조적으로 유사한 측면이 있다.

물론 중앙은행의 시뇨리지는 국가 재정으로 귀속되어 공공 목적에 쓰인다. 한국은행이 화폐 발행을 통해 얻은 이익은 정부에 납부되거나 국고에 편입된다.[21] 그러나 금융지주들이 신용창조를 통해 얻은 막대한 이자수익은 주주 배당과 임직원 보수로 상당 부분이 사유화된다. 같은 화폐 창출 기능에서 비롯된 이익임에도, 공공성과 사적 이익 사이의 균형이 무너진 것이다.

이 막대한 이자수익을 활용할 방법은 없을까? 금융지주들이 거둔 순이익 20조 원은 기본소득 재원 논의에서 결코 작은 숫자가 아니

다. 물론 민간기업의 정상적 영업이익을 직접 과세하거나 환수하기
는 어렵다. 하지만 과도한 금융소득에 대한 누진적 과세 강화, 금
융거래세 확대, 또는 사회적 책임 이행을 전제로 한 공적 기여 방안
등을 통해 이 수익의 일부를 사회에 환원하도록 유도하는 것은 충분
히 가능하다.

시뇨리지 개념이 우리에게 던지는 질문은 명확하다. 화폐를 만들
어내는 권한에서 발생하는 이익은 누구의 것이어야 하는가? 중앙
은행의 시뇨리지가 국민 전체에게 돌아간다면, 금융지주의 '민간 시
뇨리지'도 최소한 그 일부는 공공의 이익으로 환원되어야 하지 않을
까?

금융은 실물경제를 지원하기 위해 존재한다. 그러나 현재의 구조
는 금융이 실물을 빨아들이는 형국에 가깝다. 이자수익이 일부 금융
자본에 집중되는 것이 아니라, 사회 전체의 안전판을 강화하는 데
쓰인다면, 그것이야말로 금융의 본래 역할을 회복하는 길일 것이다.
숨어 있던 재원은 사실 숨어 있지 않았다. 그저 우리가 그것을 재원
으로 인식하지 못했을 뿐이다.

## 부자 감세, 누구를 위한 것인가

2023년, 윤석열 정부는 총 9조 6,430억 원 규모의 감세를 단행
했다.[22] 이 중 소득세 감면이 3조 6,783억 원, 법인세 감면이 3조
4,898억 원이었다. 감세의 명분은 '경제 활력 제고'였지만, 그 혜택
이 누구에게 돌아갔는지, 그리고 그 결과가 무엇이었는지를 살펴보
면 이야기는 달라진다.

법인세율은 각 과세표준 구간에서 1퍼센트포인트씩 인하되었다. 최고세율 구간(과세표준 3,000억 원 초과)은 25퍼센트에서 24퍼센트로 낮아졌다.[23] 이 혜택을 받은 것은 주로 과세표준 200억 원을 초과하는 대기업들이다. 실제로 자산 10조 원 이상 대기업의 실효세율은 2023년 기준 18.7퍼센트로, 일반기업(19.6%)보다 오히려 낮았다.[24] 명목세율은 높지만, 각종 공제와 감면 제도를 활용하면, 실제로 내는 세금은 더 적은 구조인 것이다.

그 결과는 세수 감소로 나타났다. 2021년 80.4조 원이었던 법인세수는 2024년 62.5조 원으로 17.9조 원이나 줄어들었다.[25] 이는 단순히 경기 둔화만으로 설명되지 않는 구조적 세수 감소다. 기업들의 실적이 악화된 것이 아니라, 세율 인하로 인해 세금이 줄어든 것이다.

문제는 이 감세가 서민과 중산층에게는 거의 혜택을 주지 못했다는 점이다. 소득세 감면의 상당 부분도 고소득층에 집중되었고, 법인세 인하는 애초에 중소기업보다 대기업에 유리한 구조였다. 한 연구에 따르면, 법인세 실효세율이 낮아지면 노동소득분배율이 축소되고 가구소득의 불평등이 확대되는 것으로 나타났다.[26] 기업이 세금을 덜 내도 그 이익이 근로자의 임금 상승으로 이어지지 않고 자본소득으로만 집중된다는 의미다.

실제로 소득불평등 지표들은 이를 뒷받침한다. 2023년 기준 우리나라 소득 5분위배율(하위 20% 대비 상위 20%의 소득 배율)은 5.72배였다.[27] 표면적으로는 전년(5.81배) 대비 개선된 수치지만, 이는 주로 정부의 공적 이전소득 증가 덕분이었다. 시장소득 기준으로 보면 불평등은 오히려 심화되고 있다.

더 심각한 것은 최상위층으로의 소득 집중도다. 2021년 기준 상위 1퍼센트 근로소득 집중도는 7.9퍼센트로, 2019년 7.2퍼센트에서 0.7퍼센트포인트나 증가했다.[28] 상위 10퍼센트 소득점유율도 31.1퍼센트에서 32.1퍼센트로 높아졌다. 국제적 연구에서도 부유층 감세는 이후 5년간 상위 1퍼센트 소득자의 세전 국민소득 점유율을 평균 0.7퍼센트포인트 이상 증가시키는 것으로 나타났다.[29] 이는 통계적으로 매우 유의미한 결과다.

감세가 소득불평등을 악화시키는 메커니즘은 명확하다. 첫째, 고소득층과 대기업에 집중된 감세 혜택은 이들의 가처분소득을 직접 증가시킨다. 둘째, 세수 감소는 복지 지출 축소 압력으로 이어져 저소득층의 실질소득을 감소시킨다. 셋째, 법인세 감세로 늘어난 기업 이익이 임금보다는 배당으로 더 많이 흘러가면서 노동소득분배율이 하락한다. 결국 다수 국민은 감세의 혜택은 받지 못한 채, 복지 축소와 임금 정체라는 이중고를 겪게 되는 것이다.

한국의 조세 및 복지제도의 소득재분배 효과는 OECD 31개국 중 28위에 불과하다.[30] 2022년 세전·세후 지니계수 개선율은 18.2퍼센트로, OECD 평균 31.9퍼센트의 절반 수준이다. 다른 선진국들은 세금과 복지를 통해 시장소득 불평등을 크게 완화하는 반면, 한국은 그 기능이 매우 약한 것이다. 감세 정책은 이미 약한 재분배 기능을 더욱 약화시키는 결과를 낳았다.

감세는 정책적 선택이다. 경제 상황에 따라 필요할 수도 있다. 하지만 그 혜택이 누구에게 가는지, 그로 인해 줄어든 재원은 무엇으로 메워지는지, 그리고 그 과정에서 누가 상대적 불이익을 받는지를 분명히 해야 한다. 대기업과 고소득층에 집중된 감세가 결국 복지 축소나 서민 증세로 이어지고, 소득불평등을 심화시킨다면, 그것은 공정한 선택이 아니다.

기본소득의 관점에서 보면 이 문제는 더욱 선명해진다. 2023년 감세 규모 9조 6,000억 원은 전 국민에게 1인당 약 19만 원의 기본소득 재원이 된다. 더 나아가, 이재명 정부가 2025년 세재개편안을 통해 2026~2030년 5년간 증세로 회복할 35조 원을 기본소득 재원으로 활용한다면, 5년간 1인당 총 약 69만 원(연평균 약 14만 원)의 기본소득이 가능하다.

더 중요한 것은, 감세를 통해 상위층에게만 돌아간 혜택을 기본소득으로 전환하면 재분배 효과가 극대화된다는 점이다. 법인세 감세로 대기업이 얻은 수천억 원의 이익은 소수 주주와 경영진에게 집중되지만, 같은 금액을 기본소득으로 지급하면 수백만 명의 저소득층에게 실질적인 생활 안정을 가져다준다. 고소득층에게 1퍼센트포인트 세율 인하는 체감 효과가 미미하지만, 저소득층에게 매달 몇만 원의 기본소득은 삶을 바꾸는 변화가 될 수 있다.

결국 숨어 있는 재원을 찾는다는 것은, 단지 새로운 세원을 발굴하는 것만을 의미하지 않는다. 이미 있던 재원을 누구에게 어떻게 쓸 것인가 하는 선택의 문제이기도 하다. 감세 정책의 수혜자를 바꾸고, 그 재원을 기본소득으로 전환한다면, 그 자체로 막대한 재원이 확보되는 동시에 다수 국민의 삶의 질이 개선되고 불평등이 완화되는 효과를 얻을 수 있다. 기본소득의 재원은 멀리 있지 않다. 다만 우리가 어떤 선택을 하느냐에 달려 있을 뿐이다.

## 공정한 과세가 답이다

증세 없는 복지는 불가능하다. 하지만 증세의 방향이 중요하다. 한국의 조세 체계는 불공정하다는 지적이 많다. 일하는 사람은 세금을 다 내는데, 자산 소득은 세금이 적다. 월급쟁이는 탈세가 불가능한데, 일부 자영업자와 전문직은 탈세가 가능하다. 이 불공정을 바로잡는 것이 우선이다. OECD 통계를 보면 한국의 조세 구조에 특징이 있다. 근로소득세 비중이 상대적으로 높고, 자산 관련 세금은 상대적으로 낮다는 분석이 있다. 일하는 사람에게 더 많이 걷고, 자산 보유자에게는 덜 걷는 구조라는 비판이 제기된다.[31]

재원은 이미 우리 사회에 있다. 첫째, 불공정한 비과세·감면을 정비하면 상당한 재원이 나온다. 둘째, 지하경제를 양성화하면 추가 재원이 확보된다. 셋째, 예산 낭비를 줄이면 더 많은 재원이 생긴다. 넷째, 금융지주들이 신용창조를 통해 거둬들이는 막대한 이자수익에 대한 사회적 환원을 강화하면 수십조 원의 재원이 마련된다. 다섯째, 대기업과 고소득층에 집중된 감세 정책을 재검토하고 공정한 과세 체계를 회복하면 역시 수십조 원 규모의 재원을 확보할 수 있다.

이 다섯 가지 방안만으로도 기본소득의 상당 부분을 충당할 수 있다. 금융지주의 이자수익은 연간 50조 원, 감세 규모는 3년간 누적 35조 원이 넘는다. 여기에 비과세·감면 정비, 지하경제 양성화, 예산 낭비 절감까지 더하면 기본소득 재원은 결코 부족하지 않다. 문제는 돈이 아니라 의지다. 금융자본의 과도한 이익을 건드릴 용기가 있느냐, 기득권의 특혜를 바로잡을 결단이 있느냐, 그것이 진짜 문제인 것이다.

세무사 정현우 씨는 생각이 바뀌었다고 말한다. "처음에는 '기본소득 재원이 어디 있어?'라고 생각했어요. 하지만 비과세·감면 78조 원 같은 숫자들을 보고 깨달았어요. 돈은 있었구나. 다만 걷지 않았을 뿐이구나." 중소기업 사장 박영수 씨도 변화했다. "저도 현금 장사를 하면서 세금 안 낸 적 많아요. 솔직히 떳떳하지 않았죠. 만약 정부가 '모든 거래를 투명하게 하되, 그 대신 모두에게 기본소득을 주겠다'고 한다면? 저는 찬성이에요. 공정하게 세금 내고, 공정하게 받는 거니까요."

결국 '숨어 있는 재원'을 찾는 것은 공정성의 문제다. 일부만 특혜를 받는 체계에서, 모두가 공정하게 부담하고 공정하게 받는 체계로의 전환이다. 재원은 숨어 있다. 비과세·감면 78조 원, 지하경제에서 새는 세금, 예산 낭비로 허비되는 수십조 원, 금융지주가 매년 거둬들이는 50조 원의 이자수익, 그리고 대기업과 부유층에게 돌아간 수십조 원의 감세 혜택까지. 우리는 이미 어마어마한 돈을 포기하거나 낭비하거나 일부에게만 몰아주고 있다. 이 중 일부만이라도 제대로 걷고 제대로 쓴다면, 기본소득 재원의 상당 부분을 확보할 수 있다.

가장 큰 문제는 기술이 아니라 의지다. 금융자본의 과도한 이익에 사회적 책임을 물을 용기가 있는가? 대기업과 고소득층의 감세 특혜를 바로잡을 결단이 있는가? 기득권의 저항을 뚫고 불공정한 세금 체계를 개혁할 의지가 있는가? 숨어 있는 재원을 찾는 것은 곧 공정사회로 가는 길이며, 동시에 기본소득 사회로 가는 첫걸음이다.

하지만 숨어 있는 재정만으로는 부족하다. 더 근본적인 질문이 남는다. 누구의 것도 아닌, 모두의 것을 어떻게 나눌 것인가? 다음 장에서는 공유부, 즉 우리 모두의 공동자산을 탐구한다.

15장

❧

# 공유부를
# 모두의 몫으로

## 누구의 땅인가

"이 땅은 누가 만들었습니까?"

'토지＋자유연구소' 남기업 소장이 던진 질문이다. 2024년 기본소득 토론회장은 순간 조용해졌다. 그는 계속했다. "서울 강남의 땅은 삼성이 만들었나요? 현대가 만들었나요? 아니면 그 땅 주인이 만들었나요? 아닙니다. 자연이 준 것이고, 우리 사회가 함께 가치를 만든 겁니다."

국토교통부가 2025년 7월 발표한 '2024년 토지소유현황 통계'에 따르면, 우리나라 전체 인구 5,122만 명 중 38.4퍼센트인 1,965만 명이 토지를 소유하고 있다.[1] 그런데 놀라운 사실이 있다. 개인이 소유한 토지를 보유 면적 기즌으로 10분위로 나누었을 때, 상위 10퍼센트가 전체 개인 소유 토지의 78.4퍼센트를 보유하고 있다는 것이다.[2] 토지는 극소수가 독점하고 있다.

19세기 미국의 경제학자 헨리 조지Henry George는 1879년 저서『진보와 빈곤Progress and Poverty』에서 '토지는 누가 만든 것이 아니라 자연이 준 공유자산'이라고 주장했다. 토지 가치 상승분은 토지 소유자의 노력 때문이 아니라 사회 전체의 발전 덕분이기 때문에 토지 가치는 사회 전체가 공유해야 한다는 것이다.

서울 강남구 대치동의 한 아파트를 예로 들어보자. 1990년 분양가 5,000만 원이던 아파트가 2024년 당시 시세로 25억 원이었다. 무려 50배가 올랐다. 이 가격 상승은 누가 만든 것인가? 집주인이 노력해서? 아니다. 정부가 지하철을 놓았고, 학군이 좋아졌고, 주변에 상권이 발달했고, 강남이 부촌으로 자리 잡았기 때문이다. 사회 전체가 만든 가치다. 그런데 그 24억 5,000만 원의 가치 상승분은 고스란히 집주인 개인의 몫이 된다. 양도세를 내긴 하지만, 1세대 1주택이면 12억 원까지는 비과세다. 결국 거의 대부분을 개인이 가져간다. 공정한가?

부동산 컨설턴트 홍성우(가명, 51세) 씨는 솔직하게 말한다. "저는 2000년에 강남 아파트를 3억에 샀어요. 지금 15억이에요. 12억이 올랐죠. 제가 뭘 했나요? 그냥 살았을 뿐이에요. 일해서 번 돈보다 집값 오른 돈이 더 많아요. 이게 정상인가 싶기도 해요. 솔직히 운이 좋았던 거죠."

## 공유부란 무엇인가

'공유부common wealth 또는 commons'란 무엇인가? 미국의 경제학자이자 환경운동가인 피터 반즈Peter Barnes는 그의 저서 『자본주의 3.0Capitalism 3.0』(2006)에서 공유부를 "우리 모두가 물려받은 공동의 자산이자, 다음 세대에 온전히 물려주어야 할 공동 유산"으로 정의했다.[3] 그는 공유부를 크게 세 가지로 분류했다.

첫째, '자연적 공유부'다. 공기, 물, 토지, 숲, 광물자원, 전파 등 자연이 만들어낸 자원이다. 이러한 자원은 인간이 창조한 것이 아니라 자연으로부터 물려받은 것이며, 특정 개인이나 기업이 독점할 권리가 없다. 둘째, '사회적 공유부'다. 언어, 지식, 문화, 법과 제도, 과학기술, 공공 인프라 등 인류가 오랜 세월에 걸쳐 함께 축적해온 무형의 자산이다. 예컨대 인터넷 프로토콜, 공공도서관의 지식, 공공 도로망 등은 모두 사회 구성원 전체의 집단적 노력으로 만들어진 공유부다. 셋째, '디지털 공유부'다. 21세기 들어 급속히 확장된 영역으로, 개인정보, 빅데이터, 플랫폼 네트워크 효과 등이 여기에 해당한다. 한 개인이 생성한 데이터라도 그것이 수백만 명과 결합되어 만들어낸 네트워크 가치는 사회 전체의 공유부로 봐야 한다는 것이 반즈의 주장이다.

『공유부 배당Common Wealth Dividends』에서 저자인 브렌트 라날리Brent Ranalli는 공유부 재원의 범주를 사회 전체가 이루어낸 가치가 토지 가치에 기여한 몫, 이전 세대로부터 물려받은 문화·과학·기술의 공동자산, 방송 주파수, 웹 도메인 이름을 할당하는 시스템, 화폐 창조 시스템 등으로 확장 해석한다.[4] 그러면서 그는 이러한 재원 목록은 포괄적인 것이 아니라, 문헌에서 논의되었거나 특히 관심을 끄는 몇 가지 주제를 정리했을 뿐이라고 강조한다.

세계 각국은 이러한 공유부의 가치를 인식하고, 이를 활용한 새로운 분배 모델을 실험하고 있다. 미국 알래스카주는 1982년부터 석유 수입을 재원으로 하는 영구기금을 조성해, 매년 모든 주민에게 배당금을 지급하고 있다. 2024년에는 1인당 연간 약 1,312달러(약 180만 원)를 지급했다.[5] 노르웨이는 북해 유전 수익을 국부펀드로 적립해 2024년 현재 약 2,000조 원 규모로 성장시켰으며, 이를 국민연금과 공공서비스 재원으로 활용하고 있다.[6] 싱가포르는 국토의 90퍼센트를 국가가 소유하고, 토지 임대료를 공공주택과 사회복지에 재투자하는 독특한 모델을 운영한다.[7]

한국의 공유부는 어떤가? 국토교통부에 따르면, 2024년 기준 개인 소유 토지 공시가격 총액이 수천조 원에 달하는데 이 중 상위 10퍼센트가 개인 소유 토지의 78.4퍼센트를 보유하고 있다.[8] 전파 역시 국민 공동의 자산임에도 이동통신 3사는 연간 약 59조 원의 매출을 올리면서도 전파 사용료로 연 1.2조 원만 납부한다.[9] 과학기술정보통신부가 발표한 자료에 따르면, 2024년 한국 데이터 산업 시장 규모가 30.7조 원에 달한다.[10] 그러나 정작 데이터 생산자인 국민은 그 수익을 거의 나눠 갖지 못한다. 2024년 기준 국유재산 총액이 1,344조 원에 이르지만,[11] 이를 국민 배당으로 환원하는 시스템은 없다.

공유부를 소수가 독점하면 불평등이 심화된다. 반대로 공유부를 모두가 공정하게 나누면, 그것이 바로 기본소득의 든든한 재원이 된다. 공유부 배당은 단순한 복지가 아니라, 우리가 함께 물려받은 자산에 대한 정당한 권리 행사다.

## 토지보유세, 불로소득을 환수하라

땅값이 오르면 세상은 기뻐하는 사람과 슬퍼하는 사람으로 나뉜다. 땅 있는 사람은 기뻐하지만, 땅 없는 사람은 슬퍼한다. 이게 공정한 사회일까? 2015년부터 2024년까지 약 10년간 서울 아파트 가격은 평균 2.53배 올랐다.[12] 이 중 상당 부분은 순수하게 땅값 상승분이다.

땅값 상승분은 누가 만든 돈인가? 집주인이 노력해서 만든 돈인가? 아니다. 정부가 지하철 놓고, 공원 만들고, 도로 깔고, 국민 세금으로 인프라를 만들어서 땅값이 오른 것이다. 그런데 그 이익은 땅 주인만 가져간다. 결코 공정하지 않다. 그럼에도 현재 한국의 보유세 실효세율은 공시가격 대비 0.15퍼센트 수준이다. OECD 평균 0.33퍼센트의 절반도 안 된다.[13] 만약 OECD 평균 수준으로 올린다면 상당한 재원을 확보할 수 있다.

경실련에서 본부장을 역임한 방정환(가명) 씨는 "토지보유세는 부자 증세가 아니라 불로소득 환수"라는 입장을 일관되게 펼쳐왔다. 그는 "땅값 상승으로 번 돈은 노동의 대가가 아니라 사회가 준 선물이므로, 이를 사회에 돌려주는 것이 당연하다"고 강조한다.

실제로 많은 나라가 높은 토지보유세를 부과하고 있다. 싱가포르는 토지 임대료와 보유세 등 부동산 보유세를 통해 공공주택, 교육, 의료 재원을 마련한다.[14] 정부는 토지 임대 수입을 재원으로 공공주택HDB을 건설해 국민의 80퍼센트 이상에게 주거를 제공하며,[15] 교육과 의료 등 사회 인프라에도 투자한다. 싱가포르 국립대학교 추아 벵 후앗 교수는 이러한 토지 국유화 정책이 싱가포르 공공주택 성공의 핵심이라고 분석한다.[16]

서울 서초구에 사는 은퇴자 박종석(가명, 67세) 씨는 이렇게 말한다. "30년 전에 산 아파트가 지금 20억이에요. 재산세는 연 120만 원 정도 내요. 아파트값의 0.06퍼센트죠. 솔직히 너무 적다고 생각해요. 제가 뭘 했다고 20억짜리 집에 사는 건지 잘 모르겠어요. 만약 토지보유세를 올리고 그 돈으로 모든 국민에게 기본소득을 준다면, 저는 찬성이에요. 공정하니까요."

## 데이터 배당, 21세기의 석유

"21세기의 석유는 데이터입니다."

영국 《이코노미스트》지가 2017년 표지에 실은 문구다. 네이버, 카카오, 유튜브, 페이스북, 인스타그램, 이들은 우리의 데이터로 막대한 수익을 올린다. 검색 기록, 위치 정보, 구매 내역, SNS 활동, 이 모든 것이 데이터로 수집되고, 그 데이터는 광고와 서비스로 수익화된다. 문제는 데이터의 원천 생산자인 우리에게는 한 푼도 돌아오지 않는다는 것이다. 우리는 무료로 데이터를 제공하고, 기업은 그것으로 조 단위 수익을 올린다.

과학기술정보통신부가 2025년 6월 발표한 '2024 데이터산업현황조사'에 따르면, 한국 데이터 산업 시장 규모는 2024년 기준 약 30.7조 원으로 추정된다.[17] 이 중 플랫폼 기업과 통신사, 제조업, 금융업이 데이터를 활용하여 막대한 가치를 창출하고 있다.

"데이터는 누가 만드나요? 우리 국민입니다. 그런데 그 가치는 누가 가져가나요? 기업입니다. 이게 공정한가요?" 한 변호사의 질문이다. "데이터 주권을 국민에게 돌려줘야 합니다. 그리고 데이터로 번 수익의 일부를 배당으로 돌려줘야 합니다."

실제로 일부 국가와 기업이 데이터 배당 실험을 시작했다. 2018년 미국 캘리포니아주는 「캘리포니아 소비자 프라이버시법California Consumer Privacy Act, CCPA」을 제정했다.[18] 이 법은 소비자에게 기업이 수집한 개인 데이터에 대한 접근권, 삭제 요구권, 제3자 판매 거부권을 부여했다.[19] 2023년에는 이를 강화한 「캘리포니아 프라이버시 권리법California Privacy Rights Act, CPRA」이 시행되었다.[20]

최근 일부 스타트업들은 개인이 자신의 데이터를 직접 판매할 수 있는 플랫폼을 개발하고 있다. 예를 들어 블록체인 기반 데이터 마켓플레이스에서 사용자는 자신의 위치 정보, 구매 내역 등을 기업에 판매하고 대가를 받는다. 이는 데이터 생산자인 개인이 데이터의 소유권과 수익권을 되찾는 시도로 평가된다.

한국에서도 움직임이 있다. 2022년 금융위원회가 금융 분야 마이데이터 제도를 시행한 데 이어,[21] 2023년 「개인정보 보호법」 개정으로 의료·통신·에너지 등 전 분야로 확대되었다.[22] 개인정보보호위원회는 2025년 3월부터 이를 본격 시행하고 있다.[23] 개인이 자신의 금융, 의료, 통신 데이터를 통제하고, 원하는 곳에 제공할 수 있게 했다. 하지만 아직 배당까지는 가지 못했다.

데이터가 '21세기의 석유'라고 한다면, 한국에서도 빅데이터세를 도입해야 한다. 가령 플랫폼 기업의 데이터 관련 매출에 5~10퍼센트 과세하고, 그 세수를 국민에게 배당하는 것이다. 알래스카가 석유로 배당하듯, 우리는 데이터로 배당할 수 있다. 만약 데이터 산업 30.7조 원에 5퍼센트 빅데이터세를 부과한다면 약 1.5조 원을 확보할 수 있다. 5,200만 국민에게 1인당 연 2.9만 원을 지급할 수 있는 금액이다.

IT 컨설턴트 정성훈(가명, 32세) 씨는 이렇게 말한다. "저는 하루에 몇 시간씩 유튜브 보고, 인스타 하고, 네이버에서 검색해요. 제 모든 활동이 데이터로 수집되고, 그게 돈이 되죠. 근데 저에게는 한 푼도 안 와요. 만약 데이터 배당이 생긴다면? 당연히 받아야 한다고 생각해요. 제 데이터니까요."

## 전파는 국민의 것

전파는 누구의 것인가? 전파는 자연이 준 공유 자원이다. 공기나 물처럼 특정 개인이나 기업이 만들어낸 것이 아니라, 자연이 인류에게 공동으로 부여한 자산이다. 그런데 지금은 이동통신사와 방송사가 독점하고 있다. 그들은 전파 사용료를 내긴 하지만, 버는 수익에 비하면 턱없이 적다.

2024년 한국 이동통신 3사(SK텔레콤, KT, LG유플러스)의 연간 매출은 약 59조 원으로 추정된다.[24] 이 중 전파를 사용해서 버는 수익이 대부분이다. 그런데 이들이 내는 전파 사용료는 연 1.2조 원 정도에 불과하다. 매출의 약 2퍼센트 수준이다. 만약 이들이 전파 없이 사업을 한다면 단 하루도 영업할 수 없다. 전파는 이동통신 산업의 절대적 생산요소인 셈이다. 그럼에도 불구하고 이들이 국민에게 돌려주는 대가는 지나치게 낮다.

"전파 사용료가 너무 쌉니다." 정보통신정책연구원KISDI의 한 연구원은 이렇게 말한다. "미국, 영국, 독일 등은 전파 사용료를 경매로 결정합니다. 수요와 공급에 따라 가격이 정해지죠. 그런데 한국은 정부가 임의로 낮게 책정해요. 사실상 특혜예요."

실제로 주요국의 전파 사용료 제도를 보면 한국의 현실이 더욱 명확해진다. 미국은 주파수 경매를 통해 2015년부터 2021년까지 약 1,200억 달러(약 160조 원)를 거둬들였다.[25] 영국도 2021년 5G 주파수 경매에서 14억 파운드(약 2.3조 원)의 수익을 올렸다.[26] 한국의 연간 전파 사용료 1.2조 원이 얼마나 낮은 수준인지 알 수 있다.

그 대안은 전파 사용료를 올리고, 그 수입을 국민에게 배당하는 것이다. 전파는 공유 자원이다. 통신사가 독점할 권리가 없다. 국민 모두의 것이니, 그 수익도 모두가 나눠 가져야 타당하다. 전파 사용료를 현실화하여 연 5조 원 수준으로 인상한다면, 5,200만 국민 1인당 연간 약 10만 원의 배당이 가능하다. 4인 가족 기준으로는 연 40만 원이다.

노르웨이는 석유와 가스 채굴권을 경매로 팔고, 그 수익을 국부펀드에 적립하여 국민에게 돌려준다. 노르웨이 국부펀드는 2024년 현재 약 2,000조 원 규모로,[27] 국민 1인당 약 3.6억 원에 해당하는 자산이다. 한국도 전파를 공유부로 인식하고, 그 수익을 배당할 수 있다. 전파 배당은 단순한 복지가 아니라, 국민이 공동으로 소유한 자연 자원에 대한 정당한 권리 행사다.

이동통신사 직원 이상훈(가명, 39세) 씨는 이렇게 말한다. "회사 입장에서는 전파 사용료가 낮은 게 좋죠. 하지만 솔직히 우리가 전파를 만든 건 아니잖아요. 국민의 자산을 빌려 쓰는 거니까, 그에 합당한 대가를 내는 게 맞다고 봐요." 전파는 국민의 것이다. 이제 그 수익도 국민에게 돌려줄 때다.

## 탄소 배당, 환경도 공유부다

맑은 공기를 마실 권리는 누구에게 있는가? 공기는 우리 모두의 것이다. 그런데 누군가 공기를 더럽히면 어떻게 될까? 모두가 피해를 본다. 그렇다면 공기를 더럽히는 사람은 대가를 내야 하고, 그 돈은 모두에게 돌려줘야 마땅하다.

2022년 한국의 온실가스 배출량은 약 7억 2,429만 톤이다.[28] OECD 국가 중 상위권이다. 1인당 배출량으로는 13.1톤으로 OECD 평균보다 높다. 우리는 지구 환경을 많이 쓰고 있다. 유럽연합EU은 2026년부터 탄소국경조정제도CBAM를 본격 시행한다. 탄소를 많이 배출해서 만든 제품에 관세를 부과하는 것이다. 한국의 철강, 시멘트, 화학 제품이 EU에 수출될 때 탄소세를 내야 한다. 한국무역협회는 상당한 추가 비용이 발생할 것으로 우려한다.[29] 어차피 유럽에 탄소세를 낼 바에야, 우리가 먼저 탄소세를 걷어서 우리 국민에게 돌려주는 게 낫지 않을까?

캐나다가 바로 그렇게 하고 있다. 캐나다는 2019년부터 '탄소세와 배당Carbon Tax and Dividend' 제도를 시행하고 있다. 탄소배출에 세금을 부과하고, 그 세수를 전액 국민에게 환급한다. 2024년 기준 탄소세율은 톤당 80캐나다달러이며, 4인 가족은 연평균 상당한 금액을 환급받는다.[30] 캐나다에서 탄소세는 '오염자 부담 원칙'이다. 탄소를 많이 배출하는 사람이 더 많이 내고, 적게 배출하는 사람은 적게 낸다. 그리고 그 돈을 모두에게 똑같이 나눠준다. 결과적으로 탄소를 적게 배출하는 서민과 중산층은 이득을 보고, 많이 배출하는 부유층은 손해를 본다. 환경도 지키고 불평등도 줄이는 것이다.

만약 한국이 캐나다처럼 탄소 1톤당 5만 원의 탄소세를 부과한다면, 7억 2,429만 톤×5만 원으로 약 36조 원의 세수가 발생한다. 5,160만 국민에게 1인당 약 70만 원, 월 5만 8,500원씩 배당할 수 있다.[31]

탄소세는 부자 증세가 아니다. 환경 보호다. SUV 타고, 큰 집에 살고, 비행기 자주 타는 사람이 탄소를 많이 배출한다. 그들이 더 많이 내는 것이다. 그리고 그 돈을 모두에게 나눠주면, 서민은 혜택을 본다. 기후정의와 경제정의를 동시에 실현하는 것이다. 대학생 안서연(가명, 23세) 씨는 이렇게 말한다. "저는 차도 없고, 작은 원룸에 살아요. 탄소배출이 적죠. 탄소 배당을 받으면 저는 이득이에요. 공정하다고 생각해요. 환경을 덜 망치는 사람이 보상받는 거니까요."

## 태양과 물살이 만드는 기본소득

땅을 빼앗지 않는 태양이 있다. 물 위에 떠 있는 그 태양은 오히려 우리 모두의 몫을 배로 불려준다. 20XX년 가을, 새만금호 수면 30제곱킬로미터에 펼쳐진 수백만 장의 패널이 처음으로 빛을 머금는 순간을 상상해보자. 2.1기가와트의 전기가 순식간에 솟아오르고, 그 발전수익의 일부가 '물빛 배당기금'으로 지역주민들에게 돌아간다. 이것이 새만금 수상태양광 사업이 완성되었을 때 펼쳐질 미래의 모습이다.[32] 이는 양질의 수자원을 가진 대한민국 국토 어디에서나 가능한 시나리오다. 햇빛, 바람과 함께 물이 훌륭한 재생에너지를 생산하는 원천이 될 수 있는 것이다.

왜 물 위일까? 수상태양광은 육상 대비 10퍼센트 더 많이, 4퍼센트 더 싸게 전기를 생산한다. 물냉각 효과로 패널 표면 온도를 섭씨 8도 낮춰 발전 손실을 줄이기 때문이다.[33] 게다가 패널 그늘은 수온 상승을 섭씨 1.2도 억제해 조류 발생률 14퍼센트 감소, 증발산 12퍼센트 절감이라는 '호수 살리기 효과'까지 선사한다.[34]

그러나 이 돈이 전력망에 안착하려면 '긴 호흡'이 필요하다. 발전소 건설부터 전력망 연결, 실제 전력 판매까지 수년의 준비 기간이 선행되어야 하고, 그 기간 동안의 인프라 투자와 제도적 정비가 뒷받침되어야 한다. 한국은 16개 양수발전소(4.7기가와트)를 운영 중이다.[35] 전력 수요가 0.1퍼센트 급등할 때 0.12초 만에 출력을 올려 주파수를 ±0.05헤르츠 이내로 잡아주는 국가 대형 UPS 역할을 한다.[36] 풍력·태양광의 변동성을 흡수하면서 블랙아웃 가능성을 37퍼센트 낮춘다는 연구 결과도 있다.[37]

해외는 이미 '자연 배당' 중이다. 노르웨이는 '수력자원세'로 지자체에 연 6조 원(1인당 110만 원)을 배분한다.[38] 덴마크는 해상풍력 지분 20퍼센트를 지역주민에게 의무 배정해 1인당 25만 원의 연 배당을 안긴다.[39] 한국의 사회적 편익은 '일자리·탄소·세수'다. 한국수자원공사는 2030년까지 전국 댐과 저수지에 6.5기가와트 규모의 수상태양광을 개발할 계획이다.[40] 이러한 재생에너지 확대는 온실가스 감축과 지역경제 활성화에 기여할 것으로 기대된다. 문제는 이 돈이 '지역으로, 주민에게, 미래 세대에게' 고스란히 흘러가도록 '공유부' 제도를 어떻게 설계하느냐다. 그럼에도 수상태양광은 토지를 빼앗지 않고, 산림을 해치지 않고, 갈등 없이 모두의 몫을 늘리는 혁신적 공유부임은 분명하다.

다만 현실의 벽도 있다. 비용과 배당 문제를 어떻게 조율할 것이냐이다. 가령 새만금 재생에너지 사업의 송전망 확장 비용 부담 문제는 국토교통부, 새만금개발청, 한국전력 간 협의가 진행 중이다. 또한 최종 배당 규모는 협의 결과에 따라 달라질 수 있다. 배당 비율도 지자체 의회·주민 동의를 거쳐 법령화해야 하며, 민자사업자 배당 동의가 필수다. 하지만 '가능하다'는 사실 그 자체가 가장 큰 진보다.

'물 위에 떠 오른 공유부'는 가능하다. 단순한 구호가 아니라, 이미 우리 곁에서 실현되고 있는 현실이다. '공유부를 모두의 몫으로'는 이제 호수 위에서, 저수지 위에서, 바다 위에서 현실이 되고 있다. 태양과 물살은 땅을 빼앗지 않는다. 누군가의 삶의 터전을 침범하지도, 경작지를 잠식하지도 않는다. 오히려 그 위에 조용히 내려앉아, 우리가 미처 활용하지 못했던 공간에 새로운 가능성을 펼쳐놓는다. 더욱이 우리 모두의 몫을 배로 늘려준다. 수면 위에서 빛은 전기가

되고, 전기는 수익이 되며, 수익은 다시 공동체로 흐른다.

물 위의 태양광은 단순한 발전시설이 아니다. 그것은 '누구의 것도 아닌 것'을 '모두의 것'으로 바꾸는 전환의 상징이다. 하늘의 햇살과 대지의 물이 만나는 그곳에서, 우리는 새로운 경제의 문법을 써 내려가고 있다.

## 국부펀드, 미래 세대를 위한 저축

"석유는 언젠가 고갈됩니다. 우리 자녀들에게 무엇을 남겨줄 것인가요?"

1969년 노르웨이 북해에서 석유가 발견됐을 때, 노르웨이 정부가 던진 질문이다. 그들의 답은 명확했다. "석유 수익을 다 써버리지 말고, 미래 세대를 위해 저축하자." 마침내 1990년 노르웨이 정부는 '국부펀드Government Pension Fund Global'를 설립했다. 석유와 가스 수출 수익의 일부를 펀드에 적립하고, 글로벌 주식과 채권에 투자했다.

노르웨이는 철저한 원칙을 세웠다. 첫째, 석유 수익의 전액을 국부펀드에 넣는다. 둘째, 펀드 운용 수익의 최대 3퍼센트만 정부 예산으로 쓸 수 있다.[41] 셋째, 펀드는 전 세계 9,000개 이상 기업에 분산투자하여 리스크를 최소화한다.[42] 이 원칙 덕분에 글로벌 금융위기 속에서도 펀드는 꾸준히 성장했다.

34년이 지난 2024년, 노르웨이 국부펀드 규모는 약 2,000조 원에 달한다.[43] 노르웨이 인구 550만 명으로 나누면 1인당 약 3.6억 원이다. 만약 노르웨이가 석유 수익을 그때그때 다 써버렸다면 어땠을까? 일시적 호황 이후 경제는 다시 침체했을 것이다. 하지만 저축을 선택했고, 이제 노르웨이는 석유가 고갈되어도 수십 년간 국민을 먹여 살릴 자산을 확보했다.

노르웨이 중앙은행 투자관리부NBIM의 관계자는 이렇게 말한다. "우리는 석유를 팔아서 번 돈을 현세대가 다 쓰지 않습니다. 절반은 미래 세대를 위해 저축합니다. 이 펀드는 모든 노르웨이 국민의 것이고, 우리 자녀들의 것입니다." 노르웨이 국부펀드는 연평균 6~7퍼센트 수익률을 올린다. 이 수익으로 노르웨이는 연금, 복지, 교육, 의료를 확충한다. 실질적으로 국민에게 배당하는 것이다.

한국도 국부펀드를 만들 수 있다. 한국은 석유는 없지만, 다른 자산들이 있다. 국유 재산, 공기업 배당금, 탄소세, 빅데이터세와 같은 공유부 수익을 모아서 펀드를 만드는 것이다. 2024년 기준 한국 정부가 보유한 국유 재산은 약 1,344조 원이다.[44] 이 중 일부를 펀드로 전환하고, 매년 공유부 수익(토지보유세, 빅데이터세, 탄소세 등)을 적립한다면 미래 세대를 위한 든든한 자산이 될 수 있다.

구체적으로 설계해보자. 만약 국유 재산 중 200조 원을 한국형 국부펀드 종잣돈으로 투입하고, 매년 공유부 수익 20조 원씩을 추가 적립한다면 어떻게 될까? 연평균 5퍼센트 수익률을 가정하면, 10년 후 펀드 규모는 약 580조 원, 20년 후에는 약 1,200조 원에 달한다. 이는 1인당 약 2,300만 원에 해당하는 금액이다. 이 펀드 수익의 일부만으로도 전 국민 기본소득 재원을 충분히 마련할 수 있다.

국부펀드는 세대 간 정의다. 현세대가 공유부를 독점하지 않고, 미래 세대와 나누는 것이다. 동시에 현세대 내에서도 공유부 수익을 모두에게 나누면 된다. 이것이 기본소득의 가장 지속 가능한 재원이다. 노르웨이가 증명했듯, 공유부를 잘 관리하면 현세대도 풍요롭고 미래 세대도 안심할 수 있다.

## 공유부 배당의 실제 계산

그렇다면 공유부를 활용한 기본소득 재원은 얼마나 될까? 구체적으로 계산해보자. 첫째, 토지보유세를 강화하면 추가 재원을 확보할 수 있다. 앞서 언급했듯이 현재 한국의 보유세 실효세율은 0.15퍼센트로 OECD 평균 0.33퍼센트의 절반 수준이다.[45] 만약 OECD 평균 수준으로 올린다면 상당한 추가 세수를 거둘 수 있다. 2024년 재산세 수입이 약 15.5조 원임을 감안하면,[46] 실효세율을 두 배로 높이는 것만으로도 추가로 15조 원 이상을 확보할 수 있다.

둘째, 빅데이터세를 도입하면 연간 약 1.5조 원을 확보할 수 있다. 데이터 산업 규모 30.7조 원어 5퍼센트 세율을 적용하면 된다.[47] 셋째, 전파 사용료를 인상하면 추가 재원을 마련할 수 있다. 현재 연 1.2조 원 수준인 전파 사용료를 국제 기준에 맞게 조정하면 수조 원의 추가 수입이 가능하다. 넷째, 탄소세를 도입하면 연 36조 원을 확보할 수 있다. 온실가스 배출량 7.2억 톤에 톤당 5만 원을 부과하면 된다. 다섯째, 국유재산 수익의 일부를 활용할 수 있다. 국유재산 1,344조 원의 임대료 및 수익 중 일부를 배당 재원으로 전환할 수 있다.

이러한 공유부 수익을 합치면 상당한 규모의 기본소득 재원을 마련할 수 있다. 앞서 살펴본 세출 구조조정을 통한 재원 45조 원과 합치면, 월 30만 원 수준의 기본소득 실현이 가능한 규모다.

공유부는 이미 우리 곁에 있다. 문제는 그것을 누가 차지하느냐이다. 지금은 소수가 독점하고 있다. 하지만 본래 주인인 모든 국민에게 돌려준다면 어떻게 될까? 기본소득은 가능하다. 재원이 충분하기 때문이다. 한국은 절대 자원 빈국이 아니다. 토지, 데이터, 전파, 환경 등등 우리에게는 엄청난 공유부가 있다. 다만 그것을 제대로 인식하지 못했고, 제대로 나누지 못했을 뿐이다. 공유부를 모두의 몫으로 만드는 것, 그것이 21세기 기본소득의 철학이자 재원이다.

부동산 컨설턴트 홍성우 씨는 생각이 바뀌었다고 말한다. "처음에는 '내 땅인데 왜 세금을 더 내야 하나'라고 생각했어요. 하지만 공부해보니, 땅값이 오른 건 제 노력이 아니라 사회 덕분이더군요. 그 이익을 사회와 나누는 게 맞다는 생각이 들었어요. 토지보유세를 올려서 모든 국민에게 배당한다면, 저도 찬성입니다."

IT 컨설턴트 정성훈 씨도 확신한다. "제 데이터로 네이버와 카카오가 돈을 버는데, 저한텐 한 푼도 안 왔어요. 이제는 바뀌어야 한다고 봐요. 데이터 주권은 국민에게 있어요. 데이터 배당, 당연히 받아야죠." 대학생 안서연 씨는 미래를 꿈꾼다. "노르웨이처럼 우리도 국부펀드를 만들어서 후세대에게 물려줄 수 있다면 정말 멋질 것 같아요. 지금 당장 다 써버리지 않고, 미래를 위해 저축하는 나라, 그런 나라의 국민이 되고 싶어요."

공유부는 모두의 것이다. 토지, 데이터, 전파, 공기, 이 모든 것은 특정 개인이나 기업이 만든 것이 아니다. 자연이 주었거나, 우리 사회가 함께 만든 것이다. 따라서 그 가치도 모두가 나눠 가져야 한다. 이것이 기본소득의 가장 강력한 철학적 근거다. 숨어 있는 재정 45조 원, 공유부 수십조 원을 합치면 월 30만 원 기본소득에 필요한 재원을 충분히 마련할 수 있다. 재원은 있다. 이제 필요한 것은 실행 의지뿐이다.

하지만 21세기 가장 중요한 공유부가 하나 더 남았다. 바로 인공지능AI과 재생에너지다. 다음 장에서는 미래 기본소득의 결정적 재원을 탐구한다.

16장

∞

# AI와
# 재생에너지의 배당

## 새로운 부의 원천

21세기는 새로운 형태의 부가 탄생하는 시대다. 인공지능과 재생에너지라는 두 거대한 물결이 인류 문명의 지평을 새롭게 그리고 있다. 스탠퍼드대학교 '인간중심 AI 연구소'가 2024년 발표한 'AI 인덱스 리포트 2024'에 따르면, 2023년 한 해 동안 전 세계적으로 149개의 기초 AI 모델이 발표되었으며, 이는 2022년보다 두 배 이상 증가한 수치다.[1]

맥킨지앤드컴퍼니는 2018년 발표한 보고서에서 인공지능이 2030년까지 전 세계 경제에 약 13조 달러의 추가 경제효과를 가져올 것으로 전망했다.[2] 이는 연평균 약 1.2퍼센트의 경제성장률 상승효과를 의미한다. 재생에너지 분야 역시 비슷한 성장 궤적을 그리고 있다. 국제에너지기구는 재생에너지가 향후 수십 년간 가장 빠르게 성장하는 에너지원이 될 것으로 예측하고 있다.

그러나 이러한 새로운 부의 창출 과정에서 심각한 문제가 드러나고 있다. 옥스퍼드대학교의 경제사학자 칼 베네딕트 프레이 교수는 그의 저서 『기술의 덫: 자동화 시대의 자본, 노동, 그리고 권력The Technology Trap: Capital, Labor, and Power in the Age of Automation』(2019)에서 기술 발전이 부의 집중을 심화시킬 수 있음을 역사적 사례를 통해 경고했다.[3] 그는 2025년 출간한 후속작 『진보의 종말: 기술, 혁신, 그리고 국가의 운명How Progress Ends: Technology, Innovation, and the Fate of Nations』에서도 AI 산업의 집중이 경제 불평등을 가속화할 위험성을 지적했다.[4]

실제로 AI 산업은 소수의 거대 기술 기업에 의해 주도되고 있다. 'AI 인덱스 리포트 2024'에 따르면, 2023년 주목할 만한 AI 모델 51개가 산업계에서 나온 반면, 학계에서는 단 15개만이 발표되었다.[5] 기술과 부가 소수에게 집중되는 현상은 새로운 불평등의 씨앗이 될 수 있다.

따라서 우리에게는 AI가 창출하는 막대한 부를 사회 전체가 공유할 수 있는 새로운 분배 메커니즘이 절실히 필요하다. 국가 또는 공공이 AI 기업의 지분을 보유하고, 그 수익을 모든 시민에게 배당으로 분배하는 'AI 배당' 모델이야말로 기술 진보의 혜택을 민주적으로 공유하는 가장 효과적인 방안이 될 수 있다. 이는 단순히 분배 정의의 문제를 넘어서, AI 시대 자본주의가 지속 가능하기 위한 필수적 조건이기도 하다.

다음으로 재생에너지 배당은 기후 위기 대응과 경제적 정의를 동시에 실현하는 또 다른 강력한 모델이다. 독일 시민 에너지 사례에서 보았듯이, 재생에너지 설비를 시민들이 직접 소유하거나, 국가가 공공 재생에너지 자산을 구축하여 그 수익을 배당하는 방식은 이미 검증된 모델이다. 한국 역시 태양광, 풍력, 수소 등 재생에너지 분야에서 빠르게 성장하고 있으며, 이를 배당 재원으로 활용할 수 있는 잠재력이 크다.

국가나 지방정부가 대규모 재생에너지 발전단지를 건설하고, 여기서 생산된 전력을 판매한 수익을 시민들에게 배당으로 분배하는 시스템을 구상해볼 수 있다. 예를 들어 정부가 해상풍력단지 건설에 투자하여 공공 소유의 발전 자산을 확보하고, 전력 판매 수익의 일정 부분을 재생에너지 배당 재원으로 적립하는 것이다. 이는 화석연료 의존도를 낮추고 탄소중립을 달성하면서, 동시에 에너지 전환 과정에서 발생하는 경제적 가치를 모든 시민이 공유하도록 만든다.

재생에너지 배당은 환경적 지속가능성과 사회적 형평성을 결합한다는 점에서 특별한 의미를 갖는다. 기후 위기는 인류 공동의 위협이며, 그 대응 과정에서 창출되는 가치 역시 공동의 자산이 되어야 한다. 재생에너지 설비는 태양과 바람이라는 공공재를 활용하여 전력을 생산하므로, 그 수익을 사유화하는 것보다 사회 전체가 공유하는 것이 더욱 정당하다. 재생에너지 배당은 이러한 철학을 실천하는 구체적 방법이다.

## 싱가포르의 비밀병기

싱가포르는 이러한 질문에 대해 오래전부터 독특한 해법을 실천해

온 국가다. 그 중심에는 1974년 설립된 국부펀드 '테마섹 홀딩스'가 있다. 테마섹Temasek은 싱가포르 정부가 100퍼센트 소유한 투자 회사로, 국가의 전략적 자산을 장기적 관점에서 운용하며 그 수익을 국민에게 환원하는 구조다.

2025년 7월 발표된 테마섹의 연차보고서에 따르면, 2025년 3월 말 기준 테마섹의 순 포트폴리오 가치는 4,340억 싱가포르달러(약 420조 원)에 달한다.[6] 주목할 점은 테마섹의 장기 수익률이다. 20년 연평균 주주 수익률은 7퍼센트를 기록했으며, 10년 연평균 수익률은 5퍼센트를 달성했다.[7] 이는 장기적이고 안정적인 투자 철학의 결실이다.

테마섹은 최근 AI와 첨단기술 분야로의 투자를 확대하고 있다. 2025년 6월에는 마이크로소프트, 블랙록, MGX(아부다비 국부펀드)와 함께 AI 인프라 파트너십을 결성하여 글로벌 AI 인프라 개발에 본격적으로 나섰다.[8] 테마섹의 이러한 투자 전략은 단순한 수익 추구를 넘어 싱가포르의 미래 경쟁력을 확보하고, 그 혜택을 국민과 공유하려는 국가 비전의 실현이다.

테마섹의 투자 포트폴리오는 전통적 산업을 넘어 첨단기술 분야로 적극 확장되고 있다. 인공지능, 생명과학, 지속 가능한 에너지 등 미래 성장동력 산업에 대한 투자를 지속적으로 늘려왔으며, 이를 통해 안정적이면서도 혁신적인 수익 창출을 실현하고 있다. 테마섹이 벌어들이는 수익은 싱가포르 정부 재정으로 귀속되어, 국민들의 교육, 의료, 주거, 사회 인프라 구축에 활용된다. 직접적인 현금 배당 형태는 아니지만, 공공서비스 향상과 국가 경쟁력 강화라는 간접적

배당을 통해 국민 전체가 그 혜택을 누리고 있다.

테마섹 모델이 주는 핵심 교훈은 명확하다. 국가가 전략적 자산을 소유하고 전문적으로 운용한다면, 그 수익을 국민 전체와 공유할 수 있는 지속 가능한 체계를 구축할 수 있다는 것이다. 이는 AI 배당 모델 설계에 있어 매우 중요한 참고점이 된다. 국가 또는 공공기관이 AI 기업의 지분을 확보하고, 이를 장기적 관점에서 운용하여 발생하는 수익을 시민들에게 되돌려주는 구조를 만들 수 있다면, AI 혁명의 과실을 민주적으로 분배하는 새로운 경제 모델이 탄생할 수 있다.

## 핀란드 공공 인내자본의 힘

북유럽 핀란드에는 또 다른 형태의 공공 펀드가 존재한다. 1967년 설립된 핀란드 혁신기금 시트라Sitra는 핀란드 의회의 직접적인 감독을 받는 독립 공공 펀드다. 2025년 3분기 기준 시트라의 투자 자산 시장가치는 약 10억 유로(약 1조 5,000억 원)이며, 연평균 약 3,000만 유로의 수익을 창출하여 혁신 프로젝트에 재투자하고 있다.[9]

시트라의 독특함은 '인내자본patient capital'[10] 철학에 있다. 단기 수익이 아닌 장기적 사회적 가치 창출을 목표로 하는 투자 방식이다. 시트라는 핀란드 내 초기 단계 스타트업과 벤처캐피털 펀드에 집중적으로 투자하며, 특히 지속가능성과 사회혁신에 초점을 맞춘다.[11]

시트라가 투자한 기업들은 단순히 경제적 수익만을 추구하지 않는다. 환경 보호, 사회적 형평성, 기술 혁신이라는 세 가지 가치를 동시에 실현하는 것을 목표로 한다. 이러한 투자 철학은 핀란드가 세계에서 가장 행복한 나라로 여러 차례 선정되는 데 중요한 역할을 했다. 시트라 모델이 주는 교훈은 명확하다. 공공 자금이 단순히 복지 지출로만 쓰이는 것이 아니라, 미래를 위한 전략적 투자 수단이 될 수 있다는 점이다. 그리고 그 투자 수익은 다시 사회 혁신을 위해 재투자됨으로써 선순환 구조를 만들어낸다. 시트라는 재무적 투자와 사회적 가치 창출을 결합한 하이브리드 모델로서, 공공기금이 어떻게 미래 지향적 역할을 수행할 수 있는지를 보여준다.

AI 배당 모델 역시 시트라처럼 단순한 재무적 수익 분배를 넘어설 수 있다. AI 기업 투자 수익을 시민들에게 현금으로 배당하는 동시에, 그 일부를 AI 윤리, 교육, 디지털 격차 해소, 일자리 전환 지원 등 사회적 과제 해결에 재투자한다면, 기술 발전과 사회적 포용성을 동시에 달성하는 모델이 가능하다. 시트라가 보여주는 것처럼, 공공기금은 시장의 효율성과 공공의 가치를 조화시키는 강력한 도구가 될 수 있다.

## 독일 에너지 전환, 시민이 주인이다

재생에너지 분야에서 시민 참여와 이익 공유의 모범 사례는 독일에서 찾을 수 있다. 독일은 2010년대 초반 '에너지벤데Energiewende, (에너지 전환)' 정책을 통해 재생에너지로의 전환을 국가 과제로 추진했다. 이 과정에서 독일은 시민과 지역 공동체가 재생에너지 사업의 주인이 되도록 하는 독특한 길을 걸었다.

2012년 기준, 독일 재생에너지 설비 용량의 47퍼센트를 시민과 협동조합이 소유하고 있었다.[12] 이는 개인 시민들이 직접 태양광 패널을 설치하거나, 풍력 발전 협동조합에 참여하여 공동 소유자가 되는 방식으로 이루어졌다. 농민들도 10.5퍼센트의 재생에너지 용량을 소유하여, 시민 에너지의 한 축을 담당했다.[13]

이러한 시민 에너지 모델은 여러 긍정적 효과를 낳았다. 첫째, 재생에너지 전환에 대한 사회적 수용성이 크게 높아졌다. 주민들이 직접 이익을 나누는 구조이기 때문에 풍력 발전기나 태양광 시설에 대한 반대가 줄어들었다. 둘째, 에너지 생산의 민주화가 이루어졌다. 소수의 대형 에너지 기업이 독점하던 전력 생산이 수백만 명의 시민에게 분산되면서, 에너지 주권이 국민에게 돌아왔다.

물론 2016년 이후 독일의 시민 에너지 비중은 42.5퍼센트로 소폭 감소하는 추세를 보였다.[14] 대규모 해상풍력 등 자본집약적 프로젝트가 증가하면서 대기업의 참여가 늘어났기 때문이다. 그러나 시민 에너지의 원칙 자체는 여전히 독일 에너지 정책의 근간을 이루고 있으며, 전 세계 많은 국가들이 벤치마킹하는 모델로 자리 잡았다.

독일 사례가 우리에게 주는 시사점은 분명하다. 기술 혁신의 혜택을 소수의 자본가가 아닌 일반 시민이 직접 누릴 수 있는 구조를 만드는 것이 가능하며, 이것이 오히려 정책의 성공 가능성을 높인다는 것이다. 이러한 소유 구조는 단순히 환경적 가치를 넘어 경제적 민주화의 의미를 담고 있다. 재생에너지로 생산된 전기를 판매한 수익이 대기업이나 금융자본이 아닌, 지역주민과 개인 투자자들에게 직접 돌아간다. 이는 에너지 전환 과정에서 발생하는 경제적 가치를 지역사회가 직접 향유하도록 만들며, 에너지 산업의 탈중앙화와 민주화를 실현한 사례로 평가받는다. 독일 시민들은 재생에너지 투자를 통해 연간 수익을 얻을 뿐만 아니라, 기후 위기 대응과 지속 가능한 미래 구축에 직접 참여하는 주체로서 자부심을 느끼고 있다.

독일의 시민 에너지 모델은 AI 배당 모델 설계에도 중요한 시사점을 제공한다. 재생에너지와 다찬가지로 AI 기술이 창출하는 가치를 소수의 기업이 독점하는 것이 아니라, 시민 전체가 소유권을 나누어 갖고 배당을 받는 구조를 만들 수 있다. 국가나 공공기관이 AI 기업의 주식을 대규모로 확보하여, 그 수익을 모든 국민에게 균등하게 분배한다면, 독일 시민들이 재생에너지를 통해 경험한 것과 같은 경제적 참여와 민주적 소유의 혜택을 AI 시대에도 구현할 수 있다.

## 오픈AI의 새로운 배당 모델

AI 분야에서도 흥미로운 실험이 진행되고 있다. 2015년 비영리단체로 출발한 오픈AIOpenAI는 2019년 독특한 구조의 영리 자회사를 설립했다. 이 자회사는 '제한적 영리capped-profit' 모델을 채택했다. 투자자들에게 돌아가는 수익을 초기 투자금의 100배로 제한한 것이다.[15] 예를 들어, 첫 번째 투자 라운드에 100만 달러를 투자한 투자자는 최대 1억 달러의 수익만 얻을 수 있다. 100배를 초과하는 모든 수익은 오픈AI의 비영리 모기업에게 귀속되며, 궁극적으로는 '모든 인류의 이익'을 위해 사용된다는 것이 오픈AI의 공식 입장이다.[16]

2024년 후반 오픈AI는 조직 재편을 통해 이 구조를 변경하려 시도했으나, 이익 캡 모델 자체는 AI 산업에 중요한 선례를 남겼다. 기술 기업이 창출하는 막대한 부를 소수의 투자자가 무한정 독점하지 않고, 일정 수준 이상의 이익은 공공의 이익을 위해 환원하겠다는 철학을 보여준 것이다.

이익 캡 제도는 AI 기업이 무제한적 이윤 추구가 아닌, 공익적 목표와 수익성을 동시에 달성할 수 있는 새로운 모델을 제시한다. 투자자들에게는 충분한 재무적 동기를 제공하면서도, 과도한 수익 집중을 막고 그 이상의 가치를 사회에 환원하는 구조다. 물론 오픈AI의 모델이 완벽한 것은 아니다. 2023년 이후 영리 부문의 비중이 커지면서 초기 철학에서 일부 후퇴했다는 비판도 존재한다. 하지만 적어도 AI 기업이 공익적 가치를 지배구조에 내재화할 수 있다는 가능성을 보여주었다는 점에서 의미가 크다.

오픈AI의 사례는 AI 배당 모델에 중요한 통찰을 준다. 국가가 AI 기업의 지분을 확보할 때, 단순히 수익 배당만을 받는 것이 아니라, 기업의 지배구조와 의사결정 과정에도 공익적 원칙을 반영하도록 요구할 수 있다. 이익 캡과 유사한 메커니즘을 도입하거나, 일정 규모 이상의 수익을 공공 목적으로 재투자하도록 하는 조건을 부여한다면, AI 기업이 사회적 책임을 다하면서도 혁신을 지속할 수 있는 균형점을 찾을 수 있다.

## 한국형 150조 원 '국민성장펀드'의 비전

한국도 이제 새로운 부의 창출과 공유를 위한 대담한 걸음을 내딛고 있다. 2025년 9월, 금융위원회는 향후 5년간 150조 원 규모의 '국민성장펀드'를 조성한다고 발표했다.[17] 이는 당초 계획했던 100조 원에서 50퍼센트 증액된 규모로, 금융위원회에서는 이를 두고 "단군 이래 최대 펀드"라고 표현하며 한국 경제의 패러다임 전환을

선언했다.[18]

국민성장펀드의 구조는 공공과 민간의 전략적 파트너십에 기반한다. 산업은행이 정부 보증 채권 발행과 자체 출연금으로 마련하는 첨단전략산업기금 75조 원에, 연기금·금융회사·국민 참여형 펀드 등 민간 자금 75조 원이 연계되는 방식이다.[19] 민간 부문에서는 KB금융·신한금융·하나금융·우리금융·NH농협금융 등 5대 금융지주가 각각 10조 원씩 총 50조 원을 부담하며, 나머지 25조 원은 연기금과 일반 국민 참여형 펀드로 채워진다.[20] 2025년 11월 17일, 금융위원회와 산업은행, 5대 금융지주는 공식 업무협약MOU을 체결하며 국민성장펀드의 본격 출범을 알렸다.[21]

이 펀드는 AI, 반도체, 바이오, 2차전지, 로봇, 수소, 에너지, 우주항공, 양자기술, 사이버보안 등 10대 첨단전략산업에 집중 투자될 예정이다.[22] 특히 주목할 부분은 AI 분야에 30조 원이 배정된다는 점이다. AI 데이터센터 인프라 구축, AI 반도체 기업 육성, AI 응용서비스 개발 등 AI 생태계 전반에 걸친 투자가 이루어진다. 이는 한국이 글로벌 AI 강국으로 도약하기 위한 전략적 투자이자, AI 산업이 창출하는 부를 국민과 공유하기 위한 첫걸음이다.[23]

금융위원회는 대표 투자 사례로 '에너지 고속도로(HVDC 송전망)', 'AI 데이터센터', '바이오·반도체 클러스터' 등을 제시했다.[24] 이들 프로젝트는 단순한 산업 육성을 넘어, 재생에너지와 첨단기술이 결합된 지속 가능한 미래 경제 생태계를 구축하는 전략이다. 뒤에서 살펴보게 될 새만금 RE100 국가산단, 울산 부유식 해상풍력, 해남 솔라시도 등 재생에너지 프로젝트와 국민성장펀드가 연결되면, 청정에너지 기반의 첨단 제조업 클러스터가 전국적으로 확산될 것이다.

국민성장펀드의 가장 혁신적인 측면은 투자 수익을 국민에게 배당하는 구조를 지향한다는 점이다.[25] 펀드가 성공적으로 운용되어 수익을 창출하면, 그 이익을 국민 전체가 나누어 갖는 것이 정부의 궁극적 구상이다. 이를 위해 정부는 국민 참여형 펀드에 대한 파격적인 세제 혜택을 검토 중이다. 배당소득에 대해 기존 15.4퍼센트 세율이 아닌 9퍼센트 저율 분리과세를 적용하고, 나아가 세액공제 혜택까지 부여하는 방안이 논의되고 있다.[26] 이는 일반 국민들이 직접 첨단산업 투자의 주체가 되고, 그 수익을 공정하게 배분받을 수 있도록 하는 제도적 장치다.

저자가 볼 때 이러한 한국의 시도는 싱가포르의 테마섹과 노르웨이의 국부펀드라는 세계적 선진 사례를 한국적 맥락에서 재해석한 모델이라고 할 수 있다. 싱가포르 테마섹은 1974년 설립 이후 금융·통신·에너지 등 다양한 산업에 투자하여 연평균 14퍼센트의 수익률을 기록하며, 싱가포르 국민의 복지와 경제 안정을 뒷받침하고 있다.[27] 노르웨이 국부펀드는 북해 유전 수익을 투명하게 축적·관리하여, 2024년 현재 약 1조 7,000억 달러(약 2,300조 원) 규모로 성장했으며, 미래 세대를 위한 자산 보전과 연금 재원으로 활용되고 있다.[28] 알래스카주는 석유 수익을 기반으로 한 영구기금을 통해 1982년부터 매년 주민 전체에게 배당금을 지급하며, 2024년에는 1인당 약 1,702달러(약 230만 원)를 지급했다.[29]

한국의 국민성장펀드가 이들 선진 사례와 차별화되는 지점은, 미래 첨단산업에 대한 전략적 집중 투자와 공공-민간 협력 구조에 있다. 노르웨이와 알래스카가 천연자원 수익에 의존한다면, 한국은 AI·반도체·바이오 등 인적 자본과 기술 혁신을 기반으로 부를 창출한다. 싱가포르 테마섹이 정부 단독 운영이라면, 한국은 5대 금융지주와 연기금이 함께 참여하는 민관 공동 거버넌스를 구축한다. 이는 단순한 투자 펀드를 넘어, 국가 전체의 산업 전환과 소득재분배를 동시에 추구하는 혁신 모델이다.

물론 국민성장펀드는 아직 초기 단계이며, 실제 배당 성과를 내기까지는 시간이 필요하다. 과거 한국 정부가 추진했던 뉴딜펀드(2020년, 20조 원 목표)는 저조한 수익률과 민간 참여 부진으로 비판을 받은 바 있다.[30] 국민성장펀드가 같은 전철을 밟지 않으려면, 투명한 운용 구조, 전문 인력의 역량, 정치적 독립성 확보가 필수적이다. 금융위원회는 이를 위해 산업은행과 5대 금융지주 간 전문 인력 파견, 투자 정보 공유, 공동 리스크 관리 체계를 구축하기로 했다.[31]

그럼에도 불구하고, 중앙정부와 금융권이 공공 주도 펀드를 통해 첨단산업 투자 수익을 시민과 공유하려는 방향을 설정했다는 점 자체가 중요하다. 이는 AI 배당 모델이 이론적 구상에 그치지 않고, 실제 정책으로 구현될 수 있는 제도적 기반이 마련되고 있음을 보여준다. 2030년, 국민성장펀드가 안정적인 수익을 창출하고, 그 과실이 대한민국 5,160만 국민에게 배당되는 그날, AI와 재생에너지가 만들어낸 부가 소수의 자본가가 아닌, 모든 시민의 기본소득으로 돌아오는 그날, 한국은 비로소 '기술 혁신과 소득분배가 조화를 이루는 미래 경제 모델'의 선구자가 될 것이다.

## 지방정부가 먼저 시작한다

흥미롭게도 중앙정부보다 먼저 움직인 곳은 지방정부들이다. 경기도는 2022년부터 'G-펀드' 조성을 시작하여 2024년 6월 기준 총 1조 2,068억 원 규모를 달성했다.[32] 이는 당초 2026년까지 달성하려던 목표를 2년 앞당긴 성과다. 경기도는 G-펀드를 통해 AI, 바이오, 미래성장 분야 스타트업과 중소기업에 투자하고 있다. 2024년에는 AI 분야에 특화된 펀드를 별도로 조성하여 경기도를 '스타트업 천국'으로 만들겠다는 청사진을 제시했다.[33]

서울시도 2023년부터 '서울 Vision 2030 펀드'를 가동했다. 4년간 총 5조 원 규모로 조성되는 이 펀드는 AI, 바이오, 첨단 제조 등 미래 전략산업에 집중 투자된다.[34] 2025년 9월에는 2,500억 원 규모의 펀드 운용사를 선정하여 본격적인 투자에 나섰다. AI 대전환 분야에 150억 원, 바이오 분야에 100억 원, 초기 창업기업 지원을 위한 '첫걸음동행펀드'에 50억 원을 출자했다.[35]

제주도는 재생에너지 분야에서 독특한 실험을 진행 중이다. 2025년 10월, 제주도는 해상풍력 사업에 주민이 직접 참여하는 '주민참여형 이익공유제' 모델을 발표했다. 채권형, 지분형, 펀드형 등 다양한 방식으로 도민이 재생에너지 사업에 투자하고 수익을 나누는 구조다.[36] 이는 앞서 살펴본 독일의 시민 에너지 모델을 제주 맥락에서 구현하려는 시도다.

지방정부들의 이러한 선제적 움직임은 매우 고무적이다. 중앙정부의 큰 그림이 완성되기를 기다리지 않고, 각 지역의 특성과 강점을 살려 먼저 실험하고 경험을 축적하는 것이다. 이러한 지역 단위의

시행착오와 성공 사례들이 도여 한국형 AI·재생에너지 배당 모델의
밑그림을 그려 나가고 있다.

## 예상 수익률과 재원 계산

그렇다면 이러한 펀드들이 실제로 어느 정도의 수익을 창출할 수
있을까? 미래의 수익률을 정확히 예측하는 것은 불가능하다. 하지
만 해외 선진 사례와 국내 펀드의 과거 실적을 참고하면 합리적인
추정이 가능하다.

싱가포르 테마섹의 최근 20년 연평균 수익률 7퍼센트를 참고 기
준으로 삼을 수 있다. 노르웨이 국부펀드도 설립 이후 평균 6퍼센트
전후의 수익률을 기록해왔다. 이는 장기 평균이며, 연도별로는 큰
변동성이 있다. 2008년 금융위기나 2020년 팬데믹 같은 위기 상황
에서는 마이너스 수익률을 기록하기도 했지만, 장기적으로는 안정
적인 수익을 창출했다.

만약 한국의 150조 원 국민성장펀드가 연평균 5퍼센트의 보수적
인 수익률을 달성한다면, 매년 7조 5,000억 원의 수익이 발생한다.
10퍼센트의 높은 수익률을 가정하면 연 15조 원의 수익이 가능하
다. 5,200만 국민에게 균등하게 배분할 경우, 5퍼센트 수익률 시나
리오에서는 1인당 연간 약 14만 4,000원, 10퍼센트 수익률 시나리
오에서는 1인당 약 28만 8,000원의 배당이 가능한 셈이다.

물론 이는 매우 단순화된 계산이다. 실제로는 펀드 운용 비용, 재
투자 비율, 배당 시점 등 여러 변수를 고려해야 한다. 또한 펀드가
완전히 조성되고 투자 포트폴리오가 안정화되기까지는 수년의 시간

이 필요하다. 즉각적인 배당을 기대하기보다 중장기적 관점에서 접근해야 한다.

그러나 중요한 것은 방향성이다. AI와 재생에너지가 창출하는 막대한 부를 소수의 자본가나 대기업만이 독점하지 않고, 국민 모두가 공유할 수 있는 메커니즘을 만들어가고 있다는 점이다. 이것이 바로 기본소득과 기본사회로 가는 실질적인 재원 확보 방안이다.

## 위험과 대응 전략

이러한 대규모 펀드 운용에는 위험도 따른다. 가장 큰 위험은 투자 실패다. AI와 재생에너지는 성장 산업이지만, 개별 기업이나 프로젝트가 모두 성공하는 것은 아니다. 잘못된 투자 결정으로 큰 손실을 입을 수도 있다. 이를 방지하기 위해서는 전문적이고 투명한 펀드 운용 체계가 필수적이다. 정치적 고려나 단기적 이익에 흔들리지 않는 독립적인 운용 기구가 필요하다. 싱가포르의 테마섹, 핀란드의 시트라가 성공할 수 있었던 것은 바로 이러한 독립성과 전문성 덕분이었다.

두 번째 위험은 시장 변동성이다. AI 산업은 기술 변화 속도가 빠르고, 재생에너지 시장도 정책 변화에 민감하다. 글로벌 경제 위기가 발생하면 펀드 가치가 급락할 수 있다. 이에 대한 대응책은 장기 투자 원칙을 철저히 지키는 것이다. 단기 변동성에 일희일비하지 않고 20년, 30년 후를 내다보는 인내자본의 철학이 필요하다.

세 번째는 거버넌스의 문제다. 150조 원이라는 막대한 자금을 누가, 어떻게 관리할 것인가? 투자 결정은 어떤 과정을 거쳐 이루어지는가? 수익 배분은 어떤 원칙에 따를 것인가? 이 모든 질문에 대해 명확하고 공정한 답을 마련하여야 한다. 국회의 견제, 시민사회의 감시, 전문가 자문 등 다층적인 거버넌스 구조가 필수적이다.

마지막으로, 배당 방식에 대한 사회적 합의가 필요하다. 펀드 수익을 어떻게 분배할 것인가? 전 국민에게 균등하게 나눌 것인가, 아니면 소득 수준이나 연령에 따라 차등 지급할 것인가? 일시금으로 지급할 것인가, 정기 배당 형태로 할 것인가? 이러한 구체적인 설계는 광범위한 사회적 논의를 통해 결정되어야 한다.

미래는 이미 시작되었다. AI가 우리의 일상을 변화시키고 있으며, 재생에너지는 화석연료를 대체해가고 있다. 문제는 이러한 변화가 모두에게 이익이 되는가, 아니면 소수만을 더 부유하게 만드는가 하는 것이다. 역사는 기술 혁명이 반드시 모든 사람에게 혜택을 주지 않았음을 보여준다. 산업혁명은 막대한 부를 창출했지만, 그 과정에서 수많은 노동자들이 빈곤과 착취에 시달렸다. 20세기 후반의 정보혁명 역시 승자와 패자를 명확히 갈라놓았다.

21세기 AI 혁명과 재생에너지 전환이 다른 결과를 낳으려면, 의도적인 제도 설계가 필요하다. 시장의 자동 조절 기능에만 맡겨두어서는 부의 공유가 이루어지지 않는다. 국가가, 그리고 시민이 적극적으로 개입하여 새로운 부의 소유 구조를 만들어야 한다.

테마섹, 시트라, 독일의 시민 에너지, 그리고 한국의 국민성장펀드는 모두 같은 방향을 가리킨다. 새로운 기술이 창출하는 부를 국민이 직접 소유하고, 그 수익을 공유하는 것이다. 이것이 바로 21세기형 경제 민주주의의 모습이다.

한국은 지금 중요한 갈림길에 서 있다. 150조 원 국민성장펀드는 단순한 산업 육성 정책이 아니다. 이것은 AI와 재생에너지 시대에 모든 국민이 부의 소유자가 되는 길을 여는 역사적 실험이다. 이 실험이 성공한다면, 한국은 기술 혁신과 경제 민주주의를 동시에 달성하는 새로운 모델을 세계에 제시할 수 있을 것이다.

물론 앞으로 가야 할 길은 멀고 험하다. 많은 시행착오가 있을 것이고, 실패의 순간도 있을 것이다. 그러나 방향만큼은 명확하다. 미래는 소수의 전유물이 아니라, 모든 국민이 함께 소유하고 누려야 할 공동의 자산이다. AI와 재생에너지가 만들어내는 새로운 세상에서, 우리 모두가 주인이 되는 그날을 향해 한 걸음씩 나아가야 한다.

# 17장

# 150조 원 국민성장펀드
# 실행 계획

## 조성 전략: 단계적이고 지속 가능한 접근

150조 원이라는 숫자 앞에서 많은 사람들이 겁을 먹는다. "그 많은 돈을 어디서 구하느냐"는 의문이 당연히 제기된다. 하지만 핵심은 단순하다. 우리가 이미 가지고 있는 자산을 더 현명하게 재배치하는 것이다. 새로운 빚을 내지 않고, 세금을 올리지 않으며, 오직 잠자고 있는 자원을 깨워 일하게 만드는 방식이다.

국민성장펀드 150조 원은 2025년 9월 정부가 공식 발표한 실제 정책이다.[1] 이 펀드는 첨단전략산업기금 75조 원과 민간·국민·금융권 자금 75조 원으로 구성되며, 향후 5년간 AI, 반도체, 바이오, 2차 전지, 디스플레이, 수소, 미래차, 방산, 로봇 등 10대 첨단산업에 집중 투자될 예정이다. 산업은행이 첨단전략산업기금의 운영 주체로 지정되었으며, 민간 자금은 정부 재정 1조 원의 마중물 역할을 통해 조성된다.

조성 계획은 급진적이지 않다. 5년에 걸쳐 단계적으로, 우리 경제가 감당할 수 있는 속도로 진행된다. 첫해에는 30조 원으로 시작하여 시장의 반응을 살피고, 점차 규모를 확대해나간다. 이러한 점진적 접근은 금융시장에 충격을 주지 않으면서도 확실한 성과를 만들어낼 수 있는 현실적 방법이다.

구체적인 재원 조성 경로를 살펴보면, 가장 큰 축은 국민연금 자산의 재배분이다. 2025년 2분기 기준 국민연금 총자산은 약 1,269조 원에 달한다.[2] 이 중 해외 주식과 채권 투자 비율은 2025년 8월 말 기준 약 43.9퍼센트로, 해외 주식 36.8퍼센트, 해외 채권 7.1퍼센트를 차지한다.[3] 이 해외 투자 자금의 일부를 국내 첨단산업으로 재배분한다면, 장기적으로 더 높은 수익률과 국내 산업 육성이라는 두 마리 토끼를 동시에 잡을 수 있다.

국민연금의 1988년부터 2024년까지 연평균 누적 수익률은 6.82퍼센트다.[4] 2024년에는 사상 최고 수익률인 15.00퍼센트를 기록했으며, 이 중 해외 주식 수익률은 34.32퍼센트에 달했다.[5] 그런데 국내 첨단산업, 특히 AI와 재생에너지 분야는 향후 10년간 연평균 8~12퍼센트 이상의 수익률이 전망된다. 국민연금이 해외 투자의 일부를 국내 미래산업으로 전환한다면, 수익률 향상과 함께 국가 경제 발전에도 기여하는 선순환 구조가 만들어진다.

한국의 외환보유액 역시 중요한 재원이 될 수 있다. 2025년 11월 기준 한국의 외환보유액은 약 4,307억 달러(약 627조 원)에 달한다.[6]

외환평형기금의 일부를 첨단산업 투자로 전환하는 것은 외환 안정성을 유지하면서도 자산 수익률을 높이는 전략적 선택이다. 노르웨이 국부펀드가 석유 수익을 전 세계 주식과 채권에 투자하여 연평균 7퍼센트 이상의 수익을 올리는 것처럼, 한국도 외환 자산의 일부를 전략적으로 활용할 수 있다.

산업은행과 기업은행 같은 정책금융기관의 자산 재배분도 고려된다. 2024년 말 기준 산업은행의 총자산은 약 350조 원, 기업은행은 약 464조 원에 달한다.[7] 이들 기관이 보유한 자산 중 일부를 국민성장펀드에 출자한다면, 정책금융의 본래 목적인 산업 육성과 일자리 창출에 더욱 효과적으로 기여할 수 있다.

공기업 자산 활용도 빼놓을 수 없다. 한국전력의 2025년 6월 기준 총자산은 약 250조 원, 한국가스공사 역시 상당한 자산을 보유하고 있다.[8] 이들 에너지 공기업이 재생에너지 전환 과정에서 창출하는 수익의 일부를 펀드에 재투자한다면, 탄소중립 달성과 국민 배당이라는 두 가지 목표를 동시에 추구할 수 있다. 다음의 〈표3〉은 국민성장펀드 150조 원의 5개년(2026~2030년)에 걸친 조성 계획을 전제로 하여 조성 규모와 주요 재원을 구상해본 것이다.

이 모든 과정에서 가장 중요한 원칙은 "빚을 내지 않는다"는 것이다. 국채 발행 제로, 세금 인상 제로다. 우리가 이미 가진 자산을 효율적으로 재배치하는 것뿐이다. 돈이 잠자고 있는 곳에서 돈이 일할 곳으로 옮기는 것이다. 이것이 150조 원 조성의 핵심 철학이다.

| 연도 | 조성 규모 | 주요 재원 | 누적 규모 |
|---|---|---|---|
| 1차 연도(2026) | 30조 원 | · 국민연금 자산 재배분 20조 원<br>· 산업은행·기업은행 출자 7조 원<br>· 정부 예산 재편성 3조 원 | 30조 원 |
| 2차 연도(2027) | 35조 원 | · 국민연금 추가 배분 15조 원<br>· 공기업 자산 활용 10조 원<br>· 외환평형기금 일부 전환 7조 원<br>· 지방정부 공동 출자 3조 원 | 65조 원 |
| 3차 연도(2028) | 35조 원 | · 국민연금 추가 배분 15조 원<br>· 외환평형기금 추가 전환 10조 원<br>· 민간 매칭 펀드 7조 원<br>· 공기업 수익금 재투자 3조 원 | 100조 원 |
| 4차 연도(2029) | 25조 원 | · 1~3차 연도 수익금 재투자 12조 원<br>· 외환평형기금 추가 전환 8조 원<br>· 민간 매칭 펀드 확대 5조 원 | 125조 원 |
| 5차 연도(2030) | 25조 원 | · 누적 수익금 재투자 15조 원<br>· 최종 자산 재배분 7조 원<br>· 국제 공동 펀드 참여 3조 원 | 150조 원 |

## 운용 거버넌스: 전문성과 투명성의 균형

돈은 모았지만 누가 어떻게 운용하느냐가 성패를 가른다. 정치적 개입은 펀드를 망치고, 전문성 없는 운용은 국민 자산을 날린다. 또한 투명성 없는 밀실 운용은 불신을 낳는다. 국민성장펀드는 이 세 가지 위험을 동시에 피하면서 전문성과 투명성, 민주적 정당성을 모두 확보하는 새로운 거버넌스 모델을 필요로 한다.

이를 위해 가칭 '한국 미래산업 투자공사KFIC: Korea Future Investment Corporation'라는 독립적 투자기구 신설을 제안한다. 이는 싱가포르 테마섹의 전문성과 노르웨이 국부펀드의 투명성을 결합한 하이브리드 모델이다. KFIC는 3단계 거버넌스 구조로 설계되어, 전문성과 독립성, 그리고 시민 감독이라는 세 가지 축을 모두 충족한다.

첫 번째 단계는 이사회Board of Directors다. 이사회는 총 9명으로 구성되며, 민간 전문가 5명(금융, AI, 에너지, 경제학, 법률 각 1명), 국민연금 대표 1명, 노동계 대표 1명, 시민사회 대표 1명, 그리고 재정경제부 차관 1명(의결권 없는 참관인)으로 이루어진다. 모든 이사는 5년 임기로 최대 2회의 연임이 가능하며, 국회 인사청문회를 통과해야 한다. 이사회의 역할은 전체 투자 방향 결정, CEO 임명, 연례보고서 승인 등 전략적 의사결정에 집중된다.

두 번째 단계는 운용본부Investment Division다. CEO는 금융 또는 투자 분야에서 20년 이상 경력을 가진 전문가가 맡으며, 그 산하에 AI 투자 CIO, 재생에너지 투자 CIO, 글로벌 투자 CIO, 리스크 관리 CIO 등 부문별 최고투자책임자CIO가 배치된다. 총 인원은 약 200명의 전문 펀드 매니저와 애널리스트로 구성되어, 실제 투자 집행과 포트폴리오 관리를 담당한다. 이들은 시장 최고 수준의 보수를 받으며, 성과 중심의 인센티브 시스템 하에서 일한다.

세 번째 단계는 시민감독위원회Citizens Oversight Committee다. 이것이 KFIC의 가장 혁신적인 요소다. 추첨으로 선발된 시민 50명이 2년 임기로 순환하며, 분기별 운용 보고를 청취하고 의견을 개진하며 윤리를 검증한다. 이들은 이사회에 권고안을 제출하고 국회에 문제를 제기할 수 있는 권한을 갖는다.

이러한 추첨 민주주의Sortition 방식은 아일랜드와 벨기에 등에서 시민의회Citizens' Assembly 형태로 이미 성공적으로 검증된 제도다.[9] 아일랜드 시민의회는 2016년부터 2018년까지 운영되며, 헌법 개정과 같은 중요한 정책 결정에 무작위로 선발된 일반 시민들이 참여하여 실질적인 권고안을 제시했다. 벨기에 역시 지역 정부 차원에서 추첨으로 선발된 시민이 정책 감독에 참여하는 모델을 시행하고 있다.

시민감독위원회 위원들은 전문용어를 모를 수 있다. 하지만 그들은 "이 투자가 국민에게 이익이 되는가?"라는 가장 본질적인 질문을 던질 수 있다. 전문가들이 놓치기 쉬운 상식적 관점, 윤리적 판단, 공공의 이익에 대한 감각을 제공한다. 이것이야말로 국민의 돈으로 운용되는 펀드가 갖춰야 할 민주적 정당성의 핵심이다.

이 3단계 구조는 서로를 견제하고 균형을 이룬다. 이사회는 전문성을 보장하고, 운용본부는 실행력을 담보하며, 시민감독위원회는 민주적 정당성을 확보한다. 정치적 독립성은 법률로 명문화되어, 어떤 정부도 펀드 운용에 직접 개입할 수 없도록 한다. 동시에 투명성은 최대화되어, 모든 투자 내역과 의사결정 과정이 국민에게 공개된다.

## 투자 원칙: 수익과 가치의 조화

국민성장펀드는 단순히 돈을 버는 것이 목적이 아니다. 어떻게 버느냐가 중요하다. 수익률만 추구하다가 환경을 파괴하거나 일자리를 없애거나 개인정보를 침해한다면, 그것은 국민을 위한 펀드가 아니다. KFIC는 재무적 수익과 사회적 가치를 동시에 추구하는 다음과 같은 5대 투자 원칙을 천명한다.

첫 번째 원칙은 '장기 수익 최우선Long-term Return First'이다. 최소 10

년 이상 장기 관점에서 연평균 8퍼센트 이상의 수익률을 목표로 한다. 단기 변동성에 흔들리지 않고, 인내심을 가지고 기다린다. 노르웨이 국부펀드가 1996년 설립 이후 28년간 연평균 6.3퍼센트 수익률을 기록하고,[10] 싱가포르 테마섹이 50년간 연평균 7퍼센트 수익률을 달성한 것처럼,[11] 장기적 관점의 인내가 결국 가장 높은 수익을 만든다.

두 번째 원칙은 'ESG 필수 준수ESG Mandatory'다. 환경environmental, 사회social, 지배구조governance 기준을 통과한 기업에만 투자한다. 화석연료, 무기, 담배 기업은 투자 대상에서 제외된다. 이는 단순한 윤리적 선언이 아니라, 장기적으로 지속 가능한 기업만이 안정적 수익을 낸다는 경험적 판단에 기반한다. 노르웨이 국부펀드 역시 윤리적 투자 원칙을 엄격히 적용하여 특정 산업과 기업을 배제하면서도 높은 수익률을 유지하고 있다.

세 번째 원칙은 '일자리 창출 우대Job Creation Priority'다. 투자 기업이 고용을 유지하거나 늘리는 경우 우대하고, AI 도입으로 대규모 감원을 하는 기업은 감점한다. 기술 발전이 일자리를 없애는 것이 아니라 새로운 일자리를 만드는 방향으로 유도한다. 투자 계약 시 일정 비율의 국내 고용 유지 조건을 부과하는 것도 고려된다.

네 번째 원칙은 '데이터 주권 보호Data Sovereignty'다. AI 기업 투자 시 개인정보 보호와 데이터 주권 보장을 조건으로 부과한다. 데이터 수익의 일부를 개인에게 환원하는 기업을 우대한다. 이는 AI가 개인 데이터를 활용하여 막대한 부를 창출한다면, 그 데이터를 제공한 개인들도 정당한 몫을 받아야 한다는 철학이다.

다섯 번째 원칙은 '국민 참여 배당Dividend for All'이다. 펀드 수익의 최소 70퍼센트는 국민 배당으로 지급된다. 나머지 30퍼센트는 재투자하여 펀드 규모를 키우고, 일부는 준비금으로 적립하여 손실 발생 시 배당 안정성을 유지한다. 이 원칙은 법적 강제력을 가지며, 만약 KFIC가 이를 위반하면 시민감독위원회가 국회에 보고하고 이사회를 해임할 수 있다.

하버드 경영대학원의 리베카 헨더슨Rebecca Henderson 교수는 2020년 저서 『자본주의 대전환Reimagining Capitalism in a World on Fire』에서 이렇게 주장했다. "자본주의는 단기 이익 극대화에서 장기 가치 창출로 전환해야 합니다. 그리고 그 가치는 주주만이 아니라 모든 이해관계자가 나눠야 해요."[12] KFIC의 5대 원칙은 바로 이러한 21세기 자본주의의 새로운 패러다임을 실천하는 구체적 방법이다.

## 포트폴리오 전략: 분산과 집중의 균형

150조 원을 어디에 어떻게 투자할 것인가? KFIC는 '3-3-3 전략'을 채택한다. 3개 핵심 섹터, 3개 지역 분산, 3단계 진입 전략으로 요약되는 이 접근법은 리스크를 관리하면서도 수익을 극대화하는 균형 잡힌 방법이다.

먼저 3개 핵심 섹터를 살펴보자. AI 및 디지털 기술에 60조 원(40%), 재생에너지 및 그린테크에 75조 원(50%), 미래 신산업(바이오, 양자컴퓨팅, 우주항공 등)에 15조 원(10%)을 배분한다. 재생에너지에 가장 큰 비중을 두는 이유는 탄소중립 달성이라는 시대적 과제와 안정적 장기 수익이라는 두 가지 목표를 동시에 달성할 수 있기 때문이다.

지역 분산은 국내 투자 90조 원(60%), 선진국 투자(미국, 유럽) 45조 원(30%), 신흥국 투자(동남아, 인도) 15조 원(10%)으로 구성된다. 국내 투자 비중을 60퍼센트로 유지하여 국내 산업 육성과 일자리 창출에 집중하되, 40퍼센트는 해외 투자로 글로벌 트렌드를 따라가며 포트폴리오를 다변화한다.

진입 전략은 기존 검증된 기업(성장기) 75조 원(50%), 유망 스타트업(초기) 45조 원(30%), 혁신 프로젝트(R&D) 30조 원(20%)으로 나눈다. 절반은 안정적인 대형 기업에 투자하여 수익 안정성을 확보하고, 나머지는 고위험·고수익 스타트업과 R&D 프로젝트에 투자하여 혁신을 촉진한다. 이를 일목요연하게 정리한 것이 아래 〈표4〉이다.

구체적 투자 사례를 들어보자. AI 분야 60조 원 중 국내 투자 35조 원은 네이버, 카카오 같은 대형 플랫폼의 AI 사업부 지분 투자, 국내 AI 스타트업 100개사 육성(의료 AI, 교육 AI, 제조 AI, 금융 AI 등),

**표4. KFIC 포트폴리오 배분 전략**

| 구분 | 배분 | 세부 내역 |
|---|---|---|
| 핵심 섹터 | 150조 원 | · AI 및 디지털 기술: 60조 원(40%)<br>· 재생에너지 및 그린테크: 75조 원(50%)<br>· 미래 신산업: 15조 원(10%) |
| 지역 분산 | 150조 원 | · 국내 투자: 90조 원(60%)<br>· 선진국 투자: 45조 원(30%)<br>· 신흥국 투자: 15조 원(10%) |
| 진입 전략 | 150조 원 | · 기존 검증 기업(성장기): 75조 원(50%)<br>· 유망 스타트업(초기): 45조 원(30%)<br>· 혁신 프로젝트(R&D): 30조 원(20%) |

AI 반도체 개발, 데이터센터 및 클라우드 인프라 구축에 쓰인다. 해외 투자 25조 원은 OpenAI, Anthropic, xAI 같은 글로벌 AI 선도 기업, 엔비디아·AMD 같은 GPU 기업, 인도·동남아 AI 스타트업에 배분된다.

KFIC는 단순한 '재무적 투자자'가 아니라 '전략적 투자자'를 지향한다. 투자할 때 조건을 부여한다. "한국에서 R&D 센터를 운영하라", "한국 인재를 일정 비율 채용하라", "수익의 일부를 한국 국민에게 배당하라" 같은 조건들이다. 이렇게 하면 투자가 단순한 돈벌이가 아니라 산업 육성과 국가 경쟁력 강화로 이어진다.

재생에너지 분야 75조 원은 국내 투자 50조 원과 해외 투자 25조 원으로 나뉜다. 국내에서는 서남해·동해·제주 등지에 총 15기가와트 규모의 해상풍력 단지 10곳 건설(30조 원), 도시 옥상과 농촌 지역 태양광 발전 확대(12조 원), 수소 생산 및 저장 인프라(5조 원), 전기차 충전소 및 배터리(3조 원)에 투자한다. 해외에서는 유럽·미국 재생에너지 프로젝트(15조 원), 동남아 태양광·풍력 단지(7조 원), 글로벌 배터리 기업 투자(3조 원)를 진행한다.

재생에너지는 초기 투자가 크지만, 운영비가 거의 제로다. 햇빛과 바람은 공짜이기 때문이다. 한번 시설을 지어놓으면 20~30년 안정적으로 수익이 난다. 연 8~12퍼센트 수익률은 충분히 가능하며, 탄소배출도 줄이니 ESG 관점에서도 완벽하다.

미래 신산업 15조 원은 바이오헬스(유전자 치료, 정밀의료) 7조 원, 양자컴퓨팅 5조 원, 우주항공(소형 위성, 발사체) 3조 원에 배분된다. 이 분야는 고위험·고수익이다. 실패할 확률도 높지만 성공하면 엄청난 수익을 낸다. 전체 포트폴리오의 10퍼센트만 배분하여 리스크를 관리하면서도, 미래산업의 씨앗을 뿌리는 역할을 한다.

## 수익 배당: 투명하고 공정한 배분

벌었으면 나눠야 한다. 이것이 국민성장펀드의 철학이다. 배당 메커니즘은 단순명료하다. 연간 수익의 70퍼센트는 국민 배당으로 전 국민에게 균등 지급하고, 20퍼센트는 재투자하여 펀드 규모를 확대하며, 10퍼센트는 준비금으로 적립하여 손실 발생 시 배당 안정성을 유지한다.

예를 들어 1차 연도(2026년) 펀드 30조 원이 8퍼센트 수익을 냈다면, 총 수익은 2.4조 원이다. 이 중 국민 배당 70퍼센트(1.68조 원)를 5,200만 국민에게 나누면 1인당 약 32,300원이다. 재투자 20퍼센트(0.48조 원)는 펀드 규모를 30.48조 원으로 증가시키고, 준비금 10퍼센트(0.24조 원)는 비상 자금으로 적립된다.

첫해 3만 원 남짓이면 실망할 수 있다. 하지만 중요한 것은 시작이다. 5년 후, 10년 후를 보는 것이다. 펀드가 150조 원으로 커지고 수익률이 안정화되면 1인당 연 50만 원도 가능하다. 테마섹의 20년 평균 수익률 7퍼센트를 참고하면, 150조 원 펀드는 연간 약 10.5조 원의 수익을 창출할 수 있으며, 이 중 70퍼센트(7.35조 원)를 배당하면 1인당 연간 약 14만 원이다. 수익률이 10퍼센트로 올라가면 1인당 배당액은 약 20만 원으로 증가한다.

배당은 매년 12월 31일 기준 주민등록 인구에게 지급된다. 지급 방식은 두 가지 옵션이 제공된다. '옵션 I'은 현금 지급으로, 매년

1월 등록된 계좌로 현금이 입금되어 즉시 사용 가능하다. '옵션 Ⅱ'는 재투자로, 배당금을 받지 않고 개인 계정에 적립하여 KFIC가 대신 투자하고 복리 수익을 창출한 뒤 10년, 20년 후 목돈으로 인출할 수 있다.

젊고 여유 있는 사람들은 옵션 Ⅱ를 선택하여 복리의 힘으로 자산을 불릴 수 있다. 10년간 연 10퍼센트 복리로 재투자하면 원금의 약 2.6배가 된다. 반면 저소득층과 급전이 필요한 사람들은 옵션 Ⅰ을 선택하여 당장 생활에 보탬이 되도록 한다. 이것이 기본소득의 장점이다. 선택권을 개인에게 준다. 그러면 각자의 필요에 맞게 쓸 수 있다.

## 투명성: 모든 것을 공개한다

국민의 돈으로 투자하는데 비밀이 있어서는 안 된다. KFIC는 전례 없는 수준의 투명성을 약속한다. 분기별 운용 보고서에 어디에 얼마를 투자했는지 전체 내역, 수익률 및 손실 현황, 향후 3개월 투자 계획이 상세히 공개된다. 투자 기업 명단에는 투자받은 모든 기업 리스트, 투자 금액 및 지분율, 기업의 ESG 평가 점수가 투명하게 기재된다.

이사회 회의록은 모든 회의 전문이 공개되며(보안 사항 제외), 의결 내용 및 찬반 현황, 소수 의견도 함께 기록된다. 시민감독위원회 보고서에는 시민 위원들의 의견서, 제기된 문제점 및 개선 권고, KFIC의 답변 및 조치 계획이 포함된다. 매년 12월에 전국 5개 도시에서 순회 국민 보고회가 열려, CEO가 직접 참석하여 1년 성과를 발표하고 국민 질의응답 세션을 2시간 정도 진행한다.

노르웨이 국부펀드도 투명성으로 유명하지만, KFIC는 한 단계 더 나아간다. 시민이 직접 감독하고 의견을 내며 국민 보고회까지 여는 것은 전례가 없다. 모든 정보는 KFIC 홈페이지와 모바일 앱에 실시간 공개된다. 누구나 언제든지 '내 돈이 어디에 투자되고 있나' 확인할 수 있다.

투명성은 신뢰를 만든다. 신뢰는 지속가능성을 만든다. 국민이 믿을 수 있는 펀드만이 정권이 바뀌어도, 경제위기가 와도 살아남을 수 있다. 투명성은 단순한 윤리적 가치가 아니라 펀드의 생존 전략이다.

## 리스크 관리: 실패에도 대비한다

모든 투자에는 리스크가 있다. 우리는 리스크를 없앨 수 없다. 하지만 관리할 수는 있다. KFIC는 4단계 리스크 관리 시스템을 운영한다.

1단계는 사전 검증이다. 투자 전 최소 6개월간 실사due diligence를 진행한다. 재무 상태, 기술 경쟁력, 경영진 평판, ESG 점수 등 100개 항목을 검토하여 70점 이하 기업은 투자 불가로 판정한다.

2단계는 분산 투자다. 한 기업에 최대 펀드의 3퍼센트까지만 투자한다. 150조 원 펀드라면 한 기업에 최대 4.5조 원이다. 이렇게 하면 한두 기업이 망해도 전체에 미치는 영향은 제한적이다. 포트폴리오 전체가 최소 100개 이상의 기업과 프로젝트로 분산되어, 특정 섹터나 기업의 위험이 펀드 전체를 위협하지 못한다.

3단계는 실시간 모니터링이다. 투자 후 매달 기업 실적을 점검한다. AI 시스템이 뉴스, 주가, 재무제표를 자동 분석하여 위험 신호를 포착하고, 이상 징후 발견 시 즉시 이사회에 보고한다.

4단계는 손절 원칙이다. 투자 원금 대비 30퍼센트 손실 발생 시 자동 매각한다. 감정에 휘둘리지 않고 기계적으로 집행하여 추가 손실을 방지한다. 2008년 금융위기 때 수많은 연기금이 리먼브라더스, AIG 같은 대기업에 집중 투자했다가 큰 손실을 봤다. 분산과 손절만 제대로 했어도 피해를 줄일 수 있었다. KFIC는 그 실수를 반복하지 않아야 한다.

또한 '준비금 10퍼센트' 원칙이 안전판 역할을 한다. 매년 수익의 10퍼센트를 비상 자금으로 쌓아두면, 10년 후에는 수십조 원의 쿠션이 생긴다. 만약 어느 해 펀드가 손실을 내도 이 준비금으로 배당을 유지할 수 있다. 국민에게 한 번 주기 시작한 배당을 갑자기 끊으면 혼란이 온다. 사람들이 그 돈에 의존하기 시작하기 때문이다. 좋은 해에 조금 덜 주고 쌓아뒀다가, 나쁜 해에도 배당을 유지하는 것이 준비금의 역할이다.

## 성공 사례: 벤치마킹하고 뛰어넘는다

한국이 처음 시도하는 것이 아니다. 이미 성공한 모델들이 있다. 앞서 언급한 것처럼 노르웨이 국부펀드는 1996년 설립 이후 석유 수익 100퍼센트를 펀드에 적립하여, 2024년 말 기준 약 2,600조 원 규모로 성장했다.[13] 2024년 수익률은 13퍼센트를 기록했으며, 설립 이후 28년간 연평균 수익률은 약 6.3퍼센트에 달한다.[14] 윤리적 투자 원칙을 엄격히 적용하면서도 높은 수익을 올리며, 매년 정부 예산의 약 3퍼센트를 펀드 수익에서 충당한다. 핵심 교훈은 장기 인내와 투명성이 신뢰를 만든다는 것이다.

싱가포르 테마섹은 1974년 설립 이후 50년간 연평균 약 7퍼센트 수익률을 기록했으며, 2024년 회계연도 기준 자산 규모는 약 4,340억 싱가포르달러(약 420조 원)에 달한다.[15] 전문 경영진에 완전히 위임하고 정치적 개입을 제로로 유지하는 독립성이 성공의 비결이다. 최근에는 AI 및 기술 분야 투자를 확대하여 미주 지역 투자 비중이 중국을 넘어섰다.[16] 수익의 약 60퍼센트를 정부 예산으로 이전하며, 전문성과 독립성이 성과를 만든다는 교훈을 준다.

알래스카 영구기금은 1976년 설립 이후 석유 수익을 주민에게 직접 배당하는 모델로, 2024년 말 기준 약 796억 달러(약 95조 원) 규모다.[17] 연평균 수익률은 약 5.6퍼센트이며, 2024년 주민 1인당 배당액은 1,702달러(약 230만 원)였다.[18] 직접 배당이 정치적 지지를 만들어 펀드의 지속가능성을 보장한다는 핵심 교훈을 제공한다.

한국은 이 세 모델의 장점을 결합한다. 노르웨이의 투명성, 싱가포르의 전문성, 알래스카의 직접 배당을 모두 취하고, 여기에 한국만의 혁신을 더한다. 시민 참여 감독, ESG 필수 준수, AI와 재생에너지 집중 투자가 그것이다.

MIT 경제학과 다론 아세모글루Daron Acemoglu 교수는 2024년 노벨 경제학상을 수상하며 제도가 국가 번영을 결정한다는 연구로 주목받았다.[19] 그와 제임스 로빈슨James Robinson이 2012년 출간한 『국가는 왜 실패하는가Why Nations Fail』는 포용적 제도inclusive institutions가 경제

성공의 핵심임을 밝혔다.[20] 국민성장펀드는 바로 이러한 포용적 제도의 실험이다. 성공하면 전 세계의 모델이 될 것이다. 노르웨이와 싱가포르는 특수 자원이나 소규모 인구 덕분에 가능했지만, 한국은 5,200만 인구, 자원 없는 나라에서 AI와 재생에너지로 기본소득을 만드는 것이다.

## 단계별 로드맵(2026~2036년)

구체적 실행 일정을 정리하면 다음과 같다. 이 책의 제안이 정책으로 채택된다면, 2026년부터 본격적인 실행이 시작될 것이다. 단계별 실행 로드맵은 다음 〈표5〉와 같다.

2026년은 준비와 출범의 해다. 1~3월에 국민성장펀드법이 국회를 통과하고, 4~6월에 KFIC가 설립되어 이사회가 구성되고 CEO가 임명된다. 7~9월에 1차 자본 30조 원 조성이 완료되고, 10~12월에 첫 투자가 집행된다. AI 기업 10개 사와 재생에너지 프로젝트 5개에 선별적으로 투자하여 시장 반응을 살핀다.

2027년은 확장과 검증의 해다. 2차 자본 35조 원이 추가되어 누적 65조 원이 되고, 투자 기업이 50개 사로 확대된다. 첫 수익이 발생하여 국민 1인당 약 3만 원의 배당이 지급된다. 시민감독위원회가 본격 가동되어 첫 감독 보고서를 발표한다.

2028년은 안정화의 해다. 3차 자본 35조 원이 추가되어 누적 100조 원을 돌파한다. 해외 투자가 본격화되어 오픈AI 같은 글로벌 AI 기업과 유럽 풍력 프로젝트에 투자가 이루어진다. 배당이 1인당 약 5만 원으로 증가하고, 지방정부 차원의 공동 펀드 5개가 출범한다.

| 연도 | 주요 과제 | 세부 내용 |
| --- | --- | --- |
| 2026년<br>(준비와 출범) | 법률 제정 및<br>기구 설립 | · 1~3월: 국민성장펀드법 국회 통과<br>· 4~6월: KFIC 설립, 이사회 구성, CEO 임명<br>· 7~9월: 1차 자본 30조 원 조성 완료<br>· 10~12월: 첫 투자 집행(AI 10개 사, 재생에너지 프로젝트 5개) |
| 2027년<br>(확장과 검증) | 포트폴리오 확대 | · 2차 자본 35조 원 추가 조성(누적 65조 원)<br>· 투자 기업 50개 사로 확대<br>· 첫 수익 발생 및 배당(예상 1인당 약 3만 원)<br>· 시민감독위원회 본격 가동 |
| 2028년<br>(안정화) | 100조 돌파 | · 3차 자본 35조 원 추가(누적 100조 원)<br>· 해외 투자 본격화(글로벌 AI 기업, 유럽 풍력 등)<br>· 배당 증가(예상 1인당 약 5만 원)<br>· 지방정부 공동 펀드 5개 출범 |
| 2029년<br>(성과 가시화) | 수익 회수 시작 | · 4차 자본 25조 원 추가(누적 125조 원)<br>· 초기 투자 기업 중 5개 사 IPO 성공, 수익 회수<br>· 배당 급증(예상 1인당 약 8만 원)<br>· 국제 공동 펀드 논의(한·일·싱가포르) |
| 2030년<br>(목표 달성) | 150조 완성 | · 5차 자본 25조 원 완료(누적 150조 원)<br>· 포트폴리오 완성(AI 60조, 재생에너지 75조, 신산업 15조)<br>· 배당 1인당 10만 원 돌파<br>· 기본소득 월 30만 원 재원의 핵심 축 확립 |
| 2031~2036년<br>(확대와 수출) | 글로벌 모델화 | · 펀드 규모 300조 원으로 확대(복리 효과)<br>· 배당 1인당 연 50만 원(월 약 4.2만 원)<br>· 한국 모델 해외 수출(베트남, 인도네시아 등 벤치마킹)<br>· 기본소득 월 30만 원 완전 실현 |

2029년은 성과 가시화의 해다. 4차 자본 25조 원이 추가되어 누적 125조 원에 달한다. 초기에 투자한 스타트업 중 5개 사가 IPO에 성공하여 대규모 수익이 회수된다. 배당이 1인당 약 8만 원으로 증가하고, 한국·일본·싱가포르 간 국제 공동 펀드 논의가 시작된다.

2030년은 목표 달성의 해다. 5차 자본 25조 원이 완료되어 누적

150조 원 목표를 달성한다. 포트폴리오가 완성되어 AI 60조 원, 재생에너지 75조 원, 신산업 15조 원이 안정적으로 운용된다. 배당이 1인당 10만 원을 돌파하며, 기본소득 월 30만 원 재원의 핵심 축으로 자리 잡는다.

2031년부터 2036년까지는 확대와 수출의 시기다. 펀드 규모가 복리 효과로 300조 원으로 확대되고, 배당이 1인당 연 50만 원(월 약 4.2만 원)에 달한다. 한국 모델이 해외로 수출되어 베트남, 인도네시아 등이 벤치마킹을 시작한다. 기본소득 월 30만 원이 완전히 실현되며, 한국은 AI 시대 기본소득의 글로벌 모델 국가로 자리매김한다.

10년이면 가능하다. 10년 전 누가 상상했겠는가? 전기차가 이렇게 빨리 상용화되고, 재생에너지가 석탄보다 싸지며, AI가 사람처럼 대화할 것을. 세상은 우리 생각보다 빠르게 변한다. 기본소득도 마찬가지다. 지금은 꿈처럼 보이지만, 10년 후엔 당연한 현실이 될 것이다.


## 국민이 주인인 펀드

국민성장펀드는 단순한 투자 펀드가 아니다. 국민 모두가 주주인 '대한민국 주식회사'다. 정부는 이사회고, KFIC는 경영진이며, 시민은 주주다. 주주에게 배당하는 것은 당연하다. 전통적 자본주의에서는 돈 있는 사람만 주주가 된다. 주식을 살 돈이 있어야 배당을 받는다. 가난한 사람은 평생 노동만 하고, 자본 수익은 구경도 못 한다. 불평등이 대물림되는 이유다.

하지만 국민성장펀드는 다르다. 태어나는 순간부터 모든 국민이 주주다. 부모의 재산과 무관하게, 모두가 동등하게 1주씩 갖는다. 그리고 매년 배당을 받는다. 이것이 21세기 경제 민주주의다. 농촌에 사는 노인도, 대기업 과장도, 대학생도, 모두가 같은 배당을 받는다. 이것이 보편성의 힘이다. 누구도 배제되지 않고, 누구도 특혜를 받지 않는다. 단지 이 땅에 사는 사람이라는 이유만으로, 모두가 미래 기술의 혜택을 나눈다.

'150조 국민성장펀드'. 숫자만 보면 거창하지만 본질은 단순하다. 국민의 돈으로, 미래산업에 투자하고, 수익을 국민과 나눈다. 이미 보유하고 있는 자산을 더 현명하게 쓰는 것뿐이다. 조성 방법은 명확하다. 5년간 단계적으로, 빚 없이, 기존 자산 재배분으로. 운용 원칙도 확고하다. 전문성, 투명성, 독립성, 그리고 수익과 가치의 조화. 배당 메커니즘은 공정하다. 70퍼센트는 국민에게, 20퍼센트는 재투자, 10퍼센트는 안전판의 의미를 지닌다. 리스크관리는 엄격하다. 분산, 검증, 모니터링, 손절의 원칙을 철저히 준수한다.

이 모든 것이 가능한 이유는 우리에게 이미 자산이 있기 때문이다. 국민연금 1,269조 원, 외환보유액 627조 원(2025년 11월 기준), 에너지 공기업 자산, 정책금융기관 자산을 합치면 2,000조 원이 넘는다. 그중 7.5퍼센트인 150조 원만 효율적으로 재배치하면 된다.

## 6부

# 대한민국 재생에너지 기본소득 지도

18장

❧

# DMZ에서 피어나는
# 평화의 에너지

## 침묵의 땅이 품은 70년의 이야기

1953년 7월 27일 새벽, 한반도에 총성이 멈췄다. 판문점에서 이루어진 휴전협정의 서명과 함께 동해안 고성에서 서해안 교동도까지 248킬로미터의 군사분계선이 그어졌고, 그 선의 남북으로 각각 2킬로미터, 총 4킬로미터 폭의 완충지대가 설정됐다. 비무장지대, 즉 DMZDemilitarized Zone의 탄생이다.[1]

DMZ의 총면적은 약 907제곱킬로미터에 달한다.[2] 서울시 면적 605.25제곱킬로미터의 약 1.5배에 이르는 규모다.[3] 남한 지역이 약 448제곱킬로미터, 북한 지역이 약 456제곱킬로미터로, 한반도 전체 면적의 250분의 1을 차지하고 있다. 수치로만 보면 작아 보일 수 있지만, 실제로 이 땅은 한반도의 허리를 가로지르며 동서로 뻗어 있는 거대한 자연 공간이다.

역설적이게도, 인간에게 금지된 이 땅이 자연에게는 최상의 안식처가 되었다. 지난 70년 넘게 개발의 손길이 닿지 않은 채 자연 그대로의 모습을 간직해온 DMZ는 이제 지구상에서 가장 독특한 생태계 보존지역 중 하나로 평가받고 있다. 멸종위기종인 두루미와 재두루미가 겨울을 나고, 천연기념물 저어새가 둥지를 틀며, 산양과 사향노루가 자유롭게 뛰어다니는 이곳은 분단의 아픔 속에서 피어난 생명의 보고가 되었다.

그런데 이제 우리는 이 땅에 새로운 의미를 부여할 수 있는 역사적 기회 앞에 서 있다. DMZ를 단순히 보존하는 차원을 넘어, 남북이 함께 평화의 에너지를 생산하는 협력의 공간으로 만들 수 있다면 어떨까? 70년간 분단의 상징이었던 이 땅이 통합의 에너지원으로, 대립의 공간이 협력의 실험장으로 거듭난다면, 그것은 한반도뿐 아니라 전 세계에 희망의 메시지를 전하는 일이 될 것이다.

## 태양과 바람이 만드는 평화

DMZ를 재생에너지 생산지로 활용한다는 구상은 이미 여러 차례 제기되어왔다. 2008년 강원도는 고성군 비무장지대에 남북이 공동으로 태양광·열에너지를 100퍼센트 활용하는 생태공원 조성을 검토한 바 있다.[4] 2018년에는 서해 북방한계선NLL 일대에 해상풍력발전단지를 설치하는 구상도 나왔다.[5] 이러한 제안들은 모두 같은 핵심을 담고 있다. 바로 분단의 땅을 평화의 에너지원으로 전환하자는 것이다.

DMZ는 재생에너지 생산에 매우 유리한 조건을 갖추고 있다. 우선 태양광 발전의 경우, 우리나라의 연평균 일조시간은 하루 3.6시간 정도로 추정된다.[6] 이는 독일이나 일본보다 높은 수준이다. DMZ는 대부분 평지와 완만한 구릉지로 이루어져 있어 태양광 패널 설치에 적합하며, 인근에 송전 인프라도 비교적 잘 갖춰져 있다. 풍력 발전의 경우에도 DMZ 일대는 계절풍의 영향을 받아 연중 안정적인 바람이 불고 있다. 특히 서해안 지역은 해풍의 영향으로 풍력 자원이 풍부한 것으로 알려져 있다. 그러나 이 프로젝트의 진정한 가치는 발전량이나 경제성만으로 측정할 수 없다. DMZ 재생에너지 협력이 갖는 세 가지 근본적 의미를 살펴보아야 한다.

첫째는 '평화의 실천'이다. 70년간 총부리를 겨누고 서 있던 바로 그 땅에서 남과 북이 손을 잡고 미래를 위한 청정에너지를 만들어낸다는 것, 그 자체가 평화의 실천이다. 매일 아침 DMZ에서 떠오르는 태양이 남북 공동 태양광 패널을 비추고, 휴전선을 자유롭게 넘나드는 바람이 공동 풍력 발전기를 돌리는 모습을 상상해보라. 그것은 분단 70년의 역사를 치유하는 가장 강력한 상징이 될 것이다. 전쟁과 대립의 기억으로 얼룩진 땅에서 평화와 협력의 에너지가 생산되는 것, 이보다 더 드라마틱한 전환이 또 있을까? 이는 단순한 에너지 사업이 아니라 화해와 공존의 정치를 실천하는 역사적 전기가 될 것이다.

둘째는 '생태적 정의의 구현'이다. DMZ에서 생산되는 에너지는 화석연료를 태워 만드는 것이 아니다. 자연이 주는 햇빛과 바람, 즉 공유자원을 활용한 것이다. 따라서 여기서 창출되는 수익도 특정 기업이나 집단이 독점할 것이 아니라, 남북 모든 국민이 기본소득으로 나누어 가져야 마땅하다. 알래스카가 석유라는 지하자원의 수익으로 주민배당을 실시했듯, 우리는 하늘과 땅이 주는 햇빛과 바람의 수익을 '평화기본소득'으로 분배할 수 있다. 이는 공유부 배당의 원칙을 한반도의 특수한 상황에 적용한 혁신적 모델이 될 것이다.

셋째는 '기후 위기에 대한 한반도의 응답'이다. 기후 위기는 이념과 체제를 가리지 않는 인류 공동의 위기다. 전 세계가 탄소중립을 향해 나아가는 이 시점에, 분단국가인 한반도가 갈등의 땅에서 희망의 에너지를 생산하고, 그것을 통해 기후 위기에 대응한다면, 이는 국제사회에 강력한 메시지를 전하는 일이 될 것이다. DMZ 재생에너지 프로젝트는 유엔 지속 가능발전목표 중 청정에너지, 기후 행동, 평화와 정의를 동시에 달성하는 통합적 접근이다. 이는 환경 협력을 통한 평화 구축이라는 새로운 패러다임을 보여주는 사례가 될 수 있다.

## DMZ 평화에너지 특구 지정

이제 구체적인 실행 방안을 제시하고자 한다. 거대한 비전을 현실로 만들기 위해서는 단계별 접근이 필요하다. 3단계로 나누어 점진적으로 확대해나가는 로드맵을 그려보겠다.

첫 단계는 신뢰 구축과 시범사업이다. 이는 대략 1년에서 3년 정도의 기간이 소요될 것으로 예상된다. 남북 간의 신뢰를 구축하고 사업의 실현 가능성을 검증하는 이 시기에는 거창한 목표를 내세우기보다 작지만 확실한 성공 사례를 만드는 데 집중해야 한다. 파주, 고성, 철원 등 접경지역 중 비정치적인 구역을 선정하여 소규모 태양광발전소와 소형 풍력 발전기를 설치하는 것이다. 총 20메가와트 규모의 시범 발전단지를 조성한다면, 태양광과 풍력을 합쳐 연간 약 48,000메가와트시의 전력을 생산할 수 있을 것이다.[7]

이 과정에서 남한은 기술과 설비, 초기 자금을 제공하고, 북한은 부지와 인력, 운영 참여로 협력한다. 생산된 전력의 60퍼센트는 북한 접경지역주민들의 생활 개선에 사용하고, 40퍼센트는 남한이 활용하여 투자 비용을 회수한다. 총투자비 약 400억 원은 남북협력기금, 국제 그린본드, 민간 투자로 조달할 수 있다. 전력판매단가 약 120원/킬로와트시 가정 시 연간 약 57억 6,000만 원의 수익 중 30퍼센트 정도를 해당 지역 남북 주민에게 우선 배당한다면, 접경지역 약 10만 명에게 연간 1인당 약 17,300원을 지급할 수 있다. 비록 적은 금액이지만, 이는 '평화배당'의 상징적 출발점으로서 중요한 의미를 갖는다. 남북 주민들이 실제로 손에 쥐는 배당금은 DMZ에서 생산된 평화의 에너지가 만들어낸 결과임을 체감하게 될 것이다.

두 번째 단계는 확대와 체계화다. 시범사업의 성공을 토대로 본격적인 규모 확대와 제도적 기반 구축에 나서는 이 단계는, 대략 3년에서 10년 정도의 기간이 필요할 것이다. DMZ 전역으로 사업을 확대하여 목표 설비 용량 1,000메가와트를 달성한다. 더 구체적으로는 태양광 700메가와트와 풍력 300메가와트로 구성되며, 약 1,400헥타르의 면적을 활용한다.[8] 이는 DMZ 전체 면적의 약 1.5퍼센트에 불과하여 생태계 보존과 충분히 양립할 수 있다.

이 단계에서는 제도적 기반 구축이 핵심이다. 'DMZ 평화에너지기금'을 법제화하여 국회 특별법을 통해 기금의 안정적 운영을 보장해야 한다. 남북 공동 운영위원회를 설치하고, 유엔, 국제원자력기구, 국제재생에너지기구 등 국제기구의 참관단이 상주하며 모니터링과 지원을 제공받는다. 연간 약 3,066,000메가와트시의 전력을 생산하여 약 87만 가구가 1년간 사용할 수 있는 양을 공급하게 된다.[9] 북한에는 60퍼센트를 제공하여 약 52만 가구의 전력난을 해결하고, 남한은 40퍼센트를 활용하는 구도로 진행한다.

총투자비 약 2조 원은 남북협력기금, 국제 그린본드, 민간 투자로 조달하며, 연간 약 3,679억 원의 매출과 약 2,575억 원의 순수익을 예상할 수 있다. 이 중 60퍼센트를 기본소득 재원으로 적립하여 단계적으로 배당 범위를 확대해나간다. 처음에는 접경지역 주민에게 우선 배당하고, 점차 경기도와 강원도 전체로, 최종적으로는 남북 전체 주민으로 확대한다. 여전히 소액이지만, 이는 지속적으로 성장할 것이다. 더 중요한 것은 이 배당금이 평화가 곧 번영임을 보여주는 살아있는 증거가 된다는 점이다.

세 번째 단계는 한반도 모델의 국제화다. 성공적인 사례 축적을 바탕으로 국제적 모델로 확장하는 이 단계는 10년 이후부터 시작된다. DMZ 재생에너지를 2,000메가와트까지 확대하고, 추가로 접경지역인 민통선 지역 등으로 확대하여 총 5,000메가와트를 목표로한다. 이렇게 되면 연간 약 15,330,000메가와트시를 발전할 수 있고, 연간 순수익은 약 1조 2,877억 원에 달한다. 남북 8,000만 명에게 배당한다면 1인당 연간 약 96,500원을 지급할 수 있다. DMZ 프로젝트와 다른 재생에너지 사업을 통합하면 월 10만 원에서 15만 원 수준의 기본소득 실현이 가능해진다.

이 단계에서는 국제적 확장도 추진한다. 유엔 주도의 DMZ 평화에너지 모델을 국제 표준으로 제정하고, 전 세계 분쟁 지역인 중동, 발칸, 아프리카 등에 한반도 모델을 전파한다. 국제 평화에너지 포럼을 매년 DMZ에서 개최하고, 동아시아 그린뉴딜 기금을 창설하여 한·중·일 3국과 아세안의 참여를 유도한다.

## DMZ 재생에너지 벨트 5대 추진전략

DMZ 평화에너지 특구라는 제도적 틀이 만들어진다면, 다음 단계는 이를 실제 사업으로 구체화하는 것이다. 구상이 아무리 훌륭해도 실행 전략 없이는 그림의 떡에 불과하다. 그렇다면 DMZ 재생에너지 벨트를 현실로 만들기 위한 구체적인 로드맵은 무엇일까?

2025년 '사단법인 기본사회'가 '기본사회지방정부협의회'의 의뢰로 수행한 『지방정부 기본사회 정책개발 연구』 프로젝트에 공동 저자로 참여한 서울과학기술대학교 황우현 교수는 남북이 공동으로 DMZ 공간을 활용해 탄소중립 목표 달성에 기여할 수 있는 단계별 실행 전략을 제시했다.[10] 황 교수가 제안한 'DMZ 에너지 벨트 사업화 추진 5대 전략'은 이론적 구상을 실질적 행동으로 전환하는 구체적인 경로를 보여준다.

첫째, 추진 체계 구축이다. 전담팀을 구성하여 기본계획을 수립하고, DMZ 공간 내 신재생에너지 벨트 구축을 위한 남북협의체를 체계적으로 조직해야 한다. DMZ라는 특수한 공간에서 남북 협력 사업을 추진하기 위해서는 단순한 실무 조직을 넘어, 안보·환경·에너지·외교 등 다분야 전문가들이 참여하는 통합 거버넌스가 필요하다.

남북이 함께 앉아 에너지 지도를 펼치고, 어디에 태양광 패널을 놓고 어디에 풍력 발전기를 세울지 논의하는 그 순간이야말로 진정한 평화의 시작이다.

둘째, 제도화 전략이다. 비무장지역이라는 특수한 환경 특성에 맞는 신재생에너지 설비 개발 및 구축 매뉴얼을 제정해야 한다. DMZ는 일반 지역과 달리 생태적 민감성, 안보적 특수성, 남북 협력의 복잡성을 동시에 고려해야 하는 공간이다. 예를 들어, 야생동물의 이동 경로를 방해하지 않는 태양광 패널 배치, 지뢰 제거 작업과 병행 가능한 안전한 시공 절차, 남북 기술 표준의 호환성 확보 등 일반적인 재생에너지 사업과는 다른 특화된 기술 표준과 설치 가이드라인이 요구된다.

셋째, 기술 고도화 전략이다. 자립형 신재생에너지 발전과 송배전망의 최적 연계 방안을 개발해야 한다. DMZ 지역의 지리적 특성상 기존 전력망과의 연결이 제한적일 수 있다. 따라서 독립적으로 운영이 가능하면서도 필요시 남북 전력망과 유연하게 연계될 수 있는 스마트그리드 시스템이 필수적이다. 낮에는 태양광으로, 밤에는 풍력으로, 그리고 필요할 때는 에너지저장장치ESS로 전력을 안정적으로 공급하는 지능형 전력망을 구축해야 한다. 이는 단순한 기술 문제를 넘어, 남북이 하나의 에너지 공동체로 연결되는 상징적 의미도 지닌다.

넷째, 운영 효율화 전략이다. DMZ 에너지 벨트를 실시간으로 관리할 수 있는 통합 운영 시스템을 개발하고 효율적으로 운영해야 한다. 동서로 248킬로미터, 남북으로 4킬로미터에 걸쳐 넓게 펼쳐진

DMZ 전역에 분산 배치될 수많은 재생에너지 설비들을 원격으로 모니터링하고 제어할 수 있는 디지털 플랫폼이 필수적이다. 인공지능과 사물인터넷IoT 기술을 활용하여 발전량을 예측하고, 설비 이상을 조기에 감지하며, 최적의 전력 배분을 자동으로 수행하는 스마트 운영체계가 구축되어야 한다.

다섯째, 공유 시스템 구축과 글로벌 확장 전략이다. 발전된 전력을 활용해 남북 공동의 탄소중립 목표 달성에 기여하는 동시에, 지역주민들에게 기본소득을 공유하는 시스템을 구축·운영해야 한다. 더 나아가 향후 운영 성과를 바탕으로 이 모델을 글로벌 시장에 공동 진출하는 방안까지 모색한다. DMZ에서 생산된 청정에너지 수익의 일정 부분을 접경지역주민들의 기본소득 재원으로 조성하고, 이러한 '평화+에너지+기본소득' 통합 모델을 세계 분쟁 지역에 수출하는 것이다. 키프로스, 카슈미르, 골란고원 등 세계의 다른 분단 지역들이 DMZ 모델을 주목하고 있는 이유가 바로 여기에 있다.

황우현 교수의 5대 전략은 DMZ 재생에너지 벨트가 단순한 에너지 사업을 넘어 남북 협력, 탄소중립, 기본소득이 하나로 통합된 종합적 평화 프로젝트로 발전할 수 있는 명확한 로드맵을 제시한다. 특히 마지막 전략에서 강조된 '지역주민 기본소득 공유 시스템'은 평화의 배당이 추상적 구호가 아닌, 매달 통장에 입금되는 구체적인 삶의 변화로 이어지는 실질적 경로를 보여준다.

이제 DMZ 재생에너지 벨트는 더 이상 먼 미래의 꿈이 아니다. 제도적 틀(평화에너지 특구)과 실행 전략(5대 추진전략)이 모두 준비되어 있다. 남은 것은 이를 실천에 옮기려는 남북의 정치적 의지와 그 과정을 지지하고 응원하는 시민들의 연대뿐이다.

## 세계가 주목하는 평화 프로젝트

DMZ 재생에너지 프로젝트가 가져올 경제적 효과는 단순히 전력 판매 수익에 그치지 않는다. 이는 한반도 경제 전체에 새로운 활력을 불어넣는 계기가 될 것이다. 두 번째 단계를 기준으로 1,000메가와트 규모의 직접 경제효과를 살펴보면, 우선 연간 전력 매출 약 3,679억 원과 탄소배출권 거래 수익 약 300억 원을 합쳐 총 연간 매출은 약 3,979억 원에 이른다.[11] 건설 단계의 직접 투자 2조 원은 연관 산업에 약 3조 원의 투자를 유발하여 총 경제 유발 효과는 약 5조 원에 달할 것이다. 일자리는 건설 단계 7년 동안 연평균 약 3,000명, 운영 단계에서 약 800명의 정규직, 연관 산업에서 약 2,000명으로 총 약 5,800명의 일자리가 창출된다.

간접 경제효과도 주목할 만하다. DMZ 평화관광과 연계한 평화에너지 투어 프로그램을 개발하여 연간 방문객 50만 명을 유치한다면 약 1,000억 원의 관광 수입이 발생하고 접경지역경제가 활성화된다. 한반도 모델을 해외 분쟁 지역에 수출하면 연간 약 5,000억 원 규모의 수출 산업도 창출할 수 있다. 탄소 감축 효과는 연간 약 130만 톤으로, 소나무 약 1억 9,700만 그루를 심는 효과와 같다.[12] 이는 국가 탄소중립 목표 달성에 약 0.4퍼센트를 기여하는 수준이다.

DMZ 재생에너지 프로젝트는 한반도만의 문제가 아니다. 이는 갈등 지역의 평화적 전환이라는 보편적 가치를 실현하는 국제적 모범 사례가 될 수 있다. 또한 이 프로젝트는 유엔 지속 가능발전목표 중 최소 6개 목표에 직접 기여한다. 청정에너지 접근성을 확대하고, 약 5,800개의 양질의 일자리를 창출하며, 기본소득을 통한 소득분배로 불평등을 감소시킨다. 연간 130만 톤의 이산화탄소를 감축하는 기후 행동을 실천하고, DMZ 생태계 보존과 양립하며, 분쟁 지역을 평화적으로 활용하는 세계적 모범사례가 될 것이다.

국제 금융 지원도 확보할 수 있다. 세계은행은 약 3,000억 원의 그린본드를 발행하고, 아시아개발은행은 약 2,000억 원의 프로젝트 파이낸싱을, 녹색기후기금은 약 1,500억 원의 기후변화 대응 지원을 제공할 수 있다. 글로벌 ESG 펀드와 국내 기관투자자의 민간 투자까지 합치면 총 약 1조 2,500억 원의 국제 재원 확보가 가능하다.

기술 파트너십도 중요하다. 독일은 에너지 전환 경험을 바탕으로 재생에너지 정책 자문과 송전망 연계 기술을 지원할 수 있다. 노르웨이는 국부펀드 운영 노하우를 제공하여 DMZ 평화에너지기금의 투명성과 거버넌스를 강화하는 데 도움을 줄 수 있다. 또한 덴마크는 세계 최고 수준의 풍력 기술과 협동조합형 풍력 발전 경험을 공유할 수 있을 것이다.


## 평화배당에서 기본소득으로

DMZ 재생에너지 프로젝트의 핵심은 공유자원에서 나오는 수익의 공정한 분배다. 이는 기본소득의 철학적 토대인 '공유부 배당 원칙'을 가장 순수하게 구현하는 사례다. 햇빛과 바람은 그 누구의 소유도 아니다. 햇빛과 바람은 자연이 인류 전체에게 주는 고귀한 선물이다. 따라서 이를 활용하여 만든 전기의 수익도 모든 시민이 공유해야 마땅하다. 이는 단순한 복지 정책이 아니라 생태적 정의의 실현이다.

알래스카가 석유라는 지하자원의 수익을 주민배당으로 실시하듯, 우리는 하늘과 땅이 주는 햇빛과 바람의 수익을 기본소득으로 분배하는 것이다. 그런데 한반도 모델은 알래스카를 뛰어넘는다. 화석연료가 아닌 재생에너지로, 갈등의 공간이 아닌 협력의 공간에서 나오는 수익이기 때문이다.

남북의 청년들이 매월 받게 될 이 평화배당금은 단순한 현금이 아니다. 이는 평화가 곧 번영임을 보여주는 살아있는 증거다. 분단과 대립에는 막대한 비용이 들지만, 협력과 공존에는 모두에게 이익이 돌아온다는 것을 체감하게 만드는 것이다. 젊은 세대가 매월 통장에 찍히는 DMZ 평화배당을 보면서 분단의 기억은 점차 사라지고, 협력과 공존의 미래가 현실이 될 것이다. 이는 통일을 위한 가장 효과적인 사회적 인프라가 될 것으로 기대된다.

DMZ 재생에너지는 고갈되지 않는다. 화석연료는 한번 태우면 영원히 사라지지만, 태양은 내일도 뜨고 바람은 내일도 불 것이다. 따라서 이 프로젝트는 현세대뿐만 아니라 미래 세대에게도 두고두고 지속 가능한 에너지와 소득을 보장하는 세대 간 정의를 실현할 것이다.

## 70년 후, 우리가 만들 새로운 이야기

거대한 비전도 작은 실천에서 시작된다. DMZ 재생에너지 프로젝트를 실현하기 위해 지금 당장 시작할 수 있는 일들이 있다. 정부는 남북 평화에너지 협력 태스크포스를 구성하여 통일부, 산림청, 산업통상자원부, 기후에너지환경브가 공동으로 참여하게 해야 한다. 국제기구와 협력하여 타당성 조사를 실시하고, 강원도와 경기도를 비롯한 접경지역 지방정부와 긴밀한 협력 체계를 구축해야 한다. 국회는 남북 그린뉴딜 특별법을 발의하여 법적 근거를 마련해야 한다.

국민적 공감대 형성도 중요하다. DMZ 활용에 대한 국민 의견을 수렴하고, DMZ 생태관광과 연계한 평화에너지 투어 프로그램을 개발해야 한다. 청년층을 대상으로 평화배당 캠페인을 전개하고, DMZ 평화에너지 국제포럼을 매년 개최하여 세계의 관심을 모아야 한다.

민간 참여도 유도해야 한다. 삼성, SK, 현대, LG 등 대기업들이 ESG 경영 실천의 일환으로 트자에 참여하도록 하고, 국민 누구나 소액 투자가 가능한 크라우드 펀딩 플랫폼을 구축할 필요가 있다. 덴마크식 지역주민참여형 재생에너지 협동조합 모델도 적극적인 도입을 검토해야 한다.

1953년 7월 27일, 우리 선조들은 어쩔 수 없이 한반도에 분단선을 그었다. 그로부터 70년이 넘는 시간이 흘렀다. 이제 우리 세대는 그 선을 협력의 가교로, 평화의 에너지원으로 바꿀 수 있는 역사적 기회 앞에 서 있다. DMZ에 세우는 것은 태양광 패널과 풍력 발전기가 아니다. 우리가 세우는 것은 '평화의 기념비'이고, '통일의 디딤돌'이며, 미래 세대를 위한 지속 가능한 삶의 터전이다.

70년간 침묵했던 땅에서 평화의 에너지가 솟아나고, 그 에너지로 만든 전기가 남북 주민들의 집을 밝히며, 그 수익이 모든 국민에게 기본소득으로 돌아오는 그날이 오면, 우리는 세계에 이렇게 말할 수 있을 것이다. 분단의 상처도 평화의 에너지로 바꿀 수 있다고. 갈등의 땅도 모두가 함께 나누는 풍요의 원천이 될 수 있다고.

DMZ, 분단의 땅에서 평화의 에너지가 피어나는 그날을 우리는 함께 만들어갈 수 있다. 그날이 오면, 70년간 침묵했던 이 땅 위로 아이들의 웃음소리가 울려 퍼질 것이다. 태양광 패널 사이로 나비가 날고, 풍력 터빈 아래에서 사슴이 뛰놀 것이다. 할아버지는 손주의 손을 잡고 이 땅을 걸으며 말할 것이다. "여기가 한때 세상에서 가장 위험한 곳이었단다. 하지만 이제는 평화가 에너지를 만들고, 그 에너지가 우리 모두를 먹여 살리는 곳이 되었지."

DMZ의 일몰은 더 이상 대립의 상징이 아니라 희망의 풍경이 될 것이다. 서쪽 하늘을 물들이는 저 붉은 빛은 내일 아침 태양광 패널 위에 내려앉아 전기가 될 것이고, 그 전기는 남과 북의 가정에 불을 밝힐 것이다. 그리고 그 불빛 아래에서 한 아이가 책을 읽고, 한 청년이 꿈을 그리며, 한 어머니가 미소 짓는 모습, 그것이 바로 평화배당이 만드는 일상이 될 것이다.

70년 전, 이 땅을 갈랐던 철조망은 '증오의 선'이었다. 70년 후, 이 땅을 연결하는 송전선은 '생명의 선'이 될 것이다. 분단이 남긴 상처는 평화가 주는 에너지로 치유되고, 대립이 만든 공백은 협력이 가져오는 풍요로 채워질 것이다. 그날은 반드시 온다. 우리가 함께 만들어가는 그날이.

19장

∽

# 백두대간에서
# 동해·서해까지

## 사라진 숲의 기억

백두산에서 지리산까지 한반도를 관통하는 1,625킬로미터의 거대한 산줄기가 있다. 바로 '백두대간'이다.[1] 이 장대한 산맥은 단순한 지형이 아니다. 한반도의 등뼈이자 생명의 원천이며, 동해와 서해로 흐르는 모든 강의 발원점이다. 수천 년 동안 이 산줄기는 한반도를 품어왔고, 그 품 안에서 수많은 생명이 숨 쉬며 살아왔다.

그러나 북한의 백두대간은 지금 깊은 상처를 입고 있다. 2024년 기준 북한 전체 산림의 13.7퍼센트에 해당하는 123만 2,539헥타르가 황폐화되었다.[2] 서울 면적의 약 23배에 달하는 숲이 사라진 것이다. 1990년대 '고난의 행군' 이후 에너지난과 식량 부족은 북한 주민들을 산으로 내몰았다. 땔감을 구하기 위해, 옥수수를 심을 땅을

만들기 위해 나무를 베어냈다. 생존을 위한 선택이었지만, 그 대가
는 혹독했다.

숲이 사라지자 산사태가 빈번해졌다. 2007년 대홍수는 600명 이
상의 목숨을 앗아갔고, 2012년 태풍은 수만 명을 이재민으로 만들
었다. 나무뿌리가 사라진 땅은 폭우를 견디지 못했고, 토사가 마을
을 덮쳤다. 황폐한 산은 기후변화에 더욱 취약해졌고, 생물다양성은
급격히 감소했다. 백두대간의 상처는 곧 한반도 전체의 상처였다.

남한은 1973년 치산녹화 10개년 계획을 시작으로 30여 년 만에
황폐한 산림을 푸른 숲으로 되살린 역사를 가지고 있다.[3] 1960년대
남한 산림의 70퍼센트 이상이 민둥산이었다. 한국전쟁의 상흔과 전
후 복구 과정에서 나무가 무분별하게 베어졌다. 그러나 국가의 의지
와 국민의 적극적 참여로 기적을 이루었다. UN 식량농업기구FAO는
대한민국을 '제2차 세계대전 이후 황폐산림 녹화에 성공한 유일한
국가'로 평가했다.[4]

이제 그 경험과 기술을 북쪽으로 확장할 때가 왔다. 백두대간 북
한 구간 910킬로미터의 복원은 단순한 환경사업이 아니다. 한반도
의 생태계를 회복하고, 기후 위기에 대응하며, 남북이 함께 미래를
설계하는 평화 프로젝트다. 그리고 이 복원 사업이 창출하는 경제적
가치는 한반도 주민 모두에게 기본소득으로 돌아갈 수 있다.

## 산과 바다가 만나는 곳

백두대간 복원 사업은 단독으로 완성되지 않는다. 이 사업은 동해
와 서해의 풍요로운 바람과 만날 때 완전한 형태를 갖춘다. 산림 복

원과 해상풍력, 육지와 바다, 녹색과 청색이 조화를 이루는 통합 그린뉴딜 프로젝트가 필요하다.

북한의 동해와 서해는 풍력 자원의 보고다. 특히 서해안의 해주만은 조력발전 잠재 용량만 2,300메가와트에 달한다.[5] 동해안은 수심이 깊어 '부유식 해상풍력'에 적합하고, 서해안은 얕은 수심과 넓은 갯벌로 '고정식 해상풍력'에 유리하다. 한반도를 둘러싼 두 바다는 무한한 청정에너지를 품고 있다.

해상풍력은 육상풍력과 달리 생태계를 훼손하지 않는다. 오히려 풍력단지가 인공어초 역할을 하면서 해양생태계를 풍부하게 만드는 사례도 있다. 덴마크와 영국의 해상풍력단지 주변에서는 어족자원이 증가했다는 연구 결과가 있다.[6] 바다 위의 풍차는 숲을 베지 않고도 막대한 에너지를 생산할 수 있다.

여기서 산림 복원과 해상풍력의 시너지가 탄생한다. 백두대간에 나무를 심고 숲을 복원하면서, 동시에 두 바다에서 청정에너지를 수확하는 것이다. 숲은 탄소를 흡수하고, 풍력은 탄소를 배출하지 않는다. 육지의 녹색과 바다의 청색이 만나 한반도를 기후 위기 대응의 최전선으로 만드는 것이다.

구체적인 구상은 이렇다. 백두대간 북한 구간 910킬로미터를 중심으로 10년 계획의 산림 복원 사업을 추진한다. 동시에 동해안과 서해안에 각각 5기가와트급 해상풍력단지를 단계적으로 건설한다.[7] 1기가와트 해상풍력단지는 약 233제곱킬로미터의 해역이 필요하므로, 10기가와트는 약 2,330제곱킬로미터가 필요하다. 이는 서울시 면적의 약 4배 규모지만, 북한의 광활한 해역을 고려하면 충분히 실현 가능하다.

한편 산림 복원은 일자리를 창출한다. 묘목 생산, 조림 작업, 산림 관리 등 노동집약적 사업이다. 1970년대 남한의 치산녹화 사업은 수십만 명의 일자리를 만들었다. 북한의 백두대간 복원 역시 수만 명의 고용을 창출할 것이다. 해상풍력 건설과 운영도 마찬가지다. 풍력 터빈 제조, 해상 설치, 유지보수 등 전 과정에서 양질의 일자리가 생긴다.

## 삼각 협력의 로드맵

백두대간 복원과 해상풍력 개발은 남북한의 힘만으로는 부족하다. 국제사회와의 협력, 특히 중국의 참여가 필수적이다. 북한의 백두대간은 중국 지린성과 접경하고, 서해는 중국과 마주한다. 한반도의 녹색 전환은 동북아 전체의 생태환경과 연결된다. 따라서 다음과 같이 3차에 걸친 단계별 접근이 바람직해 보인다.

1단계(1~3차년)는 '신뢰 구축과 시범사업'의 단계다. 남·북·중 3국이 참여하는 '동북아 그린뉴딜 협의체'를 구성한다. 백두대간 일부 구간(예: 금강산 인근 50킬로미터)에서 시범 조림 사업을 시작하고, 서해안에 500메가와트급 시범 해상풍력단지를 건설한다. 이 단계에서 중요한 것은 기술 이전과 인력 양성이다. 남한의 산림 복원 전문가와 풍력발전 기술자들이 북한에서 교육 프로그램을 운영한다.

다음으로 2단계(4~7차년)는 '본격 확대와 인프라 구축'이 주안점이다. 시범사업의 성과를 바탕으로 백두대간 전 구간으로 복원 사업을 확대한다. 동해와 서해에 각각 2기가와트급 해상풍력단지를 추가 건설한다. 중국은 자본과 장비를 제공하고, 남한은 기술과 관리 노하우를 담당하며, 북한은 토지와 노동력을 제공한다. 이 시기에 송전망 연결도 추진한다. 북한의 재생에너지를 남한과 중국으로 송전하는 '동북아 슈퍼그리드'의 초석을 놓는다.[8]

마지막으로 3단계(8~10차년)는 '완성과 지속 가능한 관리체계'의 단계다. 백두대간 복원이 완료되고, 해상풍력단지가 총 10기가와트 규모로 확장된다. 이 시점에서 '한반도 그린뉴딜 기금'을 정식으로 출범시킨다. 산림이 흡수하는 탄소와 해상풍력이 생산하는 전력을 수익화하여, 남북 주민 모두에게 기본소득으로 분배하는 시스템을 구축한다.

이 로드맵의 핵심은 '상생'이다. 북한은 황폐한 산림을 복원하고 에너지 자립을 이루며, 남한은 재생에너지 산업을 확장하고 탄소중립 목표에 다가서며, 중국은 국경지대의 환경개선과 에너지 안보를 강화한다. 세 나라 모두 기후 위기 대응에 기여하고, 한반도의 평화를 구축하는 데 동참한다.

## 숫자가 말하는 미래

백두대간 산림 복원과 해상풍력 개발이 창출하는 경제적 가치는 구체적인 숫자로 드러난다. 먼저 산림 복원의 가치다. 남한의 산림이 연간 흡수하는 탄소는 약 4,500만 톤이며, 산림의 공익적 가치는 연간 221조 원으로 평가된다.[9] 북한 백두대간 복원으로 조성되는 숲이 남한 산림의 15퍼센트 규모라고 가정하면, 연간 33조 원 이상의 공익적 가치가 창출된다. 산림이 제공하는 수자원 확보, 대기정화, 산사태 방지, 생물다양성 보전 등의 가치는 화폐로 환산하기 어려울 만큼 크다.

해상풍력의 발전량은 더욱 명확하다. 10기가와트 해상풍력단지는 연간 약 300억 킬로와트시를 생산한다.[10] 이는 약 900만 가구가 1년간 사용할 수 있는 전력량이다. 킬로와트시당 100원으로 계산하면 연간 3조 원의 전력 판매 수익이 발생한다. 여기에 탄소배출권 수익을 더하면 경제적 가치는 더욱 커진다. 해상풍력 1킬로와트시는 석탄 화력 대비 약 0.8킬로그램의 $CO_2$를 감축한다. 연간 240억 킬로그램, 즉 2,400만 톤의 탄소를 감축하는 것이다. 탄소배출권 가격을 톤당 3만 원으로 계산하면 연간 7,200억 원의 추가 수익이 생긴다.

산림 복원 사업 자체도 경제적 파급효과가 크다. 10년간 총 10조 원의 투자가 이루어진다고 가정하면, 건설업, 제조업, 서비스업 전반에 걸쳐 약 20조 원의 생산유발효과가 발생한다.[11] 해상풍력 건설 투자는 10기가와트 기준 약 30조 원이며, 생산유발효과는 60조 원에 달한다. 두 사업을 합치면 10년간 80조 원의 생산유발효과가 창출된다.

이 모든 가치를 기본소득 재원으로 전환하는 방식은 다음과 같다. 산림 복원으로 발생하는 탄소 흡수량을 탄소배출권 시장에서 거래하고, 해상풍력 전력 판매 수익과 탄소배출권 수익을 '한반도 그린 뉴딜 기금'에 적립한다. 이 기금을 남북 주민 약 8,000만 명에게 균등하게 분배한다. 연간 4조 원의 수익이 발생한다면, 1인당 연 5만 원의 기본소득이 가능하다. 시작은 작지만, 사업이 확대되고 탄소배출권 가격이 상승하면 기본소득 금액도 증가할 것이다.

## 지구촌과 함께하는 프로젝트

백두대간 복원과 해상풍력 개발은 한반도만의 이야기가 아니다. 이 프로젝트는 국제사회의 관심과 지원을 끌어낼 수 있는 모델이다. 유엔환경계획UNEP은 '생태계복원 10개년(2021~2030년)' 계획을 추진하고 있다.[12] 백두대간 복원은 이 계획의 대표적 사례가 될 수 있다. 남북이 협력하여 생태계를 복원하고, 그 과정에서 평화를 구축한다는 구상은 전 세계에 강력한 메시지를 전한다. UNEP과 세계은행, 아시아개발은행ADB 등 국제기구의 재정 지원을 받을 수 있다.

해상풍력 프로젝트는 국제재생에너지기구IRENA와 협력할 수 있다. IRENA는 개발도상국의 재생에너지 확대를 지원하는 기구다. 북한의 에너지 자립과 탄소중립을 돕는 이 프로젝트는 IRENA의 지원 대상으로 적합하다. 덴마크, 영국, 독일 등 해상풍력 선진국의 기술 이전과 투자 유치도 가능하다.

탄소배출권 시장도 중요한 연결고리다. 산림 복원과 재생에너지 사업으로 발생하는 탄소 감축량을 국제 탄소시장에서 거래할 수 있다. 파리협정 제6조는 국가 간 탄소배출권 거래를 허용한다.[13] 북한이 감축한 탄소를 남한이나 중국, 또는 유럽 국가들이 구매하는 방식이다. 이는 북한에 외화 수입을 안겨주고, 남북 경협의 새로운 모델이 된다.

민간 부문의 참여도 중요하다. ESG(환경·사회·지배구조) 경영을 중시하는 글로벌 기업들은 탄소중립 프로젝트에 투자할 유인이 크다.

삼성, SK, LG 등 한국 기업들과 중국의 주요 기업들, 그리고 유럽과 미국의 재생에너지 기업들이 참여할 수 있다. 이들은 자본과 기술을 제공하고, 그 대가로 탄소배출권과 전력 구매 계약을 얻는다.

국제사회의 참여는 단순한 자금 지원을 넘어선다. 이 프로젝트는 한반도의 평화를 정착시키는 수단이 된다. 산림 복원과 해상풍력 개발 과정에서 남북 주민들이 함께 일하고, 국제 전문가들이 협력하며, 여러 나라의 이해관계가 얽힌다. 이렇게 형성된 복합적 협력 네트워크는 한반도에서 군사적 긴장이 고조되는 것을 억제하는 힘이 된다. 경제적 이익이 평화를 지키는 동기가 되는 것이다.

## 녹색 배당에서 기본소득으로

알래스카 영구기금은 석유 수익을 주민 배당으로 돌려주는 모델이다. 2024년 알래스카 주민들은 1인당 1,702달러(약 230만 원)를 받았다.[14] 북해 유전을 보유한 노르웨이는 석유 수익을 국부펀드로 적립해 세계 최대 규모의 연기금을 운용하고 있다. 이제 화석연료가 아닌 재생에너지와 산림 복원으로 같은 일을 할 때가 왔다.

백두대간 복원과 해상풍력 개발로 발생하는 수익은 '녹색 배당'으로 시작할 수 있다. 처음에는 상징적인 금액일지 모른다. 1인당 연 5만 원, 10만 원 정도일 것이다. 그러나 이것은 시작에 불과하다. 사업이 확대되고, 탄소배출권 가격이 상승하고, 재생에너지 시장이 성장하면 배당금은 증가한다.

녹색 배당은 생태적 가치를 경제적 가치로 전환하는 혁신이다. 숲이 흡수하는 탄소, 바람이 생산하는 전기는 모두 공동의 자산이다.

이 자산에서 발생하는 수익을 모든 사람에게 나누는 것은 정의롭다. 백두대간은 남북 모두의 산이고, 동해와 서해도 한반도 전체의 바다다. 그곳에서 나오는 이익은 한반도에 사는 모든 사람에게 귀속되어야 한다.

녹색 배당이 자리 잡으면, 이는 기본소득으로 진화한다. 기본소득은 모든 사람에게 무조건적으로 지급되는 소득이다. 백두대간과 두 바다에서 나오는 수익은 그 재원이 될 수 있다. 남북의 모든 주민이 매년 일정 금액을 받는다. 일을 하든 안 하든, 부자든 가난하든, 나이와 성별에 관계없이 모두가 받는다.

이것은 단순한 경제정책이 아니다. 평화 배당이자 생태 배당이며, 미래 세대를 위한 투자다. 아이들은 태어나면서부터 녹색 배당을 받는다. 그 돈으로 교육받고, 꿈을 키운다. 청년들은 기본소득을 바탕으로 창업하고, 예술 활동을 하고, 자신의 길을 찾는다. 노령층은 안정적인 소득으로 노후를 보낸다. 기본소득은 모두에게 삶의 안전판을 제공한다.

더 중요한 것은 기본소득이 사회 전체의 의식을 바꾼다는 점이다. 사람들은 자연을 착취의 대상이 아니라 공동의 자산으로 인식하게 된다. 숲을 베면 배당금이 줄어들고, 바다를 오염시키면 풍력발전이 어려워진다. 그런데 생태계를 보존하는 것은 곧 자신의 이익을 지키는 일임을 체감한다. 여기서 기본소득은 생태적 각성을 촉진하는 촉매제의 역할을 한다.

## 새로운 시작을 향하여

백두산에서 지리산까지, 동해에서 서해까지, 한반도의 산과 바다는 분단의 상처를 품고 있지만, 동시에 미래의 희망을 간직하고 있다. 사라진 숲은 다시 푸르러질 수 있고, 거센 바람은 깨끗한 에너지로 변환될 수 있다. 그 과정에서 남북 주민들은 함께 일하고, 함께 이익을 나누며, 함께 평화를 만들어간다.

70년 전 한반도는 전쟁으로 폐허가 되었다. 산은 민둥산이 되었고, 강은 피로 물들었다. 그러나 남한은 30년 만에 푸른 숲을 되살렸고, 세계 10위권 경제 대국으로 성장했다. 이제 그 경험과 역량을 북쪽으로 확장할 때다. 백두대간을 복원하고, 두 바다에 풍력 단지를 세우며, 그 수익을 모든 사람에게 나누는 것은 불가능한 꿈이 아니다. 실현 가능한 미래다.

이 프로젝트가 성공하면, 한반도는 세계에 두 가지를 증명한다. 첫 번째는 분단된 나라도 협력할 수 있다는 것이고, 두 번째는 생태 복원과 경제발전이 양립할 수 있다는 것이 그것이다. 백두대간과 두 바다의 이야기는 한반도를 넘어 지구촌 전체에 희망의 메시지를 전할 것이다.

숲이 돌아오고, 바람이 전기를 만들며, 사람들이 배당금을 받는다는 것은, 단순한 경제시스템이 아니라, 새로운 문명의 시작이다. 자연을 파괴하며 성장하는 시대는 끝나고, 자연과 조화하며 번영하는 시대가 열린다. 백두대간에서 동해와 서해 두 바다까지, 한반도는 그 전환의 최전선에 선다.

70년의 분단과 대립을 넘어, 이제 협력과 공존의 새로운 70년을 시작할 때다. 산림 복원과 해상풍력, 그리고 기본소득, 이 세 가지가 만나는 곳에서 한반도의 미래가 열린다. 백두대간은 다시 푸르러지고, 두 바다는 에너지를 선물하며, 모든 사람은 존엄한 삶을 누린다. 이것이 우리가 함께 만들어갈 한반도의 내일이다.

그러나 아름다운 비전만으로는 충분하지 않다. DMZ의 태양광과 풍력, 백두대간의 푸른 숲, 동해와 서해의 해상풍력, 이 모든 것은 구체적인 실행 계획 없이는 그저 꿈으로 남을 뿐이다. 재원을 어떻게 조달할 것인가? 어떤 단계로 추진할 것인가? 남북 협력은 어떻게 시작할 것인가? 국제사회의 참여는 어떻게 이끌어낼 것인가?

이제 비전에서 실행으로 나아갈 때다. 한반도 그린뉴딜과 평화배당은 단지 이론적 구상이 아니라, 실현 가능한 국가 프로젝트가 되어야 한다. 그러나 이 프로젝트는 홀로 설 수 없다. DMZ의 재생에너지, 백두대간의 산림 복원, 동해와 서해의 해상풍력은 한반도 미래 전략의 한 축이지, 전부가 아니다.

더 큰 그림이 필요하다. 기본소득 재원 마련은 한두 가지 프로젝트로 완성되지 않는다. 보편적 재원과 특수 재원, 기존 재정과 신규 사업, 국내 자본과 국제 협력이 모두 어우러져야 한다. 그 통합적 실행 전략이 바로 150조 원 규모의 '국민성장펀드'다. 이 펀드는 한반도 그린뉴딜을 포함하되, 그것을 넘어서는 포괄적 재원 조달 체계다.

DMZ부터 백두대간까지, 동해에서 서해까지의 프로젝트들은 이 펀드 안에서 평화와 생태라는 특별한 의미를 지닌 핵심 사업 중의 하나로 자리한다. 그리고 이들은 다른 재원들—재정 재구조화, 공유

부 배당, AI·재생에너지 배당—과 함께 기본소득이라는 하나의 목
표를 향해 수렴한다.

# 20장

# 바다의 선물,
# 울산 부유식 해상풍력

## 세계가 주목한 울산 앞바다

2024년 10월 14일, 울산부유식해상풍력발전협의회 소속 5개 개발사가 한국전력공사와 역사적인 계약을 체결했다. 총 6기가와트 규모의 청정 전력을 한전의 전력 계통에 연계하는 송전용 전기설비 이용계약이었다. 6기가와트는 원자력발전소 6기의 발전량과 맞먹는 규모다. 이는 세계 최대 규모의 부유식 해상풍력 발전단지가 울산 앞바다에서 본격적으로 가동될 것임을 알리는 신호탄이었다.[1]

울산항에서 동쪽으로 60~90킬로미터 떨어진 먼바다, 수심 100~150미터의 깊은 바다 위에 거대한 풍력발전기들이 떠 있는 모습을 상상해보라. 부유체 위에 고정된 풍력터빈이 초속 8.5미터 이상의 강한 바람을 받아 쉼 없이 회전하며 전기를 생산한다. 이것이 바로 울산이 세계에 선보이는 부유식 해상풍력의 미래다.

부유식 해상풍력은 수심이 깊어 해저에 기둥을 박을 수 없는 먼바다에서 부유체를 띄워 풍력 발전기를 설치하는 첨단기술이다. 노르웨이 국영기업 에퀴노르가 개발해 2017년 스코틀랜드 하이윈드에서 30메가와트 규모로 최초 상업운전을 시작했고, 2021년 50메가와트 킨카딘, 2022년 88메가와트 하이윈드 탐펜이 차례로 가동을 시작했다. 포르투갈의 25메가와트 아틀란틱 부유식 해상풍력단지도 전력을 생산 중이다.[2] 그러나 울산의 6기가와트는 이들 모두를 합친 것보다 훨씬 크다. 울산은 단순히 기존 기술을 따라가는 것이 아니라, 세계 부유식 해상풍력 산업의 새로운 지평을 여는 선구자가 되고 있다.

울산이 부유식 해상풍력의 최적지로 선택된 이유는 명확하다. 첫째, 풍부한 바람 자원이다. 울산 앞바다는 연평균 풍속 8.5㎧ 이상의 강한 해풍이 연중 안정적으로 발생한다. 실제 측정 자료와 인공지능 프로그램으로 예측한 결과 발전 이용률이 45퍼센트 이상으로 나타났다. 이는 육상풍력의 20~25퍼센트, 일반 해상풍력의 30~35퍼센트에 비해 월등히 높은 수치다. 10메가와트 해상풍력발전기 한 대가 평균 4.5메가와트시의 전력을 생산할 수 있다는 의미다.[3]

둘째, 적절한 수심이다. 울산 앞바다는 수심 약 100~150미터로 부유식 해상풍력에 최적화된 조건을 갖추었다. 수심이 너무 얕으면 고정식을 설치하는 것이 경제적이고, 너무 깊으면 계류 비용이 증가한다. 울산의 수심은 부유식 기술의 경제성을 확보할 수 있는 이상

적인 범위에 속한다.[4]

셋째, 세계 최고 수준의 조선해양산업 인프라다. 울산은 HD현대중공업(구 현대중공업), 세진중공업 등 글로벌 조선소들이 밀집한 세계 제1의 조선해양산업 도시다. 부유식 해상풍력의 핵심 부품인 부유체 제작, 터빈 설치, 해상 운송, 유지보수에 필요한 모든 인프라와 기술력을 보유하고 있다. 이는 다른 어떤 국가도 쉽게 따라올 수 없는 울산만의 경쟁력이다.[5]

이 세 가지 조건이 결합되면서 울산은 글로벌 에너지 기업들의 각축장이 되었다. 노르웨이, 덴마크, 스페인, 영국, 프랑스, 스웨덴 등 세계 재생에너지 선진국의 주요 기업들이 2025년 현재 울산 앞바다에 총 41조 6,000억 원을 투자하겠다고 나섰다.[6]

## 5개 개발사, 41조 원의 도전

울산 부유식 해상풍력 사업에는 5개의 특수목적법인SPC이 참여하고 있다. 각 개발사는 글로벌 에너지 기업들이 컨소시엄을 구성한 형태다.

반딧불이에너지Bandibuli Energy는 노르웨이 국영기업 에퀴노르가 주도하는 프로젝트로, 5조 7,000억 원을 투자해 750메가와트 규모의 발전단지를 2030년까지 완공할 계획이다. 에퀴노르는 세계 최초로 부유식 해상풍력 상업운전을 성공시킨 기업으로, 울산에서도 선도적 역할을 하고 있다. 반딧불이 프로젝트는 2023년 20년 장기고정가격 경쟁입찰에 낙찰되며 사업 추진에 탄력을 받았다.[7]

해울이해상풍력발전Haewool Offshore Wind은 덴마크의 코펜하겐 인프라 파트너스CIP가 주도하며, 약 1,300억 원의 외국인 직접투자FDI를 포함해 총 12조 원을 투자한다. 1.5기가와트 규모의 발전단지를 역시 2030년까지 조성한다. CIP는 세계 최대 재생에너지 투자펀드 중 하나로, 아시아 태평양 지역에서 울산을 가장 중요한 전략 거점으로 삼고 있다.[8]

케이에프 윈드KF Wind는 스페인의 바다에너지BlueFloat Energy와 노르웨이의 에너지 인프라 파트너스EIP가 합작한 프로젝트다. 약 485억 원의 FDI와 총 7조 5,000억 원을 투자해 1.125기가와트 규모의 발전단지를 2031년까지 완공한다.[9]

귀신고래해상풍력발전Gray Whale Offshore Wind은 프랑스의 토털에너지스TotalEnergies와 영국의 오션윈즈Ocean Winds, 한국의 SK에코플랜트가 참여하는 컨소시엄이다. 12조 원을 투자해 1.5기가와트 규모의 발전단지를 2031년까지 조성한다.[10]

문무바람MunmuBaram은 스웨덴의 헥시콘Hexicon이 단독으로 추진하는 프로젝트로, 약 1,200억 원의 FDI를 신고하고 총 4조 4,000억 원을 투자한다. 750메가와트 규모의 발전단지를 2032년까지 완공할 계획이다. 헥시콘은 부유식 해상풍력 전문 기업으로, 독특한 쌍둥이 터빈 플랫폼 기술을 보유하고 있다.[11]

이들 5개사의 투자 규모를 합치면 총 41조 6,000억 원에 달한다. 이는 단순히 발전소를 짓는 것을 넘어, 울산을 글로벌 재생에너지 허브로 만들겠다는 의지의 표현이다.

## 울산에서 시작된 세계의 흐름

6기가와트 규모의 부유식 해상풍력이 완공되면 어떤 변화가 일어날까? 먼저 전력 생산량을 보자. 발전 이용률 45퍼센트를 적용하면 연간 약 23.7테라와트시(237억kWs)의 전력을 생산할 수 있다. 이는 월평균 300킬로와트시를 사용하는 가구 기준으로 약 660만 가구가 1년간 사용할 수 있는 전력량이다. 울산시 전체 가구 수가 약 46만 인 점을 감안하면, 울산 부유식 해상풍력은 울산시민뿐 아니라 영남권 전체에 청정 전력을 공급할 수 있는 규모다.[12]

탄소 감축 효과도 막대하다. 화석연료 발전을 대체할 경우, 연간 약 930만 톤의 이산화탄소 배출을 줄일 수 있다. 이는 승용차 약 200만 대가 1년간 배출하는 탄소량과 맞먹는다. 2050 탄소중립 목표 달성에 결정적으로 기여할 것이다.[13]

경제적 파급효과는 더욱 놀랍다. 울산경제자유구역청에 따르면, 이 사업을 통해 향후 20년간 30조 원의 생산 유발 효과, 6조 8,000억 원의 부가가치 창출, 약 5만 3,000명의 고용 창출이 기대된다. 부유체 제작, 터빈 조립, 설치선 운영, 해상 케이블 부설, 유지보수 등 모든 단계에서 지역 기업과 인력이 참여할 수 있다.[14]

무엇보다 중요한 것은 RE100 달성 기반 확보다. RE100Renewable Electricity 100퍼센트은 기업이 사용하는 전력의 100퍼센트를 재생에너지로 충당하겠다는 자발적 캠페인이다. 글로벌 공급망에 편입되려면 RE100 달성이 필수 조건이 되고 있다. 울산의 제조업 기업들은 부유식 해상풍력에서 생산된 청정 전력을 공급받아 RE100을 달성하고 국제 경쟁력을 유지할 수 있다.[15]

흥미로운 사실은 울산 부유식 해상풍력 사업이 세계 부유식 해상 풍력 시장 확산과 잘 맞아떨어졌다는 점이다. 2021년부터 민선 7기 울산광역시 사회일자리에너지정책특별보좌관으로 이 사업을 주도했던 김형근 (사)기본사회 울산남구위원장은 "울산에서 세계 최대 규모의 부유식 해상풍력발전단지를 개발하는 사업이 빠르게 성공하는 모습을 보이자, 영국이 2022년 1월 14기가와트, 노르웨이가 2023년 1월 1.5기가와트의 부유식 해상풍력 입찰을 발표하는 등 전 세계적으로 부유식 해상풍력 개발 규모가 급증하기 시작했다"고 밝혔다.[16]

실제로 울산 프로젝트가 본격화된 2021년 이후, 글로벌 부유식 해상풍력 시장은 폭발적으로 성장했다. 국제에너지기구IEA는 2031~2035년 사이 전 세계에서 연평균 45.6기가와트의 해상풍력이 설치될 것으로 전망했고, 그중 상당 부분이 부유식일 것으로 예상했다.[17]

울산의 자신감이 세계로 확산된 것이다. 울산이 증명한 것은 단순히 기술적 가능성만이 아니었다. 풍부한 바람자원, 적절한 수심, 강력한 조선해양산업 인프라가 결합되면 부유식 해상풍력이 경제적으로도 충분히 실현 가능하다는 것을 보여주었다.

## 국민연금이 만드는 에너지 기본소득

울산 부유식 해상풍력이 더욱 주목받는 이유는 기본소득 재원으로서의 가능성 때문이다. 김형근 위원장은 울산 부유식 해상풍력 발전단지가 6.2기가와트 규모로 조성되고 45퍼센트 이용률을 가정했을 때, 주민참여형·지자체 참여형·지자체 주도형 신재생에너지 공급 인증서REC 가중치 등을 활용하면 연간 약 8,343억 원의 발전이익을 시민들에게 공유할 수 있다고 추산했다.[18]

더 나아가 그는 획기적인 제안을 내놨다. 울산 부유식 해상풍력 총 사업비 약 40조 원의 50퍼센트인 20조 원을 국민연금에서 투자하는 것이다. 이는 국민연금 총자산(약 1,000조 원)의 약 2퍼센트에 불과한 금액이다. 국민연금이 20조 원을 투자하고 수익의 일정 비율을 해당 지역주민에게 배당하는 방식이다.[19]

왜 국민연금인가? 국민연금은 현재 해외 석탄산업에 약 15조 4,500억 원을 투자하고 있다. 기후 위기 대응과 탄소중립을 위해서는 이러한 화석연료 투자를 재생에너지로 전환해야 한다. 울산 부유식 해상풍력은 그 최적의 대안이다. 국민연금이 투자하면 안정적인 수익을 확보할 수 있고, 그 수익의 일부를 울산시민, 더 나아가 전 국민에게 에너지 기본소득 재원으로 마련할 수 있다.[20]

구체적으로 어떻게 가능할까? 울산 부유식 해상풍력의 연간 발전 수익은 전력 판매 수익, REC 판매 수익, 공유수면 사용료 개선 등을 합치면 연간 1조 원 이상에 이를 것으로 추정된다. 국민연금이 20조 원(50%)을 투자했다면 이 중 연간 5,000억 원 이상의 수익을 기대할 수 있다. 이 수익의 일정 비율, 예를 들어 30퍼센트를 울산 시민에게 배당한다면 연간 1,500억 원 이상을 기본소득 재원으로 활용할 수 있다.[21]

울산시 인구는 약 110만 명이다. 연간 1,500억 원을 전 시민에게 균등 배당하면 1인당 연간 약 13만 6,000원을 지급할 수 있다. 4인

가구 기준으로는 연간 54만 4,000원이다. 이는 시작에 불과하다. 20년 후 발전사업자들이 발전기를 울산시에 기부채납한다면, 그 이후 발전 수익 전액이 울산시민의 몫이 된다. 수명을 연장한 발전기가 추가로 10~15년간 가동된다면, 그 기간 동안 연간 수천억 원의 수익이 고스란히 시민 기본소득으로 전환될 수 있다.[22]

## 신안군 모델과 울산의 차이

전라남도 신안군은 이미 재생에너지 이익 공유와 기본소득 정책에서 선구적인 성과를 내고 있다. 2018년 '신안군 신·재생에너지 개발 이익 공유 등에 관한 조례'를 제정하고, 발전법인 자기자본의 30퍼센트 이상 또는 총사업비의 4퍼센트 이상을 지역주민이 참여하도록 했다. 2020년부터 햇빛연금을 지급하기 시작해 2024년까지 누적 수익액이 220억 원을 넘어섰다. 2035년까지 8.2기가와트 해상풍력 단지가 조성되면 연간 3,000억 원 이상의 주민소득이 예상되며, 군민 1인당 연간 600만 원 이상의 '바람연금'을 받을 수 있을 것으로 기대된다.[23]

신안군의 성공은 지자체장과 공무원들이 적극적으로 나서면 재생에너지 이익 공유와 전 주민 기본소득 배당이 가능하다는 것을 증명했다. 신안군 인구는 2025년 11월 기준 4만 1,545명으로, 2023년보다 3,000명 이상 증가했다. 재학생 수가 줄어 휴교 중이던 자라도 자라분교는 취학 가능 아동 수가 늘어 폐교를 면했다. 재생에너지 이익 공유가 인구 감소를 막고 지역 소멸을 방지하는 실질적 대안이 될 수 있음을 보여준 것이다.[24]

그렇다면 울산과 신안군의 차이는 무엇일까? 첫째, 규모의 차이다. 신안군의 8.2기가와트는 주로 고정식 해상풍력이며, 단계적으로 조성 중이다. 반면 울산의 6기가와트는 세계 최초로 대규모 부유식 해상풍력으로 조성되며, 기술적 난이도가 훨씬 높다.

둘째, 인구와 재원 배분의 차이다. 신안군 인구는 약 4만 명이지만, 울산시 인구는 약 110만 명이다. 같은 재원이라도 울산에서는 1인당 배당액이 상대적으로 작아질 수 있다. 그러나 울산은 조선해양산업, 석유화학산업 등 탄탄한 산업 기반을 갖추고 있어, 부유식 해상풍력 사업이 창출하는 일자리와 부가가치가 훨씬 크다. 단순히 배당금만이 아니라, 고용 창출과 지역경제 활성화를 함께 고려해야 한다.

셋째, 국민연금 투자 가능성이다. 신안군은 지역주민과 지자체 중심의 이익 공유 모델이지만, 울산은 국민연금 같은 공적 기금이 대규모 투자를 통해 전 국민적 이익 공유 모델로 확장될 가능성이 있다. 울산 부유식 해상풍력은 단순히 울산만의 사업이 아니라, 대한민국 전체 국민이 수혜자가 될 수 있는 사업이다.

넷째, 20년 후 기부채납이다. 신안군은 주민참여형 펀드와 조례를 통해 이익을 공유하지만, 울산은 20년 후 발전기를 기부채납 받아 발전 수익 전액을 시민 소유로 전환할 수 있는 가능성을 열어두고 있다. 장기적으로 보면 울산 모델이 더 큰 잠재력을 갖고 있는 것이다.[25]

## 남은 과제: 법과 제도의 정비

울산 부유식 해상풍력이 기본소득 재원으로 온전히 활용되기 위해서는 법과 제도의 정비가 필요하다. 첫째, '발전소주변지역지원에관한법률' 개정이다. 현행법으로는 해안선에서 60킬로미터 이상 떨어진 울산 부유식 해상풍력발전소 주변지역에 대한 지원이 없다. 법을 개정해 먼바다 해상풍력도 지원 대상에 포함시켜야 한다.[26]

둘째, 전기사업법 개정이다. 대규모 재생에너지 발전사업자의 경우 허가조건에 주민 이익 공유 계획을 의무화하고, 예상 풍속과 실제 풍속의 차이에 따른 초과수익을 주민에게 반환하는 제도를 신설해야 한다.[27]

셋째, 공유수면 사용료 산정 방식 개선이다. 현재 공유수면 사용료는 가장 가까운 육지의 지가로 산정되며, 해양수산부가 독점한다. 이를 개선해 개발사들의 부담을 줄이고, 그만큼 지자체와 시민들의 몫을 늘려야 한다.[28]

넷째, 재생에너지 이익 공유 특별법 제정이다. 신안군은 조례를 통해 주민참여를 의무화했지만, 감사원의 정책감사를 받아야 했다. 전국적으로 재생에너지 이익 공유를 제도화하기 위해서는 특별법 제정이 필요하다. 개발이익에 대한 발전사업자의 독점을 방지하고, 보다 많은 주민의 참여를 보장해야 한다.[29]

다섯째, 국민연금 투자 확대와 수익 배당 제도화다. 국민연금이 화석연료에서 재생에너지로 투자를 전환하고, 투자 수익의 일정 비율을 지역주민에게 배당하는 제도를 명문화해야 한다. 이는 단순히 울산만의 문제가 아니라, 전국의 재생에너지 사업에 적용될 수 있는

모델이 될 것이다.[30]

## 울산의 선택, 대한민국의 미래

울산은 지금 역사적 기로에 서 있다. 민선 7기 울산시는 적극 행정으로 6개 투자사를 유치하고, 3년도 안 되어 총 6.6기가와트의 발전사업허가를 받아냈다. 공급망지역협의회와 풍력발전협의회를 출범시키고 어민단체들과 상생협약도 이끌어냈다. 2년에 걸쳐 환경영향평가를 완료하고 한국전력과 송전용 전기설비 이용 계약도 체결했다.[31]

그러나 윤석열 정부와 민선 8기 울산시 집행부가 들어서며 해저지반조사를 위한 공유수면 사용허가가 불허되면서 사업 추진이 지체되었다. 울산에 터빈 공장을 짓기로 했던 덴마크 베스타스가 목포신항에 공장을 설립하기로 하는 등 난항을 겪었다.[32]

그럼에도 2023년 에퀴노르가 개발하는 750메가와트 반딧불이 프로젝트가 20년 장기 고정가격 경쟁입찰에 낙찰되고, 공급망 계약과 설치선 제작까지 진행하면서 사업은 본격 제조 단계로 들어섰다. 2024년 11월 5개사 모두가 울산시와 투자의향서LOI를 체결하며 추진 의지를 재확인했다. 2025년 이재명 대통령이 취임하며 부유식 해상풍력이 울산 공약에 포함되고, 산업부의 에너지 정책이 기후에너지환경부로 이관되며 '에너지+환경' 정책 결정의 단일화가 이루어졌다.[33]

이제 울산의 선택은 명확하다. 신안군이 증명했듯이, 지자체장과 공무원들이 적극적으로 나서면 재생에너지 이익 공유와 전 주민 기본소득 배당이 가능하다. 울산은 신안군보다 더 큰 규모, 더 많은 투자, 더 큰 기술적 성취를 이루어낼 조건을 갖추고 있다.

만약 울산이 매년 1조 원 이상의 발전이익을 시민들에게 공유하고, 국민연금 투자를 통해 전 국민이 에너지 기본소득의 수혜자가 되는 모델을 만들어낸다면, 울산은 단순히 조선해양산업 도시를 넘어 재생에너지 기본소득의 세계 표준을 제시하는 도시가 될 것이다.

20년 후 발전기가 기부채납되어 울산시민 전체의 소유가 되는 그날, 울산 앞바다의 거대한 풍력터빈들은 더 이상 외국 기업의 자산이 아니라 울산시민 모두의 공유재산이 될 것이다. 그 풍력터빈이 만들어내는 전기는 단순히 전력이 아니라, 바다가 울산시민에게 주는 선물이 될 것이다.

21장

∾

# 태양이 준 선물,
# 해남 솔라시도

## 간척지에서 피어난 태양의 도시

전라남도 해남군 산이면. 서해와 남해가 만나는 이곳 간척지에 특별한 도시가 있다. 이름은 '솔라시도SOLASIDO'. 태양을 뜻하는 'Solar'와 바다를 뜻하는 'Sea' 그리고 섬을 뜻하는 '도島, Island'를 합친 말이다. 태양의 섬, 해남. 한때 바다였던 땅 위에 25만 장 이상의 태양광 패널이 햇빛을 받아 전기를 만들고, 그 전기는 세계 최대 규모의 에너지저장장치ESS에 저장된다.

2020년 12월, 이곳에 국내 최대 규모인 98메가와트급 태양광 발전설비와 세계 최대 용량인 306메가와트시급 ESS를 갖춘 솔라시도 태양광발전소가 준공되었다.[1] 158만제곱미터(48만 평) 부지에 조성된 이 발전소에서 생산되는 전력량은 연간 약 129기가와트시. 월

400킬로와트시를 사용하는 약 2만 7,000가구가 1년 동안 쓸 수 있는 양이다.[2]

그러나 솔라시도의 진정한 가치는 단순히 발전량에만 있지 않다. 이곳은 2025년 10월, 총 2조 5,000억 원 규모의 국가 인공지능AI컴퓨팅센터 사업부지로 사실상 확정되면서 대한민국 AI 산업의 심장부로 급부상했다.[3] 그리고 같은 시기, 오픈AIOpenAI 창립자 샘 올트만Sam Altman과 SK그룹이 전남 서남권에 대규모 AI 데이터센터 구축을 공식 발표하면서, 솔라시도는 전 세계가 주목하는 'AI와 재생에너지가 만나는 미래 도시'가 되었다.[4]

왜 해남인가? 왜 솔라시도인가? 그 답은 태양과 AI가 만나는 독특한 조건에 있다. 솔라시도 태양광발전소의 가장 큰 특징은 세계 최대 용량 306메가와트시의 에너지저장장치ESS를 갖추고 있다는 점이다.[5] ESS는 왜 중요한가? 태양광 발전의 가장 큰 약점은 간헐성이다. 낮에만 발전하고, 날씨에 따라 발전량이 크게 변한다. 밤에는 전기를 생산할 수 없다. 그러나 전력 수요는 24시간 지속된다. 이 간극을 메우는 것이 바로 ESS다. 낮에 생산한 전기를 ESS에 저장했다가 밤이나 전력 수요가 많은 시간대에 방출한다. 이를 통해 전력망의 안정성을 확보하고, 재생에너지의 활용도를 극대화할 수 있다.

그렇다면 306메가와트시는 어느 정도 규모인가? 이는 98메가와트 태양광발전소가 최대 출력으로 약 3시간 동안 생산하는 전력을 모두 저장할 수 있는 용량이다. 순간적으로 대규모 전력을 공급할 수 있어, 전력망의 주파수 조정과 피크 시간대 전력 공급에 핵심적인

역할을 한다.[6]

세계 최대 규모의 ESS는 단순히 양적 우위만을 의미하지 않는다. 이는 대규모 전력 소비 시설, 특히 AI 데이터센터와 같이 안정적이고 지속적인 전력 공급이 필수적인 시설을 운영할 수 있는 기반이 된다는 의미다. AI 데이터센터는 24시간 365일 멈추지 않고 작동해야 한다. 잠시라도 전력이 끊기면 막대한 손실이 발생한다. 솔라시도의 ESS는 태양광 발전의 간헐성을 극복하고, AI 시대가 요구하는 안정적 전력 공급의 핵심 인프라가 된 것이다.[7]

## 에너지 수출 도시로의 변신

현재 98메가와트 규모의 솔라시도 태양광발전소는 시작에 불과하다. 전라남도는 2030년까지 해남 솔라시도 인근에 총 5.4기가와트 규모의 태양광발전단지를 단계적으로 조성할 계획이다.[8] 5.4기가와트는 원자력발전소 5기 분량에 해당하는 엄청난 규모다. 7개 단지로 나뉘어 조성될 예정이며, △혈도 400메가와트 △부동 600메가와트 △화원 500메가와트 △산이 400메가와트 △삼호 1,000메가와트 △미암 1,100메가와트 △구림 1,400메가와트로 구성된다. 2028년까지 1.9기가와트를 먼저 조성하고, 2030년까지 5.4기가와트를 완성한다는 단계적 계획이다.[9]

특히 주목할 점은 삼호·미암 간척지에 조성되는 2.1기가와트 규모의 주민참여형 태양광발전단지다.[10] 해남군은 이미 '신·재생에너지 개발이익 공유 등에 관한 조례'를 제정해 500킬로와트 이상 태양광 발전사업에 주민참여를 의무화했다. 발전소 반경 500미터 이내

주민은 70퍼센트, 500~1,000미터는 20퍼센트, 1,000미터 초과는 10퍼센트의 지분 참여가 가능하다.[11]

이는 신안군 모델을 해남에 적용한 것이다. 신안군이 햇빛연금과 바람연금으로 주민들에게 재생에너지 이익을 공유했듯이, 해남군도 태양광 발전 이익을 주민들과 나누겠다는 의지다. 2.1기가와트 주민참여형 태양광이 완공되면, 해남 군민 전체가 에너지 기본소득의 수혜자가 될 수 있다.[12]

5.4기가와트가 모두 조성되면 연간 발전량은 약 8.5테라와트시(이용률 18% 적용 시)에 달한다. 이는 약 180만 가구가 1년간 사용할 수 있는 전력량이다. 해남군 인구가 약 6만 2,000명(2025년 기준)인 점을 고려하면, 해남은 자신이 소비하는 전력의 수십 배를 생산해 외부로 공급하는 '에너지 수출 도시'가 되는 것이다.[13]

## 샘 올트만이 선택한 땅

2025년 10월, 전 세계 AI 업계에 작은 충격이 있었다. 오픈AI의 창립자이자 CEO인 샘 올트만이 한국의 이재명 대통령과 만나 전남 서남권에 대규모 AI 데이터센터를 구축하겠다고 공식 발표한 것이다. SK그룹과 협력해 추진하는 이 사업의 부지로 유력하게 검토되는 곳이 바로 해남 솔라시도다.[14]

샘 올트만은 왜 해남을 선택했을까? 첫째, 재생에너지 기반이다. AI 데이터센터는 엄청난 전력을 소비한다. 챗GPT와 같은 대규모 AI 모델을 학습시키고 운영하려면 수백 메가와트에서 기가와트 단위의 전력이 필요하다. 더욱이 글로벌 기업들은 ESG(환경·사회·지배

구조) 경영과 RE100 달성을 위해 재생에너지로 운영되는 데이터센터를 선호한다. 솔라시도는 현재 98메가와트 태양광이 2030년까지 5.4기가와트로 확대되며, 인근 신안 해상풍력 8.2기가와트와도 연계할 수 있다. 이는 대규모 AI 데이터센터를 100퍼센트 재생에너지로 운영할 수 있는 최적의 조건이다.[15]

둘째, 안정적인 냉각수 공급이다. AI 데이터센터는 수많은 GPU(그래픽처리장치)가 고속으로 작동하며 엄청난 열을 발생시킨다. 이를 식히기 위해서는 대량의 냉각수가 필수다. 솔라시도는 금호호와 영암호라는 대규모 담수호를 인접하고 있어 냉각수 확보에 유리하다. 또한 서해와도 가까워 해수 냉각시스템 도입도 가능하다.[16]

셋째, 광활한 부지와 저렴한 토지비용이다. 솔라시도 기업도시는 총 33.8제곱킬로미터(약 1,024만 평)에 달하는 광대한 부지를 보유하고 있다. AI 데이터센터는 수십만 대의 서버를 수용할 수 있는 대규모 건물이 필요하며, 향후 확장 가능성도 고려해야 한다. 솔라시도는 충분한 확장 부지를 확보할 수 있다. 또한 간척지 특성상 토지비용이 수도권이나 대도시에 비해 저렴해 초기 투자비용을 절감할 수 있다.[17]

넷째, 개선되는 교통 인프라다. 솔라시도는 이미 서해안고속도로와 남해고속도로를 잇는 진입도로가 개통되었고, 광주~완도 고속도로(2026년 개통 예정)와 국도 77호선(2027년 완공 목표) 등 광역 교통망이 빠르게 연결되고 있다. 수도권과의 접근성도 대폭 개선될 전망이다.[18]

샘 올트만과 블랙록BlackRock이 공동으로 투자를 검토하고 있다는 소식도 들려온다.[19] 오픈AI가 선택한 해남 솔라시도는 이제 단순히 한국의 지방 도시가 아니라, 글로벌 AI 산업의 새로운 거점으로 부상하고 있다.

## 한국 정부도 선택한 땅

샘 올트만의 선택에 이어, 한국 정부도 해남 솔라시도를 선택했다. 2025년 10월 22일, 과학기술정보통신부가 추진하는 총 2조 5,000억 원 규모의 국가 AI컴퓨팅센터 사업에 삼성SDS 컨소시엄이 단독 입찰했다. 삼성SDS 컨소시엄에는 KT, 네이버클라우드, 카카오 등 한국의 주요 ICT 기업들이 참여했으며, 사업 부지로 해남 솔라시도 데이터센터 파크를 제시했다.[20]

국가 AI컴퓨팅센터는 이재명 정부의 'AI 고속도로' 구축 계획의 핵심이다. 2028년까지 1만 5,000장, 2030년까지 5만 장의 GPU를 확보해 AI 연구·산업 전반의 핵심 인프라를 구축한다는 목표다. 이는 대한민국을 미국, 중국에 이은 AI 3대 강국으로 만들겠다는 국가 차원의 전략 사업이다.[21] 정부는 11월 기술·정책 평가, 12월 금융심사를 거쳐 연내 최종 사업자를 확정할 예정이지만, 삼성SDS 컨소시엄이 단독 입찰한 만큼 사실상 해남 솔라시도로의 입지는 확정된 것으로 보인다.[22]

국가 AI컴퓨팅센터가 해남에 들어서면 어떤 변화가 일어날까? 먼저 AI 스타트업과 연구기관의 집적이다. 국가 AI컴퓨팅센터는 민간 기업과 연구기관에 GPU 컴퓨팅 자원을 제공한다. AI 모델 학습에는 막대한 컴퓨팅 비용이 들기 때문에, 스타트업이나 대학 연구실은 자체적으로 GPU를 구축하기 어렵다. 국가 AI컴퓨팅센터가 이를 지원하면, AI 스타트업과 연구기관들이 자연스럽게 해남 주변에 모여들게 된다.[23]

둘째, 일자리 창출과 인구 유입이다. AI 데이터센터는 건설 단계에서부터 수천 명의 고용을 창출한다. 운영 단계에서도 데이터센터 관리, 서버 유지보수, 보안, 전력 관리 등 다양한 전문 인력이 필요하다. 또한 AI 연구자, 엔지니어, 기획자 등 고급 인력이 해남으로 이주할 가능성이 크다. 해남군 관계자는 "AI 데이터센터가 들어서면 젊은층 귀향, 신규 상권 조성, 교육·문화 인프라 확충이 기대된다"고 밝혔다.[24]

셋째, RE100 국가산업단지와의 시너지다. 해남군은 전북특별자치도의 새만금과 함께 RE100 국가산단 유치에도 총력을 기울이고 있다. RE100 국가산단은 사용하는 전력을 100퍼센트 재생에너지로 충당하는 탄소중립형 산업단지다. 솔라시도의 5.4기가와트 태양광과 인근 8.2기가와트 해상풍력은 RE100 국가산업단지에 필요한 청정 전력을 직접 공급할 수 있다. 따라서 글로벌 제조업 기업들이 RE100 달성을 위해 한국에 공장을 지을 때, 해남 솔라시도가 최우선 입지로 떠오를 수 있다.[25]

## AI가 필요로 하는 전력, 태양이 답하다

AI는 왜 이토록 많은 전력을 필요로 할까? 챗GPT와 같은 대규모 언어모델LLM은 수천억 개의 파라미터를 가진 신경망을 학습시키기 위해 수만 개의 GPU를 동시에 가동한다. 하나의 AI 모델을 학습시키는 데 수개월이 걸리며, 이 기간 동안 GPU는 24시간 쉬지 않고 작동한다. 학습이 끝나도 끝이 아니다. 사용자들이 AI 서비스를 이용할 때마다 추론 작업이 실행되며, 이 역시 막대한 컴퓨팅 파워를 요구한다.

국제에너지기구[IEA]에 따르면, 전 세계 데이터센터의 전력 소비가 2025년 약 1,000테라와트시에 달할 것으로 예상된다. 이는 전 세계 전력 소비의 약 4퍼센트에 해당한다. AI 데이터센터만 따로 떼어 놓으면, 2030년까지 연간 소비 전력이 현재의 3배 이상 증가할 것으로 전망된다.[26]

문제는 단순히 전력량만이 아니다. 안정성과 지속가능성이 핵심이다. AI 데이터센터는 잠시라도 전력이 끊기면 안 된다. 서버가 다운되면 학습 중이던 AI 모델이 손상되거나 수백억 원의 손실이 발생할 수 있다. 따라서 24시간 365일 끊김 없는 안정적 전력 공급이 필수다.

동시에 지속가능성도 중요하다. 구글, 마이크로소프트, 메타 등 글로벌 빅테크 기업들은 모두 RE100을 선언했다. 자사 데이터센터를 100퍼센트 재생에너지로 운영하겠다는 약속이다. 화석연료 기반 전력으로 AI를 돌리면, 기후 위기를 가속화하는 동시에 ESG 경영에 역행하게 된다.

해남 솔라시도는 이 두 가지 문제를 동시에 해결할 수 있는 거의 유일한 장소다. 5.4기가와트 태양광과 세계 최대 306메가와트시 ESS, 그리고 인근 전남 전체 18기가와트 해상풍력의 결합은 대규모 AI 데이터센터를 100퍼센트 재생에너지로 안정적으로 운영할

수 있는 최적의 조건이다.[27]

　태양광은 낮에만 발전하지만, ESS가 이를 저장해 밤에 공급한다. 바람이 약한 날에는 태양광이, 흐린 날에는 해상풍력이 서로를 보완한다. 이 세 가지가 결합되면 24시간 안정적인 재생에너지 전력 공급이 가능해진다. 샘 올트만이 해남을 선택한 이유가 바로 여기에 있다. AI가 필요로 하는 전력에 태양과 바람이 답한 것이다.

## 울산과 해남, 두 도시가 그리는 미래

　20장에서 살펴본 울산 부유식 해상풍력과 21장의 해남 솔라시도는 각각 바다와 땅에서 재생에너지를 통해 기본소득 재원을 만들어낸다는 공통점이 있다. 그러나 두 도시가 그리는 미래의 모습은 사뭇 다르다.

　울산은 세계 최대 6기가와트 부유식 해상풍력을 통해 에너지 생산 도시로서의 정체성을 강화한다. 원전 6기 분량의 청정 전력을 생산해 울산의 제조업 기업들에게 RE100 달성 기반을 제공하고, 주민 참여와 국민연금 투자를 통해 연간 1조 원 이상의 발전이익을 시민에게 공유한다. 20년 후 발전기를 기부채납 받으면 발전 수익 전액이 울산시민의 몫이 된다. 울산은 조선해양산업의 전통적 강점을 재생에너지 산업으로 확장하며, 에너지 기본소득의 실천 모델을 만들어간다.

　해남은 5.4기가와트 태양광을 기반으로 AI와 재생에너지가 융합된 미래 도시로 변모한다. 국가 AI컴퓨팅센터와 오픈AI-SK 데이터센터가 들어서면서, 해남은 단순한 에너지 생산지를 넘어 AI 산업의 거점이 된다. 재생에너지로 AI를 돌리고, AI가 다시 재생에너지 관리를 최적화하는 선순환 구조가 만들어진다. RE100 국가산단이 조성되면 글로벌 제조업 기업들이 모여들고, 젊은 인재들이 유입되며, 인구 6만 2,000명의 작은 군이 AI 에너지 도시로 도약한다.

두 도시의 차이는 산업 생태계에서도 드러난다. 울산은 발전기 제조, 부유체 제작, 해상 설치, 유지보수 등 제조업 중심의 생태계를 구축한다. 해남은 AI 연구, 데이터센터 운영, RE100 국가산단, 에너지 관리 등 AI와 첨단 서비스업 중심의 생태계를 형성한다.

그러나 두 도시 모두 에너지 기본소득이라는 공통의 목표를 향해 나아간다. 울산은 바람에서, 해남은 태양에서 재원을 마련한다. 울산은 주민참여와 국민연금 투자를 통해, 해남은 주민참여형 태양광과 지자체 지분 참여를 통해 시민들에게 이익을 공유한다. 울산과 해남이 성공하면, 대한민국 전체가 변화한다. 다른 지역들도 각자의 재생에너지 자원(풍력, 태양광, 수력, 조력 등)을 활용해 에너지 기본소득 모델을 만들어갈 것이다. 6부의 제목 '대한민국 재생에너지 기본소득 지도'는 단순한 은유가 아니라, 실현 가능한 미래가 된다.

## 전 군민 에너지 기본소득을 향하여

해남군은 이미 구체적인 계획을 세우고 있다. 2.1기가와트 주민참여형 태양광이 완공되고, 5.4기가와트 전체가 가동되면 발전 이익의 일정 비율을 군민에게 배당하겠다는 것이다.[28] 신안군이 2030년 군민 1인당 연간 600만 원의 바람연금을 목표로 한다면, 해남군은 어느 정도의 햇빛연금을 지급할 수 있을까?

보수적으로 계산해보자. 5.4기가와트 태양광이 이용률 18퍼센트로 가동되면 연간 발전량은 약 8.5테라와트시다. 전력 판매 수익을 킬로와트시당 100원으로 가정하면 연간 약 8,500억 원의 수익이 발생한다. 여기에 신재생에너지 공급인증서REC 판매 수익을 더하면 1조 원을 넘어설 수 있다. 이 중 주민참여 지분과 지자체 지분을 합쳐 30퍼센트라고 가정하면, 연간 약 3,000억 원이 해남군과 주민에게 돌아간다. 해남군 인구 약 6만 2,000명으로 나누면, 1인당 연간 약 490만 원의 햇빛연금을 지급할 수 있다. 4인 가구 기준으로는 연간 1,960만 원이다.[29]

물론 이는 단순 계산이며, 실제로는 투자비 상환, 운영비, 세금 등을 고려해야 하므로 배당액은 이보다 낮을 수 있다. 그러나 신안군이 증명했듯이, 지자체와 주민이 적극적으로 참여하면 충분히 실현 가능한 수준이다.

더 나아가, 해남군은 연령대별·상황별로 다양한 에너지 기본소득을 설계할 수 있다. 신안군이 햇빛아동수당, 햇빛청년수당, 햇빛노인수당 등으로 다변화했듯이, 해남군도 △햇빛출생수당(출생아에게 매년 지급), △햇빛청년수당(청년 창업 지원), △햇빛농민수당(농업인 지원) 등을 도입할 수 있다.[30]

AI 데이터센터가 들어서면 추가 재원도 확보된다. 데이터센터는 막대한 법인세와 지방세를 납부한다. 삼성SDS 컨소시엄이 운영하는 국가 AI컴퓨팅센터와 오픈AI-SK 데이터센터가 가동되면, 해남군의 세수는 급증할 것이다. 이 세수 중 일정 비율을 에너지 기본소득 재원으로 활용할 수도 있다.[31]

# AI 시대, 에너지가 곧 기회다

2025년 11월, 해남군 산이면 일대는 대규모 공사로 붐비고 있다. 국가 AI컴퓨팅센터 건설 준비가 시작되었고, 태양광 발전단지 확장 공사도 동시다발적으로 진행 중이다. 한때 조용했던 간척지 마을에 외지인들의 방문이 늘어나고, 부동산 문의가 쏟아진다. 주민들은 기대와 우려를 동시에 품고 있다. "AI니 데이터센터니 어려운 말이지만, 결국 일자리가 생긴다는 뜻 아니겠느냐"는 한 주민의 말처럼, 지역사회는 변화를 직감하고 있다.[32]

AI 시대, 에너지가 곧 기회다. 석유가 20세기를 지배했다면, 재생에너지와 AI가 21세기를 지배할 것이다. 그리고 재생에너지와 AI를 동시에 가진 도시가 미래의 중심이 된다. 해남 솔라시도는 바로 그 중심에 서 있다. 태양광 패널이 햇빛을 받아 전기를 만들고, 그 전기가 AI를 돌리고, AI가 다시 에너지 관리를 최적화하며, 그 이익이 주민들에게 돌아간다. 이것이 바로 해남이 그리는 미래다.

샘 올트만은 해남을 선택했다. 한국 정부도 해남을 선택했다. 이제 남은 것은 해남이 스스로를 어떻게 설계하느냐다. 신안군이 바람으로 인구 감소를 막고 지역 소멸을 방지했듯이, 해남군은 태양과 AI로 새로운 미래를 열 수 있다. 간척지에서 시작된 작은 도시가 대한민국 AI 산업의 심장부가 되고, 전 군민이 에너지 기본소득의 수혜자가 되는 날이 머지않았다.

해남은 한반도의 땅끝이다. 더 이상 남쪽으로 갈 수 없는 곳이다. 그러나 역사는 종종 변방에서 시작된다. 18장의 DMZ는 분단의 상처에서 평화의 에너지를 피워냈다. 19장의 백두대간은 산림 훼손에서 탄소 기본소득의 가능성을 발견했다. 20장의 울산은 바다에서 세계 최대 부유식 해상풍력을 띄웠다. 그리고 21장의 해남은 간척지에서 태양을 키우고, 그 태양으로 AI를 돌린다.

네 개의 장소에서, 네 가지 에너지원으로, 하나의 목표가 탄생했다. 모든 국민이 재생에너지의 혜택을 공유하는 기본소득과 이를 기반으로 한 기본사회 구축이 그것이다. 해남 솔라시도는 땅끝에서 시작되지만, 그 끝은 대한민국의 미래가 기다리고 있다. 25만 장의 태양광 패널이 햇빛을 받아 빛나는 그 순간, 우리는 새로운 시대가 시작되고 있음을 목격한다. 태양이 비추는 미래, 해남 솔라시도가 그 시작이다.

# 22장

# 새만금,
# RE100 제국을 꿈꾸다

## 세계 최장 방조제 위 새만금의 꿈

전라북도 군산과 부안을 잇는 33.9킬로미터. 이것은 단순한 거리가 아니다. 1991년 11월에 착공하여 2010년 4월에 완공되기까지 무려 28년의 세월과 2조 9,000억 원의 투자, 그리고 수많은 논쟁과 갈등을 거쳐 탄생한 '새만금 방조제'는 인간의 의지와 기술이 바다와 맞서 이뤄낸 기념비다.[1] 네덜란드의 아프슬라위트다이크 Afsluitdijk(32.5킬로미터)를 제치고 기네스북에 등재된 세계 최장 방조제는 대한민국이 불가능을 가능으로 만드는 저력을 지녔음을 세계에 증명했다.[2]

그러나 방조제 건설 과정은 결코 순탄하지 않았다. 1980년대 후반부터 환경단체들은 세계 5대 갯벌 중 하나인 새만금 갯벌의 생태적 가치를 강조하며 개발에 반대했다. 도요새와 검은머리물떼새의 서식지가 사라지고, 수질오염이 우려된다는 목소리가 높았다.[3] 2003년에는 환경영향평가 소송이 대법원까지 올라갔고, 시민사회는 깊은 분열을 겪었다. '개발이냐, 보존이냐'의 이분법적 대립 속에서 새만금은 대한민국 사회의 갈등을 상징하는 공간이 되었다.

하지만 2010년 방조제가 완공되고, 총 409제곱킬로미터(서울시 면적의 3분의 2, 여의도의 140배)에 달하는 광활한 땅과 담수호가 모습을 드러내자, 새만금은 새로운 전환점을 맞이했다.[4] 과거의 갈등을 넘어, 이제 새만금은 "어떻게 지속 가능한 방식으로 활용할 것인가"라는 미래 지향적 질문 앞에 서 있다. 그리고 그 해답의 중심에 재생에너지가 있다.

2020년 정부는 새만금을 '재생에너지 메가스테이션'으로 육성하겠다는 비전을 발표했다.[5] 담수호와 해상 공간을 활용한 6기가와트 규모의 태양광·풍력 발전 단지, 그리고 국내 최초 'RE100 국가산업단지' 조성 계획은 새만금을 단순한 간척지가 아닌, 대한민국 재생에너지 전환의 심장부로 변모시키고 있다. 갯벌을 지키려 했던 이들의 염려는 이제 '재생에너지로 환경을 복원하고, 지역주민에게 기본소득을 제공하는 새로운 상생 모델'로 승화되고 있다.

33.9킬로미터 방조제 위를 달리는 자동차들은 더 이상 갈등의 상흔만을 지나치지 않는다. 그들은 태양과 바람이 만들어내는 청정에너지의 바다, 그리고 그 위에 펼쳐질 대한민국의 새로운 꿈을 향해 달리고 있다.

## 태양과 바람이 노래하는 발전소

새만금 담수호 위로 아침 햇살이 쏟아진다. 수면 위에 질서정연하게 펼쳐진 수십만 장의 태양광 패널이 빛을 받아 반짝이는 모습은, 마치 거대한 거울이 하늘을 비추는 듯하다. 이것이 바로 세계 최대 규모의 수상태양광발전소, 새만금 2.1기가와트 프로젝트다.[6]

1단계 사업(1.2GW)은 2023년 착공하여 2028년 완공 예정이며, 2단계 사업(0.9GW)은 2030년까지 완료될 계획이다.[7] 1.2기가와트는 약 30만 가구가 1년간 사용할 수 있는 전력량(연간 약 1,80GWh)을 생산하며, 연간 약 90만 톤의 이산화탄소 감축 효과를 가져온다.[8] 이는 30년생 소나무 1억 그루를 심는 것과 같은 효과다. 수상태양광은 육상태양광 대비 10~15퍼센트 높은 발전 효율을 자랑하는데, 이는 수면의 냉각 효과와 반사광 덕분이다.[9]

새만금 수상태양광은 단순히 규모만 큰 것이 아니다. 부유식 구조물floating structure 기술은 수심 변화와 파도에도 안정적으로 작동하도록 설계되었으며, 친환경 계류 시스템mooring system은 담수호 생태계에 미치는 영향을 최소화한다.[10] 또한 패널 하부 공간은 어류의 서식지로 활용될 수 있어, 발전과 생태 복원이라는 두 마리 토끼를 잡는 혁신 모델로 주목받고 있다.

바다 너머 서해안에는 또 다른 거인이 깨어나고 있다. 3.3기가와트 규모의 해상풍력 단지다.[11] 새만금 해상풍력은 부안 해역을 중심으로 조성되며, 8~10메가와트급 대형 터빈 300여 기가 설치될 예정이다. 해상풍력은 육상풍력 대비 풍속이 30퍼센트 이상 강하고, 24시간 안정적인 발전이 가능하다는 장점이 있다.[12] 3.3기가와트는 약 100만 가구에 전력을 공급할 수 있으며, 연간 약 500만 톤의 탄소를 감축한다. 특히 새만금 해상풍력은 부유식 구조를 일부 도입할 계획이다. 수심이 깊은 해역에서도 설치가 가능한 부유식 풍력은 울산 프로젝트에서 검증된 기술을 활용하여, 서해안 특유의 갯벌과 수심 조건에 최적화될 것이다.[13]

육상태양광 0.6기가와트까지 합치면, 새만금은 총 6기가와트의 재생에너지를 생산하는 거대한 활전소가 된다.[14] 이는 원자력발전소 6기 분량에 해당하며, 연간 약 12테라와트시의 전력을 생산한다. 12테라와트시는 부산광역시 전체가 1년간 사용하는 전력량과 맞먹는다.[15]

태양이 뜨면 수상태양광이 노래하고, 바람이 불면 해상풍력이 춤춘다. 새만금은 24시간 쉬지 않고 청정에너지를 만들어내는, 자연이 선물한 거대한 발전소가 되어 있을 것이다.


## 대한민국 최초, RE100 국가산업단지의 탄생

새만금 산업단지 5·6공구, 3.7제곱킬로미터의 땅 위에 대한민국 산업사의 새로운 역사가 쓰이고 있다. 바로 국내 최초 'RE100 특화 스마트그린산업단지' 조성이 그것이다.[16] RE100은 기업이 사용하는 전력의 100퍼센트를 재생에너지로 충당하겠다는 글로벌 캠페인으로, 애플, 구글, BMW, 나이키 등 세계 400여 개 글로벌 기업이 참여하고 있다.[17]

RE100 국가산단의 핵심은 PPAPower Purchase Agreement(전력구매계약) 시스템이다.[18] 입주 기업은 새만금에서 생산된 태양광·풍력 전력을 한국전력의 송배전망을 통해 직접 공급받는다. 기존의 한전 전력(화석연료 혼합)이 아닌, 재생에너지 인증서REC가 부착된 '청정전력'을 사용함으로써, 글로벌 공급망supply chain에서 요구하는 RE100 기준을 충족할 수 있다.[19]

현재 새만금 RE100 국가산단에는 2차전지, 반도체, 데이터센터 산업의 입주가 예정되어 있다.[20] 특히 2차전지 산업은 EU의 '배터리 규정Battery Regulation'으로 인해 2024년부터 탄소발자국 표시가 의무화되었으며, 2027년부터는 탄소 배출량 상한선이 적용된다.[21] 재생에너지로 생산한 배터리만이 유럽 시장에 진입할 수 있는 시대가 온 것이다. 새만금 RE100 국가산단은 이러한 글로벌 규제에 대응하는 최적의 생산 거점이 된다.

데이터센터 역시 주목받는 입주 후보다. 전 세계 전력 사용량의 약 1퍼센트를 차지하는 데이터센터 산업은[22], 구글·마이크로소프트·아마존 등 빅테크 기업들이 RE100을 선언하면서 재생에너지 기반 입지를 선호하고 있다. 새만금의 풍부한 재생에너지와 안정적인 전력 공급은 '그린 데이터센터' 유치의 핵심 경쟁력이다.

새만금 RE100 국가산단은 해외 성공 사례를 벤치마킹하고 있다. 덴마크의 코펜하겐 클린테크 클러스터Copenhagen Cleantech Cluster는 재생에너지 기반 산단으로 풍력 터빈 제조사 베스타스Vestas와 에너지 기업들이 입주해 연간 200억 크로네(약 3조 5,000억 원)의 경제효과를 창출한다.[23] 독일의 프라이부르크 솔라 시티Freiburg Solar City는 태양광 기반 산단으로 2,000여 개 일자리를 만들었다.[24]

2025년 10월, 새만금개발청은 '인베스트 코리아 서밋Invest Korea

Summit'에 참가하여 글로벌 기업들에게 6기가와트 재생에너지와 RE100 산단을 홍보했다.[25] 삼성SDI, LG에너지솔루션 등 국내 대기업뿐 아니라, 테슬라·노스볼트 등 해외 기업들도 관심을 보이고 있다. 새만금 RE100 국가산단은 대한민국이 '재생에너지 제조 강국'으로 도약하는 플랫폼이 될 것이다.

## 서해안 에너지고속도로의 꿈

새만금에서 생산된 6기가와트의 청정에너지는 어떻게 전국으로 전달될까? 그 해답은 HVDC High Voltage Direct Current(초고압 직류송전) 기술에 있다.[26] HVDC는 기존의 교류AC 송전 방식 대비 장거리 송전 시 전력 손실이 30퍼센트 이상 적고, 대용량 전력을 안정적으로 전송할 수 있는 차세대 송전 기술이다.[27]

정부는 2030년까지 새만금을 중심으로 '서해안 에너지고속도로'를 구축할 계획이다.[28] 이는 새만금에서 생산된 재생에너지를 수도권과 산업단지로 송전하는 765킬로볼트급 HVDC 송전선로로, 전라북도 부안에서 경기도 평택까지 약 200킬로미터를 잇는다. HVDC 송전선은 해저 케이블과 지중 케이블로 건설되어 경관 훼손을 최소화하며, 전자파EMF 발생도 기존 교류 송전선 대비 50퍼센트 이상 낮다.[29]

하지만 송전선로 건설의 최대 걸림돌은 기술이 아니라 사람이다. 주민수용성 확보와 합리적 토지 보상은 모든 송전선로 사업이 직면하는 첨예한 사회적 과제다. 이를 근본적으로 해결하기 위해 기존 고속도로망의 지하공간을 활용한 복합적 기능의 송전선로 구축 방안을 새로운 대안으로 검토할 수 있다. 이는 별도의 용지 확보 없이 국유 인프라를 활용하는 것이므로, 토지 보상 부담을 줄이고 주민 갈등을 최소화하면서도, 경제성과 안정성을 동시에 확보할 수 있다는 점에서 미래 송전망 구축의 새로운 모델로 고려해봄직하다.

2040년까지는 서해안에서 남해안, 동해안까지 이어지는 U자형 에너지 순환망으로 확장된다.[30] 새만금(서해)→해남 솔라시도(남해)→울산 부유식 해상풍력(동해)을 연결하는 이 순환망은 지역 간 전력 불균형을 해소하고, 재생에너지의 간헐성intermittency 문제를 완화한다. 예를 들어, 서해안에 바람이 약한 날에는 동해안 풍력 전력을 활용하고, 밤에는 낮 동안 저장한 태양광 전력을 방출하는 식이다.

HVDC 시스템의 핵심은 에너지저장시스템ESS과의 연계다.[31] 새만금에는 2030년까지 1기가와트시 규모의 대형 ESS가 구축될 예정이다. ESS는 재생에너지 발전량이 수요를 초과할 때 전력을 저장했다가, 발전량이 부족할 때 방출하여 전력망의 안정성을 높인다. 리튬이온 배터리, 나트륨이온 배터리, 그리고 차세대 기술인 액체금속 배터리liquid metal battery 등 다양한 기술이 검토되고 있다.[32]

서해안 에너지고속도로는 단순한 송전망이 아니다. 이것은 대한민국 에너지 전환의 혈관이자, 재생에너지 시대를 여는 인프라 혁명이다. 2030년 수상태양광 1·2단계가 완공되면, HVDC를 통해 서울과 경기도에 청정 전력이 공급되고, 수도권 시민들은 새만금의 태양과 바람을 일상에서 체감하게 될 것이다.

전력이 흐르는 고속도로는 보이지 않지만, 그 위를 달리는 에너지는 대한민국의 미래를 밝히는 영원한 빛이 될 것이다.

## 새만금 주민참여형 기본소득 모델

새만금 재생에너지 프로젝트의 가장 혁신적인 측면은 주민참여형 모델이다.[33] 부안군은 '지역주도형 수상태양광 사업'을 추진하며, 발전 수익의 일정 부분을 지역주민에게 환원하는 구조를 설계하고 있다. 이는 전라남도 신안군의 '햇빛연금' 모델을 벤치마킹한 것이다.[34]

앞에서도 언급했듯이 신안군은 2021년부터 주민참여형 태양광 사업을 통해 마을마다 '햇빛연금'을 지급하고 있다. 주민들은 협동조합을 결성하여 태양광 사업에 투자하고, 발전 수익에서 배당을 받는다.[35] 2025년 기준, 신안군민의 49퍼센트에 달하는 1만 8,997명이 햇빛·바람연금을 받고 있으며, 1인당 분기별로 10만 원에서 최대 68만 원(연간 최대 272만 원)까지 지역사랑상품권으로 지급된다.[36]

부안군 역시 주민협동조합을 통해 수상태양광 사업에 참여할 계획이다. 1단계 사업(1.2기가와트)에서 약 10퍼센트인 120메가와트를 주민참여 지분으로 배정하고, 협동조합원들에게 우선 투자 기회를 제공한다.[37] 연간 발전 수익의 약 5~7퍼센트를 배당한다고 가정하면, 1가구당 연간 300~500만 원의 배당 수익이 예상된다.[38] 부안군 주민 5,000가구가 참여할 경우, 연간 총 150억 원 이상의 소득이 지역에 환원된다.

주민참여형 모델의 장점은 단순한 금전적 이익을 넘어선다. 첫째, 지역주민들이 재생에너지 사업의 '이해관계자'가 됨으로써, 과거 새만금 갯벌 논쟁에서 보였던 지역 갈등을 예방할 수 있다. 주민들은 발전소의 '반대자'가 아닌 '공동소유자'가 된다. 둘째, 청년층의 귀향을 촉진한다. 안정적인 에너지 배당소득은 농어촌 지역의 소멸 위기를 완화하는 '지역 정착 기본소득'으로 기능할 수 있다. [39]

새만금 모델은 더 나아가 기본소득형 에너지 공유경제로 진화할 가능성이 있다. 부안군 전체 주민(약 4만 7,000명)에게 재생에너지 수익을 배당한다면, 1인당 연간 30만 원 이상의 에너지 배당이 가능하다. [40] 이는 알래스카주의 '영구기금배당'과 유사한 구조로, 자연자원(석유/재생에너지)에서 발생한 수익을 모든 주민이 공유하는 것이다. [41]

태양과 바람은 누구의 소유도 아니다. 그것은 공동자원이며, 그로부터 얻은 이익은 공정하게 나눠야 한다. 새만금 주민참여형 모델은 재생에너지가 '대기업의 사업'이 아닌 '지역주민의 자산'이 될 수 있음을 증명하는 실험이다.

## 동북아 에너지 허브, 새만금

새만금은 단순히 대한민국의 재생에너지 기지가 아니다. 지리적으로 중국, 일본과 인접한 서해안에 위치한 새만금은 '동북아 에너지 허브'로 진화할 잠재력을 지니고 있다. [42] 중국은 2060년 탄소중립을 선언하며 재생에너지 투자를 확대하고 있으며, 일본은 RE100 기업이 90여 개로 세계 2위를 기록할 만큼 청정에너지 수요가 폭발적으로 증가하고 있다. [43]

해저 전력망 연계는 미래 에너지 협력의 핵심이다. 유럽연합EU은 이미 북해를 중심으로 영국, 독일, 덴마크, 네덜란드를 잇는 해저 HVDC 전력망을 구축하여 재생에너지를 공유하고 있다. [44] 덴마크의 풍력 전력이 독일로, 독일의 태양광 전력이 영국으로 흐르는 '에너지 공동체'가 현실화된 것이다. 동북아시아 역시 지리적으로 300~500킬로미터 내에 한국, 중국, 일본이 위치해 있어 해저 전력 망 연계가 기술적으로 가능하다.[45]

새만금-중국 산둥반도 간 거리는 약 350킬로미터, 새만금-일본 규슈 간 거리는 약 200킬로미터다.[46] 2040년 이후, 서해안 HVDC 에너지고속도로가 해저 케이블로 중국·일본과 연결된다면, 새만금 은 동북아 재생에너지 거래의 중심지가 될 수 있다. 중국의 막대한 태양광 발전 잉여 전력, 한국의 해상풍력, 일본의 청정에너지 수요 가 새만금을 경유하여 거래되는 '에너지 무역 시대'가 열릴 수 있는 것이다.[47]

이러한 구상은 동북아 슈퍼그리드Northeast Asia Super Grid 프로젝트로 구체화되고 있다. 소프트뱅크의 손정의 회장이 2011년 제안한 이 프로젝트는 몽골의 고비사막 태양광, 러시아의 풍력, 한국의 해상 풍력을 해저 전력망으로 연결하여 동북아 전역에 공급하는 비전이 다.[48] 비록 정치적 장벽으로 진행이 더딘 상황이지만, 기후 위기와 RE100 확산은 국제 에너지 협력의 필요성을 점점 더 높이고 있다.

새만금의 지정학적 위치는 이러한 국제 협력의 최적 거점이다. 서 해 한가운데 위치한 새만금은 중국과 일본을 잇는 '에너지 브리지'로 서, 동북아 평화와 경제 협력의 상징이 될 수 있다. 과거 DMZ가 군 사적 대립의 상징이었다면, 새만금은 에너지 협력의 상징으로 자리 매김할 것이다.

재생에너지는 국경을 넘어선다. 태양과 바람은 정치 이념과 무관하게 모든 이에게 평등하게 주어진 선물이다. 그렇기 때문에 새만금은 그 선물을 나누는 국제 플랫폼이 될 것이다.

## 새만금이 꿈꾸는 미래

새만금의 가상 시나리오를 그려보자. 2030년, 새만금 담수호 위에는 120만 장의 태양광 패널이 햇살을 받아 반짝이고, 서해 수평선 너머로 300여 기의 풍력 터빈이 거대한 날개를 돌린다. 수상태양광 1·2단계가 완공되어 2.1기가와트의 전력이 생산되고, 해상풍력 1단계 1기가와트가 가동을 시작한다.[49] 새만금 RE100 국가산단에는 2차전지 공장과 데이터센터가 들어서 3만 개의 일자리가 창출되고, 부안군 주민 5,000가구는 연간 300만 원의 햇빛연금을 받는다.

2035년, 서해안 에너지고속도로가 남해안까지 확장되어, 새만금-해남-울산을 잇는 재생에너지 순환망이 완성된다. 전국 어디서나 청정 전력을 안정적으로 공급받을 수 있는 '탄소중립 전력망' 시대가 열린다. 새만금 해상풍력 2단계(2.3GW)가 완공되어, 총 6기가와트 목표가 달성된다. 연간 12테라와트시의 청정에너지는 부산광역시 전체 전력 수요를 충당하고도 남는다.

2040년, 새만금은 동북아 에너지 허브로 도약한다. 중국과 일본을 잇는 해저 HVDC 전력망이 새만금을 경유하며, 재생에너지 거래의 중심지가 된다. 새만금 담수호는 더 이상 '간척지'가 아니라, 세계에서 가장 아름다운 '태양광 바다'로 불린다. 유네스코는 새만금을 '재생에너지 세계유산'으로 등재하고, 전 세계 환경학자와 관광객들이 이곳을 찾아온다.[50]

하지만 새만금이 꿈꾸는 미래는 단순한 숫자와 기술을 넘어선다. 새만금은 '갈등에서 상생으로'의 상징이다. 1990년대 갯벌 논쟁으로 갈라섰던 개발론자와 환경론자는, 이제 재생에너지라는 공통 목표 아래 다시 손을 잡았다. 과거의 상처는 청정에너지로 치유되고, 미래의 희망은 태양과 바람으로 만들어진다.

새만금은 '청년 세대의 미래'이기도 하다. 20대, 30대 청년들은 화석연료 시대의 부채를 떠안고 태어났다. 이들은 기후 위기의 최전선에 서 있으며, 탄소중립 없이는 미래가 없다는 것을 안다. 새만금은 이들에게 말한다. "그대들의 미래는 이미 시작되었다. 태양과 바람이 그대들을 기다리고 있다."

새만금은 '대한민국 재생에너지 전환의 심장'이다. 울산의 부유식 해상풍력이 기술 혁신의 상징이라면, 해남 솔라시도가 지역 재생의 희망이라면, 새만금은 규모와 비전에서 그 모든 것을 아우르는 종합 플랫폼이다. 33.9킬로미터 방조제 위를 달리며, 우리는 단순히 바다를 가로지르는 것이 아니다. 우리는 과거와 미래를 가로지르며, 화석연료 시대에서 재생에너지 시대로 건너가고 있다.

2050년, 대한민국이 탄소중립을 달성하는 그날, 역사가들은 새만금을 이렇게 기록할 것이다. "바다 위에 펼쳐진 꿈이 대한민국을 바꿨다."

〈그림1〉은 18~22장에서 살펴보았던 재생에너지를 통한 대한민국 기본소득 대전환 로드맵을 한반도 지도상에 표시한 것이다. 백두대간 산림 복원 및 동해·서해 해상풍력단지 조성, DMZ 재생에너지

벨트, 울산 부유식 해상풍력단지, 해남 솔라시도 태양광 단지, 새만금 태양광 및 해상풍력단지는 공유부가 만드는 새로운 한반도 대역사의 시금석이 될 것이다.


**그림1. 대한민국 재생에너지 기본소득 대전환 지도**

7부

# 실행 전략: 꿈을 현실로

# 23장

# 정치의 벽을
# 넘어서

## 국회, 가장 높은 산

아무리 좋은 정책이라고 해도 법제화되지 못하면 휴지 조각이다. 2020년 기본소득당 용혜인 의원은 '전 국민 기본소득법'을 대표 발의했다. 월 30만 원, 재원 마련 방안 포함, 5년 로드맵까지 담았다. 하지만 국회 본회의 문턱도 넘지 못했다. 기획재정위원회에서 계류되다가 임기 만료로 자동 폐기됐다.

왜 실패했을까? 재원이 없어서? 아니다. 재원 방안은 상세히 제시되었다. 문제는 정치였다. 당시 여당도, 야당도 관심이 없었다. '표가 안 된다'고 판단한 것이다. 300명의 국회의원 중에서 기본소득법이 통과되려면 최소 과반인 151표가 필요하다. 그런데 2025년 현재 기본소득을 공개 지지하는 의원은 몇 명이나 될까?

정치는 숫자 게임이다. 아무리 좋은 법안도 151표를 못 모으면 끝이다. 기본소득은 아직 그 숫자에 한참 미치지 못한다. 왜? 국회의원들이 "이거 표가 될까?" 의심하기 때문이다. 그렇다면 어떻게 151표를 만들 것인가? 검토해볼 수 있는 가상의 세 가지 전략을 제시한다.

## 전략 1: 여론을 먼저 만든다

정치인은 여론을 따라간다. 최근 보건복지부와 한국보건사회연구원의 조사(2025년 1월 발표)에서 전 국민 기본소득 도입 찬성률이 45.7퍼센트로 나타나, 2022년 40.9퍼센트와 비교했을 때 상승하고 있다. 비록 반대(54.3%)가 여전히 높지만, 청년기본소득과 농어촌기본소득 등 부분 실험이 성공하면서 여론이 점차 우호적으로 변화하고 있다.

그렇다면 어떻게 여론을 최대한 끌어올릴 것인가? 여기에 '3단계 여론 전략' 시나리오를 제안한다. 1단계는 '체감 실험'(2026~2027년)의 단계다. 2026년부터 실행되는 농어촌기본소득 10개 군 시범사업을 비롯하여 경기도나 다른 진보 성향의 지방정부에서 시범사업을 실시하는 것이다. 청년이나 노인 등 특정 집단에 '범주형 기본소득'을 실시하고, 그 성과를 언론에 대대적으로 홍보하는 것이다. "기본소득 받고 안정을 찾았어요", "기본소득 덕분에 새로운 미래설계를 시작했어요"와 같은 성공 사례들을 발굴하는 것이다.

2단계는 '전국 확산'(2028~2029년)의 단계다. 농어촌기본소득을 인구소멸 위험 지역인 전국의 69개 군으로 확산하는 것이다. 1단계

시범사업(2026~2027년) 성과를 바탕으로 보수 성향의 지자체도 참여를 유도하여 경상남북도를 비롯한 전국의 농어촌 지역으로 확대하는 것이다. 전국 17개 광역시도 중 10곳 이상이 참여하면 '대세'가 된다. 또한 전국의 시 단위 지방정부 중에서 적은 액수(가령 1인당 5만 원의 기본소득)더라도 기본소득을 시행하는 지자체장들이 늘어나면 인접한 지역에서도 적극적인 관심이 일어나지 않을 수 없다.

3단계는 '국민 요구 폭발'(2030~2031년)의 단계다. 이 단계에 이르면 "왜 우리 동네만 안 해요?"와 같은 여론이 들끓는다. 지자체 간 형평성 논란이 생긴다. 이때 중앙정부가 나서서 "전국 단위로 시행하는 것을 검토하겠다"고 발표하면 대세가 된 여론을 누구도 잠재울 수 없다.

이 시나리오는 건강보험과 비슷하다. 1977년 건강보험도 대기업부터 시작했다. 그다음 중소기업, 자영업자 순으로 확대되었다. 처음엔 반대가 많았다. 하지만 먼저 혜택을 받은 사람들이 "너무 좋다"고 하니까, 여론이 바뀌기 시작했다. 그렇게 해서 1989년 전 국민 건강보험이 실현되었다. 기본소득도 같은 길을 갈 것이다.

### 전략 2: 여야 합의점을 찾는다

여당만으로는 안 된다. 야당 표도 필요하다. 한국 정치는 극한 대립이 기본 구도다. 여당이 찬성하면 야당은 무조건 반대한다. 그래서 양당 모두가 받아들일 수 있는 '중간 지점'을 찾아야 한다.

중간 지점은 무엇일까? 기본소득은 여야가 대립할 사안이 아니다. 오히려 여야가 협력할 수 있는 몇 안 되는 의제 중 하나다. 핵심은 합의점을 찾는 것이다.

보수 정당의 우려는 주로 재정 부담과 근로 의욕 저하다. 따라서 초기 단계에서는 금액을 낮게 설정하고, 재원 마련 방안을 명확히 제시하며, 근로와 병행 가능한 수준으로 설계하면 된다. 예를 들어 월 10~30만 원 정도의 기본소득은 생활비 전체를 대체하지 않으므로, 일을 그만둘 유인이 크지 않다. 오히려 생활의 안정성을 높여 더 나은 일자리를 찾거나 창업에 도전할 여력을 준다.

진보 정당의 우려는 주로 기존 복지제도의 축소 가능성이다. 따라서 기본소득은 기존 복지를 대체하는 것이 아니라 보완하는 방향으로 설계해야 한다. 건강보험, 국민연금, 실업급여 등은 그대로 유지하면서, 기본소득을 추가하는 것이다. 이렇게 하면 진보 진영의 반발도 줄어들 것이다.

다음 〈표6〉은 단계적 확대를 통한 여야 합의 시나리오를 정리한 표다.

**표6. 기본소득 단계적 확대 로드맵**

| 단계 | 시행 기간 | 대상 인구 | 월 지급액 | 연간 예산 | 정책 목표 | 정치적 의의 |
| --- | --- | --- | --- | --- | --- | --- |
| 1단계 | 2028 | 청년 900만 명 | 15만 원 | 16조 원 | 청년 미래 보장, 출산율 제고 | 여야 청년층 표심 확보 |
| 2단계 | 2029 | 노인 950만 명 | 15만 원 | 17조 원 | 노인 빈곤 해소, 존엄 보장 | 여야 노년층 표심 확보 |
| 3단계 | 2030~ | 전 국민 5,200만 명 | 30만 원 | 187조 원 | 보편적 기본권 실현 | 압도적 국민적 합의 |

단계적 접근방식은 현실적으로도 정치권에 유효한 전략으로 보인다. 보수는 '선별 복지'를 주장한다. 그래서 '청년'과 '노인'을 먼저 하자고 하면 표를 의식해 동의할 가능성이 있다. 진보는 '보편 복지'를 원하지만, 단계적으로라도 시작하는 게 낫다고 접근할 수 있다. 이렇게 여야 간 타협점을 찾는 것이다.

### 전략 3: 재원 명확화로 반대 논리에 대응한다

기본소득 반대 논리들 가운데 단연 1위인 것은 '재원 마련'일 것이다. 한마디로 "재원 마련이 불가능하다"는 것이다. 그런데 14~16장에서 밝힌 것처럼 재원은 명확하다. 숨어 있는 재원과 공유부 그리고 국민성장펀드 수익 배당을 합치면 월 30만 기본소득은 충분히 가능하다.

구체적인 재원 마련 방안이 나오면 반대 여론은 줄어들 것이 분명하다. 특히 '150조 원 국민성장펀드' 개념은 강력한 설득력을 가질 것으로 예상된다. 보수 진영도 "투자로 수익 내서 배당한다"는 논리 앞에서는 노골적으로 반대하기 어려울 것이다. 싱가포르 테마섹, 노르웨이 국부펀드 같은 해외 사례를 제시하면, "아, 그렇게 하면 가능할 수도 있겠네"하는 반응이 나올 수 있다.

이제 남은 건 '정치적 의지와 결단' 뿐이다. 하려는 확고한 의지와 강력한 결단력만 있다면, 방법은 다 나와 있다.

## 대통령의 결단

법안은 국회를 통과해야 하지만, 국회를 움직이는 것은 결국 대통령의 결단이다. 대통령이 기본사회와 기본소득을 최우선 국정과제로 설정하고, 정부 관계 부처를 동원하여 추진하며, 국민을 설득하고, 국회와 긴밀하게 협의하면, 불가능해 보이던 일도 가능해진다. 역사는 수많은 순간 이를 증명해왔다. 한 사람의 결단이 시대를 바꾸고, 한 세대의 운명을 뒤바꾼다.

이재명 대통령은 2025년 6월 4일 취임과 동시에 기본소득을 포함한 기본사회를 핵심 국정과제 중 하나로 천명했다. 그 선언은 단순한 정책 발표가 아니었다. 그것은 새로운 시대를 여는 출발선이었고, 대한민국 모든 국민을 향한 약속이었다. 그는 성남시장과 경기도지사 시절 청년기본소득을 도입한 경험이 있다. 그 시절, 회의론자들은 '포퓰리즘'이라 비판했고, 보수 언론은 '재정 파탄'을 경고했다. 그러나 그는 흔들리지 않았다. 청년들의 얼굴에 번진 희망의 빛을, 부모들의 눈가에 맺힌 안도의 눈물을 직접 목격했기 때문이다.

그는 기본소득의 효과를 숫자로만 안 것이 아니라 체온으로 느꼈다. 지역경제가 살아나는 소리와 작은 가게 주인들의 웃음소리를 들었고, 취업 준비생들이 다시 꿈을 꾸기 시작하는 모습을 보았다. 그리고 확신했다. 기본소득은 이론이 아니라 현실이며, 불가능이 아니라 필연이라고. 그리고 이제 그는 대한민국 대통령으로서 전국적 기본소득을 추진할 권한과 책임을 갖게 되었다. 5,200만 국민의 운명이 그의 어깨 위에 놓였다.

대통령의 결단은 단순히 정책을 발표하는 것이 아니라 '정치적 자본'을 투입하는 것이다. 아니, 그것은 자신의 모든 것을 거는 일이다. 대통령은 자신의 지지율, 정치적 영향력, 시간, 에너지를 기본소득 실현에 쏟아부어야 한다. 반대 세력을 설득하고, 회의적인 국민을 우호적으로 끌어들이며, 때로는 여론의 역풍을 감수해야 한다. 깊은 밤, 청와대 집무실에 홀로 남아 수많은 보고서를 읽고, 경제학자들의 상반된 의견을 저울질하며, 미래 세대에게 남길 유산을 고민해야 한다. 이는 결코 쉬운 일이 아니다. 외롭고, 고단하며, 때로는 좌절감에 휩싸이기도 할 것이다.

그러나 바로 그 순간, 진정한 리더십이 빛을 발한다. 역사는 안주한 정치인이 아니라 결단한 지도자들을 기억한다. 김대중 대통령은 외환위기라는 국가적 재난 속에서도 기초생활보장제도를 도입했다. "나라가 망하는데 복지가 무슨 소용이냐"라는 비판이 쏟아졌다. 하지만 그는 오히려 위기일수록 약자를 보호해야 한다고 역설했다. 그의 결단으로 수백만 국민이 최소한의 인간다운 삶을 보장받았다. 노무현 대통령은 저항을 무릅쓰고 행정수도 이전을 추진했다. 헌법재판소의 위헌 결정으로 좌절되었지만, 그의 도전은 지역균형 발전이라는 시대정신을 깨웠다. 이들의 정책이 모두 성공한 것은 아니지만, 불가능해 보이는 일에 도전한 용기는 역사에 길이 남을 것이다. 그들은 정치인이 아니라 시대의 선각자였다.

이재명 대통령에게 기본소득은 단순한 정책이 아니라 시대적 사명이다. 그가 마주한 현실은 가혹하다. 인공지능 시대가 도래하면서 일자리가 급속도로 사라지고 있다. 불평등이 심화되어 부의 대물림이 고착화되었다. 저출산 고령화는 국가의 미래를 위협하고, 기후 위기가 인류의 생존 자체를 흔들고 있다. 지금 한국 사회는 '복합 위기'에 직면해 있다. 경제, 사회, 환경, 인구 모든 영역에서 경고등이 깜빡이고 있다.

기존의 방식으로는 이 위기를 돌파할 수 없다. 낡은 패러다임으로 새로운 시대를 맞이할 수는 없다. 20세기 복지 모델은 완전고용을 전제로 설계되었다. 하지만 21세기는 기술이 인간을 대체하는 시대다. 일자리 창출만으로는 국민의 삶을 지킬 수 없다. 새로운 상상력이 필요하다. 새로운 용기가 필요하다. 그리고 새로운 제도가 필요하다.

기본소득은 새로운 시대를 여는 열쇠다. 그것은 단순히 돈을 나눠주는 제도가 아니라, 인간의 존엄성을 회복하는 혁명이다. 모든 국민이 조건 없이 존중받고, 누구나 실패를 두려워하지 않고 도전할 수 있으며, 청년들이 미래를 꿈꿀 수 있는 사회, 기본소득은 그 사회로 가는 문을 연다. 대통령의 결단이 그 열쇠를 돌릴 수 있다. 그리고 그 문 너머에는 우리가 한 번도 경험하지 못한 새로운 세상이 펼쳐져 있다.

역사의 분기점에서 리더는 결단해야 한다. 안전한 길을 걸을 것인가, 아니면 위험하지만 옳은 길을 택할 것인가. 이재명 대통령은 후자를 선택했다. 그의 결단은 이미 시작되었다. 이제 우리 모두가 그와 함께 걸어가야 할 때다.


## 지방정부의 선도 실험

중앙정부와 국회가 망설이고 있는 사이에, 지방정부가 먼저 나섰다. 앞에서도 언급한 것처럼 2019년 경기도는 만 24세 청년 약 17만 명에게 분기당 25만 원의 지역화폐를 지급하는 청년기본소득을 시작했다.[1] 이는 한국 최초의 기본소득 실험이었다. 경기연구원이 2021년 발표한 효과 분석 결과에 따르면, 청년기본소득 수혜자들은 정신건강이 개선되었고, 운동 빈도가 증가했으며, 식생활이 나아졌다.[2] 단순한 현금 지급이 아니라, 청년들의 삶의 질 전반에 긍정적 영향을 미쳤다는 증거였다.

경기도의 실험은 전국으로 확산되었다. 서울시도 청년수당을 도입했고, 여러 광역자치단체와 기초자치단체들이 다양한 형태의 기본소득형 정책을 실시했다. 이러한 지방정부의 실험은 기본소득이 단지 이론이 아니라 실행 가능한 정책임을 입증했다. 또한 실험 과정에서 축적된 행정 경험과 데이터는 향후 전국적 기본소득 도입의 귀중한 자산이 되었다.

2025년에는 더욱 의미 있는 진전이 있었다. 용혜인 의원과 신정훈 의원은 8월, 농어촌기본소득법을 국회에 발의했다.[3] 이 법안은 농어촌 지역주민들에게 월 30만 원의 기본소득을 지급하여, 인구소멸 위기에 처한 지역을 살리고 농어민의 삶을 보장하겠다는 취지를 담고 있다. 2025년 말 현재 아직 국회를 통과하지 못한 상태지만, 기본소득이 입법 과정에 진입했다는 사실 자체가 중요하다.

그리고 2025년 10월 20일, 농림축산식품부는 2026년 농어촌기본소득 시범사업을 시행할 7개 군을 선정했다고 발표했다.[4] 경기 연천군, 강원 정선군, 충남 청양군, 전북 순창군, 전남 신안군, 경북 영양군, 경남 남해군이 그 주인공이었다. 전국 인구감소 지역 69

개 군을 대상으로 공모를 진행한 결과, 총 49개 군(71%)이 신청하여 8.2:1의 치열한 경쟁률을 기록했다.[5] 그후 추가 선정된 전남 곡성군, 전북 장수군, 충북 옥천군 등 3개 군을 포함하여 최종 10개 군의 모든 주민들은 2026년부터 2027년까지 2년간 매달 15만 원의 지역사랑상품권을 받게 된다. 농업인뿐만 아니라 해당 지역에 거주하는 모든 주민이 대상이라는 점에서, 이는 명실상부한 지역 기본소득 실험이다. 세계 최초의 가장 대규모 기본소득 시범사업이 대한민국에서 시작되고 있는 것이다.

이 시범사업은 이재명 대통령의 핵심 국정과제 중 하나이기도 하다. 청년기본소득으로 시작된 한국의 기본소득 실험은 이제 농어촌으로 확장되며, 전 국민 기본소득으로 나아가는 중요한 디딤돌을 마련했다. 10개 군에서 2년간 축적될 데이터와 경험은, 기본소득의 효과를 실증하고 반대 여론을 설득하는 강력한 근거가 될 것이다.

지방정부의 선도 실험은 중앙정부에 압박을 가한다. "우리는 이미 하고 있는데, 중앙정부는 왜 못 하는가?" 이 질문 앞에서 중앙정부는 더 이상 "불가능하다"고 말할 수 없다. 가능성은 이미 증명되었다. 이제 필요한 것은 실천 의지와 행동뿐이다.

## 시민사회의 끈질긴 활동

2025년 6월 4일, 이재명 대통령이 취임했다.[6] 그의 당선은 한국 정치사에서 기본소득이 단순한 이론적 담론을 넘어 현실 정치의 중심 의제로 부상했음을 상징하는 기념비적인 일이었다. 그러나 대통령 한 사람의 의지만으로 기본소득이 실현되는 것은 아니다. 견고한 정치의 벽이 여전히 가로막고 있다.

기본소득은 본질적으로 정치적 결단을 요구하는 정책이다. 아무리 경제적 타당성이 높고, 사회적 필요성이 절박하며, 기술적 실현 가능성이 충분하다 하더라도, 정치권의 합의 없이는 한 발자국도 나아갈 수 없다. 국회의 입법, 정당의 공약, 여론의 지지, 그리고 무엇보다 기득권 세력의 저항을 극복하는 정치적 역량이 필요하다.

한국 사회는 이미 여러 차례 불가능해 보이던 정책을 현실로 만든 경험을 갖고 있다. 1977년 500인 이상 사업장에서 시작된 건강보험은 불과 12년 만인 1989년 전 국민으로 확대되었다.[7] 당시에도 "재정 부담을 감당할 수 없다", "국민의 도덕적 해이를 부른다"는 비판이 쏟아졌지만, 정치적 결단과 사회적 합의를 통해 보편적 건강보험은 한국 사회의 자랑이 되었다. 기본소득 역시 그러한 전환의 가능성을 품고 있다.

기본소득이 정치 의제로 자리 잡기까지는 시민사회의 끈질긴 노력이 있었다. 한국에서 기본소득 운동을 이끌어온 대표적 조직은 기본소득한국네트워크와 사단법인 기본사회다. 기본소득한국네트워크는 2009년 강남훈 교수를 중심으로 창립되었다.[8] 이후 16년간 한국 사회에 기본소득 개념을 전파하고, 이론적 토대를 다지며, 정책 대안을 개발하는 데 헌신해왔다. 현재도 수많은 연구자와 활동가들이 학술대회, 정책토론회, 출판, 강연 등을 통해 기본소득을 대중화하는 데 앞장서고 있다. 이들의 노력이 없었다면 기본소득은 여전히 학계의 추상적 담론에 머물렀을 것이다.

그는 기본소득한국네트워크 초대 이사장으로서 한국 기본소득 운동의 기틀을 마련한 뒤, 사단법인 기본사회 초대 이사장을 역임하면서 더욱 적극적인 활동을 펼쳤다. 사단법인 기본사회는 2022년 대선 무렵부터 본격적으로 활동을 시작하여, 2025년 대선까지 전국 각지에서 기본소득과 기본사회에 대한 강연과 토론회를 수백 차례 개최했다. 서울, 경기, 전남, 전북, 제주를 비롯하여 전국 각지에 14개의 광역본부와 수십 개의 시·군별 기초본부를 두고 있으며, 현역 국회의원 및 전문가들과의 정책 세미나와 간담회를 통해 입법 활동을 지원하고, 전문가 포럼을 통해 정책 대안을 구체화하는 작업을 지속해왔다.

특히 사단법인 기본사회는 단순한 대중 운동을 넘어 이론과 연구의 축을 강화하고 있다. 선진 사례 조사·연구, 정책 제안 및 입법과제 연구개발, 시민교육 및 공론화 활동을 체계적으로 수행하며, 기본사회의 가치와 철학을 구현하기 위한 학술적 기반을 다지고 있다.[9] 사단법인 기본사회의 한 관계자는 이렇게 말한다.

> "우리는 단순히 기본소득을 외치는 것이 아니라, 기본사회라는 새로운 사회 설계의 프레임을 제시하고 있습니다. 기본소득과 함께 기본주거, 기본돌봄, 기본교통, 기본에너지 등 개인 기본 인프라를 갖춘 사회, 그것이 우리가 꿈꾸는 기본사회입니다. 이를 위해 정책 연구와 입법 지원, 그리고 시민 교육을 병행하고 있습니다."

시민사회의 적극적인 활동은 단순히 주장을 반복하는 것이 아니라, 구체적인 정책 대안을 제시하고, 실현 가능한 로드맵을 그리며,

정치권이 외면할 수 없는 사회적 분위기를 만드는 것이다. 기본소득 한국네트워크와 사단법인 기본사회는 바로 그 역할을 충실히 수행해왔고, 이제 그 성과가 정치권의 변화로 나타나기 시작하고 있다.

## 국민 여론의 힘

정치인들은 여론을 중시한다. 아무리 좋은 정책이라도 국민의 지지 없이는 추진하기 어렵다. 따라서 기본소득 실현의 최종 열쇠는 결국 국민 여론에 달려 있다. 기본소득에 대한 여론은 점점 긍정적으로 변화하고 있다. 과거에는 '공짜 돈을 나눠주는 포퓰리즘'이라는 비판이 주를 이뤘다. 그러나 코로나19 재난지원금을 경험한 이후, 국민들은 보편적 현금 지급의 효과를 체감했다. "받아보니 생각보다 괜찮더라", "정말 필요한 때 도움이 됐다"는 반응이 나왔다.

청년 세대는 기본소득에 비교적 우호적이다. 이들은 불안정한 고용시장에서 기본소득이 생존의 버팀목이 될 수 있음을 안다. 노인 세대도 기초연금만으로는 부족한 생활비를 보충할 수 있다는 점에서 기본소득을 긍정적으로 본다. 중년 세대는 여전히 회의적이지만, 자녀 세대를 위해서라도 기본소득이 필요하다는 인식이 번지고 있다.

국민 여론을 움직이는 것은 구체적인 혜택이다. 추상적인 이론이 아니라, '내가 매달 30만 원을 받는다'는 구체적 이미지가 중요하다. 30만 원이면 월세의 일부를 해결할 수 있고, 생활비 부담이 줄어들며, 저축을 시작할 수 있고, 작은 여유를 누릴 수 있다. 이러한 구체성이 여론을 움직인다.

또한 공정성의 프레임도 중요하다. "왜 일하지 않는 사람에게 돈을 주느냐"는 비판에 대해서 "모든 국민은 이 땅에서 태어났다는 이유만으로 공동체의 부를 나눌 권리가 있다"고 답해야 한다. 4차 산업혁명과 기후 위기의 시대를 살면서 인공지능과 에너지 대전환으로 인해 수많은 사람들이 일자리를 잃을 뿐만 아니라 일을 하고 싶어도 마땅한 일자리가 없는 세상에 기본소득은 '시혜'가 아니라 '권리'다. 이 프레임이 국민에게 받아들여지면, 여론은 기본소득을 지지하게 된다.

언론의 역할도 크다. 일부 언론은 여전히 기본소득을 '포퓰리즘', '재정 폭탄'으로 프레이밍한다. 그러나 공영방송과 진보 언론들은 기본소득의 긍정적 효과를 조명하는 보도를 점차 늘리고 있다. 언론이 균형 잡힌 시각으로 기본소득을 다루면, 국민의 이해도 깊어진다. 국민 여론은 정치를 움직이는 가장 강력한 힘이다. 여론이 기본소득을 지지하면, 정치인들은 따라올 수밖에 없다. 반대로 여론이 냉담하면, 아무리 좋은 정책도 실현되기 어렵다. 따라서 '기본소득 운동'은 결국 국민을 설득하는 운동이다.

## 세계적 흐름과 한국의 선택

기본소득은 한국만의 실험이 아니다. 전 세계가 주목하고 있다. 핀란드는 2017년부터 2018년까지 2,000명의 실업자에게 월 560유로의 기본소득을 지급하는 실험을 했다.[10] 결과는 고무적이었다. 수혜자들의 행복도와 건강이 개선되었고, 고용률에는 부정적 영향이 없었다. 케냐에서는 민간단체인 기브디렉틀리GiveDirectly가 수천 명의 마을 주민들에게 장기간 기본소득을 지급하는 실험을 진행 중이다. 미국 캘리포니아주 스톡턴Stockton시는 저소득 가구에 월 500달러를 지급했고, 수혜자들의 고용률이 오히려 증가했다. 세계 곳곳에서 점점 더 많은 나라와 지역에서 크고 작은 단위의 기본소득 실험이 이루어지고 있다.

기술 혁신의 선두 주자들도 기본소득을 지지한다. 테슬라의 CEO 일론 머스크는 2023년, 인공지능이 발전하면 '보편적 기본소득'이 필요할 것이라고 말했다. 그는 AI가 대부분의 일자리를 대체할 미래에, 인간이 생존하려면 기본소득이 필수적이라고 보았다. 실리콘밸리의 많은 기업가들도 같은 생각이다.

한국은 이제 선택의 기로에 섰다. 세계의 흐름을 따라갈 것인가, 아니면 주저하며 뒤처질 것인가. 한국은 과거에도 빠른 결단으로 세계를 놀라게 한 경험이 있다. 1960년대 산업화, 1980년대 민주화, 1990년대 정보화, 2000년대 초고속 인터넷 보급, 2020년대 AI 및 에너지 고속도로 등 한국은 언제나 대담한 도전으로 불가능을 가능으로 만들었다.

기본소득도 그러한 도전이 될 수 있다. 만약 한국이 세계 최초로 전 국민 기본소득을 실현한다면, 한국은 21세기 복지국가의 새로운 모델이 된다. 전 세계가 한국을 주목할 것이고, 한국의 경험은 인류의 미래를 밝히는 등대가 될 것이다.

그렇게 하는 과정에서 정치는 늘 처음에 넘어야 할 큰 벽이다. 정치의 벽은 높고 견고하다. 그러나 넘을 수 없는 벽은 아니다. 시민사회의 조직적 요구, 지방정부의 선도 실험, 정당 간 합의 모색, 그리고 대통령의 결단, 이 모든 요소가 결합될 때, 정치의 벽은 무너진다.

기본소득은 더 이상 먼 미래의 이야기가 아니다. 이미 현실의 문턱에 와 있다. 경기도의 청년기본소득, 10개 군의 농어촌기본소득 시범사업, 국회의원들의 적극적 입법 활동, 사단법인 기본사회와 기본소득한국네트워크의 헌신적 노력, 그리고 이재명 대통령의 의지, 이 모든 것이 기본소득 실현을 향한 발걸음이다.

이제 남은 것은 마지막 한 걸음이다. 국민의 지지, 국회의 의결, 그리고 실행, 그 순간이 오면, 대한민국은 새로운 시대를 열게 될 것이다. 모든 국민이 존엄하게 살 권리를 보장받는 사회, 불안과 빈곤에서 해방된 사회, 누구나 꿈을 꿀 수 있는 사회, 기본소득은 그 사회로 가는 문을 여는 열쇠다.

정치의 벽을 넘는 것은 쉽지 않다. 그러나 역사는 늘 그렇게 만들어졌다. 불가능해 보이던 일에 도전하고, 넘어지고, 다시 일어서며, 마침내 벽을 넘었다. 기본소득도 그러할 것이다. 우리는 그 역사의 현장에 서 있다.

# 24장

# 기본소득,
# 실현으로 가는 길[1]

2025년 6월, 이재명 대통령 정부가 출범했다. 그리고 그해 가을, 기본소득은 더 이상 먼 미래의 논쟁거리가 아닌, 구체적 정책 과제로 본격 논의되기 시작했다. 단지 선언에 그치는 것이 아니라 구체적인 실천으로 이어지기 시작했다. 기본소득은 이제 시작이다. 거대한 시스템을 구축하고, 재원을 마련하며, 법을 정비하고, 국민을 설득해야 한다. 그렇기에 지금부터 기본소득 실현을 위한 가상의 시나리오를 구상해보기로 한다.

기본소득 실현으로 가는 길은 세 단계로 설계되는 것이 바람직하다. 1단계는 기반 구축과 실험이다. 2단계는 점진적 확대다. 3단계는 전면 시행으로의 완성이다. 각 단계는 명확한 목표와 원칙을 가지고 있다. 그리고 무엇보다, 국민의 신뢰를 얻는 것이 최우선이다.

# 1단계: 기반 구축과 실험

## 법적 토대를 세우다

모든 시작은 법에서 출발한다. 2026년 9월, 정부는 「기본소득 기본법」 제정안을 국회에 제출했다. 법안은 기본소득의 정의, 지급 원칙, 재원 조달 방안, 관리 기구 설립 등을 담고 있었다.[2] 국회는 뜨거웠다. 여당은 적극 찬성했지만, 야당은 신중론을 폈다. "재원이 불확실하다", "기존 복지와의 충돌이 우려된다", "성급한 실험이다" 등 여전히 반대 논리는 다양했다.

3개월간의 치열한 논쟁 끝에, 2026년 12월 15일, 「기본소득 기본법」이 국회를 통과했다. 찬성 178표, 반대 101표, 기권 21표였다. 법안이 통과되는 순간, 방청석에서 박수가 터져 나왔다. 역사적인 순간이었다.[3]

법이 제정되자마자, 정부는 기본소득청 설립에 착수했다. 2027년 3월 1일, 세종시에 기본소득청이 공식 출범했다. "저에게 주어진 임무는 명확합니다." 초대 기본소득 청장이 취임사에서 말했다. "제 임무는 국민에게 기본소득을 안정적으로 지급하는 시스템을 구축하는 것입니다. 단 한 사람도 누락되지 않고, 단 한 푼도 낭비되지 않는 시스템을 만들겠습니다."

기본소득청은 300명의 인력으로 출발했다. 행정안전부, 국세청, 보건복지부에서 전문가들이 파견됐다. IT 전문가, 재정 전문가, 복지 정책 전문가들이 모였다. 이들에게는 6개월의 시간이 주어졌다. 2027년 9월까지 시스템을 완성하고, 시범사업을 준비해야 했다.

## 농어촌기본소득이 실시되다

2026년 1월부터 전국 10개 군에서 농어촌 기본소득 시범사업이 시작됐다.[4] 경기도 연천군, 강원특별자치도 정선군, 충청남도 청양군, 충청북도 옥천군, 전북특별자치도 순창군과 장수군, 전라남도 신안군과 곡성군, 경상북도 영양군, 경상남도 남해군이 최종 선정됐다.

선정 기준은 명확했다. 첫째, 인구감소 지역, 둘째, 고령화율이 높은 농어촌 지역, 셋째, 지방소멸 위험이 큰 지역, 넷째, 지방자치단체의 적극적 의지, 이 네 가지 조건을 모두 충족한 곳이 선정됐다. 순창군에 사는 허순자(가명, 72세) 할머니는 2026년 1월에 생애 처음으로 기본소득을 받았다. 통장에 찍힌 '15만 원'이란 숫자를 보며 그녀는 환한 미소를 지었다.

"평생 농사만 지으며 살았어요. 자식들 키우느라 제 인생은 없었죠." 김 할머니가 말했다. "이제 나이 들어 일도 못 하는데, 매달 15만 원이 들어와요. 국가에서 주는 거예요. 아무 조건 없이. 처음엔 믿기지 않았어요. '사기 아냐?' 했죠. 근데 정말로 들어왔어요. 이 돈으로 약도 사고, 손주들 용돈도 주고, 사람답게 사는 느낌이 들어요."

10개 군에 거주하는 약 33만 명에게 기본소득이 지급됐다. 정부는 6개월마다 철저히 모니터링했다. 지역경제 활성화 효과, 소비 패턴 변화, 주민 만족도, 사회적 영향 등을 분석했다. 결과는 고무적이었다. 지역 소비가 눈에 띄게 증가했다. 폐업 직전이던 동네 슈퍼마켓과 식당들이 다시 활기를 되찾았다. 귀촌하는 젊은이들도 늘어나기

시작했다. "기본소득만 있으면 시골에서도 살 수 있겠다"는 계산이 섰기 때문이다.[5]

## 청년기본소득으로 확대되다

농어촌 시범사업이 성공하자, 정부는 다음 단계로 넘어갔다. 2028년 1월, 전국 청년에게 기본소득을 지급하기 시작했다. 대상은 만 19세에서 34세까지의 청년층이었다. 월 15만 원씩 지급됐다.[6] 청년들의 반응은 폭발적이었다. 서울 관악구에 사는 이지훈(가명, 28세) 씨는 프리랜서 디자이너다. 수입이 불규칙했다. 어떤 달은 200만 원을 벌지만, 어떤 달은 50만 원에 그쳤다. 기본소득 15만 원은 그에게 최소한의 안전판이 되었다.

"이제 하고 싶은 프로젝트를 거절 안 해도 돼요." 이 씨가 말했다. "전에는 돈 안 되는 일은 무조건 거절했어요. 먹고살아야 하니까요. 근데 이제 매월 기본소득이 들어오니까, 의미 있는 작업도 할 수 있어요. 돈은 적어도, 배우고 싶은 걸 배우고, 만들고 싶은 걸 만들어요. 인생이 달라졌어요."

부산에 사는 박민지(가명, 24세) 씨는 대학을 졸업하고 취업을 준비 중이었다. 아르바이트로 생활비를 벌면서 스펙을 쌓느라 지쳐 있었다. 기본소득 15만 원은 그녀에게 숨 쉴 공간을 주었다. "아르바이트를 주 5일에서 주 3일로 줄였어요." 박 씨가 말했다. "남은 시간에 자격증 공부하고, 봉사활동도 하고, 친구들도 만나요. 전에는 하루 종일 일만 했는데, 이제 사람다운 생활을 해요. 그리고 무엇보다, 부모님께 손 안 벌려도 돼요. 제 힘으로 살 수 있겠어요."

청년기본소득은 단순히 돈을 주는 것이 아니었다. 청년들에게 선택권을 돌려줬다. 원하지 않는 일을 억지로 하지 않아도 되고, 하고 싶은 일을 시도해볼 여유가 생겼다. 창업에 도전하는 청년들이 늘어났다.[7]

## 2단계: 점진적 확대

### 전 국민으로 확대되다

2030년 1월 1일, 역사적인 날이 밝았다. 전 국민 기본소득이 시작된 것이다. 대한민국 전체 국민에게 월 30만 원씩 지급됐다.[8] 새해 첫날 아침, 대한민국 모든 국민의 통장에 30만 원이 입금됐다. 신생아부터 100세 노인까지, 부자부터 빈자까지, 서울에서 제주까지, 단 한 사람도 예외 없이 받았다.

"오늘은 대한민국 역사에 길이 남을 날입니다." 이재명 대통령이 신년사에서 선언했다. "오늘부터 대한민국 모든 국민은 최소한의 존엄을 보장받습니다. 가난 때문에 굶주리지 않고, 미래 때문에 절망하지 않고, 존재 자체로 존중받는 나라를 만들겠습니다."

언론은 연일 기본소득 수혜 사례를 보도했다. 대구에 사는 한 모녀의 이야기가 화제가 됐다. 홀로 아이를 키우는 최은영(가명, 35세) 씨는 편의점에서 야간 아르바이트를 했다. 월 120만 원을 벌었다. 집세 50만 원, 공과금 10만 원, 아이 학원비 30만 원을 내고 나면 남는 돈이 없었다. 기본소득 30만 원이 들어오면서 그녀의 삶이 바뀌었다. 야간 아르바이트를 주간으로 돌렸다. 저녁에는 아이와 함께 시간을 보낼 수 있게 됐다.

"전에는 아이 자는 모습만 봤어요." 최 씨가 눈물을 글썽이며 말했다. "밤에 일 나가면 아이는 자고 있고, 아침에 퇴근하면 아이는 학교 갔고, 엄마 역할을 못 했어요. 근데 이제 저녁에 같이 밥 먹고, 숙제도 봐주고, 안아줄 수 있어요. 30만 원이 제 인생을 바꿨어요."

## 기본소득이 경제를 바꾸다

기본소득은 경제 구조를 바꿨다. 가장 눈에 띄는 변화는 소비 증가였다. 민간 소비가 전반적으로 증가하는 양상을 보였다. 특히 저소득층과 중산층의 소비 증가가 두드러졌다.[9] "기본소득이 소비를 촉진합니다." 한국은행 관계자가 설명했다. "저소득층은 받은 돈을 거의 다 씁니다. 식료품, 의류, 생활용품 등 생존에 절대적으로 필요한 것들이죠. 이 소비가 자영업자와 중소기업 매출로 이어집니다. 경제가 활성화되는 거죠."

자영업자들의 표정이 밝아졌다. 서울 성북구에서 분식집을 운영하는 김태수(가명, 52세) 씨는 수년째 거의 적자를 면치 못했다. 코로나19 이후 손님이 줄었고, 재료비는 올랐다. 폐업을 고민했다. "기본소득 시작되고 손님이 늘었어요." 김 씨가 말했다. "동네 주민들이 '이제 여유가 생겼다'며 외식을 해요. 떡볶이 한 접시, 김밥 한 줄이지만, 그게 쌓이면 매출이 되죠. 이번 달에 처음으로 흑자 봤어요. 계속 장사할 수 있겠다는 희망이 생겼어요."

고용시장도 변했다. 기본소득이 생기자 사람들이 열악한 일자리를 거부하기 시작했다. 최저임금을 안 주고 야근을 강요하며 휴가도 없는 일자리는 구인난에 시달렸다. 반대로 근로 조건이 좋은 일자리는 지원자가 몰렸다. "노동시장이 정상화되고 있습니다." 한 노동사회학자가 분석했다. "기본소득이 노동자의 협상력을 높였어요. '굶어 죽을 것 같아서' 어쩔 수 없이 하던 일을 이제 거부할 수 있어요. 그러니까 기업들이 임금을 올리고, 근로 조건을 개선하기 시작했죠. 이게 정상적인 노동시장이에요." 실제로 최저임금 미만 일자리가 눈에 띄게 감소했다. 기업들이 최저임금을 지키지 않으면 아예 사람을 구할 수 없게 된 것이다.[10]

### 재원이 안정되다

많은 이들이 우려했던 재원 문제는 예상보다 빨리 안정적으로 해결됐다. 기본소득 재원은 여러 방식으로 조달됐다. 첫째, 공유부 과세가 효자 노릇을 했다. 여기에는 탄소세, 빅데이터세, 토지보유세 등이 포함됐다.[11]

둘째, 기존 복지 재편으로 재원을 마련했다. 기초생활보장, 기초연금, 아동수당 등이 단계적으로 기본소득에 통합되면서 중복 지급이 줄어들었다.[12] 셋째, 국민성장펀드 수익이 활용됐다. 정부가 조성한 국민성장펀드가 국내외 우량 자산에 투자해 안정적인 수익률을 기록했다.[13] 넷째, 조세 개혁이 이루어졌다. 소득세 최고세율 인상, 법인세 인상, 금융소득 과세 강화 등이 시행됐다.[14]

"재원은 충분하다"고 관계 장관이 국회 예산결산특별위원회에서 보고했다. "기본소득 특별회계는 안정적으로 운영되고 있습니다. 앞으로도 지속 가능할 것입니다." 이에 야당 의원들도 더 이상 재원 문제를 제기하지 않았다. 숫자가 명확했기 때문이다.

## 3단계: 전면 시행으로의 완성

### 기본소득이 인상되다

2031년 봄, 국회에서는 치열한 논쟁이 벌어졌다. 기본소득 금액 인상을 둘러싼 여야의 공방이었다. 야당은 '재정 부담'을 들어 인상 폭을 최소화하자고 주장했고, 여당은 '물가 상승과 경제성장을 반영한 적정 인상'을 주장했다. 그러나 이 논쟁은 빨리 끝났다. 이유는 명확했다. 2026년 제정된 「기본소득 기본법」 제13조(이는 가상의 법안임)에 자동 조정 메커니즘이 명시되어 있었기 때문이다.

제13조(기본소득의 자동 조정)

① 기본소득 금액은 매년 다음 각 호의 지표를 종합 고려하여 자동 조정한다.

  – 전년도 소비자물가 상승률

  – 전년도 1인당 실질 GDP 성장률

  – 중위소득 변화율

② 자동 조정 산식은 다음과 같다:

기본소득(n년)=기본소득(n−1년)×[1+(물가상승률×0.5+GDP 성장률×0.3+중위소득변화율×0.2)]

③ 조정된 금액은 매년 1월 1일부터 적용한다.

"이 조항이 정말 혁신적이에요." 기본소득청장이 국회 예산결산 특별위원회에서 설명했다. "기본소득이 정치적 논쟁의 도구가 되지 않도록, 객관적 지표에 따라 자동으로 조정되는 겁니다. 물가가 오르면 기본소득도 올라야 합니다. 경제가 성장하면 국민 모두가 그 혜택을 나눠 가져야 합니다. 그게 바로 기본소득의 철학입니다."[15] 물가가 올랐으면 국민의 실질 구매력을 보장하기 위해 인상하는 것이고, 경제가 성장했으면 그 성장의 과실을 국민 모두가 나눈다는 것이었다.

자동 조정 메커니즘은 정치적 논쟁을 최소화하는 효과도 있었다. 매년 국회에서 "얼마를 인상할 것인가"를 두고 싸울 필요가 없었다. 법에 명시된 공식에 따라 자동으로 계산되고, 이를 관계부처와 기본소득청이 협의하여 공동으로 발표하면 그것으로 끝이었다.

### 기존 복지와 통합되다

기본소득이 확대되면서 기존 복지제도와의 관계 설정이 중요한 과제로 떠올랐다. 일각에서는 "기본소득을 주면 다른 복지를 없애야 한다"는 주장도 있었지만, 정부는 신중한 접근을 택했다. "기본소득은 기존 복지를 대체하는 게 아니라 보완하는 겁니다." 보건복지부 장관이 공청회에서 밝혔다. "생계급여, 주거급여, 의료급여 같은 필수 복지는 그대로 유지합니다. 다만 기본소득과 중복되는 일부 현금성 복지는 조정할 필요가 있습니다."

실제로 정부는 단계적 접근을 택했다. 우선 청년수당, 아동수당 등 일부 현금성 복지는 기본소득으로 통합되었다. 기본소득이 더 큰 금액이었고, 보편적이었기 때문에 큰 반발은 없었다. 하지만 생계급여, 장애인연금, 기초연금 등 취약계층을 위한 복지는 그대로 유지되었다. 오히려 강화되었다. "기본소득은 모두를 위한 것이고, 선별복지는 더 어려운 사람을 위한 것입니다. 둘은 상호보완적입니다." 보건복지부 관계자가 설명했다. 그 결과, 복지의 사각지대가 크게 줄어들었다. 예전에는 '소득이 조금만 높아도' 생계급여 수급 자격을 잃었지만, 이제는 기본소득이라는 안전판이 있었다.

"기본소득 덕분에 복지 행정 비용도 크게 줄었습니다." 한 지방정부 공무원이 말했다. "예전에는 수급 자격 심사, 소득 확인, 부정 수급 단속에 엄청난 인력이 들어갔어요. 하지만 기본소득은 심사가 필요 없잖아요. 모두에게 주니까. 그만큼 행정 비용이 줄고, 공무원들은 진짜 필요한 복지 서비스에 집중할 수 있게 됐습니다."

기존 복지 수급자들도 대환영이었다. 기본소득이 인상되면서 오히려 수령액이 늘어난 경우가 많았고. 무엇보다도 복잡한 신청 절차와 낙인이 사라진 것이 가장 큰 변화였다. "이제 복지 사무소에 안 가도 돼요." 전직 기초생활수급자 이영희(가명, 64세) 씨가 말했다. "전에는 1년마다 서류 내야 하고, 소득 증명하고, 재산 조사받고, 그게 얼마나 창피했는지 몰라요. 이제는 그냥 통장에 들어와요. 아무 조건 없이. 국민이라는 이유만으로. 떳떳해요."

"이로써 3층 복지 체계가 완성됐습니다." 보건복지부 장관이 발표했다. "1층은 전 국민 기본소득, 2층은 범주적 수당, 3층은 긴급복지입니다. 이 구조가 가장 합리적이고 효율적입니다."[16]

## 사회가 바뀌다

기본소득은 단순히 돈을 주는 정책이 아니었다. 사회 구조를 바꾸는 혁명이었다. 중요한 몇 가지를 열거하면 다음과 같다.

첫째, 빈곤이 크게 감소했다. 상대적 빈곤율과 절대적 빈곤율이 모두 하락하는 추세를 보였다.[17]

둘째, 불평등이 완화됐다. 지니계수가 낮아지는 경향을 보였다.[18] OECD 평균에 근접하기 시작했다.

셋째, 노동시장이 유연해졌다. 사람들이 원하지 않는 일을 거부하면서, 기업들은 근로 조건을 개선하고 자동화에 투자했다. 생산성이 높아졌다.

넷째, 창업과 혁신이 증가했다. 기본소득이라는 안전 매트가 있자, 사람들이 과감히 도전하기 시작했다. 스타트업 창업이 활성화되었다.[19]

다섯째, 출산율이 반등 조짐을 보였다. "기본소득 덕분에 아이 키울 여유가 생겼다"는 응답이 늘어났다.[20]

여섯째, 정신건강이 개선됐다. 경제적 불안이 줄면서 우울증과 불안장애가 감소하는 경향을 보였다. 자살률도 낮아지기 시작했다.[21]

## 국제사회가 주목하다

대한민국의 기본소득 실험은 전 세계의 주목을 받았다. 유엔을 비롯한 국제기구들이 한국의 사례를 연구하기 시작했다.[22] "한국이 기본소득의 가능성을 보여주고 있습니다." 국제 전문가들이 평가했다. "많은 이들이 기본소득은 이상적이지만 실현 불가능하다고 했습니다. 한국이 그것이 가능함을 입증하고 있습니다. 단계적 접근, 투명한 재원 조달, 국민적 합의, 이 세 가지가 핵심입니다."

스페인, 핀란드, 캐나다 등 여러 나라가 한국을 벤치마킹했다. 기본소득청에는 해외 방문단이 끊이지 않았다. 기본소득 청장은 국제 컨퍼런스에 초청받아 한국의 경험을 공유했다. "우리는 실험했고, 진전을 이루고 있습니다. 기본소득은 꿈이 아닙니다. 실현 가능한 정책입니다. 정치적 의지와 국민적 합의만 있다면, 어느 나라든 할 수 있습니다." 한국의 기본소득 청장이 '세계기본소득대회'에서 이렇게 발표했다.

### 길의 끝에서

기본소득이 도입된 지 몇 년이 흘렀다. 이재명 대통령은 임기를 마치고 퇴임을 앞두고 있었다. 취임 시 선언했던 '기본소득 시대'는 이제 확고한 현실이 되어가고 있었다. 청와대 집무실에서 마지막 연설문을 쓰며, 그는 지난 여정을 되돌아봤다. 반대와 회의, 우려와 불안, 수없이 많은 장애물이 있었다. 하지만 국민이 함께했다. 그리고 여기까지 왔다.

"우리는 증명하고 있습니다." 퇴임 연설에서 그가 말했다. "인간은 존엄하며, 모든 국민은 최소한의 삶을 보장받을 권리가 있습니다. 기본소득은 그 권리를 실현하는 도구입니다. 많은 이들이 불가능하다고 했습니다. 하지만 우리는 해내고 있습니다. 대한민국 국민 모두가 함께 만들어가고 있는 변화입니다. 기본소득과 기본사회야말로 억강부약抑强扶弱과 대동세상大同世上의 21세기 모델입니다."

박수가 터져 나왔다. 국회의원, 공무원, 시민단체 대표, 그리고 생중계를 보는 수백만 국민이 함께 박수를 쳤다. 기본소득으로 가는 길은 쉽지 않았다. 하지만 한 걸음 한 걸음 나아갔고, 여기까지 왔다. 이제 그 길은 다른 나라들에게도 열려 있다. 대한민국이 보여주고 있는 것처럼, 기본소득은 가능하다. 그리고 그 길의 끝에는 사람답게 사는 더 인간다운 사회가 기다리고 있다.

## 2030년 봄, 달라진 아침

2030년 4월, 서울 마포구의 한 작은 원룸에서 함서현(28세, 가명) 씨의 하루가 시작된다. 알람 소리에 눈을 뜨지만, 예전처럼 출근 시간에 쫓기지 않는다. 프리랜서 그래픽 디자이너인 그녀는 오늘 오후 클라이언트와의 미팅이 있을 뿐, 아침 시간은 온전히 자신의 것이다. 침대 옆 휴대폰을 집어 든 그녀는 습관적으로 은행 앱을 연다. 매월 1일, 어김없이 입금되는 30만 원의 기본소득이 오늘도 들어와 있다. 2028년 청년기본소득으로 시작해 2030년 전 국민 기본소득으로 확대된 이 제도는, 이제 그녀 삶의 당연한 일부가 되었다.

"5년 전만 해도 상상도 못 했는데."

함서현 씨는 작은 미소를 지으며 침대에서 일어났다. 5년 전, 그녀는 광고회사 인턴으로 하루 12시간씩 일하며 월 150만 원을 받았다. 정규직 전환은 요원했고, 저녁이 있는 삶은 꿈에 불과했다. 그러다 2028년, 청년기본소득 월 15만 원이 시작되었을 때, 그녀는 과감히 회사를 나왔다. 불안했지만, 최소한의 생활비가 보장된다는 사실이 용기를 주었다.

처음 6개월은 힘들었다. 프리랜서 일거리가 많지 않았고, 기본소득과 간헐적인 프로젝트 수입을 합쳐도 생활이 빠듯했다. 하지만 그녀는 그 시간을 온라인 강의를 듣고 포트폴리오를 만드는 데 투자했다. 그리고 2030년, 전 국민 기본소득이 월 30만 원으로 시작되면서 상황이 달라졌다.

이제 그녀의 월평균 소득은 프리랜서 수입 180만 원과 기본소득 30만 원을 합쳐 210만 원이다. 광고회사 인턴 시절보다 소득이 늘었을 뿐 아니라, 무엇보다 시간의 주인이 되었다. 원하는 프로젝트를 선택할 수 있고, 거절할 수도 있다. 기본소득이라는 안전판이 있기 때문이다. "오늘은 뭘 할까?" 서현 씨는 커피를 내리며 오늘 일정을 떠올렸다. 오후 3시 클라이언트 미팅, 저녁 7시 동네 독립서점에서 열리는 북토크, 그 사이 시간에는 진행 중인 프로젝트 작업을 할 예정이다. 주말에는 오랜만에 고향 군산에 내려가 가족과 친구들을 만날 계획이다.

"이런 게 진짜 삶이구나."

그녀는 창밖을 바라보며 생각했다. 돈을 벌기 위해서만 사는 삶이 아니라, 좋아하는 일을 하고, 사람을 만나고, 즐겁게 여행도 하는 삶이 펼쳐졌다. 기본소득은 단순히 돈이 아니었다. 인생에서 스스로 선택할 수 있는 자유였다.

## 산업 현장의 변화된 일상

같은 시각, 경기도 시흥시 산업단지. 49세 이진호(가명) 씨는 자동차 부품 공장 생산직으로 일한 지 30년째다. 오전 8시, 그는 여느 때처럼 작업복을 입고 생산라인에 섰다. 하지만 그의 마음은 5년 전과 사뭇 달랐다. 2025년만 해도 그는 불안했다. 자동화 설비가 늘어나면서 동료들이 하나둘 정리해고를 당했다. 30년 경력의 숙련공이지만, 언제 자신도 그렇게 될지 몰랐다. 고등학생인 딸의 학비, 대학생인 아들의 등록금, 아내의 병원비까지 생각하면 잠을 이룰 수 없었다.

그런데 2028년, 청년기본소득이 시작되면서 상황이 조금씩 바뀌기 시작했다. 대학생 아들이 매달 15만 원을 받으면서 아르바이트를 줄이고 학업에 집중할 수 있게 되었다. 2030년부터 전 국민 기본소득이 시작되었을 때는 가족 4명 모두가 매달 기본소득을 받게 되었다.

현재 이진호 가족의 기본소득은 월 120만 원이다(부부 각 30만 원, 자녀 2명 각 30만 원). 그의 월급 320만 원과 합치면 가구 소득은 440만 원. 여기에 아내가 시작한 작은 온라인 쇼핑몰 수입까지 더하면 월 600만 원에 가깝다. "여보, 나 오늘 5시에 퇴근할게." 아침

출근길에 이진호 씨는 아내에게 문자를 보냈다. 회사가 주 4일 근무
제를 도입하면서 금요일은 쉬는 날이 되었고, 평일에도 야근이 줄어
들었다. 기본소득으로 생계 부담이 줄어들자, 노조는 임금 인상보다
노동시간 단축을 요구했고, 회사도 이를 받아들였다.



아내의 답장이 왔다. 5년 전만 해도 이진호 씨는 딸의 학원 픽업을
한 번도 해본 적이 없었다. 언제나 야근, 주말 특근으로 바빴다. 하
지만 이제는 다르다. 목요일 저녁은 가족 외식의 날, 금요일은 아내
와 영화를 보거나 등산을 간다. "30년 일했는데, 이제야 사람답게
사는 것 같아." 이진호 씨는 작업대 앞에 서며 중얼거렸다. 동료들
도 같은 생각인 듯 얼굴에 여유가 보였다. 기본소득은 단순히 돈이
아니었다. 존엄하게 살 권리였다.

## 농촌 어르신의 봄날

충청북도 옥천군, 작은 시골마을. 73세 차순자(가명) 할머니는 아
침 일찍 밭으로 나갔다. 상추, 쑥갓, 깻잎을 따서 바구니에 담는다.
오늘은 장날이라 읍내 오일장에 나갈 예정이다.



차순자 할머니는 허리를 펴고 하늘을 올려다보았다. 5년 전만 해

도 이 나이에 농사를 지어야 하는 현실이 서러웠다. 자식들은 모두 도시로 나가 살고, 남편은 3년 전 세상을 떠났다. 국민연금도, 기초 연금도 받지만, 턱없이 부족했다. 병원비라도 나가면 그달은 굶다시 피 했다.

2026년, 이 마을이 농어촌 기본소득 시범사업 대상지로 선정되면 서 모든 것이 바뀌었다. 처음에는 월 15만 원이었다. 지역사랑상품 권으로 받아서 읍내 슈퍼나 약국, 식당에서만 쓸 수 있었지만, 할 머니에게는 큰 도움이었다. 그리고 2030년, 전 국민 기본소득이 시 작되었다. 기본소득 월 30만 원에 기초연금 50만 원을 합치면 매달 80만 원의 안정적인 수입이 생겼다. 밭에서 나온 채소를 팔면 월 30 만 원 정도 추가 수입이 되니, 총 110만 원이다.



차순자 할머니의 가장 큰 기쁨은 이것이었다. 예전에는 병원비, 난 방비가 부족하면 자식들에게 전화해야 했다. 전화할 때마다 마음이 아팠다. 하지만 이제는 다르다. 자식들에게 용돈도 주고, 손주들 생 일에 선물도 사준다.

더 좋은 건 마을이 살아났다는 것이다. 기본소득이 시작되면서 젊 은 사람들이 하나둘 돌아왔다. 서울에서 IT 회사를 다니던 청년은 고향으로 내려와 원격근무를 하며 주말농장을 운영한다. 부산에서 식당을 하던 부부는 귀농해서 작은 카페를 열었다. 기본소득이라는 안전판이 있으니, 도시를 떠나는 결정이 한결 쉬워진 것이다.

"할머니, 오늘 상추 많이 가져왔네요!" 카페를 운영하는 젊은 여자가 밝게 인사했다. 차순자 할머니는 활짝 웃으며 상추 한 봉지를 건넸다. "이거 가져가서 카페에서 써." "아이고, 맨날 이러시면 어떡해요. 돈 드릴게요." "괜찮아. 이 할매는 이제 돈 걱정 안 해도 돼. 기본소득 받잖아."

두 사람은 웃음을 주고받았다. 5년 전만 해도 텅 비어가던 마을에 이제는 웃음소리가 가득했다. 기본소득은 단순히 개인에게 돈을 준 것이 아니라 공동체를 살렸다.

## 한 부모 가정의 새로운 시작

서울 노원구, 35세 한미영(가명) 씨는 아침 7시에 일어나 초등학교 2학년 딸 지우를 깨운다. 이혼 후 3년째 혼자 아이를 키우는 그녀는 구청 복지과에서 사회복지사로 일한다. "지우야, 일어나. 학교 가야지." "엄마, 오늘 현장학습 가는 날이에요!" 딸아이가 활짝 웃으며 일어났다. 미영 씨는 딸의 밝은 얼굴을 보며 안도의 한숨을 쉬었다. 5년 전만 해도 이 아이는 자주 울었다. 엄마가 늘 바빴고, 늘 피곤해했고, 늘 돈 걱정을 했기 때문이다.

2026년 이전, 미영 씨의 월급은 세후 220만 원이었다. 집세 70만 원, 관리비 10만 원, 통신비 10만 원, 식비 50만 원, 딸 학원비 40만 원, 계산하면 늘 마이너스였다. 한 부모 가정 지원금 20만 원을 받았지만, 그것으로는 턱없이 부족했다. 주말에는 편의점 아르바이트를 했고, 딸은 학원 자습실에 맡겼다.

그런데 2030년, 전 국민 기본소득이 시작되면서 상황이 바뀌었다.

한미영 씨와 딸 지우가 받는 기본소득은 현재 월 60만 원, 여기에 미영의 월급 250만 원(인상분 포함)을 합치면 월 310만 원이다. 한부모 가정 지원금은 기본소득 도입 후 통합 조정되었지만, 전체 소득은 오히려 늘어났다.

"엄마, 오늘 저녁에는 외식 한번 할까요?" "그래, 지우 현장학습 다녀오면 같이 가자." 미영 씨는 딸의 머리를 쓰다듬었다. 이제 그녀는 주말 아르바이트를 하지 않는다. 토요일은 딸과 함께 도서관에 가고, 일요일은 공원에서 자전거를 탄다. 저녁에는 함께 저녁을 먹고, 책을 읽어준다.

"지우 엄마, 요즘 표정이 많이 밝아지셨어요." 직장 동료가 말했을 때, 미영은 고개를 끄덕였다. "기본소득 덕분이에요. 돈 걱정이 줄어드니까, 아이한테 집중할 수 있어요." 단순히 경제적 여유만 생긴 것이 아니었다. 미래에 대한 불안감이 줄어들었다. 지우가 중학교, 고등학교에 가도 기본소득은 계속 나온다. 대학에 가면 지우도 성인이 되어 기본소득을 받는다. 그 사실만으로도 미영 씨는 훨씬 안심할 수 있었다.

"엄마, 나 커서 뭐가 될까?" 어느 날 저녁, 지우가 물었다. 엄마는 딸을 꼭 안으며 대답했다. "지우가 하고 싶은 거 하면 돼. 엄마가 응원할게." 5년 전이었다면 이렇게 대답하지 못했을 것이다. 돈 되는 직업, 안정적인 직업을 선택하라고 했을 것이다. 하지만 이제는 다르다. 기본소득이 있는 세상에서, 아이는 좀 더 자유롭게 꿈을 꿀 수 있다.

## 달라진 사회의 풍경

2030년 봄, 대한민국은 5년 전과는 확연히 다른 사회가 되어 있었다. 거리에는 여유가 생겼다. 카페에서 노트북을 펼치고 일하는 프리랜서들, 평일 오후 공원을 산책하는 중년 부부들, 도서관에서 책을 읽는 청년들. 모두가 출근 시간에 쫓기고, 야근에 시달리던 시절은 이제 과거가 되었다.

소비 패턴도 바뀌었다. 기본소득이 지역사랑상품권으로 지급되면서, 동네 슈퍼, 동네 서점, 동네 식당이 다시 활기를 띠었다. 대형 프랜차이즈가 아니라 골목 가게에서 물건을 사고, 동네 카페에서 커피를 마신다. 지역경제가 살아나고, 공동체가 회복되었다.

창업도 늘었다. 기본소득이라는 안전판이 있으니, 젊은이들은 과감히 도전한다. 실패해도 기본소득으로 생활할 수 있고, 다시 일어설 수 있다. 혁신과 도전이 꿈이 아니라 현실이 되었다.

농촌도 달라졌다. 기본소득 시범사업이 시작된 군들은 인구가 증가했다. 청년들이 돌아왔고, 빈집이 카페와 게스트하우스로 바뀌었다. 농사를 지으면서도 여유롭게 살 수 있다는 사실에, 귀농을 선택하는 사람들이 늘어났다.

노동시장도 변화했다. 기본소득으로 생계 부담이 줄어들자, 노동자들은 임금보다 노동시간, 노동조건을 중시하게 되었다. 기업들도 변화에 적응했다. 주 4일 근무, 유연근무제, 원격근무가 확산되었다. 사람들은 일과 삶의 균형을 되찾았다.

물론 모든 것이 완벽한 것은 아니었다. 재원 문제는 여전히 논쟁거리였고, 기본소득 금액이 충분한지를 놓고 치열한 토론도 계속되었다. 일부에서는 "기본소득이 노동 의욕을 떨어뜨린다"고 여전히 비판했다.

하지만 대다수 국민은 기본소득의 가치를 체감하고 있었다. 2030년 초 실시된 여론조사에서, 국민의 78퍼센트가 기본소득 정책을 지지한다고 답했다. '기본소득은 사치가 아니라 권리'라는 인식이 국민 사이에 완전히 자리 잡았다.

2030년 대한민국은 여전히 완벽하지 않았다. 해결해야 할 문제도, 개선해야 할 정책도 많았다. 하지만 적어도 이것만은 확실했다. 모든 국민이 존엄하게 살 권리를 가진 사회, 돈 때문에 꿈을 포기하지 않아도 되는 사회, 실패해도 다시 일어설 수 있는 사회. 기본소득은 단순히 돈이 아니었다. 그것은 새로운 사회를 여는 황금열쇠였다.

# 다시 떠오를 빛을 기다리며

저녁 하늘이 가장 붉게 물드는 순간은 해가 서쪽 수평선에 닿기 직전이다. 종일 바다와 대지 위를 달리며 파도와 바람을 품었던 해가 이제 그 모든 빛과 열을 한데 모아 마지막 숨결처럼 뜨거운 숨을 내뿜는다. 그 숨결은 하루를 태워 만든 금빛 가루이자 내일을 품은 씨앗이다. 사라지는 듯 보이지만, 그것은 결코 사라짐이 아니라 다음 날을 깨우기 위한 가장 강렬한 약속이다.

이 책의 여정도 그러했다. 수많은 논의와 사례, 질문과 대답, 반론과 설득, 그리고 반복해서 고개를 끄덕이고 가슴을 쓸어내린 순간들이 페이지 한 줄 한 줄에 스며들었다. 때로는 가파른 오르막처럼 숨이 가빴고, 때로는 잔잔한 강물처럼 흘러 마음을 적셨다. 그리고 마침내 우리는 이 마지막 페이지에 다다랐다. 그러나 이 끝은 결코 식어가는 결말이 아니다. 오히려 더 깊고 넓은 이야기를 향해 심장이 다시 한번 세차게 고동치도록 숨을 고르는 순간이다.

여기에 이르기까지의 길은 결코 평탄하지 않았다. '불가능'이라는 말이 너무 자주 들렸고, '나중에'라는 핑계가 일상의 습관처럼 반복됐다. 그러나 그 길 위에서 작은 시작들이 모였고, 그 시작은 의미 있는 변화를 꽃피웠다. 한 번 열린 문은 다시 닫히기 어렵듯, 한 번 경험한 존엄과 공정은 후퇴하지 않는다. 이것이 바로 기본소득이 가진 가장 큰 힘이다.

기본소득은 어느 순간의 선택으로 끝나는 일이 아니다. 그것은 우리가 계속 이어가야 할 대화이고, 서로의 삶을 진심으로 들여다보는 마음이며, 우리 모두가 더 나은 내일을 위해 함께 생각을 모으는 시간이다. 이제 그 문을 여는 일은 정부나 정치만의 몫이 아니다. 그것은 우리 모두의 몫이다. 이 책을 펼쳐서 여기까지 왔다는 사실만으로도 이미 그 문을 두드린 것이다. 우리는 다시 묻는다. "왜 지금, 기본소득인가?" 그리고 조용히 화답한다. "지금이 아니면, 또 언제 이 질문을 꺼낼 수 있을까?" "지금 이곳이 아니면, 우리는 어디서 다시 시작할 수 있을까?"

기본소득은 더 이상 '먼 훗날 언젠가'의 이야기가 아니다. 그것은 이미 우리의 곁에, 우리의 대화와 정책 구상과 작은 실천 속에 발을 들여놓았다. 실험의 현장에서, 마을회관의 작은 모임에서, 국회와 지방의회의 뜨거운 논쟁 속에서, 그리고 무엇보다 사람들의 평범한 일상에서 조용히 그러나 꾸준히 뿌리내렸다.

이 책의 모든 문장은 그런 과정을 거쳐 태어났다. 세금으로 가능하다고 말하는 대신 재정의 새로운 눈을 열자고 했고, 복지와 충돌한다고 말하는 대신 더 나은 보완이 될 수 있다고 강조했다. 토지와 데이터, 탄소와 재생에너지라는 공유부가 모두의 것임을 되새겼고, DMZ에서 백두대간까지, 울산 바다에서 솔라시도와 새만금까지 이 땅 곳곳에서 피어나는 가능성의 씨앗을 함께 확인했다.

기본소득을 향한 길은 먼 여정일 수 있다. 그러나 우리는 이미 여러 도시와 마을, 그리고 사람들의 마음속에서 그 길의 초입을 열어 왔다. 실험은 시작됐고, 증거는 쌓이고 있으며, 연대는 퍼져나가고 있다. 언젠가 지금의 작은 물줄기들이 만나 거대한 강이 되어 흐를 것이다. 그 강물 위에 우리의 미래가 실려 올 것이다. 기술과 에너지가 만들어내는 새로운 부, 공유부를 통한 재원, 그리고 지역과 국가를 잇는 연대의 설계까지, 이 모든 것이 하나로 합쳐져 '모두를 위한 미래'라는 넓은 바다로 흘러가야 한다.

미래는 스스로 오지 않는다. 그것은 오늘 우리가 무엇을 선택하느냐에 따라 모습을 달리한다. 변화는 거대한 구호에서가 아니라, 한 사람 한 사람의 선택에서 시작된다. 우리가 던지는 한 표, 지지하는 한 정책, 서로에게 건네는 한마디의 연대가 내일을 바꾼다. 기본소득은 멀리 있는 이상이 아니다. 그것은 지금 이 순간 누군가의 무너진 어깨를 다시 일으켜 세우는 손길이자, 내일을 포기하지 않도록 지켜주는 숨결이다.

우리가 함께 걸어온 길 위에는 여전히 남은 질문들이 놓여 있다. 더 많은 목소리를 들어야 하고, 더 넓은 세상을 바라보아야 하며, 더 단단한 다리를 놓아야 한다. 그러나 그 모든 것은 이미 시작됐다. 우리가 이 책을 덮는 순간, 새로운 문이 열리고, 그 너머에서 또 다른 여정이 손짓할 것이다. 해가 저물어도 어김없이 동틀 날이 오듯이, 이 이야기도 그렇게 계속될 것이다. 우리는 다시 길 위에 설 것이고, 이번에는 더 많은 발걸음과 함께 더 멀리, 더 환하게 나아갈 것이다.

이제 우리가 나설 차례다. 미래를 기다리지 말고, 미래를 불러내자. 그 이름이 바로 기본소득이다. 그리고 지금 기본소득은 우리의 용기 있는 첫걸음을 기다리고 있다. 이 발걸음은 단순히 한 사람이 내딛는 걸음이 아니라, 세대를 넘어 울려 퍼질 약속이며, 아직 태어나지 않은 이들에게까지 전해질 초대장이다. 우리는 혼자가 아니다. 서로의 손을 굳게 잡고, 존엄이 당연한 세상, 누구도 조건 없고 차별 없이 존중받는 나라를 향해 나아가자.

저 붉게 타오르는 저녁노을이 서서히 수평선 아래로 가라앉을 때,

하늘은 한순간 깊고 고요한 어둠에 잠긴다. 그러나 그 어둠은 끝이 아니라, 새로운 빛을 품은 거대한 숨결이다. 다시 산맥 너머로 여명이 번지고, 바다는 새벽빛을 받아 은빛 파도를 일렁일 것이다. 그 찬란한 첫 빛이 세상을 깨우듯, 우리의 걸음도 또 다른 세상을 깨울 것이다.

우리 함께 가자. 저녁과 새벽이 맞닿은 경계에서, 빛은 내일이 되고, 내일은 곧 기본소득의 세상이 될 것이다.

## 1부
## 왜 지금 기본소득인가

### 1장 K자 회복 시대, 갈라진 대한민국

1. 통계청·한국은행·금융감독원, 「2024년 가계금융복지조사 결과」, 2024년 12월 9일 발표. 2024년 3월 기준 소득 상위 20%(5분위) 가구의 평균 순자산은 10억 3,252만 원.

2. 같은 자료. 전체 가구의 57.4%가 순자산 3억 원 미만 보유.

3. 통계청·교육부, 「2024년 초중고 사교육비 조사 결과」, 2025년 3월 13일 발표. 월 소득 800만 원 이상 가구의 학생 1인당 월평균 사교육비는 67만 6,000원, 월 소득 300만 원 미만 가구는 20만 5,000원.

4. 같은 자료. 소득 10분위(상위 10%) 가구의 사교육비는 40만 6,986원, 소득 1분위(하위 10%) 가구는 3,042원으로 약 134배 격차.

5. 통계청·한국은행·금융감독원, 「2024년 가계금융복지조사 결과」, 2024년 12월 9일 발표. 2023년 기준 상위 10% 가구가 전체 순자산의 44.4% 보유 (2024년 3월 기준).

6. 한국은행, 「금융안정보고서」, 2023년 9월 발표. 청년층(가구주 연령 39세 이하)의 순자산 대비 부채비율은 2017년 31.6%에서 2022년 39.0%로 증가.

7. 같은 자료. 중장년층(40~64세)의 순자산 대비 부채비율은 2017년 25.4%에서 2022년 23.0%로 감소.

8. 고용노동부, 「2025년 적용 최저임금 고시」, 2024년 8월 5일. 2025년 최저시급은 10,030원. 출처: https://www.moel.go.kr

### 2장 AI가 바꾸는 일자리 풍경

1. OpenAI가 ChatGPT를 2022년 11월 30일 공개 출시했음. 출처: OpenAI 공식 발표.

2. Google Health 연구팀의 《Nature Medicine》 논문(2019)에서 AI가 방사선 전문의보다 폐암 검출에서 우수한 성과를 보였으며, 여러 의료 AI 스타트업들의 임상 검증 결과도 있음.

3. 일론 머스크는 2025년 5월경 소셜미디어(X)를 통해 AI가 대부분의 일자리를 대체할 것이며, "Universal High Income"이 필요할 것이라고 언급함. 출처: Elon Musk의 X(구 twitter) 게시물, 2025년 5월.

4. 빌 게이츠는 2017년 2월 "Quartz" 인터뷰에서 로봇이 인간 일자리를 대체할 경우, 로봇을 사용하는 기업에 세금을 부과하여 전환 기간 재원을 마련해야 한다고 제안함. 출처:

Quartz 인터뷰, 2017년 2월 17일 URL: https://qz.com/911968/bill-gates-the-robot-that-takes-your-job-should-pay-taxes

3장 기후 위기와 에너지 독립의 기회

1. 전남 신안군은 2021년부터 태양광 풍력 등 재생에너지 발전소에서 발생한 수익을 주민에게 배당하는 '주민이익공유제'를 전국 최초로 시행함. 출처: 신안군청, 언론 보도 다수.

2. https://www.hani.co.kr/area/honam/1234920.html

3. https://www.yna.co.kr/AKR20251024057800054

4. 국제재생에너지기구(IRENA)는 여러 보고서에서 2030년까지 전 세계 재생에너지 일자리가 수천만 개 규모로 증가할 것으로 전망. 구체적 수치는 보고서마다 다소 차이 있음. 참고: IRENA, "Renewable Energy and Jobs - Annual Review" 시리즈(출처: https://www.irena.org).

5. 한국 정부는 2020년 '한국판 뉴딜' 발표 시 총 160조 원(후에 220조 원으로 확대) 투자 계획을 제시했으며, 그린뉴딜은 핵심 축 중 하나로 상당 부분 배정됨. 출처: 기획재정부, 2020년 7월 발표.

6. 독일은 재생에너지 선진국으로 2000년대 이후 재생에너지 부문에서 수십만 개 일자리 창출. 정확한 수치는 조사 기관과 시점에 따라 다소 차이 있으나 대략 30만~40만 개 이상으로 보고됨. 참고: 독일 연방환경부, 독일 재생에너지협회(BEE) 등의 통계.

7. 〈전북연합신문〉, "바람의 마을 위도가 풍력발전의 기대감으로 들썩", 2024.6.24. 및 〈부안제일신문〉, "위도면, 해상풍력단지 선진지 견학 실시", 2024.6.24.

8. Oxfam과 Stockholm Environment Institute(SEI)는 2023년 공동 보고서 "Climate Equality: A planet for the 99%"에서 소득 상위 10%가 전 세계 탄소 배출의 약 50%를 차지한다고 발표. 출처: Oxfam, "Climate Equality: A planet for the 99%", November 2023 URL: https://www.oxfam.org

9. 캐나다는 2019년부터 연방 탄소세(Federal Carbon Pricing)를 시행하며, 수입의 대부분(약 90%)을 "Canada Carbon Rebate"(이전 명칭: Climate Action Incentive Payment)로 국민에게 환급함(출처: Government of Canada URL: https://www.canada.ca)

10. 캐나다 탄소 환급금은 지역과 가족 구성에 따라 차등 지급되며, 2024~2025년 기준 일부 지역 4인 가족은 연간 약 1,800캐나다달러 수준을 받을 수 있음(출처: Government of Canada, Canada Carbon Rebate 공식 안내).

**4장 기본소득의 정의와 원칙**

1. BIEN은 기본소득을 "A periodic cash payment unconditionally delivered to all on an individual basis, without means-test or work requirement"로 정의함. 한국어로는 "자산 심사나 노동 요구 없이 무조건적으로 모두에게 개별적으로 주어지는 정기적인 현금 이전"으로 번역됨(출처: https://basicincome.org 참고, 기본소득한국네트워크 https://basicincomekorea.org).

2. 영국의 인본주의자 토머스 모어(Thomas More, 1478~1535)는 1516년 루뱅에서 『유토피아(Utopia)』를 출간함. 이 책에서 모든 사람에게 최소한의 생계를 보장해야 한다는 개념을 제시하여 기본소득 사상의 기원으로 평가됨. 출처: 기본소득한국네트워크, 학술자료 다수.

3. ① 핀란드(2017~2018): 2,000명 실업자 대상, 월 560유로 지급. 고용률에 큰 변화는 없었으며, 웰빙 지표 개선, 일할 의욕 감소 없음 확인.

   ② 캐나다: 여러 실험(온타리오주 2017-2019 등)에서 유사한 결과.

   ③ 케냐: 기브디렉틀리(GiveDirectly)의 장기 기본소득 실험(2017~), 소득 증가, 건강 개선, 일자리 증가 등 긍정적 효과 보고. 출처: 각국 실험 보고서, 기본소득한국네트워크 자료.

4. 아동수당은 2018년 9월 소득 하위 90% 가구의 만 6세 미만 아동을 대상으로 도입되었으며, 2019년 1월부터 소득·재산과 관계없이 만 6세 미만 모든 아동에게 보편적으로 지급됨. 출처: 보건복지부, 2019년 1월 14일 보도자료.

**5장 복지국가의 한계를 넘어**

1. 보건복지부, "생계급여 부양의무자 기준 60년 만에 폐지", 보도자료, 2021.9.30.

2. 보건복지부, "올해부터 중증장애인이 있는 가구는 의료급여 혜택을 받으실 수 있습니다", 보도자료, 2024.1.17.

3. 보건복지부, "2025년도 기준 중위소득 6.42%로 역대 최대 인상", 보도자료, 2024.7.25.

4. 보건복지부, "2021년 한국 공공사회복지지출 규모 337.4조 원, GDP의 15.2%"(2025.4.9.).

5. GDP 대비 공공사회복지지출 비율 기준 OECD 38개국 중 한국은 34위로, 한국보다 낮은

국가는 아일랜드(13.4%), 튀르키예(12.5%), 칠레(12.0%), 멕시코(9.5%) 4개국이다.

6. 2018년 9월 도입 당시에는 소득인정액 하위 90% 수준이라는 조건으로 만 6세 미만 아동에게 지급했다.

7. 2019년 1월부터 소득·재산 조사를 거치지 않고 만 6세 미만의 모든 아동에게 보편 지급했지만. 2019년 9월부터는 만 7세 미만(0~83개월)으로 확대했다.

8. 만 8세 미만 모든 아동에게 1인당 월 10만 원을 매월 25일 현금 입금을 원칙으로 지급하고 있다.

9. 기초노령연금법(2008년 시행)을 폐지하고 2014년 7월 1일부터 새로 제정된 기초연금법(법률 제12617호, 2014.5.20)을 시행하여 만 65세 이상 노인 중 소득 하위 70%에게 최대 20만 원을 지급했다. 보건복지부, "7월 1일부터 기초연금 제도 시행", 보도자료, 2014.6.30. 및 법제처, "7월 주요 시행법령", 2014.7.

10. 2021년 기준 OECD 평균 공공사회복지지출 비율은 GDP 대비 22.1%인데 비해, 한국(15.2%)은 OECD 평균의 약 69% 수준이다. 출처: OECD Social Expenditure Update 2025.

11. 핀란드는 2017년 1월 1일부터 2018년 12월 31일까지 2년간 무작위로 선발된 25~58세 실업자 2,000명에게 매달 560유로를 무조건 지급하는 기본소득 실험을 실시했다. 출처: 핀란드 사회보험국(Kela), 기본소득한국네트워크.

12. Kela, "Results of Finland's basic income experiment: small employment effects, better perceived economic security and mental wellbeing", May 2020.

## 6장 세계의 기본소득 실험들

1. Alaska Department of Revenue, "Department of Revenue Announces 2024 Permanent Fund Dividend Amount and Energy Relief", 2024.9.19(2024년 배당금: 1,702달러, 에너지 구제금 298달러 포함).

2. Alaska Permanent Fund Corporation, "History", https://apfc.org/history/ (첫 배당금은 1982년 6월 14일 지급).

3. Alaska Department of Revenue, "Historical Timeline – Permanent Fund Dividend", https://pfd.alaska.gov/division-info/historical-timeline (1982년 첫 배당금: 1,000달러).

4. Alaska Constitution, Article IX, Section 15(1976년 주민투표로 헌법 개정, 알래스카 영구기금 설립. 석유 로열티 수입의 25% 적립).

5. Alaska Permanent Fund Division, "Historical Timeline", https://pfd.alaska.gov/

division-info/historical-timeline (1980년 첫 영구기금배당 법안 통과. 당초 거주 연수 당 50달러 지급 계획이었으나 위헌 판결 후 1982년 현행 방식으로 변경).

6. Investopedia, "Alaska Permanent Fund: Meaning, Dividends, Investments", 2024.12.10. (2024년 12월 기준 기금 규모: 약 830억 달러) 및 Juneau Empire, "Alaska's 2025 Permanent Fund dividend will be $1,000 and arrives starting Oct. 2", 2025.9.20.(기금 규모: 830억 달러)

7. Alaska Department of Revenue, "2024 Permanent Fund Dividend amount is $1,702", 2024.9.19.

8. Alaska Department of Revenue, "Department of Revenue Announces 2025 Permanent Fund Dividend Amount", 2025.9.22 (2025년 배당금: 1,000달러).

9. Governor Mike Dunleavy, "2022 Permanent Fund Dividend Hits a Record $3,284.00", 2022.9.8.(역대 최고액: 2022년 3,284달러, 에너지 구제금 650달러 포함).

10. Investopedia, "Here's How Much You Could Get Paid for Living in Alaska", 2025.6.29.(1982년부터 2024년까지 총 지급액: 313억 달러); Alaska Senator Cathy Giessel Newsletter, 2025.7.17.(PFD 누적 지급액: 313억 달러, 1982~2024 회계연도).

11. Economic Times, "Alaska PFD 2025: $1,000 stimulus checks rolling out to 660,000 residents", 2025.10.30. 및 Alaska Department of Revenue, "Department of Revenue Announces 2025 Permanent Fund Dividend Amount", 2025.9.22.(60만 명 이상 수급).

12. ACF(Administration for Children and Families), "Maternal and Infant Health and Direct Cash Transfers", https://acf.gov/sites/default/files/documents/ofa/maternal-infant-health-dct-508.pdf 및 University of Alaska Scholars Archive, "What do we know about the effects of the Alaska Permanent Fund Dividend?", 2019.5.20.

13. BBC, "Finland basic income trial left people 'happier but jobless'", 2019.2.8. 및 OFCE Sciences Po, "What can we learn from the Finnish experiment with a universal income?", 2020.5.30.(핀란드 기본소득 실험: 2017~2018년, 2,000명에게 월 560유로 지급).

14. 출처: Kela, Basic Income Experiment Final Report.

15. 25~58세 실업자 중 무작위로 2,000명을 선정하였으며. 대조군은 173,000명이었다.

16. Ministry of Social Affairs and Health and Kela, "Results of the basic income experiment: small employment effects, better perceived economic security and mental wellbeing", press release, 2020.5.6., BIEN(Basic Income Earth Network), "More results of the Finnish experiment published", 2020.5.6.(대조군 173,000명 명시), 최종 보고서: Olli Kangas, Signe Jauhiainen, Miska Simanainen & Minna Ylikännö(eds.), Suomen perustulokokeilun arviointi (핀란드 기본소득 실험 평가), Ministry of Social Affairs and Health Reports and Memorandums 2020:15, published May 2020. https://www.mckinsey.com/industries/social-sector/our-insights/an-experiment-to-inform-universal-basic-income

17. 삶의 만족도 7.3 vs 6.8(대조군), 으울감 22.3% vs 약 30%(대조군), 정신적 스트레스 감소 확인.

18. 고용 효과는 통계적으로 유의미하지 않았으나, 미래 자신감은 기본소득 그룹 58.2% vs 대조군 46%로 나타났다.

19. 출처: GiveDirectly, Universal Basic Income Programs. https://www.givedirectly.org/ubi/

20. 출처: GiveDirectly, MIT/Northwestern University Research. https://www.vox.com/future-perfect/2023/12/1/23981194/givedirectly-basic-income-experiment-abhijit-banerjee-tavneet-suri

21. 출처: GiveDirectly, Innovations for Poverty Action(IPA). https://poverty-action.org/effects-universal-basic-income-kenya

22. https://www.givedirectly.org/ubi/

23. 케냐의 모바일 머니 시스템 M-Pesa를 통해 직접 수령자에게 송금한다.

24. 2023년 발표된 2년 경과 결과. 소득 증가, 자산 축적, 자영업 증가, 아동 교육 개선 등이 확인되었다. https://www.givedirectly.org/2023-ubi-results/

25. https://basicincome.org/topic/kenya/

26. 출처: Barcelona City Council, EU Urban Innovative Actions. 2017년 10월~2019년 12월, 베소스 지역 10개 동네, 극빈층 1,000가구(최종 952가구 참가), 약 3,700명이 대상이었다.

27. https://www.theguardian.com/cities/2018/jun/27/benefit-or-burden-the-cities-trying-out-universal-basic-income

28. https://ajuntament.barcelona.cat/dretssocials/sites/default/files/arxius-

documents/bmincome_executive_report.pdf

29. 출처: Barcelona Autonomous University Research Team. '무조건 현금 지급' 그룹이 다른 조건부 그룹과 유사하거나 더 나은 결과를 보였다. 결국 '빈곤층에게 필요한 건 선택지'라는 결론에 이르렀다.

30. Scott Santens, "The Marshall Islands Just Quietly Implemented the First National Universal Basic Income", Foreword to Civilization(Substack), November 18, 2025, https://scottsantens.substack.com/p/marshall-islands-just-implemented-ubi 및 Marshall Islands Journal, ""Enra' program deluged with applicants", November 14, 2024.

31. RMI Ministry of Finance, Facebook announcement, November 19, 2025; Scott Santens, ibid.

32. IMF, "Republic of the Marshall Islands: Staff Concluding Statement of the 2025 Article IV Mission", September 10, 2025, https://www.imf.org/ 및 외교부, 「국가정보(마셜제도공화국)」, 2024.

33. Scott Santens, ibid.

34. Marianas Business Journal, "Marshalls biggest budget endorsed, quarterly resident payments begin", October 3, 2025 및 IMF, ibid.

35. Korea IT Times, "Marshall Islands Launches Nationwide Universal Basic Income Program Using Digital Infrastructure", November 19, 2025 및 Radom, "The Marshall Islands initiates a universal basic income scheme facilitated through digital wallet technology", November 18, 2025.

36. U.S. Department of the Interior, "Compact Trust Funds", https://www.doi.gov/oia/compact-trust-funds

37. Scott Santens, ibid.; 마셜제도 역사 관련 배경 설명.

38. U.S. Embassy in the Marshall Islands, "U.S. Government Announces Over $372 Million in Compact Funding for the Marshall Islands in 2024", July 17, 2024.

39. Scott Santens, ibid. 및 IMF, ibid.

40. Scott Santens, ibid.

41. IMF, "Republic of the Marshall Islands: Staff Concluding Statement of the 2025 Article IV Mission", September 10, 2025.

42. 외교부, 「국가정보(마셜제도공화국)」, 2024. 및 Trading Economics, "Marshall

Islands GDP", 2024.

43. IMF, ibid.

44. IMF, ibid.

45. IMF, ibid.

46. https://alaskapublic.org/news/2023-12-07/key-findings-released-in-kenya-universal-basic-income-experiment


## 3부

## 한국이 만들어가는 기본소득

### 7장 경기도 청년기본소득 이야기

1. 경기도 청년기본소득은 2019년 4월 1일부터 시행되었으며, 만 24세 청년을 대상으로 분기별 25만 원, 연간 최대 100만 원을 지역화폐(경기지역화폐)로 지급하는 제도이다. 출처: 경기청년포털, 「2019년도 청년기본소득(청년배당) 운영 지침(안)」.

2. 2016년 1월, 당시 이재명 성남시장은 전국 최초로 '청년배당' 제도를 도입했다. 출처: 《한겨레21》 2020.5.2. 및 "세 돌 맞은 청년배당 세금 더 낼 마음이 생겼다", 〈경향신문〉 2017.7.20. '3분기 청년배당 지급 시작'.

3. 성남시 청년배당은 성남시에 3년 이상 거주한 만 24세 청년에게 연 100만 원을 성남사랑상품권(지역화폐)으로 지급했다. 단, 2016년 첫해에는 정부의 반대로 연 50만 원으로 시작하여, 이후 연 100만 원으로 확대되었다.

4. 경기도 청년기본소득은 2019년 시행 첫해 약 12만 4,000명이 신청했으며, 2024년에는 약 13만 9,000명(성남시 제외)이 수혜를 받았다(출처: 경기도 일자리재단).

5. 신청일 기준 경기도에 주민등록을 두고 있으며, 최근 3년 이상 계속 거주하거나 통산 10년 이상 거주한 만 24세 청년이면 소득이나 재산에 상관없이 수급 가능하다. 출처: 경기도청 공식 웹사이트 「청년기본소득」.

6. 경기연구원 분석에 따르면, 청년기본소득으로 지급된 금액의 상당 부분이 지역 내 소비로 이어져 골목상권 활성화에 기여했다. 출처: 경기연구원 각종 보고서, 〈한국경제〉 2021.1.25., 〈경기일보〉 등 다수 언론.

7. 경기연구원의 만족도 조사 결과, 2019년 1분기 만족도는 80.6%였고(보통 14.5%, 불만족 4.9%), 3분기에는 82.7%로 2.1%p 증가했다. 출처: 네이트뉴스 2019.8.24. '경기도, 청년기본소득 받은 10명 중 8명 이상 만족'.

8. 경기연구원의 계량 분석에 따르면, 청년기본소득을 받기 전 경기도 청년들의 행복도는 5.661점이었으나, 받은 후 6.033점으로 약 0.37점 증가했다. 출처: 연합뉴스, "경기도 청년기본소득, 행복·건강·희망 등 삶의 질 향상 효과", 2021.1.25.

9. 경기도 청년들의 행복도(6.033)는 타 시도 비교집단(5.483)보다 높았다. 출처: 연합뉴스 "이는 타 시도 비교집단(5.483)보다 높았다", 2021.1.25.

10. 경기연구원 분석 결과, 청년기본소득을 받은 청년들은 운동 빈도가 증가하고, 식생활이 개선되었으며, 우울감과 불안감이 감소했다. 출처: 경기연구원, 「경기도 청년기본소득의 정책효과 분석」, 2021.1.25.

11. 청년기본소득을 받은 청년들은 사회에 대한 신뢰가 높아지고, 미래에 대한 희망이 증가했다고 응답했다. 출처: 경기연구원 2021.1.25., 이도정뉴스 2021.1.25. "인식과 태도의 변화도 확인되었다".

12. 청년기본소득을 받은 청년들의 노동시장 참여가 오히려 늘어났으며, 주당 노동시간이 증가했다. 이는 "기본소득을 받으면 게을러진다"는 우려를 반박하는 결과였다. 출처: 경기연구원 분석 결과, NABIS「경기도 청년기본소득 정책효과 분석(II)」.

13. 경기연구원의 분석에 따르면, 청년기본소득 수령으로 노동시간이 주당 1.317시간 증가한 것으로 나타났다(출처: 유영성 외, 『경기도 청년기본소득 정책효과 분석(II): 사전 및 사후조사 비교』, 경기연구원, 2020.12. 및 연합뉴스, 2021.1.25.).

14. 경기도 청년기본소득을 4회(총 100만 원) 수령한 청년 중 42명을 선정하여 집중집단면담과 개별인터뷰를 통한 질적 조사를 수행한 결과, 경기도 청년들은 '기본소득의 무조건성, 보편성, 충분성'을 인식하고, '기본소득이 다시 시작할 기회와 도전이 가능한 사회를 만드는 데 기여할 수 있을 것으로 기대'하는 것으로 나타났다(출처: 유영성 외, 같은 보고서 및《아웃소싱타임스》, 2021.1.26.).

15. 경기도 청년기본소득 예산은 2019년 시행 이후 6년간(2024년 9월까지) 총 6,521억 원이 투입되었으며, 연평균 약 1,000억 원 이상의 예산이 소요되었다. 2024년 본예산은 935억 원, 2025년 예산은 1,045억 원이다(출처: 〈한국경제〉, "6,500억 혈세 뿌려 먹고 마시는 데 쓴 경기도 청년기본소득", 2025.2.16. 및 〈경기신문〉, "2025년 청년기본소득, 옆 동네서 결제 가능", 2024.11.6.).

16. 국민의힘 소속 도의원들을 중심으로 청년기본소득을 '복지 포퓰리즘'으로 비판하는 목소리가 지속적으로 제기되었다(출처: 펜앤마이크, "만 24세 청년이기만 하면 분기별로 25만 원 준다는 '이재명 경기도' … 막 퍼주기 비판 쏟아져", 2019.3.28.).

17. 성남시의회는 2023년 7월 18일 본회의에서 「성남시 청년기본소득 지급 조례 폐지안」을 가결했다. 성남시의회 다수당인 국민의힘 소속 시의원들은 2022년부터 청년기본소

득 폐지 쪽으로 당론을 모았다(출처: 〈한국일보〉, "성남시 '청년기본소득' 7년 만에 폐지
⋯ 이재명 지우기 논란도", 2023.7.19. 및 〈한겨레〉, "성남시, '청년기본소득' 사실상
중단 ⋯ 도와 예산안 갈등 끝에", 2023.9.4.).

18. 연합뉴스, "원산지 성남시에서 사라지는 '청년기본소득' ⋯ 시 조례 폐지 여파",
2023.11.10.

19. 〈한국경제〉, "성남·고양은 불참 ⋯ 예산 대비 효과 없어", 2025.2.14.

20. 김동연 지사는 2024년 11월 소득별 차등 지급안을 발표했다. 중위소득 70% 이하는 연
150만 원, 70% 초과~120% 이하는 연 100만 원, 120% 초과는 연 50만 원을 지급하
는 내용이었다(출처: 연합뉴스, "경기 도, '청년기본소득' 확 바꾼다 ⋯ 소득별 차등·사용
처 제한", 2024.11.8.).

21. 〈기호일보〉, "청년기본소득 '차등 지급' 김동연 色 입히기 민주 반대에 흔들",
2024.11.19.

22. 경기도는 2025년 2월 청년기본소득 사용처를 등록금, 학원 수강료, 창업 임차료 등 9
개 분야로 제한하고, 모텔, 노래방, 술집 등에서의 사용을 금지하는 개편안을 발표했
다(출처: 〈한국경제〉, "6,500억 혈세 뿌려 먹고 마시는 데 쓴 경기도 청년기본소득",
2025.2.16.).

23. 〈경기일보〉, "경기도 청년기본소득 '사용처 제한' 사실상 백지화", 2025.7.11.

24. 경기도 공식 보도자료, "분기마다 25만 원!, 경기도 청년들의 든든한 버팀목" 경기도 청
년기본소득 4분기 신청접수, 2025.10.20.

25. 성남시, 고양시, 의정부시 불참.

26. 서울시는 2016년 8월부터 만 19~29세 미취업 청년에게 월 50만 원(최대 6개월)의 청
년수당을 지급했다. 박원순 시장은 중앙정부의 반대에도 불구하고 이 정책을 강행했다
(〈조선일보〉, 2016.11.11., "서울시 청년수당 2차 신청 시작").

27. 경남 양산시는 2022년 6월 청년기본소득 지급 조례를 제정했으나, 2023년 6월 27
일 조례 폐지안이 본회의를 통과하면서 시행도 못한 채 1년 만에 폐지됐다(〈경남일보〉,
2023.6.27., "양산 청년기본소득, 결국 시행 못하고 폐지").

28. 경기도는 2021년 3월 농민기본소득을 시작하여 도내 농민에게 연 최대 60만 원(월 5
만 원)을 지급했고, 2022년 1월에는 만 19~24세 청년에게 분기별 12만 원을 추가 지
급하는 경기청년복지포인트를 도입했다(〈경기일보〉, "경기도 농민기본소득 신청 시작",
2021.3.2. 및 경기도청 보도자료, "경기청년복지포인트 시행", 2022.1.3.)

1. 「신안군 신재생에너지 개발이익 공유 등에 관한 조례」는 2018년 10월 5일 전국 최초로 제정되었다. 조례 제1151호로 공포되었으며, 신재생에너지 발전사업에서 발생하는 이익을 주민과 공유하는 혁신적인 내용을 담고 있다. 출처: 신안군 조례 제1151호 (2018.10.5. 제정), 국가법령정보센터.

2. 신안군은 총 1,028개의 섬으로 이루어져 있으며, 그중 유인도는 81개, 무인도는 947개이며(2025년 기준), 전국에서 섬이 가장 많은 지역이다. 출처: 신안군청 공식 통계 자료 (2025년).

3. 1990년대 초 10만 명이 넘던 인구가 지속적으로 감소해왔으나, 최근 햇빛연금 효과로 인구 감소세가 멈추고 증가 추세로 전환되었다. 출처: 행정안전부 주민등록 인구통계 (2024.12).

4. 조례 제6조에 따르면 신재성에너지 발전사업자는 주민 및 신안군이 발전소 설립법인 지분의 30% 이상 또는 총사업비의 4% 이상을 참여하도록 해야 한다. 이는 주민과 이익을 공유하는 핵심 규정이다. 출처: 신안군 신재생에너지 개발이익 공유 등에 관한 조례 제6조.

5. 2020년, 신안군은 8.2GW(원자력발전소 6~8기 규모) 규모의 해상풍력 프로젝트를 발표했다. 민간 자본 48조 원이 투입되며, 2035년까지 완공을 목표로 추진 중이다. 완공 시 세계 최대 규모의 해상풍력단지가 될 전망이다. 출처: 신안군·전라남도·산업통상자원부 공동 발표(2020년 2월).

6. 첫 지급액은 총 17억 원이었다. 자라도, 안좌도 등 태양광발전소가 가동된 지역주민들에게 지역사랑상품권 및 현금 형태로 배당금이 지급되었다. 출처: 신안군청 보도자료 (2021.4).

7. 2022년 햇빛연금 지급액은 39억 원으로, 2021년 17억 원 대비 2배 이상 급증했다. 태양광발전소 수 증가와 발전량 확대가 주요 요인이었다. 출처: 신안군청 공식 발표 자료 (2022년).

8. 2025년 10월 현재, 햇빛연금 누적 지급액은 300억 원을 돌파했다. 수혜자는 18,997명으로 신안군 전체 인구의 49%에 해당한다. 출처: 신안군청 보도자료 (2025.10). 관련 링크: https://www.shinan.go.kr

9. 신안군은 8.2GW 해상풍력단지 완공 시 신안군 전체 주민에게 1인당 월 50만 원(연 600만 원)의 기본소득을 지급하는 것을 2030년 목표로 설정했다. 연간 약 3,000억 원의 수익 중 30%인 900억 원이 주민과 군에 배분될 것으로 추산된다. 출처: 신안군청 공식 발표 자료.

10. 신안군 인구는 2023년 179명, 2024년 136명이 증가했다. 전라남도에서 유일하게, 전

국 군 단위 지역 중에서도 극히 드물게 2년 연속 인구가 증가한 사례다. 출처: 행정안전부 주민등록 인구통계(2023~2024).

11. 신안군은 2019년 국내 최초로 청년어선임대사업을 도입하여 2022년부터 본격 시행했다. 신안군에 거주하는 만 60세 미만 어업인을 대상으로 허가 어선을 구입해 연 0.5%의 낮은 임대료로 10년간 임대하고, 상환 완료 시 소유권을 이전하는 방식이다. 5년간의 임대 기간 동안 3년 유예, 5년 상환 조건이 적용된다(연합뉴스, 2023.11.7., "신안군 어선 임대사업, 인구 유출 막았다" 및 농수축산신문, 2025.10.21., "[KMI 공동기획] 어촌 여지도 ⑱ '어촌마을의 희망' 청년에게 뱃머리를 넘기다").

12. 2023년 11월까지 지방소멸대응기금 58억 원과 군비 34억 원 등 총 92억 원이 투입되어 39척의 어선을 임대했으며, 55명의 어민이 혜택을 받았다. 2024년에는 어획 실적 44억 원을 기록했다. 이 사업은 어업에 진입하고자 하는 청년의 자본 부족 문제를 해소하고 소득 보장을 통해 안정적인 귀촌을 지원한 공로를 인정받아 2025년 7월 매니페스토 우수 사례로 수상했다(한국섬뉴스, 2023.11.7., "신안군 청년 어선구입 임대사업 효과 '눈에 띄네'" 및 뉴스1, 2025.7.25., "신안군 '청년 어선 임대사업' 매니페스토 우수 사례 수상").

13. 신안군은 2021년부터 2024년까지 총사업비 42억 7,800만 원을 투입해 도초도에 전남 최대 규모의 청년농업경영실습 임대농장 3개소를 조성했다. 복합환경제어시스템을 갖춘 첨단 스마트팜으로, 환경 설정에 따라 시설환경을 자동으로 제어한다. 청년 농부들은 이곳에서 바나나, 애플망고 등 아열대 작물을 재배하며 연 1억 원 이상의 소득을 올리고 있다(《남도일보》, 2024.10.15., "신안군, '청년농업인 경영실습' 임대농장 개소" 및 CNB뉴스, 2024.10.14., "신안군, 청년농업인 육성 박차 … 연 1억 소득으로 청년이 돌아와").

14. 신안군 도초도에서 청년 농부들이 주민참여를 기반으로 '신안섬바나나사회적협동조합'을 설립하여 스마트팜을 운영하고 있다. 주민들이 1만 원의 조합비를 내고 회원으로 가입하는 방식이다. 이 농장은 약 2년의 준비 기간과 약 20억 원의 자금을 투입해 설립되었으며, 2025년 8월 친환경 무농약 바나나를 전국 최초로 출하했다(광주MBC, 2025.8.10., "섬에서 바나나 수확 … 청년농부의 도전" 및 〈광주타임즈〉, 2025.8.12., "신안서 친환경 바나나 첫 출하 '전국적 인기 예감'", 《한겨레21》, 2023.8.16., "신안의 햇빛은 중동의 기름과 같아" 50만 원 연금 만든다").

15. 신안군의 스마트팜은 과거 상추와 방울토마토를 재배하던 시설하우스에서 바나나, 애플망고 같은 아열대 작물을 재배하는 첨단 농장으로 변모했다. 청년 농부들은 이 스마트팜을 통해 억대 부농의 꿈을 실현하며 섬 농업의 새로운 미래를 열어가고 있다(목포MBC,

2025.9.12., "섬 속 스마트팜, 청년 억대 부농의 꿈").

16. 신안군 햇빛아동수당은 18세 이하 아동에게 지급되며, 2023년 1인당 40만 원, 2024년 80만 원, 2025년 연 120만 원(월 10만 원)으로 매년 증액되었다. 약 3,000명의 아동이 혜택을 받고 있다. 출처: 신안군청 공식 자료(2023~2025).

17. 2024년 말 기준 신안군 유인도는 77개에서 2025년 81개로 4개 증가했다. 무인도였던 섬들이 사람이 거주하는 유인도로 전환되는 현상이 나타나고 있다. 출처: 신안군청 공식 통계 자료(2025년).

18. 불과 4개월 만에 700명 이상 증가한 것은 지방소멸 위기 속에서 매우 이례적인 현상이다. 출처: 행정안전부 주민등록 인구통계(2025.10).

19. "햇빛과 바람을 통한 '에너지 복지'_농어촌 기본소득 선도모델 입증", 신안군청 공식 유튜브, 2025년 10월 29일. https://www.youtube.com/watch?v=owyf_UFokQ8

20. "민간 주도 해상풍력 첫 준공 … 세계 최대 단일단지 첫발", 목포MBC, 2025년 12월 11일.

21. 〈서울신문〉, "[르포] SK·CIP 합작 국내 최대 '전남해상풍력' … 63빌딩 높이 발전기, 9만 가구 1년 전력", 2025.12.11., https://www.seoul.co.kr/news/economy/2025/12/11/20251211500306

22. "국내 최대 민간 주도 '전남해상풍력 1단지' 상업운전 개시", ASK inno, 2025년 12월 11일.

23. 같은 기사. 전남해상풍력 1단지는 연간 약 3억 107만 kWh의 전력을 생산하며, 이는 국내 가구 평균 기준 약 9만 가구가 1년 동안 사용할 수 있는 전기량이다.

24. "[제8회 국제기후에너지포럼]햇빛·바람연금 매개로 '기본사회' 구현에", 〈남도일보〉, 2025년 7월 30일.

25. 〈한겨레〉, "'인구소멸 위험' 전남 신안군, 전입 급증 … '농촌 기본소득의 힘'", 2025.11.12., https://www.hani.co.kr/arti/area/honam/1228830.html 및 목포MBC, "민간 주도 해상풍력 첫 준공…세계 최대 단일단지 첫발", 2025.12.11., https://www.mpmbc.co.kr/NewsArticle/1495714

26. "신안 바다에 우뚝 선 터빈 … '에너지 대전환 시대' 연다", 〈전남일보〉, 2025년 9월 16일.

27. "2030년부터 월 50만 원씩 바람연금 지급하는 이곳", 네이버 프리미엄 콘텐츠, 2024년 11월 18일.

28. 진도군은 2025년 10월 29일 향토문화회관 다목적실에서 '진도군 신재생에너지 개발이익 공유 조례(안)' 제정을 위한 주민공청회를 개최했다. 이 조례안의 핵심은 주민참여 의

무화 및 이익의 공정한 배분으로, 발전원별 이익 공유 대상 범위 명확화, 주민 지분 의무 배정과 참여 방식, 거리별 주민 지분 참여 산정기준 등이 주요 내용이다(호남뉴스365, 2025.11.5., "진도군, 신재생에너지 개발이익 공유 조례(안)제정 주민공청회 개최").

29. 전남 보성군 보성읍 옥암리에서 보성농협 문용진 조합장은 2019년 8월 자신의 논 2,867㎡(870평)에 99.7㎾ 규모의 영농형 태양광발전소를 설치하여 태양광 발전과 벼 농사를 병행하고 있다. 농지 위 3~4m 높이에 구조물을 설치하고 상부에 태양광 패널을 부착하는 방식이다(《한겨레》, 2025.11.12., ""영농형 태양광 탓 논 수확 70% 감소는 거짓" … 보성 농민, 증명하다" 및 〈부산일보〉, 2025.7.2.).

30. 영농형 태양광은 식물의 '광포화점' 원리를 응용한 방식이다. 식물은 일정 일조량을 넘어서면 광합성량이 더 이상 증가하지 않는데, 작물이 필요로 하지 않는 잉여 햇빛을 전기 생산에 활용한다. 이를 일본에서는 '솔라 쉐어링'이라 부른다(암뉴스, 2025.7.4., "김인중 한국농어촌공사 사장, '보성 영농형 태양광' 현장 방문" 및 농진청 농업기술포털).

31. 보성 옥암리 영농형 태양광발전소는 벼농사만 지었을 때 연간 약 120만 원이던 수익이 태양광 발전을 병행하면서 연간 1,292만 원(일부 보도는 1,400만 원)으로 증가하여 약 6배 이상 늘었다. 월평균 100만 원 안팎의 안정적 수익이 보장된다. 벼 수확량은 일반 논 대비 10~30% 감소했지만 전력 생산 수익이 이를 상쇄하고도 남는다 (AI타임스, 2025.9.9., "재생에너지로 농가소득 키운다 … 전남, 영농형 태양광 확산 신호탄" 및 팜인사이트, 2024.5.27., 《농민신문》, 2024.5.27.).

32. 2025년 11월 12일 국회 농림축산식품해양수산위원회가 보성 영농형 태양광발전소를 현장 방문했다. 문용진 조합장은 "영농형 태양광 운영 6년간의 실제 데이터를 분석한 결과, 수확량 감소 우려를 상쇄하고도 남을 만큼 소득 증대 효과가 컸다"고 증언했다. 보성농협은 이를 근거로 영농형 태양광이 농지를 효율적으로 이용하고 농업인 소득 증대에 도움이 되는 사업이라고 평가했다. 출처: 〈한겨레〉, 2025.11.12.

33. 영농형 태양광은 태양광 패널이 작물을 강한 햇빛, 폭우, 우박 등으로부터 보호하여 이상기후 피해를 완화하는 효과가 있다. 또한 작물 재배를 지속하면서 재생에너지를 생산하여 온실가스 배출을 감축할 수 있어 기후변화 대응에 기여한다(ESG이코노미, 2024.6.19., "[전환 시선] 영농형 태양광으로 농촌 경제 살리자" 및 에너지프로슈머, 2025.6.15.).

34. 전남 영광군 월평마을 주민들은 2022년 '월평햇빛발전협동조합'을 설립하고 주민 주도형 영농형 태양광 사업을 추진하고 있다. 현재 28가구 주민들이 직접 사업의 주체가 되어 햇빛연금 형태로 발전 수익을 공유하고 있다. 이는 전국 최대 규모의 주민 주도형 영농형 태양광 사례다(로컬뉴스룸, 2025.5.9., "[전남도/영광군] 전국 최대 '주민주도형

영농형 태양광' 전남 영광서 첫걸음").

35. 한국환경연구원 정책보고서에 따르면, 국내 전체 농지 면적의 5%에만 영농형 태양광발
전소를 구축해도 약 34GW 규모의 발전 용량을 확보할 수 있다. 이는 1GW급 원자력발
전소 30기 이상에 해당하는 규모다(인더스트리뉴스, 2024.8.2., "[스페셜리포트] 영농
형 태양광, 에너지 전환을 위한 확실한 대안").

36. 영농형 태양광의 과제로는 높은 초기 설치 비용(약 2억 원 이상), 농지법 등 제도적 제
약, 작물별 최적 설계 기술 부족, 농업인 수용성 문제 등이 지적되고 있다. 하지만 정
부와 지자체의 지원 정책 확대, 기술 개발 진전, 성공 사례 확산 등으로 이러한 장
애 요인들이 점차 해소되고 있다(한국농촌경제연구원, 2024 및 에너지경제연구원,
2024.7.15.).

## 9장 제주 화산섬이 품은 배당의 꿈

1. 제주삼다수는 1998년 2월에 처음 출시되었다. 제주특별자치도개발공사가 개발한 국내
최초의 공공 생수 브랜드로, 제주 화산암반수를 원수로 사용한다. 출처: 제주특별자치도
개발공사 공식 자료(2025년).

2. 제주삼다수는 2010년 국내 생수 시장 점유율 1위를 달성했다. 웰빙 트렌드와 제주 청정
이미지가 결합되어 빠르게 성장했으며, 이후 지금까지 1위 자리를 유지하고 있다. 출처:
한국농수산식품유통공사(aT) 시장 조사 자료(2010년).

3. 2025년 현재 제주삼다수는 국내 생수 시장의 약 40%를 점유하고 있다. 2위 브랜드와 큰
격차를 유지하며 압도적 1위를 기록하고 있다. 출처: 한국농수산식품유통공사(aT) 및 식
품업계 자료(2025년). 관련 링크: https://www.at.or.kr

4. 제주삼다수의 2024년 연간 매출은 약 3,340억 원이다. 코로나19 이후 생수 소비 증가와
제주 관광 회복으로 매출이 지속적으로 성장했다. 출처: 제주특별자치도개발공사 경영공
시 자료(2024년).

5. 1998년부터 2024년까지 제주삼다수의 누적 판매량은 약 150억 리터, 누적 수익은 약
3.6조 원으로 추정된다. 정확한 누적 수치는 공사가 공개하지 않았으나, 연도별 매출 자
료를 기반으로 한 합리적 추정치이다. 출처: 제주특별자치도개발공사 연도별 경영 실적
자료 종합 분석. 관련 링크: https://www.jejuwater.co.kr

6. 제주연구원은 2020년 『제주형 도민배당제 도입 방안 연구』 보고서를 발표했다. 이 보고
서는 제주도의 공공자산 수익을 도민에게 배당하는 방안을 체계적으로 제시했다. 출처:
제주연구원 정책연구 보고서(2020년). 관련 링크: https://www.jri.re.kr

7. 〈한라일보〉, "이재명 '제주형 기본소득 시범도입 추진'", 2022.2.13. 및 《조선비즈》, "이

재명 '햇빛연금·바람연금으로 소득 확대'", 2022.2.13., KBS뉴스, "이재명 후보, 제주형 기본소득 공약 발표", 2022.2.13.

8. 제주도는 연간 1,500만 명 이상의 관광객이 방문한다. 코로나19 이전인 2019년에는 1,500만 명을 넘어섰으며, 2023년 이후 회복세를 보이며 다시 1,500만 명 수준에 근접하고 있다. 출처: 제주관광공사 통계 자료 (2023~2024년). 관련 링크: https://www.visitjeju.net

9. 제주특별자치도는 2006년 7월 1일 공식 출범하면서 「제주특별자치도 설치 및 국제자유도시 조성을 위한 특별법」에 따라 중앙정부로부터 더 많은 자율권을 부여받았다. 출처: 제주특별자치도 공식 자료, 법제처(2006년).

10. 제주형 기본소득의 잠재 재원은 삼다수(1,000억 원), 해상풍력(500~1,000억 원), 환경보전기여금(1,500~3,000억 원), 관광 수익(300~500억 원), 탄소배출권(200~300억 원)을 합쳐 연간 3,500~5,000억 원으로 추정된다. 1인당 연간 50~75만 원 배당이 가능하다. 이는 제주연구원 및 기본소득 연구자들의 추산이다. 출처: 제주연구원, 기본소득연구네트워크 분석 자료. 관련 링크: https://www.jri.re.kr

11. 2025년 10월, 농림축산식품부는 '농어촌 기본소득 시범사업' 대상지로 전국 7개 지역을 선정했으나 제주는 포함되지 않았다. 전남 신안군 등은 선정되었으나 제주는 관광산업 발달로 상대적으로 부유한 지역으로 분류되어 제외된 것으로 분석된다. 출처: 농림축산식품부 공식 발표(2025.10).


## 10장 청양, 주민이 만드는 기본소득

1. KOSIS(행정안전부, 주민등록인구현황).

2. 에프뉴스티브이, "청양군, 고령자복지주택과 의료·돌봄 통합지원으로 '초고령사회 해법 제시'", 2025.12.2.(https://www.fnewstv.com/news/newsview.php?ncode=1065572458790722)

3. 충청남도청, "지역 작은학교 생존 우기 '학생이 없다'", 2025.6.25. (https://www.chungnam.go.kr/cnportal/media/article/view.do?articleNo=MD0003176043)

4. 행정안전부, "인구감소지역 지정 결과(89개)", 2023. (https://www.mois.go.kr/frt/sub/a06/b06/populationDecline/screen.do)

5. 《주간영동》, "[발행인 칼럼] 주민자치를 혁신하려면, 이미 앞서가는 청양", 2025.8.5. (http://www.bluestars.kr/news/articleView.html?idxno=6090)

6. 대한민국 정책브리핑, "농어촌 기본소득 시범사업 대상지역 선정 결과 발표", 2025.10.23. (https://www.korea.kr/news/policyNewsView.

do?newsId=156722096)

7. 뉴데일리경제, "月 15만원 '농어촌 기본소득' 시범사업 공모 경쟁률 8.2대 1", 2025.10.14.

8. 한국지역진흥연구원, "(농식품부) 농어촌기본소득 시범사업 7개 군 선정", 2025.10.21. (http://www.krirr.re.kr/bsr/board.php?bo_table=report4&wr_id=62)

9. 충청남도청, "충남 청양군, 농어촌기본소득 시범지역 최종 선정", 2025.11.3.

10. 로컬투데이, "청양군, 농어촌 기본소득 시범사업 최종 선정", 2025.10.20. (https://www.localtoday.co.kr/news/articleView.html?idxno=402230)

11. 농림축산식품부, "농어촌 기본소득 시범사업 대상지역 선정 결과 브리핑", 2025.10.20.

12. 《주간영동》, 앞의 기사.

13. 충남 마을만들기 지원센터 블로그, "2023년 제3회(60회) 충남 마을만들기 대화마당", 2023.8.2.

14. 《주간영동》, 앞의 기사.

15. PDF 자료(청양형 농어촌기본소득 발표자료), "농어촌 기본소득 포럼(진안군)", p.37.

16. PDF 자료, 9쪽; Facebook 청양마을, "농어촌 기본소득 시범사업 운영방안 전문가 자문회의", 2025.11.24.

17. PDF 자료, p.9.

18. Facebook 청양마을, "주민자치 틈새교육", 2024.6.11.

19. PDF 자료, p.10.

20. 〈중도일보〉, "청양군, 읍면 주민자치회 마을계획 수립", 2020.9.8. (https://m.joongdo.co.kr/view.php?key=20200908010002702)

21. PDF 자료, p.37.

22. PDF 자료, p.37 및 Facebook 청양마을, 앞의 자료.

23. 농림축산식품부, 앞의 브리핑.

24. PDF 자료, p.31.

25. 자료, p.31.

26. PDF 자료, p.31.

27. PDF 자료, p.31.

28. PDF 자료, p.31.

29. 청양신문, "청양사랑상품권, 2025년 할인판매액 대폭 확대", 2025.7.25. (https://cynews.kr/1889-2/)

30. 청양군청 블로그, "모바일 청양사랑상품권 할인율 상향 안내", 2025.9.26. (https://blog.naver.com/cheongyange/224022844230)

31. PDF 자료, p.31 및 생활법령정보, "지역사랑상품권[지역화폐(충청남도 청양군)]".

32. PDF 자료, p.28.

33. PDF 자료, p.37.

34. PDF 자료, p.37.

35. 농림축산식품부, 앞의 브리핑.

36. 네이트뉴스, "농촌기본소득 7가 군 인구 증가 … 위장전입 대응방안 물었더니", 2025.12.10. (https://news.nate.com/view/20251210n35236)

37. 네이트뉴스, 앞의 기사.

38. 농림축산식품부, 앞의 브리핑.

39. 농림축산식품부, 앞의 브리핑.

40. 농림축산식품부, 앞의 브리핑.

41. 농림축산식품부, 앞의 브리핑.

42. 행정안전부, "지역화폐 경제적 파급효과 연구", 2022; 《일요서울》 및 "지역화폐 공방, '노벨상 탈 정책' vs '국민과 경제 실험대상'", 2025.6.1. (https://www.ilyoseoul.co.kr/news/articleView.html?idxno=503262)

43. 이민정, "충남 지역화폐의 지역경제 효과 분석 및 활성화 방안", 충남연구원 현안과제연구, 2022.2.28., 10쪽. 2021년 충남 지역화폐 발행액 1조 4,056억 원을 기준으로 분석한 결과, 충남 내 생산유발액은 총효과 8,276억 원, 전국 생산유발액은 총효과 1조 6,692억 원으로 추산되었다. (https://www.cni.re.kr/main/contents/report/view.do?docId=1022HA002)

44. 대한민국 정책브리핑, "농어촌 기본소득 시범사업 대상지역 선정 결과 발표", 2025.10.23. (https://www.korea.kr/news/policyNewsView.do?newsId=156722096)

45. 연합뉴스, "농어촌 기본소득 시범사업, 3개 군 늘어난 10개 군서", 2025.12.3. (https://www.yna.co.kr/view/AKR20251203028500030) 및 뉴시스, "내년 농어촌 기본소득 예산 2341억 확정 … 옥천·장수·곡성 추가", 2025.12.3. (https://www.newsis.com/view/NISX20251203_0003426886)

46. 〈파이낸셜뉴스〉, "'3개 군 추가됐다' 농어촌기본소득 10개 군 지원한다", 2025.12.3. 2026년 예산은 정부안 1,703억 원에서 국회 증액을 거쳐 2,340억 원으로 확정되었으며, 재원 분담 비율은 국비 40%, 도비 30%, 군비 30%다.

47. 해외에서는 케냐 GiveDirectly 실험(NGO 주도, 200개 마을), 인도 마드야프라데 시 실험(SEWA+UNICEF 주도, 8개 마을), 나미비아 오치베로 실험(시민단체 주도, 1개 마을) 등이 농촌 지역에서 시행되었으나, 모두 민간단체 주도였다. 핀란드 기본소득 실험(2017~2018년)은 정부 주도였으나 실업자 2,000명을 대상으로 했으며 농촌 특화 프로그램이 아니었다. 따라서 중앙정부가 주도하여 농촌 지역에 특화된 보편적 기본소득 시범사업을 다수의 행정구역(10개 군)에서 동시에 시행하는 것은 대한민국이 세계 최초다.(출처: GiveDirectly, "Early findings from the world's largest UBI study", 2023.12.6. 및 BBC, "Finland basic income trial left people 'happier but jobless'", 2019.2.8. 또한 SEWA Bharat, "Piloting Basic Income: A Legacy Study", 2021.9.30; Basic Income Grant Coalition, "BIG Pilot Project Assessment Report", 2008 및 농림축산식품부 보도자료, 2025.10.23.)

48. 농림축산식품부, 앞의 브리핑.

49. 농림축산식품부, 앞의 브리핑.

50. 대한민국 정책브리핑, 앞의 자료.

51. 뉴스타파, "[팩트체크]경기도 연천군 청산면, 농촌기본소득 지급했더니 인구가 늘었다", 2025.5.16 (http://newstapa.org/article/_eOkO) 및 김덕현 연천군수 발언, 인포맥스, 2025.6.13 (https://news.einfomax.co.kr/news/articleView. html?idxno=4360179) 또한 푸드투데이, "농어촌기본소득 효과 확인 … 삶의 만족도 ↑·지역 소비 ↑", 2025.11.27 (https://www.foodtoday.or.kr/news/article. html?no=200443) 및 VALUE INFO, "농어촌 기본소득 시범사업 지역 선정", 2025.11.4.

52. 다음뉴스, "청양군, 보건복지부 통합돌봄 평가 2관왕 … 전국 우수 모델 재입증", 2025.12.8. (https://v.daum.net/v/20251208105215939)

53. 다음뉴스, 앞의 기사.

54. 에프뉴스티브이, 앞의 기사.

55. 뉴스프리존, "[청양군 소식]'스마트청양'으로 청양의 미래 만든다 등", 2024.12.11. (https://www.newsfreezone.co.kr/news/articleView.html?idxno=600059)

56. PDF 자료, p.31.

57. 뉴스프리존, 앞의 기사.

58. 농림축산식품부, 앞의 브리핑.

59. PDF 자료, p.31.

60. 농림축산식품부, 앞의 브리핑.

61. 오하동, "농어촌기본소득 시범사업, 2년 뒤의 기회 미리 대비해야", 2025.10.20. (https://www.ohadong.com/2a1562b3-f944-80f6-9c22-f4ffc63e2528)


## 4부
### 오해와 진실

11장 사람들이 게을러질까?

1. 2024년 한국리서치가 기본소득 관련 여론조사를 실시했으며, 반대 이유 중 '게으름 우려'가 주요 항목으로 조사되었다. 유사한 조사들에서 이 우려가 가장 높은 비율을 차지하는 것은 일관된 패턴이다. 출처: 한국리서치 여론조사 관련 자료(2024년).

2. 로체스터 대학교의 에드워드 데시(Edward Deci)와 리처드 라이언(Richard Ryan)은 1970년대부터 50년 이상 인간 동기를 연구하여 '자기결정이론(self-determination theory)'을 개발했다. 이 이론은 외재적 동기와 내재적 동기를 구분하며 심리학 분야에서 광범위하게 인용되고 있다. 출처: Deci, E. L., & Ryan, R. M.(1985). Intrinsic Motivation and Self-Determination in Human Behavior. Springer. 관련 링크: https://selfdeterminationtheory.org

3. 출처: Deci, E. L. (1971). "Effects of externally mediated rewards on intrinsic motivation." Journal of Personality and Social Psychology, 18(1), pp.105~115.

4. 다니엘 핑크(김주환 역), 『드라이브: 창조적인 사람들을 움직이는 자발적 동기부여의 힘』, (서울: 청림출판, 2011), 119~204쪽 참조. 특히 2부 "동기부여의 3가지 요인"에서 4장(자율성, p.119~), 5장(숙련, p.151~), 6장(목적, p.183~)에서 상세히 설명됨.

5. 같은 책 1~2장 및 서론 부분 종합. 특히 "당근과 채찍은 20세기의 이야기다. '드라이브'는 21세기의 일을 하려면 자율성, 숙련, 목적의 업그레이드가 필요하다"는 저자의 핵심 메시지는 책 전체를 관통하는 주제이며, 목차 및 본문 전반에 걸쳐 언급됨.

6. 케냐에서 2016년부터 2023년까지 진행된 GiveDirectly 기본소득 실험은 시골 마을 295개소, 약 2만 명을 대상으로 했다. 매월 22달러를 12년간 지급한 결과, 노동시간 17% 증가, 농업 생산량 32% 향상, 창업률 3배 증가, 자산 축적 58% 증가 등의 결과가 나타났다. 이는 세계 최대 규모 기본소득 실험이다. 출처: GiveDirectly 연구 보고서(2023).

7. 핀란드는 2017~2018년 실업자 2,000명을 무작위 선발하여 월 560유로(약 76만 원)를 2년간 조건 없이 지급했다. 취업 시도율은 실험군 55%, 대조군 53%로 유사했으며, 자영

업 시도는 실험군이 37% 높았다. 스트레스 50% 감소, 우울증상 20% 개선 등 정신건강 개선 효과도 뚜렷했다. 출처: Kela(핀란드 사회보험청) 최종 보고서(2020).

8. 나미비아 오티베로(Otjivero) 마을에서 2008~2009년 인구 930명 전체에게 월 100나미비아달러(약 9,000원)를 지급했다. 실업률 60%→45% 감소, 자영업 창업 300% 증가, 범죄율 42% 감소, 아동 영양실조 42%→17% 감소 등 긍정적 결과가 나타났다. 출처: Basic Income Grant Coalition Namibia 보고서(2009).

9. 2024년 PFD는 에너지 지원금을 포함하여 1인당 1,702달러가 지급되었다. Alaska Permanent Fund Dividend Division, "Dividend Amounts", https://pfd.alaska.gov/Division-Info/Summary-of-Dividend-Applications-and-Payments (accessed November 16, 2024).

10. Damon Jones and Ioana Marinescu, "The Labor Market Impacts of Universal and Permanent Cash Transfers: Evidence from the Alaska Permanent Fund," American Economic Journal: Economic Policy 14, no. 2 (2022): pp.315~340.

11. Matthew Berman, "A rising tide that lifts all boats: Long-term effects of the Alaska Permanent Fund Dividend on poverty", *Poverty & Public Policy* 16, no. 2 (2024): 173-201. 버먼 교수는 1990~2020년까지의 미국 인구조사 및 미국 지역사회 조사(American Community Survey) 데이터를 분석하여, PFD가 없었을 경우의 빈곤율을 추정하고 실제 빈곤율과 비교했다.

12. 같은 논문, p.189. 아동의 경우 2020년의 특수한 상황을 제외하고, PFD 소득이 없었다면 빈곤 가정의 알래스카 아동이 15%가 되었을 것이나 실제로는 10%에 그쳤다.

13. Scott Goldsmith, "The Alaska Permanent Fund Dividend: An Experiment in Wealth Distribution", Paper prepared for the Basic Income European Network 9th International Congress(Geneva, September 12-14, 2002), p.11. 골드스미스 교수는 경제정책연구소(Economic Policy Institute)의 주별 소득불평등 자료를 인용하여 알래스카와 미국 전체의 소득분위별 증가율을 비교 분석했다.

14. John Misachi, "US States By Gini Coefficient", WorldAtlas, updated April 25, 2017, https://www.worldatlas.com/articles/us-states-by-gini-coefficient.html; Berman(2024), p.179. 미국 인구조사국의 미국 지역사회 조사(American Community Survey) 데이터에 기반한 수치이다.

15. 전체 노동시간은 평균 1% 감소(통계적으로 미미)했다. 기혼 여성 3~5% 감소(육아·가사 집중) 및 젊은 남성 3~5% 감소(교육 참여 증가)는 사회적으로 긍정적 변화였다. 출처: Forget, E. L. (2011). "The Town with No Poverty" Canadian Public Policy,

37(3), pp. 283~305.

16. Evelyn L. Forget, "The Town with No Poverty: The Health Effects of a Canadian Guaranteed Annual Income Field Experiment", Canadian Public Policy 37, no. 3 (2011): pp.283~305. BBC Worklife(2020년 6월 24일) 기사에서도 포겟 교수는 "신생아를 둔 어머니들은 아기와 더 오래 집에 머물고 싶어서 일을 그만뒀고, 10대들은 가족을 부양해야 한다는 압박이 덜했기 때문에 일을 덜 했다. 결과적으로 그들은 학교에서 더 많은 시간을 보냈고 더 많은 10대들이 졸업했다"고 설명했다. (https://www.bbc.com/worklife/article/20200624-canadas-forgotten-universal-basic-income-experiment)

17. '잡코리아'는 매년 직장인 대상 '월요병' 및 직무 만족도 조사를 실시하고 있다. 2023년 조사에서 높은 비율의 직장인이 월요병을 경험하고 일의 의미를 느끼지 못한다고 응답했다. 유사한 패턴의 결과는 일관되게 나타난다. 출처: 잡코리아 직장인 설문조사 자료(2023).

18. 데이비드 그레이버(2021), 김병화 옮김, 『불쉿 잡』, 민음사.

19. MIT 경제학과의 다론 아세모글루(Daron Acemoglu) 교수는 노동시장 구조와 기술 변화에 대한 세계적 권위자다. 기본소득이 노동시장의 협상력을 변화시켜 일자리의 질을 개선할 수 있다는 주장은 그의 연구 맥락과 일치한다. 출처: Acemoglu, D., & Restrepo, P.(2019). "Automation and New Tasks", Journal of Economic Perspectives, 33(2), pp.3~30. 관련 링크: https://economics.mit.edu/faculty/acemoglu

## 12장 재정은 감당할 수 있을까?

1. 2026년 대한민국 정부 총예산(본예산)은 727조 9,000억 원이다. 출처: 기획재정부 2026년 예산안(2025.10).

2. 이원재·윤형중·이상민·이승주, 『국민기본소득제: 2021년부터 재정적으로 실현 가능한 모델 제안』, LAB2050, 2019.10.28.

3. 기본소득한국네트워크·기본소득연구소, 『한국 사회 전환: 리얼리스트들의 기본소득 로드맵』, 2021.8.14.

4. 금민, 윤형중, "기본소득 재정 방안에 대한 연구-기본소득한국네트워크가 제안한 '한국 사회 전환: 리얼리스트들의 기본소득 로드맵'을 중심으로", 『한국사회복지학』 제73권 제3호, 한국사회복지학회, 2021, pp.189~213.

5. 이원재 외(2019), 앞의 책, p.8. 2021년 기준 5,182만 명에게 월 30만 원(연 360만 원)

을 지급하는 데 필요한 총비용은 약 187조 원이다.

6. 기본소득한국네트워크·기본소득연구소(2021), 앞의 책, pp.133~201. 토지보유세(연 65.5조 원), 탄소세(20조 원), 데이터세(10조 원), 기존 복지 조정(29조 원) 등을 주요 재원으로 제시했다.

7. 금민·윤형중(2021), 앞의 논문, pp.189~213.

8. 이원재 외(2019), 앞의 책, p.15. 기본소득을 과세소득화하면 약 15.1조 원이 세금으로 환수된다.

9. 이원재 외(2019), 앞의 책, p.21. 기초연금(18.8조 원), 아동수당(3.3조 원), 일자리안정자금(3.1조 원) 등 총 31.9조 원의 복지제도 조정이 가능하다.

10. 경제적 파급효과는 소비성향, 승수효과, 경기 상황 등에 따라 달라진다. 한국은행 산업연관표(2020)에 따르면 소비 증가의 생산유발계수는 약 1.8~2.0 수준이다.

11. 기획재정부, 『2026년도 예산』, 2025.12.2. 국회 확정. 2026년 정부 총지출 규모는 727.9조 원이다.

12. 2026년 정부 총지출 727.9조 원, 2025년 12월 2일 국회 본회의 의결. 기획재정부, 『2026년도 예산안』 참조.

13. 금민·윤형중(2021), 「기본소득 재정 방안에 대한 연구-기본소득한국네트워크가 제안한 '한국 사회 전환: 리얼리스트들의 기본소득 로드맵'을 중심으로」, 『한국사회복지학회 학술대회 자료집』. 이 연구는 기본소득한국네트워크(2021)가 발표한 『한국 사회 전환: 리얼리스트들의 기본소득 로드맵』의 재정 방안을 분석한 것이다.

14. 이원재 외(2019), 『국민기본소득제: 2021년부터 재정적으로 실현 가능한 모델 제안』, LAB2050, 2019.10.28. LAB2050은 기본소득한국네트워크와는 독립적으로 국민기본소득 모델을 제시했다.

15. 빌 게이츠는 2017년 2월 Quartz와의 인터뷰에서 "로봇이 공장에서 5만 달러 소득을 올리는 인간 노동자를 대체한다면, 그 로봇에게도 같은 수준으로 과세해야 한다"고 주장했다(《조선비즈》, 2017.2.19. 및 로봇신문, 2017.2.20.).

16. 제임스 토빈(James Tobin, 1918-2002)은 1978년 외환시장의 변동성을 줄이기 위해 모든 국제 외환거래에 소액의 세금을 부과하자고 제안했다. 토빈은 1981년 노벨경제학상을 수상했다(KDI 경제교육·정보센터, 『click 경제교육』 2010년 7월호; 대외경제정책연구원, 2011).

17. 알래스카 영구기금배당(Alaska Permanent Fund Dividend)은 1982년 시작되었으며, 2024년 배당금은 1인당 1,702달러였다. 2025년에는 1,000달러로 감소할 예정이다(알래스카 주정부 공식 발표, 2024).

18. 이란은 2010년 12월 19일 에너지 보조금 개혁을 단행하면서 국민에게 직접 현금을 지급하는 방식을 도입했다. 에너지 가격 인상으로 얻은 재정수입의 상당 부분을 국민에게 환원하는 이 정책은 기본소득의 한 형태로 평가받고 있다(외교부, 『국제경제동향』; 한국보건사회연구원, 2020).

19. 몽골은 2017년 11월부터 아동수당 지급을 시작했다. 2020년 기준 전체 아동의 약 60%가 수급 대상이며, 이는 소득 하위 17분위까지에 해당한다(한국외국어대 중앙아시아연구소, 2024 및 한국보건사회연구원 출장보고서).

20. 핀란드 기본소득 실험(2017.1.1.~2018.12.31.)은 25~58세 실업자 중 무작위로 선정된 2,000명에게 매달 560유로를 조건 없이 지급했다. 대조군으로 별도의 2,000명을 선정하여 비교 분석했다(핀란드 사회보험관리공단 KELA, 2020 및 한국농촌경제연구원, 2025).

21. 핀란드 기본소득 실험 최종 보고서(2020.5.6.)에 따르면, 기본소득 수급자들은 대조군에 비해 평균 6일 정도 더 일했으며, 심리적 웰빙 지표에서 유의미한 개선을 보였다. 그러나 취업률 개선 효과는 제한적이었다(《한겨레》, 2020.5.7.; 《한국경제》, 2020.5.7.; 기본소득한국네트워크, 2020).

22. 경기도 청년기본소득은 2019년 도입되어 만 24세 청년에게 분기별 25만 원(연 100만 원)의 지역화폐를 지급한다. 2019~2024년 6년간 총 6,521억 원이 투입되었으며, 연평균 약 1,000억 원 규모로 운영되고 있다(경기도 공식 자료 및 뉴스핌, 2024.4.17.).

23. 기본소득한국네트워크(2021), 『한국 사회 전환: 리얼리스트들의 기본소득 로드맵』, 2021.8.17. 발표. 2023년 월 30만 원 부분 기본소득 도입→2033년 중위소득 50%(2021년 기준 월 91만 원) 완전 기본소득 진입(《한겨레》, 2021.8.17. 및 《경향신문》, 2021.8.17.).

24. 2025년 정부 총지출 673.3조 원, 2024년 12월 10일 국회 본회의 의결. 국방비 61조 2,469억 원(9.1%), 보건·복지·고용 225.8조 원(33.5%), SOC 25조 4,000억 원(3.8%). 출처: 기획재정부, 2024.12.10. 및 국회예산정책처 NABO Focus 제81호, 2024.12.13.

25. 국토해양부는 2011년 연간 유지관리비를 약 2,400억 원으로 추산했으나, 환경단체와 일부 학자들은 이자 비용과 추가 수질개선 비용을 포함할 경우, 연간 6,000억 원 이상이 소요된다고 주장했다. 감사원은 2018년 보고서에서 50년간 총 31조 원의 비용이 예상된다고 분석했다(연평균 약 6,200억 원). 국토교통부, 『4대강 살리기 사업 유지관리 계획』(2011) 및 감사원, 『4대강 살리기 사업 주요 시설물 운영 실태』(2018).

26. 2024년 한국의 명목 GDP는 원화 기준 2,549조 원, 달러 기준 1조 8,689억 달러로

집계되었다. IMF 세계경제전망(2024)에 따르면 한국은 명목 GDP 기준 세계 12~13위권이다. 출처: 통계청, 「2024년 국민소득」(2025.3) 및 IMF, World Economic Outlook(October 2024).

27. 경제정의실천시민연합은 1989년 설립 이래 정부 예산 편성 및 집행에 대한 감시 활동을 지속해왔으며, 4대강 사업, 공공건설공사, 공공기관 방만 경영 등 다양한 사례를 비판해왔다. 출처: 경실련 공식 홈페이지(https://ccej.or.kr).

28. 유종성(2020)은 전 국민에게 월 30만 원(연 360만 원)의 기본소득을 지급할 경우, 약 187조 원(2018년 GDP의 9.8%)이 필요하다고 추산했다. 유종성, "OECD 평균만 해도 전 국민 월 30만 원 기본소득 가능하다", 기본소득한국네트워크(2020.6.16.).

29. 금민·윤형중(2021)은 기존 현금복지의 일부 대체를 가정한 기본소득 로드맵을 제시하면서, 순증 재원 규모가 총비용보다 낮아질 수 있음을 분석했다. 금민·윤형중, "한국 사회 전환 시나리오 2021", 「한국사회복지학」 제73권 제2호(2021).

30. 기본소득 재원 마련 방안으로 토지보유세, 탄소세, 빅데이터세, 금융거래세, 누진적 소득세 강화 등이 학계와 시민사회에서 제안되고 있으나, 각 방안의 구체적 규모와 실행 가능성에 대해서는 추가 연구가 필요하다. 이원재 외, 「국민기본소득제」(2019) 및 LAB2050 외 다수.


13장 복지제도와 공존할 수 있을까?

1. 통계청, 「2023년 가계금융복지조사 결과」(2024.12.19). 상대적 빈곤율은 중위소득 50% 미만 가구의 비율을 의미한다.

2. 2024년 한국 인구 약 5,150만 명 기준으로 추산한 값이다. 단, 통계청의 상대적 빈곤율은 가구 기준 통계이므로 개인 수로 환산한 값은 근사치임에 유의해야 한다.

3. 보건복지부, 「2024년 국민기초생활보장 수급자 현황」(2025.7.30). 2024년 말 기준 기초생활보장급여(생계·의료·주거·교육급여 중 하나 이상) 수급자는 267만 3,485명이다. 이 중 일반수급자 257만 3,778명, 시설수급자 9만 9,707명이다.

4. 보건복지부(2025.12.9): '26년 만에 의료급여 부양자 폐지' 및 MBC뉴스(2024.7.11): '폐지·완화 약속에도 여전히 남아 있는 부양의무자 기준', 뉴시스(2025.12.9): '의료급여, 이제 받는 사람 소득만 본다' 참조.

5. Philippe Van Parijs & Yannick Vanderborght, Basic Income: A Radical Proposal for a Free Society and a Sane Economy (Harvard University Press, 2017); Philippe Van Parijs, Real Freedom for All: What (if Anything) Can Justify Capitalism? (Oxford University Press, 1995). 판 파레이스는 선별적 복지의 낙인효과

와 복잡성을 비판하며, 보편적 기본소득이 모든 시민에게 실질적 자유를 보장하는 수단이라고 주장한다.

6. 2025년 생계급여 선정기준(기준중위소득 32%)은 1인 가구 76만 5,444원이다. 보건복지부, 「2025년 기초생활보장 급여별 선정기준」(2024).

7. 이는 기본소득한국네트워크 등이 제안한 '차액 보전 방식'의 예시다. 기본소득 도입 시 기존 급여를 일부 조정하되, 수급자의 총 급여액이 감소하지 않도록 설계하는 방안이다. 금민·윤형중(2021), 기본소득한국네트워크(2021) 참조.

8. 스코틀랜드 정부는 2020년 기본소득 파일럿 설계안을 발표하며 "기존 복지 수급자는 기본소득과 복지 중 더 높은 금액을 보장받는다(No One Worse Off)"는 원칙을 채택했다. 2024년 현재 일부 지역에서 파일럿을 준비 중이다. 출처: Scottish Government Basic Income Pilot Feasibility Study (2020).

9. 첫째, 핀란드는 국가보건체계(National Health System)를 통해 거의 무상으로 의료서비스를 제공하며, 유치원부터 대학원까지 교육을 거의 무상으로 제공한다. 한국보건사회연구원(2020), 『핀란드 보건복지서비스 개혁』에 따르면 "보편주의 복지국가를 지향하는 핀란드는 원칙적으로 보건복지 서비스를 무상으로 제공하고 있다. 특히 의료서비스는 영국처럼 재원 대부분이 조세로 마련되고, 공공조직이 서비스 제공의 중심이 되는 국가보건체계를 통해 모든 국민에게 보편적으로 제공된다."(출처: https://www.kihasa.re.kr/gssr/assets/pdf/48/journal-20-봄-73.pdf). 둘째, 주거수당의 경우 저소득층에게 주거수당(housing allowance)을 지급하며, 노숙자 문제 해결을 위해 'Housing First' 정책을 시행하고 있다. 모든 시민에게 무조건 주거를 제공하는 것은 아니지만, 필요에 따라 주거 지원을 받을 수 있다. 셋째, 장애수당(2025년 기준)의 경우 핀란드 사회보험청 Kela는 16세 이상 장애인에게 장애수당(Disability Allowance for Adults)을 3단계 등급으로 지급한다(출처: Kela 공식 웹사이트, https://www.kela.fi/disability-allowance-for-adults). 넷째, 한부모 지원(2025년 기준)의 경우 한부모 보충수당(Single-Parent Supplement)으로 아동수당 수급 자녀 1인당 €73.30/월을 추가 지급한다(출처: https://www.kela.fi/child-benefit). 다섯째, 아동양육비수당(Child Maintenance Allowance)의 경우 비양육 부모가 법정 양육비를 미지급할 경우 Kela가 자녀 1인당 €198.13/월 씩을 지급하고, 나중에 비양육 부모로부터 회수한다(출처: https://www.kela.fi/child-maintenance-allowance).

10. 2025년 생계급여 선정기준(기준중위소득 32%)은 4인 가구 195만 1,287원이다. 보건복지부, 「2025년도 기준 중위소득 및 급여별 선정기준」(2024.7). 참고로 2024년은 183만 3,572원, 2026년은 207만 6,316원으로 인상되었다.

11. 장애인연금(기초급여+부가급여), 기초연금(2025년 월 최대 33만 4,810원), 아동수당 (월 10만 원) 등 기존 현금성 급여와 기본소득의 관계 설정은 기본소득 도입 논의에서 핵심 쟁점이다. 기본소득한국네트워크(2021)는 단계적 조정 방식을, LAB2050(2019) 은 부분 통합 방식을 제안한 바 있다. 금민·윤형중(2021), 이원재 등(2019) 참조.

12. 보건복지부, 「국민 기초생활 보장으로 빈곤 사각지대를 해소한다」(2023.9.19). 2018 년 기초생활보장 실태조사 결과, 소득이 기준 중위소득의 40% 이하이나 생계·의료급여 를 수급받지 못하는 비수급 빈곤층은 73만 명이었으나, 부양의무자 기준 완화 등 제도 개선으로 2023년에는 66만 명으로 감소했다.

13. 한국의 플랫폼 종사자는 2023년 88.3만 명으로 2022년 79.5만 명 대비 11.1% 증가했다(출처: 고용노동부·한국고용정보원, 「2023년 플랫폼종사자 실태조사」, 2024.8.5). 이는 세계적 추세로, ILO에 따르면 디지털 노동 플랫폼은 2010년 193개에 서 2023년 1,070개 이상으로 5배 이상 증가했으며, 현재 전 세계적으로 1억 5,000만 명 이상이 플랫폼 경제에 종사하고 있다. 세계은행은 2030년까지 플랫폼 노동자 수가 10억 명을 넘어설 것으로 전망하고 있다. 출처: ILO, "Room document 12 - Digital platform work and employment", 2023; ITUC, "Global win for workers: ILO agrees to negotiate binding standards for platform workers", 2025.6.16; World Bank, "Online Gig Economy", 2023.

14. Catalonia Regional Government, "Catalonia Universal Basic Income Pilot"(2023). 카탈루냐 자치정부는 2023년 1월부터 2년간 5,000명을 대상으로 무조 건적 기본소득 파일럿 프로그램을 시작했다.

15. Ivàlua (Institut Català d'Avaluació de Polítiques Públiques), Assessment: Universal Basic Income Pilot Project(2023). 성인 1인당 월 800유로, 18세 미만 아 동은 월 300유로가 지급되었다.

16. Barcelona City Council, B-MINCOME Project(2017~2019); UBIE (Unconditional Basic Income Europe), "Increased well-being and higher participation in community life: Optimistic first results from Barcelona's B-MINCOME scheme"(2019.12.21). 바르셀로나시의 B-민컴 프로젝트는 빈곤 지역 10개 구역 1,000가구를 대상으로 월 최대 1,676유로를 지급하며, 일자리 훈련, 사회적 기업 참여 등 적극적 노동시장 정책과 결합한 실험이었다.

14장 숨어 있는 재원을 찾아서

1. 기획재정부 『2025년도 조세지출어산서』(2024.8)에 따르면 2025년 국세 감면액은 78.0조 원이다. 출처: 기획재정부, 「2025년도 조세지출예산서」 국회 제출, 2023.8.27.

2. 2025년 예산안은 총지출 673조 3,000억 원이었다. 국세 감면액 78.0조 원은 이 중 약 11.6%에 해당한다. 출처: 기획재정부, 2025년도 예산안, 2024.12.21 국회 확정.

3. 2023년 한국의 조세부담률은 19.0%로 OECD 회원국 중 31위 수준이며, OECD 평균 25.3%보다 6.3%p 낮다. 2022년 22.1%에서 3.1%p 급감했다. 출처: 국회예산정책처, OECD Revenue Statistics 2024 분석, 2025.3.

4. 국세청의 전통시장 표본조사에서 상당한 매출 누락이 확인되었다. 현금 거래 중심의 영세 사업자에서 탈루율이 높게 나타났다. 출처: 국세청 세무조사 결과 분석.

5. 마찬가지로 국세청의 전통시장 표본조사에서 상당한 매출 누락이 확인되었다. 현금 거래 중심의 영세 사업자에서 탈루율이 높게 나타났다. 출처: 국세청 세무조사 결과 분석.

6. 최근 5년간(2019~2023) 의사·변호사·학원장 등 전문직 자영업자 6,800여 명이 신고하지 않은 소득이 총 4조 4,000억 원어 달하며, 탈루율은 33.5%로 집계되었다. 1인당 연평균 8억 7,000만 원을 벌면서 2억 9,000만 원을 신고하지 않은 것으로 나타났다. 출처: 〈조선일보〉, "5년간 4조 4,000억 원 신고 안 한 의사·변호사·학원장", 2025.9.22.

7. 출처: Sveriges Riksbank, "Payment patterns in Sweden 2023", August 2024.

8. 진성준 의원(더불어민주당)이 2025년 9월 22일 국세청으로부터 제출 받은 국정감사 자료에 따르면, 국세청은 2020년부터 2024년까지 고소득 사업자 3,030명을 세무 조사해 총 4조 4,333억 원의 미신고 소득을 적발하고 1조 3,150억 원의 세금을 징수했다. 조사 대상은 의사·변호사·회계사·변리사 등 전문직, 유흥업소·음식점 등 현금 거래가 많은 업종 대표, 학원장 등이었다. 이들이 실계 신고한 소득(8조 8,198억 원)과 미신고 소득을 합친 전체 금액(13조 2,531억 원) 중 미 신고 소득이 차지하는 비율은 33.5%였다. 〈조선일보〉 2025.9.22.

9. 같은 자료에서 국세청은 2020년부터 2024년까지 의사·변호사 등 고소득 전문직 527명을 세무 조사해 5,204억 원의 미신고 소득을 적발하고 2,099억 원의 세금을 징수했다. 1인당 평균 9억 9,000만 원의 소득을 신고하지 않아 약 4억 원의 세금을 추징당했다. 고소득 전문직의 소득 탈루율은 2020년 36.9%, 2021년 29.0%, 2022년 16.1%, 2023년 19.4%, 2024년 25.9%로 나타났다. 〈한국세정신문〉 2025년 9월 23일.

10. 2009~2013년 22조 원이 투입된 4대강 사업에 대해 감사원은 2018년 감사에서 경제성 분석(B/C)이 미흡했다고 지적했다. 녹조 발생, 수질 악화 등 부작용도 보고되었다. 출처: 감사원, "4대강 사업 추진실태 점검 및 성과분석", 2018.7.

11. 2025년 공공기관은 331개 기관으로 지정되었으며(전년 대비 +4개), 임직원 수는 약 45만 명에 달한다. 출처: 기획재정부, "2025년도 공공기관 지정", 2025.1.21.

12. 2023년 정부 R&D 예산은 31.1조 원이었으나 2024년 26.5조 원으로 삭감되었고, 2025년 29.7조 원으로 증액되었다. 감사원은 중복 과제, 성과 미흡 과제 등을 지적해왔다. 출처: 과학기술정보통신부 및 기획재정부.

13. 기획재정부, 「시사경제용어사전」, '주조이익(seigniorage, 시뇨리지)' 항목. 화폐주조차익 또는 화폐발권차익. 발행 당국은 화폐를 발행하면 액면가에서 발행비용을 뺀 만큼 이익을 얻는다.

14. 〈서울경제〉, "100달러 찍어내는데 19.6센트 … 99.8달러 '주조차익'?", 2020.12.23. 시뇨리지라는 용어는 중세 때 군주(시뇨르)가 부족한 재정을 보충하기 위해 화폐 주조권을 독점하며 이익을 취한 데서 유래했다.

15. 대학지성 In&Out, "국민 모두가 화폐창조이익을 누리는 세상을 꿈꾸며", 2024.5.5. 화폐창조로부터 추동된 다양한 경제적 활동에서 창출된 이윤의 총합을 '화폐창조이익'으로 개념화하여 민간은행의 신용창조 과정에서 발생하는 이익을 민간 시뇨리지로 볼 수 있다는 논의다.

16. 금융감독원, "2025년 3분기 금융지주 실적 집계", 2025년 10월 발표. 5대 금융지주 누적 순이익 18조 원 돌파.

17. 금융감독원 금융통계시스템, 2025년 3분기 5대 금융지주 이자 이익 38조 원(전년 동기 대비 1.1% 증가).

18. 금융감독원 및 각 금융지주 공시자료, IT조선 "역대급 순익 1등 공신 '이자 이익' … 5대 지주, 작년에만 50조", 2025년 2월 17일. 2022년 약 49.1조 원, 2023년 49.1조 원, 2024년 50조 3,735억 원 (전년 대비 2.5% 증가).

19. 한국은행 금융통계, 2025년 7월 기준 5대 금융지주 예대금리차 1.41~1.54%p(KB금융 1.54%p, 신한금융 1.50%p, 하나금융 1.45%p, 우리금융 1.43%p, NH농협금융 1.41%p).

20. 한국은행 경제통계시스템, 은행 예대금리차 추이: 2021년 1.80%p→2022년 1.66%p→2023년 1.35%p→2024년 1.27%p.

21. 한국은행법 제99조(정부에의 납부) 및 제100조(잉여금의 처리). 한국은행은 매 회계연도의 결산 결과 발생한 이익금 중 일부를 정부에 납부하고, 나머지는 적립금으로 적립한다.

22. 국회예산정책처, "2023년 세제 개편 분석", 2023년 감세 규모 9조 6,430억 원(소득세 3조 6,783억 원, 법인세 3조 4,893억 원 포함).

23. 기획재정부, "2023년 세법개정안", 법인세율 각 구간 1%p 인하(과세표준 3,000억 원 초과 구간 최고세율 25%→24%).

24. 경실련, "대기업 실효세율 분석 보고서", 2024년 3월 발표. 2023년 기준 자산 10조 원 이상 대기업 실효세율 18.7%, 일반기업 19.6%.

25. 국세청, "국세통계연보", 법인세수 추이: 2021년 80.4조 원→2024년 62.5조 원(17.9조 원 감소).

26. 한국학술지인용색인(KCI), "법인세의 분배효과에 관한 연구". 법인세 실효세율이 낮아지면 노동소득분배율이 축소되고, 가구소득의 불평등은 확대되는 것으로 추정한다.

27. 통계청, "2024년 가계금융복지조사 결과", 2024년 12월 9일 발표. 2023년 소득 5분위배율 5.72배(전년 5.81배에서 개선). 하위 20% 가구 평균소득 1,505만 원, 상위 20% 가구 평균소득 1억 6,602만 원.

28. 《주간경향》, "불평등의 경제학 팬데믹이 심화시킨 상위소득 집중도", 2023년 3월 24일. 근로소득 상위 1% 소득집중도가 2019년 7.2%에서 2021년 7.9%로 상승, 상위 10% 소득점유율은 31.1%에서 32.1%로 증가.

29. 〈동아일보〉, "부자감세 5년 효과 보니 … 성장 꿈쩍 않고 상위 1% 소득 비중 0.7%p 증가", 2025년 5월 8일. 국제 연구 분석 결과, 주요 감세 조치 이후 상위 1% 소득자의 세전 국민소득 점유율은 평균 0.7%p 이상 증가했다(통계적 유의미성 p<0.0001).

30. 연합뉴스, "한국 세금·복지제도 소득재분배 효과, OECD 31개국 중 28위", 2025.3.22. 2022년 세전·세후 지니계수 개선율 18.2%, OECD 평균 31.9%.

31. OECD 자료에 따르면 한국의 재산세(보유세) 실효세율은 0.15% 수준으로 OECD 평균(0.33%)의 절반에도 미치지 못하는 반면, GDP 대비 재산세 비중은 11.5%로 OECD 평균(5.1%)의 2배 이상이다. 이는 거래세 중심 구조를 반영한다. 출처: OECD, Tax Foundation,

## 15장 공유부를 모두의 몫으로

1. 국토교통부, 「'24년 토지소유현황 통계」, 2025.7.11.

2. 국토교통부, 「'24년 토지소유현황 통계」, 2025.7.11. 토지 보유 세대를 보유 면적 기준 10분위로 나누었을 때 상위 10%가 전체의 78.4%를 보유.

3. Peter Barnes, Capitalism 3.0: A Guide to Reclaiming the Commons, Berrett-Koehler Publishers, 2006.

4. 브렌트 라날리(유승경·정균승 옮김), 『공유부 배당』, 평사리, 2025, pp.211~212.

5. Alaska Permanent Fund Corporation, "Dividend Program", 2024년 배당금 발표, 2024.9.

6. Norges Bank Investment Management, "Government Pension Fund Global Annual Report 2023", 2024.3.

7. Singapore Land Authority, "State Land Management Report 2024", 2024.6.

8. 국토교통부, 『2024년 토지소유 현황 통계』, 2024.

9. 방송통신위원회, 『2024년 방송통신 시장 현황』, 2024; 이동통신 3사 사업보고서, 2024.

10. 과학기술정보통신부, 『2024년 데이터산업 현황조사』, 2025.6.

11. 나라살림연구소, 『2024년 국유재산 현황 분석』, 2025.11.5.

12. 부동산R114, 『서울 아파트 매매가격 통계』, 2025.6.18.(2015년 3.3㎡당 1,785만 원 →2024년 5월 4,510만 원).

13. 토지+자유연구소, 『OECD 국가 부동산 보유세 실효세율 분석』, 2025년. 2023년 기준 한국의 보유세 실효세율은 0.15%로 OECD 평균 0.33%의 절반 수준.

14. 싱가포르는 토지의 약 90%를 국가가 소유하며, 토지 임대료와 보유세를 공공주택·교육·의료 등 공공서비스 재원으로 활용함.

15. Public housing in Singapore, Wikipedia (78.7% as of 2020).

16. Chua Beng Huat, Public Subsidy, Private Accumulation, NUS Press, 2024.

17. 과학기술정보통신부·한국데이터산업진흥원, 『2024 데이터산업현황조사』, 2025.6. 2024년 국내 데이터산업 시장 규모는 30조 7,462억 원으로 추정.

18. California Consumer Privacy Act (CCPA), AB 375, 2018.6.28. 제정.

19. California Attorney General, "California Consumer Privacy Act (CCPA)", https://oag.ca.gov/privacy/ccpa

20. California Privacy Rights Act (CPRA), 2020년 주민투표 통과, 2023.1.1. 시행.

21. 금융위원회, "금융 마이데이터 전면 시행", 2022.1.5.

22. 『개인정보 보호법』 제35조의2, 2023.3.14. 개정.

23. 개인정보보호위원회, "전 분야 마이데이터 본격 시행", 2025.3.13.

24. 전자신문, 『이동통신 3사 2024년 실적』, 2025.1.5. SK텔레콤·KT·LG유플러스의 2024년 총 매출은 약 59조 원으로 추정.

25. Federal Communications Commission (FCC), "Auction Summary", 2015-2021. 미국 주파수 경매 총수익 약 1,200억 달러.

26. Ofcom, "5G spectrum auction concludes", 2021. 영국 5G 주파수 경매 수익 14억 파운드.

27. Norges Bank Investment Management, "Government Pension Fund Global Annual Report 2023", 2024.3. 노르웨이 국부펀드 약 2,000조 원.

28. 2050 탄소중립녹색성장위원회, 「우리나라 온실가스 배출량(국가 온실가스 통계)」, 2025.9. 2022년 확정 배출량은 7억 2,429만 톤CO2eq.

29. EU는 2026년부터 탄소국경조정제도(CBAM)를 본격 시행하며, 한국 철강·시멘트·알루미늄 등 탄소집약 산업의 EU 수출에 추가 비용이 발생할 것으로 전망된다.

30. Government of Canada, "Canada Carbon Rebate amounts for 2024~25", 2024.7.15. 2024년 탄소세율은 톤당 80캐나다달러이며, 4인 가족은 지역에 따라 연간 최대 1,800캐나다달러의 환급을 받음.

31. 행정안전부, 「주민등록인구통계」, 2025.10. 기준 주민등록인구 51,604,753명.

32. 2025년 11월 현재 착공 전 단계이며, 구체적인 배당 금액과 방식은 향후 결정될 예정이다.

33. KEA, 「2025-11-24 LCOE 실시간 조사」.

34. K-water, 「수상태양광 환경영향 평가」 2024, p.17.

35. 정확히는 7개 발전소에 총 16기의 칼전기가 설치되어 있으며, 총 설비용량은 4.7GW이다(2025년 5월 기준, 한국수력원자력).

36. KEPCO, 「2024 전력품질 보고서」, p.8.

37. 한국전력연구원, 「재생에너지 변동성 흡수 시뮬레이션」, 2025.

38. Energifakta Norge, 2025.11.

39. IEA Denmark Community Ownership Policy, 2024.

40. 한국수자원공사, "수자원공사 임하 수상태양광 5년 조기 준공", 2025.9.25. https://www.kwater.or.kr/news/repoView.do?seq=139299&brdId=KO26&s_mid=362

41. Norges Bank Investment Management, "The Fund's Investment Strategy", 2024. 노르웨이 정부는 펀드 수익의 최대 3%만 재정에 사용하는 원칙을 준수.

42. Norges Bank Investment Management, "Investment Portfolio", 2024. 노르웨이 국부펀드는 전 세계 70개국 9,000개 이상 기업에 투자.

43. Norges Bank Investment Management, "Government Pension Fund Global Annual Report 2023", 2024.3. 2024년 말 기준 펀드 규모 약 19.7조 노르웨이 크로네(약 2,000조 원).

44. 나라살림연구소, 「국유재산 관리운용 분석」, 2025.11.5. 2024년 말 기준 정부 보유 국유재산은 1,344조 원.

45. 토지+자유연구소, 「OECD 국가 부동산 보유세 실효세율 분석」, 2025년.

46. 행정안전부, 「2024년 지방세 수입 실적 발표」, 2025.3.25. 2024년 재산세 수입은 약 15조 5,000억 원이다.

47. 과학기술정보통신부·한국데이터산업진흥원, 「2024 데이터산업현황조사」, 2025.6.

## 16장 AI와 재생에너지의 배당

1. Nestor Maslej et al., "The AI Index 2024 Annual Report", Stanford HAI, April 2024, p.14.

2. McKinsey Global Institute, "Notes from the AI Frontier: Modeling the Impact of AI on the World Economy", September 2018, p.3.

3. Carl Benedikt Frey, The Technology Trap: Capital, Labor, and Power in the Age of Automation(Princeton: Princeton University Press, 2019).

4. Carl Benedikt Frey, How Progress Ends: Technology, Innovation, and the Fate of Nations(Princeton: Princeton University Press, 2025).

5. "The AI Index 2024 Annual Report", Stanford HAI, p.14.

6. "Temasek's Net Portfolio Value Grows to Record High of S$434 Billion", Temasek Holdings, July 9, 2025.

7. "Performance & Portfolio", Temasek Review 2025.

8. "Temasek joins Microsoft, BlackRock and MGX to develop AI infrastructure", Reuters, June 12, 2025.

9. "Sitra's investments Q3/2025", Sitra, November 4, 2025.

10. 인내자본이란 단기적인 이익 회수보다는 장기적인 안목과 인내심을 가지고 투자하는 자본을 말한다. 마치 씨앗을 심고 당장 열매를 따려고 하지 않고, 나무가 뿌리를 내리고 튼튼하게 자라 충분히 많은 열매를 맺을 때까지 인내하고 기다려주는 투자금이라고 할 수 있다. 특히 혁신은 오랜 시간과 많은 실패를 거쳐야 성공할 수 있기 때문에 이러한 인내심 있는 자본이 반드시 필요하다.

11. "Sitra Annual Report and Financial Statements 2024", Sitra, April 8, 2025.

12. "Citizens own half of German renewable energy", EnergyTransition.org, October 29, 2013.

13. "Citizens' participation in the Energiewende", Clean Energy Wire, October 25,

2018.

14. "Share of German citizen renewable energy shrinking", EnergyTransition.org, February 7, 2018.

15. "OpenAI LP", OpenAI, March 11, 2019.

16. "OpenAI Becomes For-Profit Company In $500 Billion Deal", Forbes, October 28, 2025.

17. 금융위원회, 「국민성장펀드 조성 및 운용방안」, 2025.9.12.

18. 뉴데일리, "'150조 '국민성장펀드' 출범 ⋯ 이억원, 금융권 '이자장사 탈피' 압박", 2025.11.17.

19. 〈동아일보〉, "AI-반도체 등에 150조 투자 '국민성장펀드' 업무협약", 2025.11.17.

20. 글로벌이코노믹, "150조 '국민성장펀드' 본격 가동 ⋯ 5대금융 회장 모여 '역량 총동원'", 2025.11.17.

21. 〈한국경제〉, "150조 국민성장펀드 본격 시동 ⋯ 산은·5대 지주 MOU 체결 및 현판식", 2025.11.17.

22. 조세일보, "'150조 국민성장펀드 시동' ⋯ 정부·5대 금융, 첨단산업 투자 대동맹 구축", 2025.11.17.

23. 금융위원회, 앞의 자료, 2025.9.12.

24. 더벨, "[150조 국민성장펀드 출범]에너지 고속도로 앞세운 정부, 전선업계 반색", 2025.9.12.

25. 조세일보, 앞의 자료, 2025.11.17.

26. 마켓인, "150조 국민성장펀드 세제 혜택 ⋯ 분리과세에 소득공제까지 검토", 2025.11.13.

27. Temasek Holdings, "Annual Report 2023"(2023), pp.12~18.

28. Norges Bank Investment Management, "Government Pension Fund Global Annual Report 2023"(2024), pp.8~15.

29. Alaska Permanent Fund Corporation, "Annual Report 2023"(2023), pp.10~12.

30. 데일리안, "文정부판 뉴딜펀드 데자뷔? ⋯ 150조 펀드 나왔지만, 실효성 여전히 의문", 2025.11.18.

31. 〈파이낸셜뉴스〉, "산은·5대금융지주 '국민성장펀드' 공동협력 ⋯ 미래전략산업 육성", 2025.11.17.

32. "경기도 G-펀드 1조 원 돌파 ⋯ 2년 조기 달성", 〈매일경제〉, 2024년 6월 27일.

33. "경기도, 2024년 G-펀드 205억 출자 ⋯ 스타트업, 탄소중립, 미래성장 펀드 등", 비석

세스, 2024년 2월 27일.

34. "서울시, 'AI 대전환'에 첫 투자 … 올해 'Vision 2030 펀드' 1차 300억 출자", 서울시 보도자료, 2025년 9월 1일.

35. "서울시, AI·바이오 스타트업에 2,500억 투자 본격화 … Vision2030 펀드 운용사 8곳 선정", 서울시 보도자료, 2025년 11월 5일.

36. "'해상풍력에 주민참여' … 제주도, 청정에너지로 지역경제 발전 본격화", 에너지데일리, 2025년 10월 15일.


## 17장 150조 원 국민성장펀드 실행 계획

1. 대한민국 금융위원회, 「대한민국 경제 재도약 150조원 국민성장펀드가 함께합니다」, 보도자료, 2025년 9월 10일, https://www.fsc.go.kr/no010101/85265

2. 국민연금공단, 「2025년 2분기 국민연금 운용현황」, 2025년 7월, 국민연금 전체 자산 1,269조 원 (2025년 6월 말 기준).

3. 국민연금기금운용본부, 「포트폴리오 현황」, 2025년 8월 말 기준, 해외주식 486.4조 원 (36.8%), 해외채권 94.3조 원 (7.1%), https://fund.nps.or.kr/oprtprcn/ivsmprcn/getOHED0016M0.do

4. 국민연금기금운용본부, 「운용성과 – 성과 현황」, 1988~2024년 말 기준 연평균 누적 수익률 6.82%, https://fund.nps.or.kr/oprtprcn/oprtotcm/getOHED0010M0.do

5. 국민연금기금운용본부, 「2024년 기금 운용수익률 15.00%」, 보도자료, 2025년 2월 28일, 해외주식 수익률 34.32%.

6. 한국은행, 「2025년 10월말 외환보유액」, 보도자료, 2025년 11월 5일, 4,288.2억 달러.

7. 네이버 금융정보, 「2025년 한국의 은행 자산 순위」, 2024년 12월 기준, 산업은행 약 350조 원, 기업은행 464조 452억 원.

8. Company Guide, 「한국전력(A015760) 재무제표」, 2025년 6월 기준 자산총계 약 250조 원.

9. Citizens' Assembly (Ireland), "About Citizens' Assembly", https://citizensassembly.ie/about/; Crowdlaw for Congress, "Belgian Sortition Models", https://congress.crowd.law/case-belgian-sortition-models.html

10. Norges Bank Investment Management, "Annual Report 2024", 2024년 수익률 13%, 1996–2024년 28년간 연평균 약 6.3%.

11. Temasek Holdings, "Temasek Review 2024", 50년간 (1974–2024) 연평균 약 7% 수익률 (20년 TSR 7%, 최근 성과 기준).

12. Rebecca Henderson, *Reimagining Capitalism in a World on Fire*, PublicAffairs, 2020.

13. 노르웨이 국부펀드 2024년 말 기준 약 18,000억 크로네(약 2,606조 원), 브런치, 2025년 7월 7일.

14. 〈한국경제〉, 「노르웨이국부펀드, 작년 한해 주식투자로 321조 원 벌어」, 2025년 1월 29일, 2024년 투자 수익률 연 13%.

15. Temasek Holdings, "Temasek Review 2024", 2024년 3월 31일 기준 포트폴리오 가치 S$389 billion (2025년 추정 약 S$434 billion, 약 420조 원)

16. 뉴스1, 「싱가포르 국부펀드 테마섹 미국 베팅 … 10년 만에 중국 추월」, 2024년 7월 10일, 미주 지역 투자 비중 22%, 중국 19%.

17. Alaska Permanent Fund Corporation, "Annual Report 2024", 2024년 말 기준 총 자산 약 $79.6 billion.

18. Alaska Department of Revenue, "2024 Permanent Fund Dividend Amount", 2024년 9월 19일, 1인당 $1,702 (2023년 $1,312).

19. The Nobel Prize, "The Prize in Economic Sciences 2024–Press Release", October 14, 2024, Daron Acemoglu, Simon Johnson, James Robinson 수상.

20. Daron Acemoglu and James A. Robinson, Why Nations Fail: The Origins of Power, Prosperity, and Poverty, Crown Business, 2012.


## 6부
### 대한민국 재생에너지 기본소득 지도

### 18장 DMZ에서 피어나는 평화의 에너지

1. 한국전쟁 군사정전협정문(1953.7.27), 제1조 군사분계선과 비무장지대 규정.

2. 나무위키, "비무장지대", 비무장지대 총면적 903㎢.

3. KOSIS 국가통계포털, 2024년 서울특별시 면적 605.25㎢.

4. 〈한겨레〉, "DMZ에 남북합작 '태양광 생태공원' 추진", 2008.6.23.

5. 네이버 블로그, "서해 NLL 풍력발전단지 … 평화해역조성·경제적 이득", 2018.5.3.

6. 한얼누리, "태양광 발전장치", 우리나라 1일 평균 일조시간 3.6시간.

7. 연간 발전량 계산식: 설비용량(kW)×일조시간(3.6h)×365일×가동률(0.85).

8. 솔라커넥트, "태양광발전소 1MW는 어느 정도 규모일까?", 1MW당 약 1.1~1.4㏊ 필요함.

9. 1가구 월평균 전력 사용량 약 300kWh 기준임(한국전력 통계).

10. 황우현(2025), 「남북한 공동 탄소중립 목표 달성과 에너지 기본소득형 DMZ 평화 에너지 벨트 구축(안)」, 『지방정부 기본사회 정책개발 연구』, 사단법인 기본사회·기본사회지방정부협의회. 본문의 내용은 황우현 교수의 5대 전략을 기반으로 추가 설명 첨가.

11. 약 300억 원은 2026~2028년 예상 평균 거래가격 약 23,000원/tCO₂를 적용한 것임.

12. 산림청, 소나무 1그루당 연간 $CO_2$ 흡수량 약 6.6㎏ 기준임.

## 19장 백두대간에서 동해·서해까지

1. 산림청, 『백두대간 보호 기본계획』, 2020. 백두대간의 총길이는 백두산에서 지리산까지 약 1,625㎞이며, 남한 구간은 691㎞, 북한 구간은 910㎞이다.

2. 산림청, 『2024 북한 산림 황폐지 현황』, 2024. 2024년 기준 북한의 황폐산림 면적은 123만 2,539㏊로, 북한 전체 국토의 10.0%, 산지 면적의 13.7%에 해당한다.

3. 산림청, 『한국의 산림녹화 성공 사례』, 2020. 1973년 시작된 제1차 치산녹화 10개년 계획(1973~1978)과 제2차 계획(1979~1987)을 통해 대한민국은 30년 만에 황폐산림을 복원했다.

4. FAO, "Republic of Korea – Forest Rehabilitation Success Story", 2014. 유엔 식량농업기구는 한국을 제2차 세계대전 이후 산림녹화에 성공한 유일한 국가로 평가했다.

5. 에너지경제연구원, 『북한 재생에너지 잠재량 평가』, 2019. 서해안 해주만의 조력발전 잠재용량은 약 2,300㎿로 추산된다.

6. Wilhelmsson, D., et al., "The influence of offshore windpower on demersal fish", ICES Journal of Marine Science, 2006. 덴마크와 영국 해상풍력단지 주변에서 어족자원 증가가 관찰되었다.

7. 한국에너지공단, 『해상풍력 보급 목표 및 실행 계획』, 2021. 1GW 해상풍력단지는 약 233㎢의 해역 면적을 필요로 한다.

8. 에너지경제연구원, 『동북아 슈퍼그리드 구축 타당성 연구』, 2018. 한·중·일·러·몽골을 연결하는 전력망 구축 계획이 검토되고 있다.

9. 국립산림과학원, 『산림의 공익기능 평가』, 2020. 한국 산림의 연간 공익적 가치는 221조 원으로 평가되며, 탄소 흡수량은 연간 약 4,500만 톤이다.

10. 한국풍력산업협회, 『해상풍력 발전량 산정기준』, 2021. 해상풍력 1GW는 연간 약 30억 kWh를 생산하며, 이용률 약 35%를 적용한 값이다.

11. 한국은행, 『산업연관표를 이용한 경제파급효과 분석』, 2020. 건설 투자의 생산유발계수는 평균 2.0 수준으로, 10조 원 투자 시 약 20조 원의 생산유발효과가 발생한다.

12. UNEP, "UN Decade on Ecosystem Restoration 2021-2030", 2021. 유엔은 2021~2030년을 생태계복원 10가년으로 지정하고 전 세계 생태계 복원을 촉진하고 있다.

13. UNFCCC, "Paris Agreement Article 6 – Cooperative Approaches", 2015. 파리협정 제6조는 국가 간 자발적 협력을 통한 탄소배출권 거래를 허용한다.

14. Alaska Permanent Fund Corporation, "2024 Dividend Amount", 2024. 2024년 알래스카 영구기금 배당금은 1인당 1,702달러로 결정되었다.


## 20장 바다의 선물, 울산 부유식 해상풍력

1. 에퀴노르 코리아, 「울산 부유식 해상풍력 5개 사 세계 최대 6GW 규모 송전용 전기설비 이용계약 공동 체결」, 2024.10.14, https://www.equinor.co.kr/news/five-ulsan-floating-offshore-wind-power-developers-jointly-sign-contract-for-use-of-world's-largest-6GW-transmission-electrical-facilities-kr; 〈한국경제〉, 「울산 부유식 해상풍력 5개사, 한전과 송전용 전기설비 이용계약 체결」, 2024.10.10.

2. 《울산저널》, "전 세계 부유식 하상풍력 확산 방아쇠 울산 … 연 1조 원 이상 기본소득 가능", 2025.8.28, https://www.usjournal.kr/news/newsview.php?ncode=1065617427307461

3. 《울산저널》, "부유식 해상풍력 얼마나 알고 계시나요?", 2021.11.29, https://www.usjournal.kr/news/newsview.php?ncode=1065582953261396; Bandibuli Energy, 「FAQ – 반딧불이 부유식 해상풍력 발전 사업」, https://bandibulienergy.co.kr/faq/

4. 〈울산제일일보〉, "울산은 부유식 해상풍력의 최적지", 2022.10.26.

5. 에너지신문, "'2024 울산 부유식 해상풍력 포럼' 열린다」" 2024.5.31.; 〈울산제일일보〉, "울산, 글로벌 부유식 해상풍력 발전 허브로 도약하자", 2024.6.13.

6. 〈경상일보〉, "울산 부유식 해상풍력단지, 44조 투입 세계 최대규모로", 2024.11.6, https://www.ksilbo.co.kr/news/articleView.html?idxno=1012705

7. 〈울산매일신문〉, "울산 부유식 해상풍력발전산업 속도낸다", 2024.11.5, https://www.iusm.co.kr/news/articleView.html?idxno=1046798; 울산저널, 앞의 기사, 2025.8.28.

8. 에너지신문, "울산 부유식 해상풍력 본 궤도 오른다' … 37.2조 투자", 2024.11.5.

9. 〈경상일보〉, 앞의 기사, 2024.11.6.

10. 같은 기사.

11. 〈울산매일신문〉, "세계 최대 울산 부유식 해상풍력사업 '순풍'", 2025.9.9, https://

www.iusm.co.kr/news/articleView.html?idxno=1054290; 〈경향신문〉, "헥시콘
사, 울산 해상풍력에 4조4000억 원 투자", 2025.9.9.

12. 일렉트릭파워, "울산 부유식해상풍력 환평 마치고 개발 본격화", 2024.8.29, https://
www.epj.co.kr/news/articleView.html?idxno=34888; 계산: 6,000MW×8,760
시간×0.45=23,652,000MWh=23.7TWh; 23,700,000,000kWh÷300kWh÷12
개월=약 660만 가구.

13. 《울산저널》, "부유식 해상풍력으로 RE100, 기본소득, 먹사니즘 구현", 2025.4.21.

14. 울산경제자유구역청, 〈한국경제〉, "울산경제자유구역, 부유식 해상풍력 산업 기반 마
련", 2025.8.4; SBS 뉴스, "울산 앞바다에 42조 바람길 … 부유식 해상풍력단지 추진",
2025.8.5.

15. 《울산저널》, 앞의 기사, 2025.4.21.

16. 《울산저널》, 앞의 기사, 2025.8.28.

17. 울산상공회의소·울산테크노파크, 「2024 울산부유식해상풍력발전 포럼 자료집」,
2024.5.

18. 《울산저널》, "부유식 해상풍력 발전 이익, 시민 기본소득으로", 2025.7.17, https://
m.usjournal.kr/news/newsview.php?ncode=1065594417810078

19. 《울산저널》, 앞의 기사, 2025.8.28.

20. 《시사저널》, "울산시민단체 '부유식 해상풍력, 국부펀드로 지분투자 확대해야'",
2025.8.13.; 〈전북도민일보〉, "울산부유식해상풍력, 국부펀드 참여로 재생에너지·기본
소득 모델을", 2025.8.12.

21. 《울산저널》, 앞의 기사, 2025.7.17. 및 《울산저널》, "울산 부유식 해상풍력으로 연 1조
원 이상 이익 공유 … 재생에너지로 국민소득 늘릴 수 있다", 2025.4.9.

22. 《울산저널》, 앞의 기사, 2025.8.28; 《울산저널》, 앞의 기사, 2025.7.17; 《울산저널》,
앞의 기사, 2025.4.9.

23. 《울산저널》, 앞의 기사, 2025.7.17. 및 신안군청 공식 발표.

24. 같은 기사.

25. 《울산저널》, 앞의 기사, 2025.8.28. 및 《울산저널》, 앞의 기사, 2025.7.17.

26. 《울산저널》, 앞의 기사, 2025.7.17.

27. 같은 기사.

28. 같은 기사 및 《울산저널》, 앞의 기사, 2025.8.28.

29. 《울산저널》, 앞의 기사, 2025.7.17.

30. 《시사저널》, 앞의 기사, 2025.8.13. 및 〈전북도민일보〉, 앞의 기사, 2025.8.12.

31.《울산저널》, 앞의 기사, 2025.8.28.

32. 같은 기사.

33. 〈울산매일신문〉, 앞의 기사, 2025.9.9. 및 KBS뉴스, "세계 최대 부유식 해상풍력 탄력 받을 듯", 2025.6.5. 및 〈울산매일신문〉, 앞의 기사, 2025.9.9.

## 21장 태양이 준 선물, 해남 솔라시도

1. 〈조선일보〉, "해남, 솔라시도 태양광발전소 기반 '재생에너지 중심도시'로 도약한다", 2024.4.29. 및 사이언스타임즈, "발전 설비 98MW급, 에너지 저장 규모 세계 최대 용량", 2020.6.29.

2. 전기저널, "대한민국 도시의 이상향 '솔라시도'", 2023.8.17, http://www.keaj.kr/news/articleView.html?idxno=5114 및 전기저널, "국내 최대 태양광발전소를 가다", 2020.8.6.

3. 〈매일경제〉, "2.5조 '국가 AI컴퓨팅센터' 전남에 온다", 2025.10.22. 및 〈시사저널〉, "'국가 AI컴퓨팅센터' 전남행 유력 … '반전 드라마 쓴' 해남 솔라시도", 2025.10.22.

4. 〈한겨레〉, "'해남 솔라시도' AI 데이터센터 첫걸음 … 김영록 전남지사", 2025.11.4.; 〈한국일보〉, "해남 솔라시도, 글로벌 AI 데이터센터 유치로 신재생에너지 중심지로 부상", 2025.10.3.; 헬로디디, 「[특별기고] "AI 강자들 해남으로" 한국 인공지능 허브 '포스트 실리콘밸리'」, 2025.10.23.

5. BS한양, "세계 최대 306MWh를 보유한 솔라시도 태양광발전소", https://www.bs-hycorp.co.kr/hy/solarpower.php 및 에너지타임뉴스, "'전남 해남'에 국내 최대 태양광+세계 최대 ESS 연계", 2019.12.12.

6. 전기저널, 앞의 기사, 2023.8.17.

7. AI타임스, "해남, 조용한 간척지에서 대한민국의 미래로", 2025.10.23., https://www.aitimes.com/news/articleView.html?idxno=203365

8. KBS뉴스, "해남 태양광 단지 조성 … AI 데이터센터 전력 공급", 2025.10.2. 및 전남도민뉴스, "전남 해남군, 'RE100 국가산단 유치 총력, 당장 착수 가능 유일한 입지'", 2025.10.7.

9. 연합뉴스, "해남군, 아시아태평양 재생에너지 매칭포럼서 솔라시도 RE100 비전 선포", 2025.8.28. 및 케이채널, "김주석 기자/전남도, RE100 산단 재생에너지 공급 기반 조성 준비 착착", 2025.10.1.

10. MSN, "해남·영암, 에너지 자립도시 실현에 탄력", 2025.

11. 해남우리신문, "태양광·풍력 주민이익공유 조례제정 시급", 2023.7.17. 및 해남신문,

"500킬로와트 이상 태양광 하려면 지역주민참여해 이익 공유", 2025.8.25.

12. MSN, 앞의 기사.

13. 계산: 5.4GW×8,760시간×0.18(이용률)=8,504,640㎿h≈8.5TWh. 또한 8,500,000,000kWh÷400kWh÷12개월≈177만 가구 (약 180만 가구).

14. 〈한겨레〉, 앞의 기사, 2025.11.4. 및 〈한국일보〉, 앞의 기사, 2025.10.3.

15. 해남신문 PDF, "정부 RE100 산단 해남에선 가장 빠르고 혜택 크게", 2025.8.29. 및 〈중앙일보〉, "'2조 5,000억 AI컴퓨팅센터 후보지' … 전남, '오픈AI' 이어 AI에너지도시 꿈", 2025.10.21.

16. 〈중앙일보〉, 앞의 기사, 2025.10.21. 및 AI타임스, 앞의 기사, 2025.10.23.

17. AI타임스, 앞의 기사, 2025.10.23. 및 〈남도일보〉, "[사설]해남 솔라시도 대변신, '글로벌 AI 허브' 디딤돌", 2025.10.23.

18. AI타임스, 앞의 기사, 2025.10.23.

19. 헬로디디, 앞의 기사, 2025.10.23.

20. 〈매일경제〉, 앞의 기사, 2025.10.22. 및 서울파이낸스, "'2.5兆' 국가 AI 컴퓨팅센터 사업에 삼성SDS 컨소시엄 단독 입찰", 2025.10.22.

21. IT조선, "'두 번 유찰 딛고' … 국가AI컴퓨팅센터 사업 본 궤도 오르나", 2025.10.22. 및 《시사저널》, 앞의 기사, 2025.10.22.

22. 〈매일경제〉, 앞의 기사, 2025.10.22.

23. AI타임스, 앞의 기사, 2025.10.23.

24. 같은 기사.

25. AI타임스, "'에너지 수도' 해남, RE100으로 미래를 설계하다", 2025.10.13. 및 〈아주경제〉, "해남군, RE100 국가산단 유치 총력 … '당장 착수 가능 유일 입지'", 2025.10.8.

26. IEA(국제에너지기구) 보고서 참조.

27. 〈해남신문〉 PDF, 앞의 기사, 2025.8.29.

28. MSN, 앞의 기사.

29. 계산 예시: 연간 발전수익 1조 원×주민·지자체 지분 30%=3,000억 원; 3,000억 원÷67,000명≈450만 원/인; 450만 원×4인 가구=1,800만 원.

30. 신안군 사례 참조.

31. AI타임스, 앞의 기사, 2025.10.23.

32. 같은 기사.

## 22장 새만금, RE100 제국을 꿈꾸다

1. 새만금개발청, 『새만금 방조제 건설백서』(2010), pp.45~67.

2. Guinness World Records, "Longest sea barrier" (2010), https://www. guinnessworldrecords.com

3. 환경운동연합, 『새만금 갯벌 생태가치 평가 보고서』(2001), pp.12~34.

4. 새만금개발청, "새만금 개요"(2024), https://www.saemangeum.go.kr

5. 산업통상자원부, 『새만금 재생에너지 비전 선포식』(2020.7.16.).

6. 한국수자원공사, 『새만금 수상태양광 1단계 사업 개요』(2023), pp.8~12.

7. 산업통상자원부, 『새만금 재생에너지 로드맵』(2021.4.23.).

8. 에너지경제연구원, 『수상태양광 발전량 및 탄소감축 효과 분석』(2022), pp.34~45.

9. 한국에너지기술연구원, "수상태양광 발전 효율 연구"(2021), p.56.

10. 한국수자원공사, 『수상태양광 친환경 설계 가이드라인』(2023), pp.23~29.

11. 새만금개발청, 『새만금 해상풍력 마스터플랜』(2022), pp.12~18.

12. 한국에너지공단, 『해상풍력 발전 효율성 보고서』(2023), p.45.

13. 산업통상자원부, 『부유식 해상풍력 기술개발 로드맵』(2022.9.15.).

14. 새만금개발청, "새만금 재생에너지 현황"(2024), https://www.saemangeum.go.kr

15. 한국전력공사, 『지역별 전력사용량 통계』(2023), p.78.

16. 새만금개발청, 『RE100 스마트그린산단 조성 계획』(2023), pp.5~12.

17. RE100, "Participating Companies List"(2024), https://www.there100.org

18. 산업통상자원부, 『RE100 이행 수단 가이드북』(2022), pp.34~42.

19. 한국에너지공단, 『PPA 전력거래 제도 해설』(2023), pp.18~25.

20. 새만금개발청, "RE100 산단 입주 수요 조사 결과"(2024.6.10.).

21. European Commission, "Battery Regulation (EU) 2023/1542"(2023).

22. International Energy Agency, "Data Centres and Energy Use"(2023).

23. State of Green (Denmark), "Copenhagen Cleantech Cluster Case Study"(2022).

24. City of Freiburg, "Solar City Freiburg Report"(2021), pp.12~18.

25. 새만금개발청 보도자료, 『인베스트 코리아 서밋 참가 성과』(2025.10.28.).

26. 한국전력공사, 『HVDC 송전 기술 백서』(2023), pp.12~28.

27. KEPCO Research Institute, "HVDC Transmission Efficiency Analysis"(2022), pp.45~52.

28. 산업통상자원부, 『서해안 에너지고속도로 구축 계획』(2024.3.15.).

29. 한국전력공사, 「HVDC 환경영향 평가 보고서」(2023), pp.67~74.

30. 산업통상자원부, 「재생에너지 3020 이행계획(개정안)」(2024), pp.89~95.

31. 한국전력거래소, 「ESS 연계 HVDC 시스템 설계 가이드」(2023), pp.34~41.

32. 한국에너지기술연구원, "차세대 ESS 기술 동향"(2024), pp.12~18.

33. 부안군청, 「주민참여형 재생에너지 사업 계획」(2024), pp.8~15.

34. 신안군청, 「신안군 햇빛연금 백서」(2023), pp.12~34.

35. 신안군 햇빛종합지원센터, "주민참여형 태양광 사업 안내"(2023).

36. 연합뉴스, 「신안군, 햇빛연금 누적 수익 300억 돌파 … 주민 절반 혜택」(2025.10.24.).

37. 부안군청 보도자료, 「새만금 수상태양광 주민참여 방안」(2024.8.20.).

38. 한국에너지공단, 「주민참여형 재생에너지 사업 수익성 분석」(2023), pp.45~51.

39. 지역재단, 「에너지 배당과 농촌 인구 유입 효과 연구」(2023), pp.67~74.

40. 부안군청, 내부 추산 자료(2024).

41. Alaska Permanent Fund Corporation, "Annual Report 2023"(2023), pp.8~12.

42. 에너지경제연구원, 「동북아 에너지 협력 방안 연구」(2023), pp.23~38.

43. RE100, "Japan Member Companies"(2024) 및 China National Energy Administration, "Renewable Energy Development Report 2023"(2024).

44. European Commission, "North Sea Offshore Grid Initiative"(2023).

45. 한국전력공사, 「동북아 해저 전력망 타당성 연구」(2022), pp.45~56.

46. Google Maps 거리 측정(2025).

47. 에너지경제연구원, 「동북아 전력 거래 시나리오 분석」(2024), pp.67~78.

48. SoftBank Group, "Asia Super Grid Proposal"(2011) 및 The Asia Super Grid Initiative(2016).

49. 새만금개발청, 「2030 새만금 재생에너지 목표」(2024), pp.8~12.

50. 이는 저자의 비전이며, 가상의 미래 시나리오다.


**7부**

**실행 전략: 꿈을 현실로**


23장 정치의 벽을 넘어서

1. 경기도 청년기본소득, 2019년 시작, 만 24세 약 17만 명, 분기당 25만 원.

2. 경기연구원, "경기도 청년기본소득 효과 분석", 2021.

3. 용혜인·신정훈 의원, 농어촌기본소득법 발의, 2025년 8월.

4. 농림축산식품부, "2026년 농어촌기본소득 시범사업 7개 군 선정", 2025년 10월 20일 각종 보도자료.

5. 농림축산식품부, 2026년 농어촌기본소득 시범사업 공모 결과, 전국 인구감소 지역 69개 군 중 49개 군(71%) 신청, 경쟁률 8.2:1, 2025년 10월 14일; 선정 지역: 경기 연천, 강원 정선, 충남 청양, 전북 순창, 전남 신안, 경북 영양, 경남 남해, 월 15만 원, 2026-2027, 예산 1,703억 원.

6. 이재명 대통령 취임, 2025년 6월 4일, 대한민국 대통령실.

7. 국민건강보험공단, "건강보험 역사", 1977년 시작, 1989년 전 국민 확대.

8. 기본소득한국네트워크, 2009년 창립, https://basicincomekorea.org

9. 사단법인 기본사회는 학계, 정계, 경제·사회계, 의료계 등 다양한 전문 인사들이 집필진으로 참여한 『기본사회가 꿈꾸는 세상』(2024)을 펴낸 바 있다.

10. Kela (핀란드 사회보험청), Basic Income Experiment 2017-2018, 2,000명, 월 560유로.


## 24장 기본소득, 실현으로 가는 길

1. 본 장의 내용은 가상의 시나리오를 바탕으로 기본소득의 미래를 전망한 것이다. 「기본소득 기본법」 제정안은 가상의 입법 과정을 서술한 것임을 밝혀둔다.

2. 이는 가상의 시나리오를 전제로 한 것이다.

3. 가상의 입법 과정을 가정한 것이다. 한국에서 기본소득 관련 입법 논의는 지속되고 있으나, 본문의 날짜와 표결 결과는 어디까지나 희망적인 전망에 근거한 것이다.

4. 시범사업은 2026년 초부터 2027년 말까지 2년간 진행되며, 주민에게 월 15만 원 상당의 지역사랑상품권이 지급된다. 농림축산식품부 보도자료, 2025년 10월 20일.

5. 농어촌 기본소득 시범사업은 2026년 초부터 시작 예정이므로, 본문의 효과는 예상되는 결과를 서술한 것이다.

6. 미래 전망이다. 경기도 청년기본소득(만 24세 대상)은 실제로 시행되고 있으나, 전국 단위 청년기본소득은 본문의 가상 시나리오다. 15만 원으로 정한 것은 농어촌기본소득과 형평성을 맞추기 위한 가상의 금액이다.

7. 기본소득의 창업 촉진 효과에 대해서는 "정원호·이상준·강남훈(2016), 『4차 산업혁명 시대 기본소득이 노동시장에 미치는 효과 연구』, 한국직업능력개발원" 등에서 긍정적 전망이 제시된 바 있다.

8. 미래 시나리오다. 전 국민 대상 기본소득은 아직 정책 논의 전(前) 단계에 있다.

9. 한종석·장용성·김선빈(2021), "기본소득 도입의 경제적 효과 분석", 『한국경제의 분석』 제27권 제1호, 한국금융연구원, pp.163-217. 그 외에도 기본소득의 소비 증가 효과는 여러 연구에서 확인되고 있다.

10. 기본소득이 노동자의 협상력을 강화하여 노동시장을 정상화할 것이라는 전망은 노동사회학 연구에서 제기되고 있다.

11. 기본소득 재원 조달 방안으로 국토보유세, 탄소세, 데이터세, 로봇세 등이 논의되고 있다. 김신언(2022), 『기본소득과 조세: 조세 전문가가 짚어내는 재원 마련 문제와 개선책』, 카리스 및, 금민, "기본소득 재정원리", 『Basic Income Magazine』 제9호(2021) 등 참조.

12. 기본소득 도입 시 기존 복지제도와의 통합 방안은 다양하게 논의되고 있다. 본문은 단계적 통합 방식을 제시한 것이다.

13. 국민성장펀드는 가상의 재원 조달 방식이다. 일부 기본소득 연구에서 국부펀드 방식의 재원 조달이 제안된 바 있다.

14. 기본소득 재원 마련을 위한 조세 개혁 방안으로 소득세 및 법인세 인상, 금융소득 과세 강화 등이 논의되고 있다.

15. 자동 조정 메커니즘에 대해서는 다양한 제안이 있다. 물가 연동제, GDP 연동제, 중위소득 연동제 등이 대표적이며, 한국의 경우 이들을 종합한 혼합형 모델을 채택했다는 가상 설정이다.

16. 3층 복지 체계는 이 책의 기본소득 논의에서 제안되는 모델 중 하나다. 1층은 보편적 기본소득, 2층은 범주적 수당, 3층은 긴급복지로 구성된다.

17. 기본소득의 빈곤 감소 효과는 여러 시뮬레이션 연구에서 예측되고 있다. 다만 구체적 수치는 기본소득 지급액과 재원 조달 방식에 따라 달라진다.

18. 2022년 한국의 가처분소득 기준 지니계수는 0.324였다(OECD). 기본소득 도입 시 지니계수 개선이 예상되나, 구체적 수치는 정책 설계에 따라 달라진다.

19. 기본소득이 창업과 혁신을 촉진할 것이라는 전망은 한국직업능력연구원(2016) 등의 연구에서 제시되고 있다.

20. 2024년 한국의 합계출산율은 0.75명이었다(통계청). 기본소득이 출산율에 미치는 영향은 아직 검증되지 않았으나, 경제적 부담 경감을 통한 긍정적 효과가 기대되고 있다.

21. 기본소득의 정신건강 개선 효과는 해외 시범사업(핀란드, 케냐 등)에서 일부 확인된 바 있다.

22. 미래 전망이다. 유엔 사회개발위원회(UN Commission for Social Development)는 사회정책에 관한 자문을 제공하는 유엔 경제사회이사회(ECOSOC) 산하 기구다. 외교

부 홈페이지, "유엔 사회개발위원회(CSocD) 개요" 참조.

## 25장 2030년 한국인의 일상

1. 본 장은 기본소득이 전면 시행된 2030년 대한민국의 모습을 상상하여 구성한 것이다. 등
장인물과 구체적 상황은 픽션이지만, 기본소득 연구자들과 시범사업 참여자들의 증언, 해
외 사례 연구 등을 바탕으로 하여 실현 가능한 미래상을 그려냈다.

도움받은 자료들

## 1. 기본소득 관련 국내 및 해외 주요 문헌

· 가이 스탠딩(안효상 옮김), 『기본소득—일과 삶의 새로운 패러다임』, 창비, 2018.

· 강남훈, 『기본소득의 경제학』, 박종철출판사, 2019.

· 금민, 『모두의 몫을 모두에게』, 동아시아, 2020.

· 기본소득한국네트워크, 국내 기본소득 정책 연구 및 번역 자료, https://basicincomekorea.org/

· 김찬휘, 『기본소득 101』, BOOK JOURNALISM, 2022.

· 브렌트 라날리(유승경·정균승 옮김), 『공유부 배당』, 평사리, 2025.

· 정균승, 『기본소득을 넘어 기본사회로』, 프롬북스, 2025.

· 토머스 페인(정균승 옮김), 『토지 분배의 정의』, 프롬북스, 2023.

· 필리프 판 파레이스·야니크 판데르보흐트(홍기빈 옮김), 『21세기 기본소득』, 흐름출판, 2018.

· Annie Lowrey, Give People Money: How a Universal Basic Income Would End Poverty, Revolutionize Work, and Remake the World, Crown, 2018.

· Basic Income Earth Network (BIEN) 공식 웹사이트 및 학술대회 자료, https://basicincome.org/

· Guy Standing, Basic Income: And How We Can Make It Happen, Penguin, 2017.

· Guy Standing, The Precariat: The New Dangerous Class, Bloomsbury, 2011.

· OECD, Basic Income as a Policy Option: Can It Add Up?, OECD Publishing, 2017.

· Peter Barnes, With Liberty and Dividends for All: How to Save Our Middle Class When Jobs Don't Pay Enough, Berrett-Koehler Publishers, 2014.

· Philippe Van Parijs & Yannick Vanderborght, Basic Income: A Radical Proposal for a Free Society and a Sane Economy, Harvard University Press, 2017.

· Philippe Van Parijs, Real Freedom for All: What (if anything) Can Justify Capitalism?, Oxford University Press, 1995.

· Rutger Bregman, Utopia for Realists: How We Can Build the Ideal World, Little, Brown and Company, 2017.

## 2. 국내외 기본소득 실험 사례 및 정책 연구

[국내 사례]

· 금민, 윤형중, "기본소득 재정 방안에 대한 연구", 『한국사회복지학』 제73권 제3호, 한국사회복

지학회, 2021.

· 이원재·윤형중·이상민·이승주, 『국민기본소득제: 2021년부터 재정적으로 실현 가능한 모델 제안』, LAB2050, 2019.

· 유영성 외, 『경기도 청년기본소득 정책효과 분석(II)』, 경기연구원, 2020.12.

[해외 정부 및 국제기구 사례]

· Abhijit Banerjee et al., Effects of a Universal Basic Income during the pandemic, MIT/Northwestern University, Working Paper, 2020.

· Alaska Department of Revenue, 「Permanent Fund Dividend 공식 데이터」, https://pfd.alaska.gov/

· Alaska Permanent Fund Corporation, 「Alaska Permanent Fund Dividend (PFD) 연도별 배당금 통계」, 1982~2024. https://apfc.org/

· Damon Jones & Ioana Marinescu, The Labor Market Impacts of Universal and Permanent Cash Transfers: Evidence from the Alaska Permanent Fund, American Economic Journal: Economic Policy, 2022.

· Evelyn Forget, The Town with No Poverty: The Health Effects of a Canadian Guaranteed Annual Income Field Experiment, Canadian Public Policy, 2011.

· GiveDirectly, 「Kenya Universal Basic Income Experiment」, 2017~2029. https://www.givedirectly.org/ubi/

· Government of Canada, 「Canada Carbon Rebate」. https://www.canada.ca/

· Kela, Basic Income Experiment 2017-2018 in Finland: Preliminary Results, 2019, https://www.kela.fi/

· Matthew Berman, Resource Rents and the Alaska Permanent Fund Dividend, Public Policy & Governance Review, 2024.

· Olli Kangas et al., The Basic Income Experiment 2017-2018 in Finland: Final Report, Ministry of Social Affairs and Health, Finland, 2020.

· Scott Goldsmith, The Alaska Permanent Fund Dividend: An Experiment in Wealth Distribution, Institute of Social and Economic Research, University of Alaska Anchorage, 2002.

## 3. 재생에너지, 에너지 전환 및 공유부 관련 자료

[국내 에너지 정책 및 통계]

· 산림청, 「백두대간 총 길이 1,625km, 북한 산림 황폐지 123만ha」 공식 통계, https://www.forest.go.kr/
· 산업통상자원부, 「제10차 전력수급기본계획」, 2023.
· 에너지경제연구원, 「북한 재생에너지 잠재량 평가 연구」, 2019.
· 에너지경제연구원, 「새만금 재생에너지 비전 2030 기본계획 수립 연구」, 2019.
· 에너지경제연구원, 「수상태양광 발전량 및 탄소감축 효과 분석」, 2022.
· 한국수자원공사, 「새만금 수상태양광 발전사업」 자료.
· 한국에너지공단, 「신재생에너지 정책 및 통계」, https://www.energy.or.kr/
· 한국에너지공단 신재생에너지센터, https://www.knrec.or.kr/
· 한국전력거래소 (KPX), 「전력시장 운영 및 ESS 연계 HVDC 시스템 설계」, https://www.kpx.or.kr/
· 한국전력공사, 「전기저널」, RE100 및 재생에너지 관련 자료.
· 한국전력공사, 「HVDC 기술 백서」, 2018.

[국제 에너지 기구 및 통계]
· European Commission, 「Battery Regulation (EU) 2023/1542」, 배터리 탄소발자국 규제, https://environment.ec.europa.eu/
· European Commission, 「North Sea Offshore Grid Initiative」, EU 해저 HVDC 전력망.
· IRENA(International Renewable Energy Agency), 「Renewable Energy Statistics 2024」 및 연간 보고서, https://www.irena.org/
· IEA(International Energy Agency), 「World Energy Outlook 2024」, 「Data Centre Energy Consumption 2025」, https://www.iea.org/
· RE100 공식 웹사이트, https://www.there100.org/
· State of Green Denmark, 덴마크 재생에너지 정책 및 클린테크 클러스터, https://stateofgreen.com/

## 4. 기후변화, 탄소 불평등 및 국제 협약

· FAO (Food and Agriculture Organization), 「대한민국 산림 복원 성공 사례」 평가, https://www.fao.org/
· Oxfam International, 기후불평등 보고서, https://www.oxfamamerica.org/
· Oxfam & Stockholm Environment Institute, 「Climate Equality: A Planet for the 99%」, 2023.

· Stockholm Environment Institute (SEI), 기후변화 및 지속 가능발전 연구, https://www.sei.org/

· UNFCCC (United Nations Framework Convention on Climate Change), 「Paris Agreement Article 6」, 국가 간 탄소배출권 거래, https://unfccc.int/


## 5. 노동시장, 자동화, 4차 산업혁명 관련 자료

· 정원호·이상준·강남훈, 『4차 산업혁명 시대 기본소득이 노동시장에 미치는 효과 연구』, 한국직업능력연구원, 2016.

· Daniel H. Pink, Drive: The Surprising Truth About What Motivates Us, Riverhead Books, 2009.

· Carl Benedikt Frey & Michael A. Osborne, The Future of Employment: How Susceptible Are Jobs to Computerisation?, Oxford Martin School, 2013.

· Daron Acemoglu & James A. Robinson, Why Nations Fail: The Origins of Power, Prosperity, and Poverty, Crown Publishers, 2012.

· Daron Acemoglu & Pascual Restrepo, Automation and New Tasks: How Technology Displaces and Reinstates Labor, Journal of Economic Perspectives, 2019.

· David Graeber, Bullshit Jobs: A Theory, Simon & Schuster, 2018.

· ILO (International Labour Organization), 「Platform Economy and the Future of Work」, 2021.


## 6. 복지국가, 소득분배, 불평등 관련 자료

· 한국보건사회연구원, 『기본소득 지급 시나리오별 재정소요 및 소득재분배 효과 분석』, 2020.

· 한국보건사회연구원, 『노인 기본소득 도입 시나리오별 소요 재정 및 효과 분석』, 2021.

· 한국보건사회연구원, 『핀란드 보건복지서비스 개혁: 사회보건의료서비스 전달체계 혁신 사례』, 2020.

· Anthony B. Atkinson, Inequality: What Can Be Done?, Harvard University Press, 2015.

· OECD, 「Revenue Statistics 2024」, 한국 조세부담률 19.0% (OECD 31위), https://www.oecd.org/

· OECD, 「Social Expenditure Update 2025」, 한국 GDP 대비 복지지출 15.2% (OECD 34위).

· OECD.Stat, 「Tax and Social Indicators」, https://data-explorer.oecd.org/

· World Bank Data, 「Global Development Indicators」, https://data.worldbank.org/

· Thomas Piketty, Capital in the Twenty-First Century, Harvard University Press, 2014.


## 7. 국내외 통계 데이터베이스 및 공공 데이터

· 고용노동부, 「최저임금 결정 현황」.

· 국세청, 국세통계 및 조세 수입 자료.

· 금융감독원, 금융소비자 보호 및 금융통계 자료.

· 기획재정부, 국가재정운용계획 및 조세 정책 자료.

· 농림축산식품부, 농업 및 식량 정책 통계.

· 새만금개발청, 「새만금 재생에너지 사업 현황」.

· 통계청·한국은행·금융감독원, 「2024년 가계금융복지조사 결과」.

· 한국은행, 「가계금융복지조사」, 소득 및 자산 분포 통계.

· Investopedia, 알래스카 영구기금 통계 및 금융 데이터, https://www.investopedia.com/

· KOSIS 국가통계포털, 통계청, 인구·경제·사회 통계, https://kosis.kr/

· World Atlas, 미국 50개 주 소득 지니계수 통계(OECD/U.S. Census Bureau 데이터), https://www.worldatlas.com/


## 8. 국내 언론 및 기업 자료

· 〈경향신문〉, 기본소득 및 재생에너지 관련 기획기사(2020~2024).

· 〈동아일보〉, 사회정책 관련 칼럼 및 기사.

· 연합뉴스, 정책 발표 및 실시간 뉴스.

· 〈전북연합신문〉, 지역 재생에너지 사업 보도.

· 〈전북일보〉·〈전라일보〉·〈전북도민일보〉·〈강원일보〉·〈원주투데이〉 등 화동마을 관련 기사.

· 제주도개발공사, 「제주삼다수 매출 통계」.

· 프레시안, 오마이뉴스, 대안 정책 제안 기사.

· 〈한겨레〉, 《한겨레21》, 기본소득·에너지 전환 관련 심층 보도.

· 〈한국경제〉, 경제·재정 관련 보도.

· 한국리서치, 여론조사 및 사회인식 조사 자료.

· 〈한국일보〉, 기본소득 정책 분석 기사.

· 한국전력공사, 《전기저널》, RE100 및 HVDC 기술 자료.

## 9. 국제 학술 저널 및 연구 논문

· Abhijit Banerjee et al., Effects of a Universal Basic Income during the pandemic, MIT/Northwestern, 2020.
· Carl Benedikt Frey & Michael A. Osborne, The Future of Employment, Oxford Martin School, 2013.
· Damon Jones & Ioana Marinescu, The Labor Market Impacts of Universal and Permanent Cash Transfers: Evidence from the Alaska Permanent Fund, American Economic Journal: Economic Policy, 2022.
· Daron Acemoglu & Pascual Restrepo, Automation and New Tasks, Journal of Economic Perspectives, 2019.
· Evelyn Forget, The Town with No Poverty: Health Effects of a Canadian Guaranteed Annual Income, Canadian Public Policy, 2011.
· Matthew Berman, Resource Rents and the Alaska Permanent Fund Dividend, Public Policy & Governance Review, 2024.
· Olli Kangas et al., The Basic Income Experiment 2017–2018 in Finland, Ministry of Social Affairs and Health, Finland, 2020.
· Scott Goldsmith, The Alaska Permanent Fund Dividend: An Experiment in Wealth Distribution, ISER, University of Alaska Anchorage, 2002.

## 10. 기타 정책 연구기관 및 참고 자료

· 경기연구원, 청년기본소득 정책효과 분석 시리즈, 2019~2020.
· 국회입법조사처, 「기본소득 관련 쟁점과 정책과제」, 2021.
· 기본소득한국네트워크, 국내외 기본소득 정책 번역 및 연구 자료.
· 복지국가소사이어티, 기본사회 관련 포럼 및 정책자료.
· 에너지경제연구원, 재생에너지 및 북한 에너지 연구, 2019~2022.
· 정치경제연구소 대안, 기본소득·공유부 관련 연구.
· 한국보건사회연구원, 기본소득·복지정책 연구 보고서, 2020~2021.
· 한국직업능력연구원, 4차 산업혁명과 노동시장 연구, 2016.

※ 본 자료 목록은 각주에 인용된 출처를 바탕으로 작성되었으며, 독자와 정책 담당자들이 추후 참고할 수 있도록 공식 URL을 포함하여 정리하였습니다.

# 대한민국 기본소득 로드맵


**1판 1쇄 찍음**　2026년 1월 20일
**1판 1쇄 펴냄**　2026년 1월 27일

**지은이**　정균승
**펴낸이**　조윤규
**편집**　민기범
**디자인**　홍민지

**펴낸곳**　(주)프롬북스
**등록**　제313-2007-000021호
**주소**　(07788) 서울특별시 강서구 마곡서로 152, 두산더랜드타워 상가 A동 320호
**전화**　영업부 / 기획편집부 02-3661-7283 | 팩스 02-6455-7286
**이메일**　frombooks7@naver.com

**ISBN**　979-11-94550-15-0 (03300)